HISTOIRE DU ROMAN

ET

DE SES RAPPORTS AVEC L'HISTOIRE

DANS

L'ANTIQUITÉ GRECQUE ET LATINE

PAR

A. CHASSANG

Maître de conférences à l'École Normale supérieure.

Ouvrage couronné par l'Académie des Inscriptions et Belles-Lettres

---

Deuxième Édition

PARIS

LIBRAIRIE ACADÉMIQUE

DIDIER ET Cie, LIBRAIRES-ÉDITEURS

35, QUAI DES AUGUSTINS.

—

1862

Réserve de tous droits.

HISTOIRE DU ROMAN

DANS

L'ANTIQUITÉ GRECQUE ET LATINE

Sous presse :

APOLLONIUS DE TYANE
SA VIE, SES VOYAGES, SES MIRACLES

SUIVIS

D'UN DIALOGUE

SUR LES GÉNIES DES HÉROS DE LA GUERRE DE TROIE

PAR PHILOSTRATE

(Ouvrages traduits par M. CHASSANG

Un volume.

Paris. — Imprimerie de P.-A. Bourdier et Cⁱᵉ, rue Mazarine, 30.

EXTRAIT DU DISCOURS

Prononcé le 2 décembre 1859

DANS LA SÉANCE PUBLIQUE ANNUELLE DE L'ACADÉMIE DES
INSCRIPTIONS ET BELLES-LETTRES

Par M. WALLON, Président.

Le Mémoire de M. Chassang[1] est une étude aussi intéressante que variée sur les mille façons dont l'antiquité a su pratiquer l'art de feindre. Le roman, qui a paru si tard et a produit si peu chez les Grecs dans le genre où il a pris un si prodigieux développement de nos jours, le roman florissait alors, comme en terre natale, dans

---

1. L'Académie avait mis au concours la question suivante :
Rechercher quels ont pu être, dans l'antiquité grecque et latine, jusqu'au cinquième siècle de notre ère, les divers genres de narrations fabuleuses qu'on appelle aujourd'hui romans, et si de tels récits n'ont pas été quelquefois, chez les anciens, confondus avec l'histoire.

toutes les parties du champ de la littérature :
roman chez les poëtes, roman chez les philosophes, roman dans la géographie, dans l'histoire ; et pour le roman rien n'est sacré. Le
roman dispute et ravit à l'histoire les temps les
plus fameux et les hommes les plus grands. La
guerre de Troie, chantée par Homère, est tombée
de l'épopée dans le roman sans passer par l'histoire ; Homère lui-même n'a pas d'histoire. L'événement le plus populaire de l'ancienne Grèce,
le plus grand génie de sa littérature, sont demeurés à l'état de problème pour les savants.
Et, pour en venir à des époques plus récentes,
qui pourrait croire, après le volumineux ouvrage
de Sainte-Croix, qu'Alexandre ait failli manquer
d'historiens? Il en a eu sans doute, et parmi ceux
qui lui faisaient cortége (ce n'est pas toujours la
meilleure condition pour écrire l'histoire); mais
ils étaient comme troublés par la fascination de
ses campagnes. Un jour Alexandre, descendant
l'Hydaspe, se fit lire la relation qu'Aristobule
faisait de sa vie. Il fut tellement choqué des exagérations du récit, qu'il jeta le livre à la rivière,

ajoutant qu'il devrait bien y faire jeter l'auteur lui-même.

Ce Mémoire est donc une excellente étude d'histoire : il peut servir de guide dans ce monde des fictions où l'historien même doit pénétrer, soit pour chercher ce qui est à lui, soit pour apprendre à ne pas regarder comme sien tout ce qu'il trouve dans les historiens en titre. La Grèce, dès l'antiquité, s'était fait une mauvaise réputation en cette matière.

> . . . . . . Quidquid Græcia mendax
> Audet in historia.
> (Juvénal, *Sat.* X, 174.)

Mais Rome elle-même fut à son école, et ces leçons se perdent moins que les autres. Ce n'est pas la faute du moine de Saint-Gall si Charlemagne ne nous est point parvenu sous les traits qu'il reçut dans les romans de chevalerie. Mais ce long empire de la fiction ne doit point produire le scepticisme. Les fables de l'Atlantide et des Hyperboréens n'ont pas empêché que les découvertes des voyageurs sérieux ne fussent accueillies par Strabon pour étendre le champ des connaissances géographiques; les livres apocryphes du Nouveau Testament ne font que mieux ressortir l'authenticité des livres canoniques, en montrant, sur le même sujet, combien il y a de différence entre le ton du faussaire et l'accent du témoin.

INTRODUCTION

Origines du roman chez les Grecs. — Différence de la fiction romanesque et de la fiction poétique. — Différents genres de romans chez les Grecs et les Romains. — Du roman aux trois grandes époques des littératures classiques : époque *attique*, époque *alexandrine*, époque *romaine*. — Fréquent mélange du roman et de l'histoire : le roman emprunte à l'histoire et lui prête à son tour. — Le mélange du roman et de l'histoire signalé par quelques critiques, dès l'antiquité. — Objet de ce livre.

Le mot de *roman* n'est pas ancien. Il ne remonte pas au delà du moyen âge. C'est par une sorte d'anachronisme qu'on l'applique aux narrations fabuleuses de l'antiquité ; on est réduit cependant à l'employer, faute d'un terme précis emprunté aux anciens pour désigner ce genre d'écrits[1]. Mais, si le nom est moderne, le genre ne l'est pas. Ses origines se confondent avec celles de la philosophie et de l'histoire : la prose, qui semble devoir être le langage de la science et de la vérité, fut bien souvent, et de bonne heure, celui de la fantaisie et du mensonge.

Le roman a sa source dans la poésie ; mais la

---

1. On les appelait en grec μῦθοι, διηγήματα, συντάγματα δραματικά (V. Photius, *Bibliothèque*, pass.), et en latin *fabulæ* (V. Macrobe, *Commentaire sur le songe de Scipion*, I, 2).

fiction romanesque est distincte de la fiction poétique, et leur différence est sensible surtout à l'origine. Tandis que le poëte inspiré propageait, en les embellissant, les vieilles fables et les vieilles traditions, le romancier, moins sincère, s'étudiait à faire accepter les récits que son imagination avait créés. Le poëte se charmait lui-même par ses narrations merveilleuses, sans craindre chez les autres des doutes qu'il n'avait pas conçus; le romancier, au contraire, comptait sur la crédulité, mais en général avait soin de ne pas la pousser à bout, et presque toujours usait d'artifice pour établir la vraisemblance de ses écrits.

Homère chantait ses dieux et ses héros dans toute la naïveté de son cœur. Le faux Darès et le faux Dictys ne racontaient leurs fables sur la guerre de Troie qu'après s'être mis en garde contre l'esprit critique, en alléguant des autorités imaginaires.

Au premier abord, les débris qui nous sont parvenus de ce genre de littérature semblent fort rares jusqu'au cinquième siècle de l'ère chrétienne; et ils le sont en effet, si l'on se borne avec l'auteur de la *Lettre sur l'origine des Romans* [1], à tenir compte des narrations fabuleuses, telles qu'il les définit lui-même, « des fictions d'aventures écrites en prose avec art pour le plaisir et l'instruction du lecteur. » Les romans d'amour forment un des genres du roman, et le plus fécond sans doute, au moins chez

---

1. Huet, *Lettre à M. de Segrais*, en tête du roman de *Zaïde*, par Mme de La Fayette.

les modernes; mais est-ce donc le seul? Un ancien, Macrobe, nous parle aussi du plaisir et de l'instruction qu'on peut retirer de la lecture des romans; mais il fait une distinction. Il n'accorde que le plaisir aux fictions d'aventures amoureuses, par exemple aux romans de Pétrone et d'Apulée; le mérite d'instruire, il le réserve pour les compositions destinées moins à divertir qu'à répandre des idées philosophiques sous le voile d'un récit fictif, et il cite les *Mythes* de Platon et le *Songe de Scipion* [1].

Nous voici avertis qu'il existait chez les anciens plus d'un genre de narrations fabuleuses ou de romans; les preuves abondent à l'appui du témoignage de Macrobe. Certes, nous n'irons pas jusqu'à dire que sur ce point les anciens n'aient rien laissé à l'invention des modernes. L'antiquité ne nous offre aucune œuvre qui annonce, même de loin, celles de Walter Scott et de Richardson; les modernes, on peut le dire, ont transformé le roman historique et le roman d'amour. Cependant, parmi les variétés que présente le roman moderne, il en est peu qui ne se rencontrent au moins en germe dans les littératures anciennes. Récit long ou bref, grave ou enjoué, sérieux ou satirique; fable, conte, nouvelle; roman historique, roman philosophique, roman religieux, roman d'amour et d'aventures, roman fantastique, roman pastoral: l'antiquité a connu et cul-

---

1. V. Macrobe, *Commentaire sur le Songe de Scipion*, I, 2.

tivé tous ces divers genres, et si ce n'est pas là qu'elle compte le plus de chefs-d'œuvre; elle s'y est signalée par des ouvrages remarquables à divers titres, depuis la *Cyropédie* jusqu'aux *Clémentines*, depuis les *Fables milésiennes* jusqu'à *Daphnis et Chloé*.

Sans doute, pour une histoire du roman chez les Grecs et les Romains, les documents font souvent défaut. Cependant les monuments qui nous restent, et les traditions qui nous sont parvenues, permettent de suivre le développement progressif de ce genre aux principales époques de la littérature grecque et de la littérature latine.

Pour le roman, comme pour les autres genres, l'histoire littéraire peut distinguer trois grandes époques depuis l'apparition de la prose : l'époque *attique*, l'époque *alexandrine*, l'époque *romaine*. Cette division, comme toutes celles de cette nature, est un peu indécise et flottante aux limites; elle n'en est pas moins naturelle et légitime. Chacune de ces époques a son caractère propre. Dans l'époque attique, le goût littéraire a toute sa pureté; l'imagination n'a pas encore fait de grands écarts, elle est toujours docile à la raison; l'heureux génie d'Athènes inspire et dirige toute la littérature grecque. L'époque alexandrine marque le règne de l'érudition, mais d'une érudition stérile et le plus souvent mal appliquée; l'imagination a ses franchises, à la condition de se faire pédante et de leurrer l'esprit critique en affectant de lui donner satisfaction. L'époque romaine, après la brillante phase qu'on appelle le siècle d'Auguste, nous fait assister à la dissolution de la vieille société et à la décadence des littératures antiques; mais elle est signalée par la naissance et les progrès d'une société nouvelle et d'une nouvelle littérature, créées l'une et l'autre par la religion chrétienne. Le roman apparaît dès la première époque ; il se propage dans la deuxième ; dans la troisième on le voit prendre une extension considérable, mais en même temps trahir pour le goût une sensible décadence.

C'est l'influence de l'Orient qui détermina, dans l'époque attique, le premier essor des narrations romanesques, et qui, plus tard, le soutint et le renouvela. On trouve dans les *Mythes* de Platon un effet du symbolisme oriental; Hérodote et Ctésias font entrer dans l'histoire de véritables contes orientaux, et le savant Huet a remarqué avec raison que, chez les anciens, presque tous les auteurs de romans sont originaires de l'Orient.

L'époque alexandrine s'ouvre par les conquêtes du fils de Philippe. Le long ébranlement produit dans les esprits par ce grand coup d'audace et de génie, l'impression laissée par ce voyage triomphal à travers l'Asie, si longtemps fermée à la curiosité comme à l'action des Grecs, la réalité de la conquête, presque aussi étonnante que les récits les plus mensongers sur les pays conquis, tout cela répandit dans le monde grec le goût du merveilleux, et ne manqua pas d'échauffer l'imagination des romanciers. L'impulsion, une fois donnée avec cette énergie, ne se ralentit pas. Lorsque l'homme a cessé de trouver du charme à la vérité, il est tout entier aux séductions du mensonge.

Sous l'époque romaine, le goût de la fiction devint général; et si ce n'était un fait surabondamment prouvé, ne suffirait-il pas, pour l'établir, de citer deux illustres exemples? C'est une impératrice, Julia Domna, provoquant le sophiste Philostrate à composer sa fabuleuse *Vie d'Apollonius de Tyane;* c'est un empereur, un soldat, un homme de mœurs graves et d'un caractère triste [1], Claudius Albinus, composant, au milieu des soucis que lui causait son concurrent Septime Sévère, des *Contes milésiens*, à l'imitation d'Apulée.

Un autre fait qu'il importe de signaler ici, parce que nous le verrons se reproduire constamment, c'est le mélange du roman et de l'histoire. Ce ne sont pas en effet les récits de pure imagination et de pur agrément qui nous occuperont le plus, parce que ces récits ne sont pas dans l'antiquité les plus répandus, ni les premiers en date. Ce que nous rencontrerons le plus souvent, ce sont des ouvrages mixtes, où la fiction s'alliait à la vérité, l'invention romanesque aux souvenirs de l'histoire, tantôt pour

---

1. V. Capitolin, *Vie d'Albinus*, ch. 11.

se prêter au développement de questions philosophiques et religieuses, politiques et sociales, comme dans la *Cyropédie* de Xénophon et dans l'*Atlantide* de Platon ; tantôt pour célébrer les héros de l'ancienne épopée et les grands hommes de l'histoire, comme dans les romans sur la guerre de Troie, sur Alexandre, sur les chefs des sectes philosophiques, sur les premiers apôtres du christianisme.

Il y a plusieurs causes à ce mélange du roman et de l'histoire. Quelque féconde en ressources que soit l'imagination, elle n'est pas inépuisable, et il y a des limites à la faculté de créer des personnages et des événements capables d'intéresser : la poésie elle-même, bien que son nom signifie *création*, ne fait le plus souvent que reprendre et embellir d'anciennes traditions. En travaillant sur les faits historiques, le poëte et le romancier se sentent en quelque sorte soutenus, leur imagination n'est pas exposée à s'égarer dans le vide, et l'attention du lecteur lui est acquise ; car le seul nom d'un homme célèbre réveille dans l'esprit des souvenirs et provoque la curiosité. Enfin la vie publique domina longtemps chez les Grecs et les Romains la vie privée, et les tableaux de mœurs ne furent pas d'abord aussi populaires que la peinture des grands événements. De même que les premières comédies avaient été des comédies politiques, les premiers romans devaient être des romans historiques.

A vrai dire, le roman historique, tel que nous le

comprenons aujourd'hui, tel que Walter Scott en a donné d'impérissables modèles, n'existait pas chez les anciens. Ils n'ont pas connu ce procédé savant qui, faisant de l'imagination elle-même l'auxiliaire de l'érudition, sait unir les faits historiques et les circonstances fictives de manière à tirer de ce mélange la peinture saisissante et vraie d'une époque. Lorsqu'ils mêlaient des fictions à l'histoire, et cela leur arrivait souvent, c'était seulement dans l'intention d'amuser et de plaire, ou bien pour faire sortir de leurs récits quelque enseignement philosophique.

Après avoir beaucoup emprunté à l'histoire, le roman, chez les anciens, lui a beaucoup prêté à son tour. Pour quelques noms et quelques faits dont il lui est redevable, combien de fables ne lui a-t-il pas données en échange ! De ce commerce si intime entre le roman et l'histoire sont sortis en grand nombre des ouvrages d'un caractère douteux et indécis, des romans qui se sont présentés comme des histoires, et qui ont fait prendre le change à plus d'un historien. Loin de poursuivre la vérité historique, les auteurs de ces ouvrages n'ont cherché dans l'histoire qu'un fond pour établir des fictions intéressantes, ou pour édifier un système. Le nom de tel ou tel personnage, de tel ou tel peuple paraît-il propre à représenter une idée ? un philosophe s'empare de ce nom pour en autoriser ses doctrines, et pour leur donner dans le passé une existence fictive, faute de pouvoir leur en donner une réelle dans le présent. Les noms historiques font-ils défaut, ou la nouveauté des doctrines repousse-t-elle toute application à des hommes ou à des peuples connus? l'imagination met au service de l'utopie des noms d'hommes, de peuples et de pays fabuleux. Mais comme l'inventeur de ces fictions ne manque jamais de les donner pour des réalités, il arrive toujours un moment où elles sont considérées comme telles et vont se confondre avec l'histoire.

Ainsi le roman historique des anciens, au lieu de se développer avec art à côté de l'histoire, comme dans les ingénieuses compositions de quelques modernes, s'établit violemment au cœur même de cette science; ainsi l'histoire, dont les légendes populaires et les fables poétiques avaient si souvent forcé l'entrée, se trouva encore envahie par les fictions des philosophes et des rhéteurs.

Plus d'une fois, chez les anciens mêmes, et dès le premier éveil de la critique historique, la fable a été dénoncée comme coupable de bien des empiétements sur le domaine de l'histoire. Cicéron nous apprend que la *Cyropédie* n'était guère considérée dans l'antiquité comme un ouvrage historique [1]. Strabon, Quintilien et Quinte-Curce lui-même nous disent qu'on ajoutait fort peu de foi aux récits des historiens d'Alexandre [2]. A mesure que les men-

---

1. *Lettre à son frère Quintus*, I, 1.
2. Strabon, XI, p. 508; Quintilien, X, 1, 75, Quinte-Curce, IX, 1; IX, 9.

songes de l'histoire deviennent plus fréquents, les réclamations se multiplient. Sans compter celles qui sont éparses dans divers ouvrages de l'antiquité [1], que d'écrits composés sur ce sujet! Une grande partie du livre de Lucien *Sur la manière d'écrire l'histoire* a pour but de persifler la manie des historiens rhéteurs de son temps qui, pour embellir leurs récits, mêlaient une foule de fables à l'exposition même des faits contemporains. Il y avait des traités spéciaux destinés à combattre ce défaut. On cite, par exemple, un traité *Sur les mensonges de l'histoire*, que Suidas attribue au grammairien Apollonius Dyscole [2], un autre de Cécilius *Sur les récits des rhéteurs contraires à l'histoire* [3], et un troisième d'Ælius Harpocration *Sur les mensonges d'Hérodote* [4]. Peut-être aussi l'ouvrage du médecin Andréas *Sur les Traditions mensongères* appartenait-il au même genre d'écrits [5].

Les critiques modernes ont montré les traditions

---

1. Cicéron, *Des lois*, I, 1; Strabon, *pass.*; Diodore, I, 69; III, 10 et *pass.*; Sénèque, *Questions naturelles*, IV, 3; VII, 16; Quintilien, V, 2; Juvénal, X, 174; Pline, *Histoire naturelle*, VIII, 34, 3; A. Gelle, III, 10; VIII, 4, etc., etc.

2. M. C. Müller fait remarquer que ce livre est peu en harmonie avec le genre des autres ouvrages d'Apollonius, et suppose qu'il était dû plutôt à un certain Apollonide, auteur d'une *Vie d'Aratus*, et dont l'époque est inconnue (V. *Hist. gr. fragm.*, IV, 310). Il est possible qu'il y ait eu confusion de nom; mais il y avait assez d'Apollonius différents pour rendre inutile la correction de M. Müller. — 3. V. Egger, *Hist. de la critique chez les Grecs*, 217. — 4. V. *Hist. græc. fragm.* IV, 412. — 5. Egger, *Hist. de la crit.*, 117.

d'abord purement orales, n'ayant rien de fixe, se modifiant à mesure qu'elles passent d'homme à homme, de peuple à peuple, de génération à génération ; puis consacrées par des fêtes, des institutions publiques et des hymnes populaires, amplifiées et agrandies par l'imagination des poëtes, et ne prenant enfin leur place dans l'histoire qu'au milieu d'un cortége de fables. Rien n'est plus rare, en effet, que la permanence de la vérité : elle n'a qu'un moment ; à peine a-t-elle paru qu'elle s'altère, et bientôt elle est devenue méconnaissable. On a encore énuméré les principales causes des altérations qu'a subies l'histoire : d'une part l'intérêt, la vanité nationale, l'adulation, l'esprit de parti ; d'autre part l'ignorance, la superstition, l'amour du merveilleux [1].

La critique s'est, à ce qu'il semble, appliquée surtout à montrer comment l'histoire est devenue fable. Il resterait à chercher comment la fable est devenue histoire. C'est l'objet principal de ce travail. De toutes les fables qui ont pu se glisser dans l'histoire, les plus nécessaires à écarter sont celles qui n'ont d'autre origine que l'imagination d'un seul homme. Il y a, en effet, toujours quelque chose de vrai dans les traditions populaires les plus fabuleuses : si elles rapportent des faits altérés ou faux, du moins elles sont l'écho naïf et par conséquent fidèle des croyances, des sentiments, des passions d'un peuple

---

[1]. V. Daunou, *Cours d'ét. hist.*, t. 1.

et d'une époque. Aussi les historiens modernes ne croient-ils pas manquer aux règles de la critique en tenant grand compte des légendes. Il n'en est pas de même des narrations fabuleuses qui sont l'œuvre de la fantaisie individuelle. Créées par un homme isolé, elles ont ordinairement leurs racines, non dans les âges dont elles prétendent retracer l'histoire, mais dans l'époque de l'écrivain qui les a conçues. L'historien ne doit les consulter qu'avec circonspection et défiance, car elles ne lui fournissent pas de véritables renseignements; tout au plus peuvent-elles devenir pour lui le sujet de quelques utiles inductions.

Les recherches que nous entreprenons n'intéressent donc pas seulement l'histoire littéraire; elles appartiennent surtout à la critique historique. Parmi les ouvrages que nous allons passer en revue, tous ne méritent pas, il s'en faut bien, l'honneur d'une étude de goût; ils ont droit cependant à l'attention de la critique, car il en est peu qui ne soient devenus une source d'erreurs pour les historiens de l'antiquité. Il importe d'autant plus d'étudier ce genre d'ouvrages qu'on a pu se méprendre sur leur caractère.

Le résultat de ce travail, ce sera de faire une fois de plus dans l'histoire la part du vrai et du faux, et de replacer dans le domaine de la fiction des récits qui n'auraient jamais dû entrer dans celui de la science.

HISTOIRE DU ROMAN
CHEZ LES GRECS ET LES ROMAINS

PREMIÈRE PARTIE
LE ROMAN PENDANT L'ÉPOQUE ATTIQUE.

CHAPITRE PREMIER
DES PREMIÈRES NARRATIONS FABULEUSES EN PROSE DANS LA LITTÉRATURE GRECQUE.

§ I. — NARRATIONS FABULEUSES DES PHILOSOPHES.

Opinions de Plutarque, de Cicéron, de Julien sur les fictions philosophiques. — Apologue ésopique. — Fables libyques, etc. — Allégories. — Prodicus. — Mythes religieux, mythes philosophiques. — Platon. — Aristote.

Dans la littérature grecque, les plus anciennes narrations fabuleuses viennent ou des poëtes ou des philosophes, et les premiers philosophes furent des poëtes.

Chez un peuple d'une vive imagination comme le peuple grec, qui avait peuplé le ciel, la terre et la mer d'une mythologie gracieuse, les idées prenaient vite un corps, et les abstractions devenaient bientôt des êtres ou des objets sensibles. Plus d'une fois la raison se para des charmes de la poésie, et l'enseignement philosophique cacha son austérité sous les formes élégantes du poëme, du dialogue ou du roman. La sagesse avait dû, de bonne heure, faire pacte avec la fable, afin de se mieux répandre. Singulière alliance du mensonge avec la vérité, ou du moins avec ce qui avait la prétention d'être la vérité! Le triomphe était à ce prix : car les hommes ne se laissent prendre qu'à ce qui les attache, et c'est par l'attrait du plaisir que s'insinuèrent d'abord les doctrines philosophiques.

Plutarque explique et justifie cette alliance de la raison et de l'imagination, agissant de concert pour instruire les hommes, et ses paroles témoignent de l'ancienne popularité des fictions philosophiques. « Les enfants, dit-il [1], s'attachent surtout aux dis« cours qui semblent les moins sérieux, et leur prê« tent plus volontiers une oreille attentive. Voyez« les lorsqu'ils lisent, je ne dis pas seulement les « *Fables d'Ésope*, les ouvrages remplis de fictions « poétiques, l'*Abaris* d'Héraclide, le *Lycon* d'Aris« ton, mais même les spéculations sur l'âme mêlées « de quelques mythes ; quel intérêt, quel plaisir n'y « prennent-ils pas ! »

L'utilité morale des récits fabuleux, proclamée par Plutarque, développée avec bonheur par Dion Chrysostome [2], également reconnue par Strabon [3], a été contestée par quelques philosophes anciens, surtout par les disciples d'Épicure, qu'on ne s'attendrait pas à voir se déclarer ainsi contre un plaisir

---

1. *De la manière de lire les poëtes*, ch. I. — 2. *Discours V*, éd. Reiske, I, 488. — 3. *Géographie*, I, p. 19.

innocent. L'un d'entre eux, Colotès, avait écrit un livre contre le mythe d'*Her l'Arménien*, que Platon a raconté dans le X⁰ livre de la *République*. A l'entendre, il était indigne d'un philosophe, c'est-à-dire d'un ami de la vérité, de débiter des fables, quelle qu'en fût la nature. « Si tu veux, ô Platon! disait-il, « nous faire connaître ce que tu penses des choses « célestes et de la destinée des âmes, pourquoi ne « pas nous en instruire simplement et sans détour? « Pourquoi inventer un personnage, imaginer un « fait extraordinaire, arranger tout un drame de « ton invention, et fermer ainsi par le mensonge la « porte à la vérité ? »

Avant de présenter lui-même sous forme mythique la doctrine des peines et des récompenses de l'autre vie, Cicéron, dans sa *République*, répondait victorieusement aux objections de Colotès[1]. Si plus tard Julien reprit, pour le compte de la philosophie cynique, la thèse des épicuriens, il se contredit aussitôt en parlant avec éloge des *Récits mythiques* de Plutarque[2] et en composant lui-même un récit allégorique sur Constantin et ses successeurs[3]. Le livre *des Césars* prouve du reste que Julien, tout philosophe cynique qu'il se glorifiait d'être, s'était réconcilié avec les fables. Car il prenait une seconde fois la peine d'en débiter, et voici les paroles qu'au début de cette satire il prêtait à son ami Salluste : « Je ne dédaigne pas les fables, et ne suis pas d'a-

---

1. V. Macrobe, *Commentaire sur le Songe de Scipion*, I, 2. — 2. Ouvrage perdu, ou bien qui n'est autre que le traité sur *Isis et Osiris*. — 3. Discours VII, au cynique *Héraclius*.

« vis de rejeter celles qui peuvent instruire. En cela
« je suis d'accord avec ton cher, ou plutôt notre
« cher Platon. »

Déjà depuis longtemps la cause des fables philosophiques était gagnée ; quand la force des raisonnements eut fait défaut à leurs défenseurs, elles avaient pour elles leurs succès et leur popularité.

De tous les genres de narrations fabuleuses employés par les philosophes, le plus ancien peut-être, le plus simple, mais non le moins expressif, c'est l'apologue. Il faut que cette sorte de fiction morale, qui consiste à prêter les sentiments et le langage de l'homme aux animaux et aux plantes, soit bien naturelle et bien saisissante pour qu'on la retrouve chez tous les peuples parvenus à un certain degré de civilisation : les Indous ont leur Bidpay, les Arabes leur Lokman, les Grecs de l'Asie Mineure leur Ésope[1]. Bien que l'existence même de ce personnage d'Ésope ait été contestée, et qu'on ne puisse lui attribuer avec certitude aucun des apologues qui nous ont été transmis sous son nom, il personnifie pour les peuples de l'Occident le génie même de la fable. Un des plus élégants d'entre les *Tableaux* de Philostrate[2] représente les animaux formant un chœur autour d'Ésope, et les Fables s'approchant pour le couronner de fleurs. Cependant l'apologue ésopique ne comprend pas toutes les formes de l'a-

---

1. V. Silv. de Sacy, *Fables de Bidpay;* Loiseleur de Longchamps, *Essai sur les fables indiennes et sur leur introduction en Europe,* 1838, in-8°, etc., etc.

2. Philostrate, *Tableaux,* I, 3.

pologue connues des anciens. Ils en distinguaient eux-mêmes plusieurs autres : les fables *libyques, sybaritiques, ciliciennes, cypriennes, lydiennes, cariennes, égyptiennes*[1]. Hésiode[2], Archiloque[3], Stésichore[4], Alcman[5], Alcée[6] avaient fait des fables avant Ésope ; lui-même n'avait rien écrit, et ses apologues ne furent conservés que par la tradition orale. Socrate, devançant Phèdre et Babrius, s'était distrait dans sa prison à en versifier quelques-uns[7]. Démétrius de Phalère avait composé en prose[8] un recueil d'*apologues ésopiques*. Démosthène, pour réveiller l'attention de ses auditeurs, interrompit parfois ses discours par le récit de quelques fables[9]. La fable était, dans les écoles, un des exercices préparatoires à la rhétorique ; c'était une des variétés de la *narration*.

Quelle que fût la popularité de l'apologue ésopique, il ne donna jamais lieu chez les Grecs et chez les Latins qu'à de courts récits, soit en vers, soit en prose. Ce n'est qu'au moyen âge que, le génie sati-

---

1. V. la *Rhétorique* d'Aristote, II, 20 ; les *Exercices* (*Progymnasmata*) d'Aphtonius et de Théon, chap. *De la Fable* ; le XXe discours et le *LXIVe* de Dion Chrysostome ; Hésychius, Suidas au mot μῦθος ; Grauert, *De Æsopo et fabula œsopica* ; Éd. Miller, *Notices et extraits des Mss de la Biblioth. du Roi*, t. XIV, 2e partie ; Edel. Duméril, *Histoire de la fable ésopique*, en tête de ses *Poésies inédites du moyen âge*.
2. *Travaux et Jours*, v. 201. — 3. V. Philostrate, *Tableaux*, I, 3 ; Eustathe, *Commentaire sur l'Odyssée*, XIV. — 4. V. Conon, *Narr.* 42. — 5. V. Isidore de Séville, *Origines*, I, 39. — 6. V. Athénée, XV, 695. — 7. V. Platon, *Phédon*, p. 61. — 8. V. Diogène de Laërte, V, 80. — 9. V. Plutarque, *Vie de Démosth.*, ch. 23 ; *Vie des dix orateurs*.

rique aidant, l'apologue deviendra le sujet de vastes compositions comme le *Roman du Renart* et le *Roman de Fauvel* ou *de la Jument*.

La *fable libyque* participait à la fois de l'apologue ésopique et de l'allégorie morale. Elle cherchait plus à étonner le lecteur, mais n'avait pas moins pour but de l'instruire, comme le prouve la *fable libyque* que nous a laissée Dion Chrysostome[1]. Les voluptés y sont représentées sous la figure de monstres semblables à ceux que décrit Horace au commencement de l'*Art poétique*, avec le buste d'une belle femme et la queue d'un serpent. Les mêmes caractères se retrouvent dans une autre *fable libyque* que rapporte Diodore[2] d'après un certain Cybissus de Libye : c'est celle du *Lion amoureux*. Partout où s'est développé l'apologue, il a emprunté aux pays qui lui ont donné naissance ses animaux ou ses plantes : la *fable libyque* devait être pleine de monstres de toute espèce.

Ainsi l'apologue cachait de solides leçons sous de vivantes allégories. La fiction à laquelle est attaché plus spécialement le nom d'*allégorie* semble moins ingénieuse : au lieu de créer tout un monde d'êtres inférieurs à l'homme, pour y transporter les sentiments de l'homme, elle s'évertue à faire vivre d'une vie factice de froides abstractions; ses personnages, ce sont des vertus et des vices. On peut dire que de toutes les fictions, c'est la plus artificielle et la moins heureuse; elle n'en a pas été moins en faveur à différentes époques; elle a fourni matière à des épopées

---

1. *Discours* V. — 2. *Biblioth. histor.*, XIX, 25.

d'un genre singulier, comme le *Roman de la Rose*, à des drames, comme les *Moralités*, et Rubens n'a pas dédaigné de l'animer de son vigoureux pinceau. Toute l'antiquité admira l'allégorie de Prodicus, *Hercule entre le vice et la vertu*. Prodicus n'était pas un Socrate, bien qu'il ait été condamné, lui aussi, à boire la ciguë pour crime de philosophie : avant d'honorer sa mémoire par sa mort, il s'était fait une malheureuse célébrité par une âpreté au gain peu digne d'un philosophe; mais c'était un esprit subtil et une langue dorée; il eut pour auditeurs Euripide et l'auteur de la *Cyropédie*[1]; sa mort et sa belle allégorie d'Hercule l'élèvent au-dessus des sophistes vulgaires. Cette allégorie faisait partie d'un livre intitulé les *Heures*, composé sans doute de fictions du même genre[2]. Elle a été souvent reproduite[3] par les artistes et imitée par les écrivains de l'antiquité.

Tandis que *l'apologue* et *l'allégorie* contiennent un enseignement moral, le *mythe* s'applique de préférence aux spéculations de l'ordre métaphysique, aux grands problèmes sur la divinité et sur l'âme humaine[4]. La religion des Grecs était presque tout entière composée de mythes. Evhémère, en affir-

---

1. V. A. Gelle, xv, 20; Philostrate, *Vie des soph.*, I, 12.
2. V. Aristophane, *Scholies des Nuées*, v, 361; Suidas, v. ὧραι.
3. V. Xénophon, *Mémoires sur Socrate*, II, 6; Sil. Italic., xv, 20; D. Chrysost., *Discours*, I; Saint Basile, *Sur la lecture des livres profanes*; Bœttiger, *Hercules in bivio e Prodici fabulâ et monumentis priscæ artis illustratus*, Lips. 1829; Cougny, *De Prodico Ceo*, 1857.
4. V. Plutarque, *Sur la lecture des poëtes*, ch. I.

mant qu'elle s'était formée par l'apothéose, n'a vu qu'une des sources du polythéisme, et cette source n'est pas la plus abondante. Ce sont les forces de la nature qui, transformées par l'imagination, ont fourni le plus de dieux. Mais quelle distance n'y a-t-il pas entre les mythes primitifs, simples, profonds, pleins de choses, et les riantes fictions dont la fantaisie des poëtes a enrichi la mythologie grecque! Pour avoir une idée des premiers, il faut lire la *Théogonie* d'Hésiode. L'une des conditions du mythe primitif, c'était l'invraisemblance; il fallait, dit Jamblique[1], que l'évidence du mensonge dans le récit avertît le lecteur de chercher la vérité cachée sous la fable. Il n'en fut pas de même de la mythologie homérique, dont Cicéron a pu dire : « Homère « a transporté aux dieux les attributs de l'homme[2]. » Plus on s'éloigne des premiers temps, plus le mythe perd de sa simplicité; bientôt sa signification symbolique s'obscurcit au milieu de tous les ornements romanesques qui y sont ajoutés; il arrive enfin un moment où toute la mythologie grecque n'est plus qu'un roman. Encore si ce roman avait toujours été réservé aux poëtes! Mais il était condamné à descendre des poëmes d'Homère dans les compilations d'Apollodore.

A l'exemple des prêtres, qui avaient imaginé les mythes primitifs, les philosophes en admirent dans leur enseignement. Le mythe philosophique n'a ni l'austérité du mythe sacerdotal, ni la frivolité de la

---

1. V. Jamblique, cité par Julien, *Discours VII*.
2. Cicéron, *Tusculanes*, I, *init*.

mythologie poétique et populaire. On peut en juger par les fictions de ce genre qui se rencontrent si souvent dans les dialogues de Platon. Le philosophe avait coutume de traiter sous cette forme les sujets qui lui paraissaient prêter plutôt à des hypothèses qu'à une démonstration régulière. Voyez comment il fait annoncer par Timée son mythe de la formation de l'univers. « C'est un mythe, mais il n'est pas plus « invraisemblable que tout ce qui a été dit sur ce « sujet[1]. » Protagoras se vantant d'enseigner la vertu, et Socrate le défiant de prouver que la vertu puisse être enseignée, le sophiste demande à faire sa démonstration par le moyen d'un mythe, puis il se met à raconter la création des hommes par les dieux, et l'histoire de Prométhée et d'Épiméthée[2]. Ailleurs Socrate lui-même, avant d'exposer d'une façon abstraite ses idées sur l'écriture, mode d'instruction bien inférieur selon lui à la parole, présente ses idées sous forme de mythe, et suppose une conversation entre le dieu Teuth et le roi Thamis. Quand il a fini : « O Socrate, s'écrie Phèdre, comme tu sais facilement imaginer des fables à la mode de l'Égypte et de tous les pays du monde[3]! »

Dans la *République*[4], Platon rend sensible, par le mythe brillant de la *caverne*, sa théorie sur les idées dont chaque homme en naissant apporte avec lui le type à demi effacé; par le mythe d'*Her l'Arménien*[5], il donne une forme saisissante à sa doctrine sur l'im-

---

1. V. Platon, *Timée*, p. 119; H. Martin, *Étude sur le Timée*, I, 179. — 2. V. Platon, *Protagoras*, ch. x. — 3. V. Platon, *Phèdre, fin*. — 4. Liv. vii. — 5. Liv. x.

mortalité de l'âme et sur la sanction de la loi morale, sur les peines ou les récompenses qui attendent l'homme après la mort. Cette doctrine, il l'a présentée deux autres fois, dans le *Phédon* et dans le *Gorgias*, sous la forme de mythes semblables par le fond, différents par les détails du récit. Mais jamais il n'a été plus heureusement inspiré que dans le mythe d'*Her l'Arménien*, qui rappelle sous une forme originale les descentes aux enfers des poëmes épiques[1], et où l'auteur de la *République* se plaît à montrer surtout parmi les coupables les criminels d'État, les tyrans, les traîtres, ceux qui ont réduit leur patrie en esclavage.

Les mythes de Platon ne sont pas la seule partie de son œuvre qui se rattache aux narrations fabuleuses de l'antiquité. Plusieurs de ses dialogues ne sont-ils pas de petits drames encadrés dans une double narration, au début et à la fin? Ces dialogues mêlés de récits ont été appelés *dialogues diégématiques*, et on les a distingués avec soin des dialogues purement *dramatiques*[2].

C'est à cette seconde forme, c'est-à-dire au pur dialogue, que s'arrêta définitivement Platon, lui-même nous l'apprend[3]. Mais il était trop poëte et savait trop bien raconter pour se priver de ce moyen

---

1. V. la Νέκυια d'Homère. Il y avait dans Hésiode une descente aux enfers de Thésée et de Pirithoüs; Diodore fait allusion à une descente d'Hercule aux enfers (liv. IV). Il a été fait de nombreuses imitations du mythe d'*Her l'Arménien* (V. plus loin, troisième partie, *Roman philosophique*).

2. V. Stallbaum, *Platonis dialogi selecti*, V, p. 82.

3. V. *Théétète, init.*

de propager ses idées : de là tous ces mythes, toutes ces narrations philosophiques qu'il met dans la bouche de ses personnages.

Aristote n'a pas sacrifié aux Grâces autant que Platon ; cependant ce n'était pas un écrivain aussi austère qu'on le croit en général, d'après des ouvrages destinés uniquement à ses disciples[1]. Il avait, comme son maître, composé des dialogues où il abandonnait la marche rigoureuse et les sèches formules de ses traités didactiques, pour donner une forme dramatique et vive à son argumentation. Il ne dédaignait même pas d'embellir ces dialogues par des récits mythiques, témoin celui de Silène et de Midas, précieux fragment qui nous est resté de son dialogue d'*Eudème*[2]. Le grave Aristote adoptant ainsi une forme romanesque pour répandre son enseignement, quel témoignage en faveur de la popularité des fictions philosophiques chez les Grecs! N'en peut-on pas voir une autre preuve dans le *Lycon* d'Ariston, ouvrage cité par Plutarque avec l'*Abaris* d'Héraclide parmi ceux qui cachaient sous des fables un sens philosophique? L'auteur de cet ouvrage doit être un disciple de Zénon ou un disciple d'Aristote[3]. Enfin, sous le titre de *Descente à*

---

1. V. sur la différence des ouvrages *ésotériques* et des ouvrages *exotériques* d'Aristote, Havet, *Étude sur la rhétorique d'Aristote*, p. 14 et suiv.; Ravaisson, *De la métaphysique d'Aristote*, I, 229; C. Thurot, *Étude sur Aristote*, p. 220.

2. V. Plutarque, *Consolation à Apollonius*, ch. XXVII.

3. Diogène de Laërte parle d'un Ariston de Chio, stoïcien, et d'un Ariston de Céos, péripatéticien. Cicéron parle de ce dernier dans le *De finibus*, V, 5.

l'antre de Trophonius et sous forme de récit ou de dialogue mêlé de récit, le péripatéticien Dicéarque avait composé un ouvrage du même genre, mais dont le titre était trompeur; ce n'était pas une description de l'antre de Trophonius et de ses rites mystérieux, c'était un tableau satirique du luxe, de la mollesse et des vices répandus dans la Grèce, dont la principale cause était, selon Dicéarque, la licence des ports de mer[1].

§ II. — NARRATIONS FABULEUSES DES HISTORIENS.

Logographes. — Mythographes. — Hérodote. — Ctésias. — Théopompe (*la Terre des Méropes*).

Les contes populaires et les fictions poétiques ont partout devancé l'histoire et en ont tenu lieu; il est même des peuples qui, comme les Indiens, n'ont jamais eu d'autre histoire que des poëmes. Chez les Grecs, nation mieux douée, à la fois plus artiste et plus philosophe, la critique a eu son jour, et ce jour n'a pas été trop lent à paraître. Mais avant que l'esprit critique se fût annoncé avec Hérodote et manifesté hautement avec Thucydide, la fable avait longtemps régné dans les annales des Grecs; elle avait rempli les récits d'Homère et des Cycliques, et jusqu'aux sèches narrations des logographes.

Que l'histoire à l'origine se soit confondue avec l'épopée, cela n'est douteux pour personne. Mais où

---

1. V. Athen. *Deipnos.*, XIV, 641; XIII, 594; *Hist. græc. fragm.*, II, 266. Cicéron, dans une de ses *Lettres à Atticus* (VI, 2), parle de la *narration Trophonienne* de Dicéarque.

finit l'épopée? où commença l'histoire? Il est difficile de le déterminer. Pour les anciens comme pour nous, la limite entre les deux genres était indécise. Denys d'Halicarnasse [1] cité parmi les anciens historiens grecs Cadmus de Milet et Aristéas de Proconnèse. Le premier était en effet un logographe, mais le second était un poëte qui avait chanté, ou sous le nom duquel on avait chanté les Arimaspes, et dont le renom fabuleux avait grossi les fables répandues sur ce peuple hyperboréen [2]. Cet exemple suffit pour faire sentir quelle confusion existait chez les anciens sur ce point de leur histoire littéraire.

Aussi bien, qu'étaient-ce que les logographes? Qu'étaient-ce que ces *cycles historiques*, ces *généalogies* des anciennes familles, ces *Périples* ou *Périégèses* qui se paraient des noms respectés d'Hécatée de Milet, de Denys de Milet, de Phérécyde, d'Hellanicus, etc.? Les habitudes du merveilleux et de la fiction, consacrées par les poëtes, n'étaient-elles pas maintenues dans les ouvrages en prose de leurs continuateurs, les logographes? Écoutez Thucydide : il vous dira [3] qu'il y a fort peu de faits certains et bien établis parmi ceux qui ont précédé la guerre du Péloponnèse. Sans doute Thucydide n'est pas juste

---

1. *Jugement sur Thucydide*, éd. Sylb., t. II, p. 138.
2. V. Hérodote, IV, 13-15; Dion Chrysost., *Discours XXXVII*, éd. Reiske, II, 127; Tzetzès donne (*Chiliad.* VII, 677 sqq.) quelques vers qu'il prétend tirés du poëme d'Aristéas de Proconnèse; il ne paraît pas se douter d'un fait qui n'a pas échappé à Denys d'Halicarnasse, à savoir que c'était un ouvrage apocryphe et bien postérieur à l'époque du vrai Aristéas.
3. *Hist. de la guerre de Péloponnèse*, liv, I, *init.*

envers tous ses devanciers, et il a tort de renvoyer ainsi d'un mot Hérodote parmi les conteurs de fables. Un tel jugement est trop sévère, même appliqué aux logographes ; mais il n'y a que justice à reconnaître qu'ils n'avaient pas su discerner les faits authentiques, les faits simplement probables, et les faits évidemment faux. Comment en eût-il été autrement? Pouvaient-ils créer d'un seul coup la critique des dates dans leurs généalogies et leurs chronologies, et la critique des faits dans leurs récits? Il leur restait peu de documents certains, et ils partageaient la crédulité de leurs contemporains. Quand il leur arrivait de discuter une tradition, leurs raisonnements étaients plus naïfs encore que leurs narrations : ces raisonnements détruisaient le charme de la légende sans le remplacer par le sérieux de l'histoire[1].

Nous ne nous arrêterons pas sur les logographes ; l'industrie des falsificateurs s'est tant exercée sur les débris de ces primitives histoires de la Grèce, qu'il est difficile aujourd'hui de distinguer les fragments des ouvrages apocryphes et ceux des ouvrages authentiques. Qu'il nous suffise d'avoir signalé le caractère fabuleux de la plupart de leurs récits, qui avait valu à plusieurs d'entre eux le nom de *mythographes*. De ce nombre étaient Hérodore d'Héraclée, auteur d'une *Histoire d'Hercule*, d'*Argonautiques*, d'une *OEdipodie* et d'une *Pélopie*[2], et Denys

---

1. Voir sur les logographes, Denys d'Halicarnasse, *Jugement sur Thucydide*, pass.; C. Müller, *Histor. gr. fragm.*, t. I, *Prolegomena*; Hase, *Journal des savants*, juillet 1849.

2. V. Müller, *Hist. gr. fr.*, II p. 27 et suiv.

de Milet, qui, selon Diodore de Sicile[1], avait coordonné dans son *Cycle historique* les traditions de l'ancienne épopée sur Bacchus, les Amazones, les Argonautes, la guerre de Troie et divers autres sujets. Pour Diodore de Sicile, Denys de Milet est un historien; Aristote, plus judicieux[2], ne voyait dans Hérodote qu'un simple *mythographe*. Le sujet et les titres seuls des ouvrages de ces logographes attestent la docilité avec laquelle les récits des poëtes furent suivis par eux et par leurs contemporains, les Hécatée et les Phérécyde. On a pu dire[3] qu'ils n'avaient fait que mettre en prose les poëmes cycliques. Pour prendre une idée de leur manière, il suffit de parcourir la *Bibliothèque* d'Apollodore et les premiers livres de Diodore de Sicile, qui ont conservé le ton général de leur narration.

C'est à juste titre qu'Hérodote est appelé le *père de l'histoire*. Laissons Lucien[4] confondre dans un même blâme Homère, Hérodote et Ctésias, et se plaindre de ce que, par leur faute, l'histoire des premiers temps soit un tissu de mensonges transmis de génération en génération. Laissons-le, dans une peinture satirique des Enfers[5], représenter comme les coupables les plus sévèrement punis les auteurs

---

1. V. Diodore, III, 52 et 66; *Hist. gr. fr.*, II, p. 2, sqq. Voir, sur les remaniements ou les falsifications qu'a pu subir cet ouvrage, notre deuxième partie, ch. III.

2. Aristote, *De la génération des animaux*, III, 5; *Hist. gr. fr.*, II, 32.

3. V. Clément d'Alexandrie, *Stromates*, VI, 267, dans les *Hist. gr. fr.*, II, p. 20.

4. *L'Ami du mensonge*, c. 2. — 5. *Histoire véritable*, II, 31.

d'histoires mensongères, et mettre au premier rang de ces imposteurs Hérodote aussi bien que Ctésias. Disciple des logographes, contemporain de quelques-uns d'entre eux, Hérodote les a bien dépassés. Il ne se borne point à entasser les faits et les traditions, il ne les expose point sans critique, sans méthode ni sans liaison : formé par de longs voyages, instruit par des conversations multipliées avec les lettrés, les témoins ou les acteurs des événements, guidé par un jugement ferme et généralement sûr, il est si exact, qu'aujourd'hui encore on retrouve l'Asie telle qu'il l'a décrite; il comprend et fait comprendre l'enchaînement des faits; enfin, s'il donne dans ses raisonnements trop de part à la fatalité, il pénètre souvent avec un véritable instinct philosophique les causes des succès et des revers, l'influence de la diversité des usages et des institutions chez les divers peuples. Il a le sentiment du vrai et les qualités sérieuses de l'historien, avec un certain mélange de naïveté. Sans doute Hérodote n'est pas un historien critique qui discute les traditions et pèse les témoignages, mais ce n'est pas non plus un historien crédule. Qu'est-ce donc? Un écrivain sincère qui répète ce qui lui a été raconté. On peut être certain que s'il ne craint pas d'accueillir quelquefois des contes; il ne les forge jamais lui-même. Il ne cherche pas à faire des dupes, et il ne faut pas croire qu'il le soit lui-même plus que les autres : plus d'une fois il lui arrive de faire ses réserves[1], et toujours il a soin

---

1. V. surtout livre II, c. 123.

de se mettre à couvert sous diverses autorités qu'il a soin d'invoquer, non pour donner crédit à des récits suspects, mais pour dégager sa responsabilité. Ici c'est la tradition des Égyptiens qu'il rapporte, là celle des Perses, ailleurs celle des Égyptiens. Il distingue toujours ce qu'il a vu et ce qu'il a entendu dire[1]; il n'affirme que ce qu'il a vu.

Qu'on ne parle donc plus ni de la crédulité[2] ni de la *malignité* d'Hérodote[3]; tout ce qu'on peut dire, c'est qu'il représente, non l'histoire philosophique, mais l'histoire naïve et conteuse. Toutefois, après avoir rendu hommage à ses grandes qualités d'historien, on peut, sans lui faire tort, reconnaître qu'il ne lui déplaît pas de s'étendre en de longs récits romanesques pour faire paraître son admirable talent de narrateur. On trouve en plusieurs endroits de son ouvrage un reflet des contes de l'Orient. Tantôt ce sont des légendes populaires, comme celles de Gygès et de Candaule[4], de la jeunesse de Cyrus[5], de Crésus[6], du faux Smerdis[7], d'Intapherne et de sa femme[8], du médecin Démocédès[9], d'Orétès[10], de Syloson[11] et de Zopyre[12]; tantôt, et le plus souvent, ce sont de vieux mythes qui étaient devenus des récits romanesques : tels sont, par exemple, les récits sur l'architecte du trésor de Rhampsinit et sur

---

1. V. I, 140; II, 148; VII, 152, etc.
2. V. Strabon, XIV; — Diodore de Sicile, 1, 69 et *pass.;* A. Gell., III, 10; VIII, 4.
3. V. le livre de Plutarque, et Dion Chrysostome, *Disc. XXXVII.*
4. Liv. I. — 5. *Ibid.* — 6. I, 34, 53, 86, etc. — 7. III, 68-79. — 8. III, 119. — 9. III, 127-137. — 10. III, 120-126. — 11. III, 139-149. — 12. III, 153-160.

ses fils[1], sur le voyage aux enfers de Rhampsinit[2], sur l'inceste de Mycérinus[3], sur les galanteries de la fille de Chéops qui construit une pyramide avec les libéralités de ses amants[4], et tant d'autres mythes qui avaient été surchargés de détails fictifs par condescendance pour une multitude ignorante et frivole, et dont le sens primitif avait fini par devenir impénétrable pour les représentants dégénérés de la caste sacerdotale.

Le nom d'Hérodote appelle celui de Ctésias. Ctésias fut le contradicteur[5], le rival avoué d'Hérodote, et il ne tint pas à lui qu'il ne fît oublier l'historien d'Halicarnasse. Bien qu'il traitât Hérodote de conteur de fables, la part des fables était plus forte chez lui que chez Hérodote; c'est surtout chez lui qu'on peut voir la trace des contes orientaux et l'influence des habitudes du merveilleux sur l'histoire.

A entendre Ctésias, il n'y avait pas d'historien plus grave ni mieux informé que lui, il n'avait eu en vue que la recherche de la vérité, et il lui avait été donné de la savoir, car les archives royales de Perse lui avaient été ouvertes[6]. Mais, à supposer que son assertion fût vraie, quelle foi pouvait-on attacher à une histoire composée par l'ordre et sous les yeux

---

1. V. II, 121 et suiv. Ce récit se retrouve dans Pausanias avec quelques variantes, et sous les noms grecs d'Agamède et de Trophonius, IX, *Bœot.*, c. 37.

2. II, 122; V. sur ce mythe Creuzer, tr. de M. Guigniaut, III, 587.

3. II, 129; V. Guigniaut, notes à Creuzer, I, 488.

4. II, 126; V. Heyne, *De fontibus Diodori*, éd. Bipont., I, p. XLIX.

5. V. Photius, cod. 72. — 6. V. Diodore de Sicile, II, 32.

des despotes asiatiques? D'ailleurs Ctésias avait-il bien pris la peine de faire une étude approfondie de la langue persane? N'était-il pas resté, même à la cour d'Artaxerxe, fidèle au dédain des Grecs pour les idiomes barbares? Tout d'abord son inexactitude fait concevoir plus que des doutes sur sa véracité. Sa chronologie ne s'accorde ni avec celle d'Hérodote, ni avec celle de Bérose, ni avec celle de la Bible[1]; et il place sur l'Euphrate[2] Ninive, qui était située sur le Tigre. Lucien fait observer avec justesse[3] que, pour l'histoire des Perses, il est difficile d'attendre la vérité d'un médecin grec qui avait grand intérêt à flatter ses hôtes, qui avait tout à craindre, tout à espérer du grand roi. Enfin Plutarque[4] prend ce grave historien en flagrant délit de mensonge et de forfanterie : à Ctésias, qui prétend avoir fait partie de l'ambassade envoyée par Artaxerxe aux Grecs après la bataille de Cunaxa, il oppose Xénophon[5], qui déclare qu'un certain Philinus était le seul Grec qui fît partie de cette ambassade.

On le voit, Ctésias n'était pas dans les meilleures conditions pour savoir la vérité, il n'était pas assez sincère ni assez désintéressé pour la dire. Ce n'est pas tout : l'antiquité est unanime[6] pour lui repro-

---

1. V. C. Müller, *De vit. et script. Ctesiæ*, à la suite des fragments de Ctésias, dans l'Hérodote de la collection Didot.
2. V. Diodore de Sicile, I, 3. — 3. *Sur la manière d'écrire l'histoire.* — 4. *Vie d'Artaxerxe*, ch. XVII.—5. *Anabase*, II, 1, 7.
6. Denys d'Halicarnasse, *Jugement sur les historiens*, II, 9, éd. Sylb.; Démétrius de Phalère, *de l'Élocution*, 221; Plutarque, *Vie d'Artaxerxe*, ch, VI; Photius, p. 45, Bekker.

cher d'avoir cherché avant toute chose l'agrément de la narration, et d'avoir souvent sacrifié la vérité au désir de rendre les faits émouvants, dramatiques, extraordinaires. On ne s'étonnera pas de lui voir accorder dans son histoire une large place aux contes orientaux, par exemple aux récits romanesques sur Sémiramis et sur Sardanapale. Il semble que ces deux récits soient disposés à dessein pour se faire contraste. Sémiramis égale par le génie, et dépasse par les exploits les plus grands hommes : non-seulement elle porte ses conquêtes aussi loin que Sésostris, et parcourt, en laissant partout des traces de sa puissance, la Médie, la Perse, l'Égypte, la Libye, l'Éthiopie, la Bactriane, l'Inde ; mais c'est à elle que tout commence en Assyrie, c'est elle qui fonde Ecbatane et Babylone, c'est elle qui couvre l'Asie de monuments et de chaussées ; enfin elle est admise au nombre des dieux et quitte la terre sous la forme d'une colombe[1]. Sémiramis, dans Ctésias, est le type, idéalisé par la légende, d'une femme plus courageuse et plus énergique que tous les hommes de son royaume. Sardanapale est le type contraire ; il représente un homme qui a le cœur d'une femme et qui en porte même souvent le costume. Tous les deux s'abandonnent à leurs passions, la première avec un emportement brutal, le second avec un mol et lâche abandon. Rien n'égale ses recherches de parure et de volupté ; il les porte jusque dans sa mort : ne voulant pas tomber entre les mains des ennemis, il fait élever dans l'intérieur de son palais

---

1. V. Ctés. ap. Diodor., II, 4-20.

un bûcher d'une hauteur de quatre plèthres[1], il y entasse cent cinquante lits, cent cinquante tables d'or, mille myriades de talents d'or et dix mille myriades de talents d'argent, avec un nombre infini de vêtements de pourpre et de robes magnifiques; il enferme dans une chambre ménagée au milieu du bûcher, et qui avait cent pieds de long, la reine, ses concubines et ses eunuques; puis il fait livrer tout aux flammes[2]. L'incendie dura quinze jours. N'est-ce pas là, comme le pense un critique[3], un récit digne des *Mille et une Nuits?* C'est dans ce goût hyperbolique, du reste tout oriental, que Ctésias écrit l'histoire. C'est ainsi qu'il donne au sépulcre de Ninus des proportions gigantesques, qui mettent à une trop forte épreuve la crédulité du lecteur[4].

Le livre de Ctésias sur l'Inde est celui où il a donné une plus libre carrière à son goût pour le merveilleux. Il le termine en disant : « Ce que je rap-
« porte est la pure vérité. J'ai parlé soit comme
« témoin oculaire, soit d'après les récits de témoins
« oculaires ; j'ai omis bien d'autres relations plus
« merveilleuses, pour ne pas paraître vouloir en im-
« poser à ceux qui ne les ont pas vues[5]. » Cette

---

1. C'est-à-dire cent vingt mètres, près du double des tours de Notre-Dame.

2. V. Ctésias dans Diodore, II, 23-27; Athénée, XII, p. 529.

3. Miot, notes de sa trad., I, 465.

4. Ce tombeau, selon Ctésias, avait neuf stades de haut et dix de large, c'est-à-dire près de dix-sept à dix-huit cents mètres. V. Ctésias cité par Diodore, II, 7.

5. Ctésias cité par Photius, *Cod.* 72.

crainte d'être soupçonné de mensonge trahit un auteur qui n'est pas sûr de lui-même. L'ouvrage de Ctésias est le plus ancien recueil tératologique de l'antiquité, et ses relations, reprises et amplifiées par les historiens d'Alexandre et par l'auteur de la *Vie d'Apollonius de Tyane*, ont traversé tout le moyen âge[1]. Que de fables sur les Pygmées, peuple fabuleux créé par l'imagination grecque, et transporté chez les Indiens[2], sur les gryphes, animaux moitié lions moitié oiseaux[3], sur l'onagre si célèbre au moyen âge sous le nom de la licorne[4], sur la fontaine d'or liquide[5], sur la pierre pantarbe qui avait, comme l'anneau de Gygès, la propriété de rendre invisible celui qui la portait[6], etc., etc. ! Est-ce à dire que Ctésias invente tout cela? Nullement. Il ne fait que répéter les traditions répandues sur l'Inde chez les Perses; il prend pour des réalités des images symboliques[7]. Son tort est de s'être donné pour témoin

---

1. V. Tzetzes, *Chiliad.*, VII, 638 et suiv.; B. de Xivrey, *Traditions tératologiques*, Prolégomènes, p. XXVIII ; F. Denis, *Le monde enchanté*.

2. V. Homère, *Iliade*, III, 6; Ctésias, *fragm.*, éd. Didot, p. 81; — Philostrate, *Vie d'Apollonius*, III, 49.

3. V. Ctésias, *fr.*, p. 82.

4. V. Ctésias, *fr., ibid.*; Philostrate, *Vie d'Apollonius*, III, 2; F. Denis, *Le monde enchanté*, p. 83.

5. V. Ctésias, *fragm.*, p. 80; Philostrate, *Vie d'Apollonius*, III, 45.

6. V. Ctésias, *fragm.*, p. 80; Philostrate, *Vie d'Apollonius*, III, 46. Ces contes fournissent un épisode à Héliodore (*Théagène et Chariclée*, liv. IV et VIII).

7. V. Creuzer, trad. de M. Guigniaut, I, 340; Schauffelberger, *Corpus script. veter. qui de Indiâ scripserunt*. Bonn., 1845 : C. Müller, *De vitâ et scriptis Ctesiæ*.

oculaire, tandis que tout porte à croire qu'il n'avait jamais pénétré dans l'Inde. Que penser d'un écrivain qui affirme[1] avoir vu de ses yeux le fameux *Martichoras*, ce monstre formé d'un homme, d'un lion et d'un scorpion, dont la queue était garnie de dards qu'il envoyait au loin et qui renaissaient sans cesse ?

Il n'y a que justice à dire de Ctésias que c'est un historien dépourvu de critique et de conscience. Il est d'autant moins excusable d'avoir ainsi accumulé les fables, que déjà l'histoire philosophique était née en Grèce, et avait trouvé dans Thucydide un illustre représentant. Peu soucieux de plaire, à la différence d'Hérodote, Thucydide ne s'était occupé que d'instruire; il ne s'était arrêté qu'aux faits certains, et encore pour les indiquer plutôt que pour les peindre, surtout pour en déterminer les causes et en faire ressortir les conséquences. Avec Thucydide, la véritable histoire était fondée; toutefois l'exemple de Ctésias nous a prouvé qu'elle ne devait pas rester longtemps sans atteinte. Cet exemple fut plus d'une fois suivi dans l'époque suivante, mais l'autorité de Thucydide imposa une certaine retenue aux historiens de l'époque attique. Xénophon marcha sur ses traces, et l'on ne peut dire qu'il les ait abandonnées dans la *Cyropédie*, car la *Cyropédie* n'est pas un ouvrage historique. Philiste imita un peu péniblement le maître ; mais si, au jugement de Cicéron, il ne fut jamais qu'un « avorton de Thucydide [2], » il

---

1. V. Ctésias cité par Élien, *Hist. natur.*, IV, 21.
2. *Pusillus Thucydides*, Cicéron, *Lettres à son frère Quintus*, II, 13. V. C. Müller, *Hist. gr. fr.*, I, p. XLV sqq.

a du moins le mérite d'avoir choisi un excellent modèle.

Le premier écueil de l'histoire, chez les écrivains qui suivirent Thucydide et qui ne rompirent point ouvertement, comme Ctésias, avec les traditions qu'il avait laissées, ce furent les habitudes d'amplification oratoire contractées dans les écoles des rhéteurs. C'est le défaut de Timée[1], d'Éphore[2], de Phylarque[3] et de Théopompe[4], mais surtout de ce dernier. Il ne suffit pas à Théopompe de déployer, comme ses rivaux et comme Thucydide lui-même, ses qualités oratoires dans des discours supposés ; frère d'un rhéteur, rhéteur lui-même, il porte dans l'histoire les procédés de la rhétorique, il aime l'emphase et prodigue l'hyperbole. Comme son maître Isocrate, il est aussi jaloux de moraliser que de bien dire ; aussi fait-il quelquefois céder les devoirs de l'historien aux préoccupations du moraliste. Il y a tel de ses récits qui nous est signalé par Denys d'Halicarnasse[5] comme fabuleux, et dans lequel nous trouvons un véritable *conte moral*. Qu'on en juge.

Silène, surpris entre deux vins par le roi Midas, se voit forcé de lui faire des révélations importantes. Il lui raconte, entre autres choses, les merveilles de la *Terre des Méropes*. D'après le récit de Silène, l'Europe, l'Asie et la Libye sont des îles entourées par l'Océan, le seul vrai continent est au delà et en

---

1. V. C. Müller, *Hist. gr. fr.*, I, p. XLIX sqq. — 2. V. *ibid.*, p. LVII sqq. — 3. V. *ibid.*, p. LXXVII, sqq. — 4. V. *ibid.*, p. LXV et suiv. — 5. *Lettre à Cn. Pompée.*

dehors de notre monde. La taille des animaux et des hommes y est le double de celle des animaux et des hommes connus de nous, leur vie est aussi le double de la nôtre. On y distingue deux cités immenses, la cité guerrière et la cité sainte. Les guerriers entreprirent autrefois une expédition contre nos îles et avec cent mille hommes envahirent la terre des Hyperboréens; mais, ayant été frappés de leur misère et ayant appris que c'était le peuple le plus heureux de toutes nos contrées, ils en eurent pitié et se retirèrent. Sur les confins de la *Terre des Méropes* se trouve un gouffre nommé l'*Anostos*, rempli d'un air rouge qui n'est ni la lumière ni les ténèbres; là coulent deux fleuves, le *fleuve du Plaisir* et le *fleuve de la Peine*, sur les bords desquels croissent des arbres dont les fruits ont les mêmes propriétés que chacun de ces deux fleuves[1].

Toutes ces allégories ne paraissent pas sans doute de nature à être prises à la lettre; cependant, telle était la crédulité des Grecs, qu'il n'était peut-être pas inutile que Cicéron et Strabon[2] rangeassent la *Terre des Méropes* au nombre des pays fabuleux. Élien croit donner une grande preuve de son discernement, lorsque, après avoir cité le texte de Théopompe, il ajoute : « Si quelqu'un veut croire à cette

---

1. V. Élien, *Hist. variée*, III, 18; C. Müller, *Hist. gr. fr.*, I, 289. C'est ainsi que Dion Chrysostome, dans une description de l'Inde, parle d'un pays heureux où coulent des fleuves de lait, d'huile, de vin et de miel, ainsi qu'une *Source de vérité* dont les hommes ne peuvent se rassasier lorsqu'ils en ont une fois goûté. Éd. Reiske, II, 72.

2. V. Strabon, VII, 458; Cicéron, *Des lois*, I, 1.

« narration de l'historien de Chio, il en est libre;
« quant à moi, je regarde Théopompe, en cet en-
« droit et en bien d'autres, comme un intrépide
« conteur de fables [1]. »

CHAPITRE II

LES ROMANS DANS L'ÉCOLE DE SOCRATE. L'*Atlantide* DE PLATON ET LA *Cyropédie* DE XÉNOPHON.

§ I. — L'ATLANTIDE.

Le récit de Théopompe sur la *Terre des Méropes* nous a jetés en plein roman philosophique. Cette chimère d'une terre fortunée a été aussi souvent reproduite par les philosophes que celle d'un âge d'or le fut par les poètes. Elle a surchargé la géographie des anciens de contrées fabuleuses, auxquelles la découverte de l'Amérique a depuis donné l'apparence d'un confus et vague soupçon de la réalité.

Théopompe n'était pas le premier qui eût ainsi caché des spéculations philosophiques sous la riante peinture de populations nombreuses, trouvant le bonheur dans l'exercice de la vertu et dans les favorables conditions de la température et du sol. La *Terre des Méropes* avait été précédée par l'*Atlantide* de Platon. L'élève de Socrate n'avait fait que suivre un conseil de son maître, en imaginant cette fiction

---

1. On avait fait un recueil des récits extraordinaires de Théopompe. V. Westermann, *Paradoxographi.*

pour donner quelque consistance à des idées du reste chimériques. C'est Platon lui-même qui nous l'apprend[1]. N'est-il pas remarquable que le roman philosophique, encore timide et incertain dans sa marche, ait reçu un nouvel élan du même homme qui a donné une si puissante impulsion à la philosophie grecque ?

Socrate, dans le *Timée*, exprime le désir de voir ses théories sur une république idéale présentées sous une forme qui leur prête les apparences de la réalité et de la vie. Critias s'offre à le satisfaire en lui contant une ancienne histoire, autrefois racontée par Solon à l'un de ses ancêtres, et qui lui a été transmise comme un héritage de famille. Il annonce le fait comme extraordinaire, comme fort ancien, comme glorieux pour Athènes; il a soin de dire que sa narration, pour être surprenante, n'en est pas moins authentique, et cite pour garant Solon, qui lui-même est supposé la tenir des prêtres égyptiens.

D'après son récit, Athènes était, avant le déluge de Deucalion, bien plus florissante qu'au temps de Périclès : les Égyptiens conservent une partie des institutions de cette première Athènes, si complétement oubliée de la nouvelle ; c'est de là que leur vient, par exemple, la séparation des citoyens en plusieurs castes, celle des prêtres, celle des guerriers, celle des laboureurs, celle des bergers, celle des chasseurs, et les différentes castes des artisans, aussi nombreuses qu'il y avait de métiers divers. Ils

---

1. V. le *Timée*, p. 20, éd. H. Estienne.

tiennent ces institutions d'une déesse, qui est, sous le nom de *Neith*, protectrice de la ville de Saïs, comme elle l'est de la ville d'Athènes, sous le nom de *Pallas Athéné*. Que de bienfaits l'une et l'autre ville ne doivent-elles pas à cette puissante déesse! Mais Athènes autrefois en savait mieux profiter, et sa fidélité aux leçons de la déesse faisait sa force et sa grandeur.

Un jour, des armées puissantes venues du fond de l'Océan Atlantique se précipitèrent sur la Grèce, après avoir conquis la Libye et l'Europe jusqu'à la Tyrrhénie. Les Athéniens prirent seuls les armes, et seuls ils refoulèrent l'invasion au delà des colonnes d'Hercule. Les envahisseurs étaient sortis d'une île plus grande que l'Asie et que la Libye, située au-devant des colonnes d'Hercule.

Dans un dialogue qui fait suite au Timée, et qui emprunte son titre au nom du narrateur, Critias donnait de nouveaux détails sur le gouvernement de l'ancienne Athènes, et surtout des habitants de l'Atlantide. Il montrait ceux-ci heureux et puissants, tant qu'ils conservèrent les institutions qu'ils avaient reçues de Neptune, puis entraînés par une ambition insensée à porter la guerre en Europe, et punis par la volonté de Jupiter. Depuis ce temps des tremblements de terre et des inondations ont englouti vainqueurs et vaincus, le souvenir de cette grande lutte s'est effacé, et il n'est resté de l'antique Atlantide qu'une vaste étendue de limon qui rend inaccessible cette partie de l'Océan.

Platon trahit lui-même son double travail de phi-

losophe et de romancier, en établissant, par la bouche de Critias, une comparaison entre la *République* et l'*Atlantide*. « Lorsque tu parlais hier, dit-il à
« Socrate, de ta république et des citoyens qui la
« doivent composer, j'étais surpris en repassant
« dans mon esprit le récit que je viens de te faire,
« et en songeant par quel merveilleux hasard, par
« quelle heureuse rencontre tes paroles concor-
« daient avec la plupart de celles de Solon..... Cette
« république que tu nous décrivais hier comme
« d'imagination, nous allons en faire une républi-
« que réelle, et les citoyens que tu te représentais
« nous seront figurés par ces anciens Athéniens,
« nos ancêtres, d'après le récit du prêtre égyptien;
« il n'y aura pas de différence entre eux, et nous
« pourrons, sans craindre de nous tromper, affir-
« mer que ce sont les mêmes[1]. »

En signalant le rapport qui existe entre les théories politiques et sociales cachées sous l'allégorie de l'*Atlantide* et celles qui sont exposées dans la *République*, Platon nous dispense d'insister sur un système auquel il a donné ailleurs d'amples développements. Il suffit de résumer les points qui sont spécialement indiqués dans l'*Atlantide :* la séparation du peuple en différentes castes, un gouvernement composé d'une monarchie nominale et d'une forte oligarchie, des États réunis par un pacte fédéral, et administrés séparément par des chefs qui se rassemblent dans une sorte de conseil amphictyonique,

---

1. *Timée*, 25 et 26, éd. H. Est.

enfin la communauté des biens, au moins entre les guerriers.

Ce n'est pas sans dessein que Platon avait mis dans la bouche de Critias ses rêveries sur une Athènes idéale et sur sa fabuleuse Atlantide. Critias passait pour l'un des beaux esprits d'Athènes, et avait quelque réputation comme poëte [1]; de plus, son récit était donné comme extrait d'un poëme qui, s'il eût été achevé, devait mettre le nom de Solon de pair avec celui des Homère et des Hésiode [2]. La place de l'*Atlantide*, au jugement de Platon, est donc à côté de l'*Odyssée* et de la *Théogonie*.

Plusieurs écrivains de l'antiquité, Strabon [3] par exemple et Pline l'Ancien [4], se sont inscrits en faux contre toute la narration de Critias sur l'Atlantide. Mais le nombre était plus grand de ceux qui en admettaient l'authenticité. C'étaient d'abord les platoniciens, comme Philon le Juif [5], comme Proclus [6], qui n'avaient garde de révoquer en doute la parole du maître. Le géographe Posidonius ne faisait pas difficulté de mentionner dans sa géographie l'ancienne Atlantide [7]; Ammien Marcellin [8] rapporte comme un fait historique la destruction de cette île; Arnobe [9] et Tertullien [10] ne paraissent pas soupçonner qu'on en puisse douter. Il semble même que le roman de Platon ait produit dans l'Académie d'autres romans destinés à venir à l'appui du premier.

1. V. Platon, *Charmide*, init. — 2. Id, *Timée*, p. 21. — 3. *Géographie*, II, 3. — 4. *Hist. natur.*, II, 92. — 5. V. Philon, *De l'indestructibilité du monde*. — 6. *Commentaire sur le Timée*. — 7. Voir dans Strabon, II, 3. — 8. *Hist. des empereurs*, XVII, 7. — 9. *Contre les païens*, liv. I. — 10. *Apologétique*.

Le géographe Marcellus[1] parlait de certaines relations de voyages d'après lesquelles des traditions sur l'Atlantide auraient été recueillies dans une île inaccessible de l'Océan. Un platonicien de la première académie[2], Crantor, invoquait le témoignage des Égyptiens, et disait qu'ils montraient aux Grecs, gravée sur des colonnes, toute l'histoire rapportée par Platon. On est obligé de croire ou que Crantor a été la dupe d'une fraude assez grossière, ou plutôt peut-être qu'il a employé en faveur de l'*Atlantide* de son maître un artifice auquel eut aussi recours Evhémère pour accréditer ses contes sur les anciens rois de la Panchaïe.

On ne croira pas volontiers avec Proclus que le récit de Platon sur l'Atlantide offre à la fois l'exposition de faits vrais et le symbole de dogmes très-profonds ; mais il n'est guère plus facile d'admettre l'opinion de Longin[3], d'après lequel tout ce morceau ne serait qu'une œuvre de style, un caprice d'imagination, sans réalité historique et sans portée philosophique. Dans l'antiquité même, Proclus nous en avertit, il ne manqua pas de philosophes qui se tinrent entre ces deux opinions extrêmes, et qui, refusant d'y voir un récit historique, l'acceptèrent comme une allégorie : mais ils rivalisèrent de subtilité avec les néo-académiciens pour l'explication de cette allégorie, que chacun entendait à sa manière. Dans la guerre des Atlantes contre les Athéniens, les uns voyaient l'opposition des étoiles fixes et des planètes, les autres l'hostilité des âmes justes et des

---

1. V. Proclus, *ouvrage cité*. — 2. V. *ibid*. — 3. *Ibid*.

âmes coupables; ceux-ci la lutte des bons et des mauvais génies, ceux-là l'antagonisme des mauvais génies contre les âmes à leur entrée dans le corps; d'autres enfin soutenaient que c'était l'emblème de l'éternelle guerre de la matière contre la forme, de la diversité contre l'unité.

Les modernes n'ont pas moins discuté que les anciens sur la véracité du récit de Platon ou sur sa signification allégorique. Il n'entre pas dans notre sujet de passer en revue les nombreux systèmes auxquels ce mythe a donné naissance, dont les uns admettent toute la relation de Platon, dont les autres la rejettent ou n'en acceptent qu'une partie, et qui tous l'interprètent d'une manière différente[1]. Pour nous, le récit de Critias est un mythe comme il y en a tant d'autres dans Platon, la multiplicité et la divergence de tous les systèmes qui ont prétendu en soutenir la véracité semblent n'avoir servi qu'à en mettre dans un plus grand jour le caractère fictif. La découverte du nouveau monde, qui, au premier abord, paraît donner à ce récit un caractère demi-historique, ne prouve rien en sa faveur : plusieurs des écrivains qui croient à l'Atlantide de Platon ne la confondent nullement avec l'Amérique, mais ils prétendent la retrouver soit dans l'Afrique, soit dans le Spitzberg, soit dans la Suède, soit dans la Sardaigne, soit dans l'île Ceylan, soit même en quelque autre terre. Avouons cependant, avec La Mothe le Vayer[2], qu'il

---

1. Voir, pour l'exposition et la réfutation de ces systèmes, la savante *Dissertation sur l'Atlantide* de H. Martin; *Études sur le Timée*, 1, 258 et suiv. — 2. *Géographie du prince*, ch. 21.

y a dans l'*Atlantide* « quelque petite apparence de l'Amérique; » d'ailleurs on ne saurait nier que l'antiquité ait eu au moins un vague soupçon d'un continent relégué au loin dans les profondeurs de l'Océan.

Que Platon ait admis, avec Strabon et quelques savants de l'antiquité, qu'il pût exister un autre monde au delà de l'Océan, on le croira sans peine. Mais ce n'était là qu'une hypothèse. Si Platon transforme cette hypothèse en réalité, ce n'est pas qu'il ait eu plus de perspicacité que les géographes anciens; c'est qu'il cherchait une contrée pour y mettre en action les théories exposées dans la *République*. Quel théâtre pouvait-il mieux choisir, pour la société créée par sa fantaisie de philosophe et de poëte, que ce monde inconnu, dont l'idée provoquait l'imagination et semblait d'accord avec la raison ? N'était-ce pas une bonne fortune que de pouvoir ainsi donner à sa fiction intérêt et vraisemblance ? Et, pour expliquer l'entière interruption des rapports entre l'Europe et l'antique terre des Atlantes, n'était-il pas à propos de faire disparaître cette terre par une catastrophe ? L'Atlantide, dit ingénieusement Strabon[1], « fut anéantie par celui « qui l'avait faite, comme autrefois la muraille des « Achéens par le poëte. »

§ II. — LA CYROPÉDIE.

Le conseil donné par Socrate de mettre en quelque sorte en action les doctrines philosophiques ne

---

1. *Géographie*, II, 3.

fut pas perdu pour ses disciples : comme il avait produit l'*Atlantide*, il produisit la *Cyropédie;* deux ouvrages dont la forme littéraire a une même origine, mais où les auteurs ont porté la diversité de leurs idées et de leur génie.

Il n'y avait chez les anciens qu'une opinion au sujet de la *Cyropédie :* on la considérait, non comme une histoire, mais comme une œuvre d'imagination et de théorie politique. Platon, n'admettant ni cette théorie ni l'application qui en était faite à Cyrus, a tracé de ce prince un portrait tout différent de celui de Xénophon : il le représente[1] tout entier à ses conquêtes, abandonnant à des femmes et à des eunuques l'éducation de ses enfants, et préparant ainsi l'abaissement et la ruine de sa famille. Ce portrait, moins infidèle que celui de Xénophon, était, suivant Diogène de Laërte, Athénée et Aulu-Gelle[2], la satire de la *République*. Cicéron[3] ne voyait dans l'ouvrage de Xénophon que la peinture idéale d'un bon gouvernement, c'est-à-dire d'un gouvernement fort et tempéré, tel que lui-même, dans sa *République*, essaya d'en tracer un nouveau modèle. Ausone, comparant au Cyrus de Xénophon l'empereur Gratien, a bien soin de dire que le tableau qu'il présente dans son *Panégyrique* est réel, tandis que celui de la *Cyropédie* est imaginaire. Enfin le rhéteur Hermogène, dans une appréciation qu'il donne

---

1. *Des lois*, III.
2. Diogène de Laërte, *Vie de Platon;* Athénée, *Banquet des sophistes*, XI; A. Gelle, *Nuits attiques*, XIV, 3.
3. *Lettres à son frère Quintus*, I, 1.

de Xénophon, cite comme romanesques et fictifs deux des épisodes de la *Cyropédie*[1]. Quant aux historiens de l'antiquité, il n'en est pas un seul qui, sur la vie de Cyrus, suive le récit de Xénophon : s'ils se rencontrent avec lui, ce n'est qu'aux endroits où il se rencontre lui-même avec Hérodote ou Ctésias.

Il était réservé à des modernes d'inscrire dans l'histoire les fictions philosophiques et politiques de Xénophon. Cette erreur vient soit d'une indigence, soit d'un raffinement de critique : elle est commune aux écrivains qui sont plus préoccupés du but moral de l'histoire que du contrôle des témoignages[2], et à ceux qui se laissent séduire par l'attrait du paradoxe[3]. L'opinion contraire a cependant fini par prévaloir, grâce aux démonstrations de plusieurs savants[4].

Nous n'avons pas l'intention de renouveler une discussion désormais épuisée, et dans laquelle il n'y a plus guère d'argument nouveau à produire. C'est désormais plutôt une question de goût qu'une question de critique. On a surabondamment prouvé que

---

1. *Des formes oratoires*, II, 12. Les épisodes qu'il signale sont ceux d'Abradate et de Panthée, de Tigrane et de la belle Arménienne.

2. Bossuet, *Hist. universelle;* Rollin, *Hist. ancienne.*

3. L'abbé Banier, *Mémoires de l'Acad. des inscriptions*, VI, 400; Hutchinson, *Xenoph. opera*, 1763, I; Dubeux, *Perse*, dans l'*Univers pittoresque.*

4. Fraguier, *Acad. des Inscr.*, II, 45; Fréret, *ibid.*, IV, 588; VII, 447; Sainte-Croix, *ibid.*, XLVI, 399; Zeune, Weiske, Bornemann, *Préfaces de leurs éditions* (1778, 1798, 1828); Letronne, *Biogr. univ.*, article *Xénophon;* éd. de Rollin, II, 97; Daunou, *Cours d'études historiques*, VIII, 172, etc.

la plupart des récits de la *Cyropédie* sont des fictions, et que l'histoire, la chronologie et la géographie y reçoivent plus d'une atteinte. Le seul examen de cette œuvre, comme composition littéraire, suffit, ce semble, à démontrer de la manière la plus décisive que cette histoire de Cyrus n'est qu'un roman.

L'auteur des *Helléniques* et de l'*Anabase* est sans contredit un admirable historien : il raconte avec sincérité et avec intérêt les faits dont il a été acteur ou témoin; mais son génie ne le porte pas, comme le génie d'Hérodote, à faire du passé l'objet de ses curieuses investigations. Son témoignage est une autorité, lorsqu'il parle des faits qu'il a vus s'accomplir, mais n'a pas la même valeur sur les événements éloignés. Autant il est exact pour les annales contemporaines, autant il croit pouvoir se mettre à l'aise avec une histoire aussi mal connue que celle de Cyrus, avec une histoire sur laquelle il existait, de l'aveu d'Hérodote[1], quatre traditions différentes.

Xénophon était avant tout un moraliste. Il déclare lui-même, et cela dans un traité *sur la Chasse*[2], que son unique ambition d'écrivain, c'est de faire des sages et des hommes de bien. Si telle était sa constante préoccupation, n'avait-elle pas dû devenir plus puissante sur son esprit dans sa vieillesse, alors qu'il composa la *Cyropédie?*

Le titre lui-même, s'il est de Xénophon, trahit son dessein : s'il a été postérieurement donné à cet ouvrage, il témoigne du sens qu'y attacha toute l'antiquité. Ce livre, à vrai dire, n'est pas une histoire

---

1. Livre I, ch. xcv. — 2. V. la fin de ce traité.

de Cyrus, c'est le développement d'un système d'éducation[1]. Xénophon ne suit son héros dans tout le cours de sa vie et de ses exploits, que pour montrer par un exemple frappant les fruits de ce système. De même J.-J. Rousseau, après avoir terminé l'éducation de son Émile, cherchera dans la conduite de son élève l'effet des leçons qu'il lui aura données. Dès le début, on voit que Xénophon se propose moins de rapporter des faits que de soutenir des doctrines. « Pénétré d'une légitime admiration pour ce
« grand homme, dit-il en parlant de Cyrus, nous
« avons recherché quelle était son origine, quel fut
« son caractère, et *quel genre d'éducation a fait de*
« *lui un roi si habile*[2]. » La vérité est que l'auteur de la *Cyropédie* a voulu montrer quel genre d'éducation peut faire un grand roi ; et ce roi idéal, il l'a appelé Cyrus.

Lorsque Cicéron parlait de la gravité unie à l'agrément dans la *Cyropédie*, il faisait allusion à cet enseignement caché sous les artifices d'un récit habilement calculé. Pour qui considère les spéculations à la fois philosophiques et politiques développées dans cet ouvrage, l'inspiration de Socrate est manifeste. De même que Socrate avait uni la politique et la morale, de même Platon et Xénophon ont soin de ne les pas séparer ; ils leur donnent pour lien l'éduca-

---

1. Selon Damm (Berliner monathschrift, 1796, I, p. 69), Κύρου παιδεία ne signifierait pas l'*Éducation de Cyrus*, mais les *Institutions de Cyrus*. La difficulté, s'il y en a une, est tranchée par Cicéron, qui traduit ce titre *Cyri vita et disciplina* (*Brutus*, c. XXIX).

2. *Cyropédie*, I, 1.

tion. La *République* est un traité d'éducation; c'est un système d'éducation qui forme le fond de la *Cyropédie*. Xénophon y fait la satire de la plupart des législateurs, qui ne songent qu'à punir le mal par leurs lois, au lieu de les prévenir par l'éducation.

Pour lui, les écoles ne doivent pas être, comme chez les Grecs, consacrées à l'étude de la gymnastique ou des belles-lettres, mais à l'enseignement des bonnes doctrines et à la pratique des bonnes mœurs : il les appelle des *écoles publiques de justice*[1]. Elles sont ouvertes, non pas à tous les enfants, mais à ceux que leurs parents peuvent nourrir sans un travail mercenaire; car Xénophon, comme presque tous les législateurs grecs, ne songe qu'à la partie supérieure de la société. Ces enfants sont confiés à la surveillance des vieillards et soumis à une vie dure et frugale : ils ne mangent que du pain et du cresson, ils ne boivent que de l'eau : quant à leurs occupations, ils n'en ont pas d'autre que d'apprendre la justice par la pratique. Telle est l'éducation que reçoit, avec les autres enfants de son âge, le Cyrus de Xénophon.

A la discipline des écoles publiques succéderont bientôt les leçons de son père. Lorsque Cambyse envoie pour la première fois son fils à la guerre, il l'accompagne jusqu'à la frontière, et, dans un long entretien[2], lui donne comme un abrégé des maximes qui présideront à toute la vie de Cyrus et dont la pratique fera sa grandeur. Presque toutes les questions qui doivent attirer l'attention, non-seulement

---

1. *Cyrop.*, I, 2. — 2. *Ibid.*, I, 6.

d'un chef militaire, mais d'un roi, s'y trouvent posées et résolues : d'abord les devoirs envers les dieux ; puis les différentes qualités d'un bon général, qui doit veiller à ce que son armée ne manque jamais du nécessaire, entretenir la vigueur des soldats en les occupant sans cesse, prévenir parmi eux les maladies, bien choisir les lieux de campement, plier les soldats à l'obéissance ; enfin la stricte observation des augures, condition bien importante en effet dans des temps où le pouvoir trouvait dans la superstition un appui, lorsqu'il ne s'en faisait pas une entrave.

Xénophon a tellement à cœur de montrer l'excellence de cette éducation qu'il ne craint pas d'en exagérer les résultats. Les semences fécondes déposées dans le cœur de Cyrus par ses maîtres et par son père se développent avec une telle rapidité que, dès sa jeunesse, c'est un prince accompli : l'éducation a tout fait, elle a presque supprimé le lent travail de l'expérience. Peut-être l'auteur du *Télémaque*, cet autre roman d'éducation, a-t-il été mieux inspiré, lorsque, par une gradation savante, il a montré l'élève de Mentor se formant peu à peu, se fortifiant chaque jour dans la pratique des vertus, et profitant de ses fautes mêmes pour faire un effort de plus en vue de la perfection.

C'est dans les coutumes des Spartiates, et non dans celles des Perses, qu'il faut chercher l'idée première, d'ailleurs fort embellie, de toute cette peinture de l'éducation donnée à Cyrus. Plus d'une page de la *Cyropédie* peut être commentée par quelque passage de la *République de Sparte*[1], autre ouvrage de Xénophon. Mais l'admirateur des institutions de Lacédémone apparaît surtout dans le tableau que l'élève de Socrate présente de la royauté de Cyrus.

Comment n'y pas voir le développement des idées personnelles de l'auteur se substituant à l'exposition des faits historiques? Quoi de plus contraire à ce que l'on sait de la royauté despotique des Perses, que ces maximes sur une monarchie tempérée que Xénophon met partout dans la bouche de ses princes? Lorsque Cyrus demande à rester en Médie auprès d'Astyage, il reçoit de sa mère Mandane des conseils qui sont bien faits pour étonner, venant d'une reine, surtout d'une reine des Perses : « Mon fils, les prin-
« cipes de la justice sont différents en Médie et en
« Perse. Astyage est maître absolu de tous les Mèdes ;
« en Perse, on croit qu'il est juste que tous les
« hommes soient égaux. Ton père ne fait rien dans
« l'État et ne reçoit rien qui ne soit prescrit par la
« loi. C'est la loi, et non pas son caprice, qui limite
« sa puissance. Malheur à toi, si, à ton retour dans
« ta patrie, tu rapportes d'ici, au lieu de maximes
« royales, des maximes tyranniques, et si tu t'ima-
« gines qu'un seul homme doit avoir plus que tous
« les autres[2] ! »

Plus tard, au moment où Cyrus revient dans sa patrie triomphant et glorieux, déjà roi de Babylone, futur roi de la Perse par sa naissance, et de la Médie

---

1. V. *Cyrop.*, I, 2, et *Rép. de Sparte*, II; *Cyrop.*, III, 3, et *Rép. de Sparte*, IX, etc. V. Bornemann, *Préf. de son édit.*, p. XLIV.

2. *Cyrop.*, I, 3.

par son alliance avec la fille de Cyaxare, Cambyse lui adresse ces paroles devant les Perses rassemblés : « Si jamais, Cyrus, exalté par ta fortune, tu essayes « d'exercer sur les Perses, comme sur les peuples « que tu as soumis, un pouvoir absolu; ou si vous, « Perses, jaloux de sa puissance, vous entreprenez « d'y porter atteinte, sachez bien que vous mettrez « vous-mêmes obstacle à toutes les prospérités que « vous êtes en droit d'attendre[1]. » Ouvrez la *Vie d'Agésilas* par Xénophon, vous y trouverez les mêmes idées et presque les mêmes expressions. « Il est « juste, dit le biographe, ou plutôt le panégyriste « du roi de Sparte, il est juste de louer et les con-« citoyens et les ancêtres d'Agésilas : ses conci-« toyens, parce qu'ils ne se sont jamais montrés ja-« loux des prérogatives royales, et n'ont jamais « entrepris de dépouiller les rois de leur pouvoir; « ses ancêtres, parce qu'ils n'ont jamais ambitionné « une autorité plus considérable que celle qu'ils « avaient reçue avec la royauté. Aussi, tandis que « l'on ne voit aucun gouvernement, ni démocra-« tique, ni oligarchique, ni despotique, ni monar-« chique, durer sans interruption, la monarchie de « Lacédémone s'est seule maintenue[2]. »

Ce qui pouvait se dire de Lacédémone[3] n'a été appliqué aux Perses que par une fiction dont la raison est indiquée au début de la *Cyropédie*. Xénophon y parle des révolutions si fréquentes dans les divers États, des exemples d'insubordination si nom-

---

1. *Cyrop.*, VIII, 5. — 2. *Vie d'Agésilas*, ch. I; V. aussi ch. VII. — 3. V. *Rép. de Sparte*, ch. XV.

breux dans l'intérieur même des familles; et, opposant à ces révoltes la docilité des animaux domestiques, il conclut « qu'il n'y a pas pour l'homme « d'animal plus difficile à gouverner que l'homme[1].» Mais il ajoute que ce qui est difficile n'est pas impossible, et, pour le prouver, il propose l'exemple de Cyrus, c'est-à-dire d'un prince à la fois puissant et modéré dans l'exercice du pouvoir : il montre que ce pouvoir, établi et limité par les lois, réclame une obéissance qui n'est pas incompatible avec la liberté, et qui en est même la meilleure garantie. « De même, dit l'un des officiers de Cyrus, que
« nous nous croyons le droit de commander à nos
« esclaves, de même nous devons obéir à ceux qui
« sont au-dessus de nous. La différence qu'il y a
« entre nous et les esclaves, c'est qu'ils servent
« leurs maîtres par force, tandis que nous, qui nous
« glorifions d'être libres, nous devons faire volon-
« tairement ce que nous estimons le plus conforme
« à la raison. Même parmi les États non monarchi-
« ques, vous verrez que ceux où il y a le plus de
« docilité envers les magistrats sont ceux qui sont
« le moins sujets à subir la loi d'un vainqueur[2]. »

C'étaient là sans doute des maximes qui, de la part d'un écrivain athénien, ne manquaient ni de hardiesse ni d'à-propos. Elles n'étaient cependant pas absolument nouvelles en Grèce, ni même à Athènes. Au milieu de toutes les petites républiques de la Grèce et de l'Italie, sans cesse agitées par des guerres intestines, il se trouva plus d'un esprit ré-

---

1. *Cyrop.*, I, 1. — 2. *Ibid.*, VIII, 1.

fléchi pour déplorer le long règne de la démagogie, pour l'accuser de tous les maux de la patrie et de tous les outrages faits à la liberté, pour aspirer au repos sous un chef assez puissant pour l'assurer. Il y eut de tout temps, dans les cités grecques, un parti monarchique, qui croyait que le principe de la monarchie avait été perverti par Pisistrate et par les Pisistratides, mais espérait voir ce principe se relever d'un discrédit passager. Chez les Athéniens eux-mêmes, la mémoire de Thésée et celle de Codrus étaient entourées de vénération; Périclès avait habitué ses concitoyens à l'idée de la suprématie libérale d'un seul homme. Isocrate crut longtemps que la royauté macédonienne pourrait être un gouvernement tutélaire, et que la Grèce lui devrait un jour l'apaisement de ses discordes sans l'opprobre de la conquête : mais Chéronée le détrompa. Dans les écoles de philosophie, surtout chez les pythagoriciens, le vœu était souvent exprimé d'un État qui réunirait dans une juste mesure une part de démocratie, une part d'oligarchie, une part d'aristocratie et une part de royauté : Archytas, Hippodame et Panétius ont écrit en ce sens[1]. Xénophon a cherché, lui aussi, dans quelle proportion pourraient se fondre les divers éléments qui forment la base des États et des sociétés : dans sa combinaison, il fait prédominer l'élément monarchique, mais n'exclut pas la démocratie.

A côté des maximes sur l'éducation et des théo-

---

[1]. V. Stobée, *Florilegium*, p. 251; Villemain, Préface de la traduction de la *République de Cicéron*, p. XXXVI.

ries sur le gouvernement, il est impossible de ne pas remarquer l'importance donnée dans la *Cyropédie* aux détails sur l'art militaire : après l'élève de Socrate, après l'admirateur de Lacédémone, le général a son tour. Mais ce général est un ancien chef de mercenaires, et il a commandé les *Dix mille*. Cyrus ne donne des ordres que sur le champ de bataille; partout ailleurs il cherche à persuader son armée, et il fait plus d'une fois appel à ses délibérations[1]. C'est là une coutume républicaine, qui pouvait convenir à merveille aux armées grecques : mais à coup sûr les Perses ne connaissaient ni les assemblées, ni surtout les armées délibérantes.

De plus, si à la tête de ses troupes Cyrus songe à vaincre, il ne se préoccupe pas moins de gorger de butin ses soldats, pour se les attacher. « Lors-
« qu'un général dispose de forces suffisantes pour
« faire, aux dépens de l'ennemi, du bien à ses amis,
« dont le dévouement saura le lui rendre, et que ce
« général néglige de les enrichir ainsi, sa conduite
« n'est-elle pas aussi honteuse que celle d'un
« homme qui aurait des terres et des esclaves pour
« les cultiver, et qui laisserait ses champs en
« friche[2] ? » C'est ainsi que pense et que raisonne sans cesse Cyrus. « Si mes soldats, dit-il, ne retirent
« aucun fruit de leurs fatigues, je ne pourrai long-
« temps compter sur leur obéissance[3]. » Aussi ne néglige-t-il aucune occasion pour faire de bonnes captures et pour les partager à ses troupes. Alors

---

1. *Cyrop.*, I, 5; II, 3; IV, 5; V, 5. — 2. *Ibid.*, I, 6. —
3. *Ibid.*, VI, 2 ; V. encore II, 4.

qu'il fait la guerre pour le compte et aux frais de son oncle Cyaxare[1], il veut profiter dans ce but d'une récente défaite essuyée par les Assyriens; mais les cavaliers lui manquent : il en demande à Cyaxare. « Confiez-moi seulement, lui-dit-il, ceux qui vou-
« dront me suivre; et peut-être rapporterons-nous
« de quoi vous réjouir, vous et tous vos amis. Nous
« n'irons pas nous attaquer au gros de l'ennemi;
« mais si nous trouvons quelque corps détaché ou
« laissé en arrière, nous le ramènerons ici. Son-
« gez-y, Cyaxare : à votre prière et pour vous faire
« plaisir, nous sommes venus ici de bien loin; ne
« devez-vous pas faire quelque chose pour nous à
« votre tour, afin que nous ne nous en retournions
« pas les mains vides, et que nous n'ayons pas tou-
« jours les yeux fixés sur votre trésor[2]? » Toujours jaloux d'enrichir ses soldats, s'il réprime le pillage partiel, c'est pour assurer à tous un plus riche butin : « Si nous sommes vainqueurs, évitons ce qui
« bien souvent a changé une victoire en défaite; ne
« nous tournons pas vers le pillage. Celui qui agit
« ainsi n'est plus un soldat, mais un valet d'armée :
« libre à chacun de le traiter comme un esclave. Il
« faut savoir une chose, c'est qu'en définitive rien
« ne profite plus que la victoire : le vainqueur en-
« lève tout à la fois hommes, femmes, richesses,
« territoires. Ne songez donc qu'à une chose, c'est
« aux moyens d'assurer le triomphe[3]. »

Les préoccupations du général ont laissé dans la *Cyropédie* de plus nobles indices. Xénophon se

---

1. *Cyrop.*, III, 3. — 2. *Ibid.*, IV, 1. — 3. *Ibid.*, IV, 2.

complaît dans le détail des manœuvres stratégiques[1] : il aime à rendre compte de certains stratagèmes ou de diverses inventions dont il fait honneur aux *taxiarques* de Cyrus, et dont sans doute l'idée lui appartient; il énumère toutes les mesures à prendre pour entretenir dans une armée la discipline, la santé, la vigueur, l'émulation, le courage; il insiste avec une prédilection toute particulière sur deux points, sur l'importance de la cavalerie et sur celle de la chasse[2]. On y reconnaît l'auteur de traités spéciaux sur ces deux sujets, et l'on ne remarque pas de différence entre ces traités et les endroits de la *Cyropédie* où sont développées les mêmes questions.

Le vrai fond de la *Cyropédie*, ce sont ces diverses théories sur l'éducation, sur le gouvernement et sur l'art militaire : la partie narrative n'est qu'un cadre ingénieux où ces théories viennent en quelque sorte prendre un corps et simuler une vie qu'elles n'ont jamais eue. Xénophon emprunte à l'histoire de Cyrus tout ce qui se rapporte à son dessein, mais il ne se fait pas faute de supprimer ce qui ne rentre pas dans son plan, ni d'ajouter un grand nombre de traits propres à mettre ses idées en lumière : il n'est pas une partie du récit qui ne concoure à ce but.

Toute la vie de Cyrus montre comment un prince, élevé dès l'enfance dans la pratique de la justice, peut devenir le modèle des rois et le bienfaiteur de son peuple; sa mort, qui est celle d'un sage, couronne dignement une si noble vie.

1. V. tout le livre II, *pass.* v, 3; III, 3; IV, 1; II, 4; I, 5 et 6.
2. *Ibid.*, VII, 4; I, 4; VIII, 1.

Sans doute, le Cyrus de Xénophon n'est pas encore pour nous le modèle des princes : avec nos idées modernes, nous pourrions désirer plus de générosité envers les peuples conquis; mais que l'on songe aux cruelles maximes reçues chez les anciens sur le droit de la guerre, Cyrus paraîtra magnanime, puisqu'il épargne la vie des vaincus, puisqu'il se contente de les dépouiller de leurs biens et de leur liberté. Après la prise de Babylone, il dit à ses *homotimes* en toute sincérité : « Vous ferez acte d'hu-
« manité en laissant aux vaincus ce qu'il vous plaira
« de leur laisser[1]. » Il ne pouvait, d'ailleurs, être libéral à l'égard de ses amis sans que les ennemis sentissent sa main s'appesantir sur eux. L'idéal de Xénophon n'est pas le nôtre, mais c'est celui de son temps.

Cyrus parle des devoirs de la royauté comme un philosophe : « Je vois que tous les peuples pensent
« que le chef d'un État doit se distinguer des autres
« citoyens par une plus grande magnificence dans
« les repas, par une plus grande quantité d'or dans
« sa demeure, par plus de sommeil et moins de
« travail. Selon moi, au contraire, ce n'est point
« par la mollesse que le chef d'un État doit l'em-
« porter sur les hommes auxquels il commande,
« c'est par sa prévoyance et son ardeur au tra-
« vail[2]. » Et le langage qu'il tient ici devant son père, dans sa jeunesse, alors que l'impression des leçons qu'il a reçues est toute fraîche, il le tiendra encore plus tard, après la prise de Babylone[3]. Ce

---

1. *Cyrop.*, VII, 5. — 2. *Ibid.*, I, 6. — 3. *Ibid.*, VIII, 1.

sont les principes de l'Agésilas de Xénophon[1], car Xénophon peint son Cyrus sur le modèle d'Agésilas, dont il fut l'admirateur et l'ami ; il se borne à le rajeunir et à l'idéaliser. C'est, du reste, le même courage, la même continence, la même douceur, la même affabilité dans le commerce de la vie et dans les relations de la société[2].

Cyrus n'est pas un Perse, c'est un Grec. Est-ce un Perse qui aurait prononcé cette belle parole : « Il « est bien plus agréable de se signaler par des actes « de bonté que par des talents militaires : ceux-ci « n'éclatent que par le mal que l'on cause aux « hommes, ceux-là se manifestent par le bien qu'on « leur fait[3]. » Est-ce un Perse qui aurait répandu dans les conversations le charme et l'agrément que Cyrus se plaît à y entretenir[4] ? Agésilas lui-même, bien qu'il sût « se mêler au badinage de ses amis[5], » pouvait-il donner une idée de cette exquise urbanité qui, selon Xénophon, distinguait le fils de Cambyse[6] ? Xénophon était Athénien, et quelque prévenu qu'il fût contre les institutions de sa patrie, il n'allait pas jusqu'à répudier les traditions de la bonne compagnie d'Athènes. Il égaye quelque part son récit par une petite scène de comédie : on y voit Cyrus badiner après un festin avec ses amis, se vanter de s'entendre à faire des mariages bien assortis, et tracer un portrait plaisant de la femme qui

---

1. *Vie d'Agésilas*, ch. v. — 2. V. *Cyrop.*, v, 4 ; VIII, 4 ; III, I ; *Vie d'Agésilas*, VIII ; *Cyrop.*, I, 4 ; *Vie d'Agésilas*, v. — 3. *Cyrop.*, VIII, 4. — 4. *Ibid.*, II ; III, 1 ; IV, 5. — 5. *Vie d'Agésilas*, ch. VIII. — 6. Il l'appelle ἀστεῖος καὶ εὔχαρις, *Cyrop.*, II, 2.

convient à son ami Chrysante[1]. On oublie qu'on lit la *Cyropédie*, et, n'était la prose, on croirait avoir sous les yeux du Ménandre.

Ce qui achève de faire ressembler à un Grec le héros de Xénophon, c'est qu'il aime les arts. Malgré son désir souvent excessif d'enrichir ses soldats, Cyrus épargne l'opulente ville de Sardes, parce que Crésus lui a dit qu'en la livrant au pillage « il dé- « truirait les arts, source de tout ce qu'il y a de beau « parmi les hommes [2]. »

Autour du héros principal, comme dans les poëmes épiques, viennent se grouper plusieurs personnages secondaires. C'est un Hystaspe, toujours prêt à exécuter les ordres de son maître ; un Chrysante, souvent habile à les prévenir; un Phéraulas, le modèle des serviteurs pour l'activité et le dévouement ; un Tigrane, jeune prince plein de bons sentiments puisés dans le commerce de la philosophie, et qu'attache à Cyrus le double lien de la reconnaissance et de l'admiration. Faut-il rappeler Artabaze, ce Mède si plein d'affection pour Cyrus, et dont la tendresse prend parfois un caractère si étrange? Ce sont deux nobles figures que celles de Cambyse et de Mandane, qui donnent à leur fils de si sages maximes sur l'art de régner. Cyrus garde pour eux un respect si profond que, déjà roi de Babylone, il n'accepte la fille de Cyaxare qu'après avoir demandé leur consentement [3]. Enfin Astyage représente le monarque oriental, dont Cyrus lui-même imitera plus tard le faste et la magnificence.

---

1. *Cyrop.*, VIII, 4. — 2. *Ibid.*, VII, 2. — 3. *Ibid.*, VIII, 5.

Pour faire ressortir la grandeur de Cyrus, quelques contrastes sont ménagés, soit parmi ses ennemis, soit parmi ses proches. Xénophon nous montre, dans le roi d'Arménie, un homme faible et irrésolu, mais loyal, et qui n'est pas indigne de la clémence de son vainqueur [1]; dans Cyaxare, un prince timide et effacé, qui reconnaît la supériorité de son neveu Cyrus [2], mais souffre de cette supériorité, et, après de vains efforts pour s'y soustraire, l'accepte en songeant qu'elle tourne à son profit [3].

Mais ce qui entre surtout dans le dessein moral de la *Cyropédie*, c'est de faire voir que les succès de Cyrus, préparés par son activité, sa valeur et ses talents militaires, sont aidés par les fautes de ses ennemis et par ses propres vertus. Ainsi les cruautés du roi d'Assyrie donnent à Cyrus, en Gobryas et en Gadates, de puissants alliés dont la vengeance amène la ruine de l'empire de Babylone [4]. Ainsi le roi de l'Inde, qui n'a rien de commun avec les Perses, prend cependant leur parti et leur envoie des renforts, parce qu'il a confiance en la justice d'une guerre faite par Cyrus [5]. Ainsi les cavaliers mèdes s'attachent à lui plutôt qu'à Cyaxare, parce que, « témoins de sa vertu, ils pensent qu'il ne saurait « manquer d'être heureux et puissant [6]. » Ses compagnons ne voient également dans la protection des dieux que la juste récompense de sa piété, et lui-même il partage ou affecte de partager cette

---

1. *Cyrop.*, III, 1. — 2. *Ibid.*, I, 4. — 3. *Ibid.*, IV, 5; V, 5.
— 4. *Ibid.*, V, 2 et 3. — 5. *Ibid.*, II, 4; III, 2; VI, 2. —
6. *Ibid.*, IV, 2.

croyance¹. « Sa piété, dit Xénophon, fut imitée par
« les autres Perses, convaincus qu'ils seraient plus
« heureux s'ils honoraient les dieux, de même que
« Cyrus était le plus heureux des hommes et des
« chefs. En agissant ainsi, ils croyaient plaire à
« Cyrus. D'un autre côté, Cyrus pensait que leur
« piété lui était avantageuse. Il raisonnait comme
« les navigateurs qui aiment mieux se trouver avec
« des hommes pieux qu'avec des hommes suspects
« d'impiété. Il se disait encore que, si tous ceux qui
« l'entouraient honoraient les dieux, ils seraient
« moins disposés à mal agir, soit les uns contre les
« autres, soit contre lui-même². » Il entre dans
toute cette piété bien du calcul. Les raisons que
prête à Cyrus l'auteur de la *Cyropédie* peuvent
éclairer sur les motifs qu'il a pu avoir lui-même,
dans les *Mémoires sur Socrate*, pour parler de la
piété de ce philosophe.

Comment le nom de Socrate ne reviendrait-il pas
sans cesse, lorsqu'il s'agit des écrits de Xénophon?
L'auteur des *Mémoires* ne se reconnaît-il pas dans
toute la partie philosophique et morale de la *Cyropédie?* Divers endroits de ces deux ouvrages³ ne se
ressemblent-ils pas pour la forme comme pour le
fond? L'*ironie* socratique n'y est-elle pas souvent
sensible⁴? Le souvenir de Socrate n'est-il pas manifeste dans ces dialogues et dans ces entretiens si
multipliés, dans ces considérations sur l'amour, sur

---

1. *Cyrop.*, I, 6; VIII, 7. — 2. *Ibid.*, VIII, 1. — 3. *Ibid.*, I, 6;
Mémoires sur Socrate, I, 2, 19. — 4. V. surtout le début et les
derniers livres.

la spiritualité, sur l'immortalité de l'âme, dans ces préceptes sur la tempérance, sur les devoirs des frères, sur les connaissances et les qualités nécessaires à un général [1] ?

On a pu même, non sans quelque vraisemblance [2], voir dans la *Cyropédie* des allusions aux *Mémoires* de Xénophon et à la mort de Socrate. « Eh bien! dit « Cyrus à ses amis, avez-vous entendu la maxime « prononcée par Gobryas? — Oui, répond Chry-« sante, et s'il en dit souvent de semblables, je « serai plus empressé à lui demander sa fille que « s'il me promettait beaucoup d'or et d'argent. — « J'ai par écrit, dit Gobryas, plusieurs discours sem-« blables, que je vous communiquerai volontiers, « si vous devenez mon gendre [3]. » Que veulent dire ces écrits moraux attribués à Gobryas, et dont il n'est plus question dans la *Cyropédie?* N'est-ce pas une discrète allusion à l'ouvrage moral de Xénophon? La mort de Socrate semble encore plus clairement indiquée. Cyrus demande à Tigrane ce qu'est devenu le philosophe qui l'a formé, et qu'il aimait tant. « Mon père l'a fait mourir. — Quel grief avait-il « contre lui? — Il l'accusait de me corrompre. Et « cependant c'était une âme si noble et si géné-« reuse qu'avant sa mort il me dit : « Ma mort ne « doit être pour vous une cause de ressentiment « contre votre père. Ce n'est point par méchanceté

---

1. V. *Cyrop.*, I, 6; I, 1; VIII, 7; VI, 1, et *Mém. sur Socrate*, I, 2, 32, 19; III.
2. V. le Mémoire déjà cité de l'abbé Fraguier.
3. *Cyrop.*, VIII, 4.

« qu'il agit ainsi, mais parce qu'il ne sait pas ce
« qu'il fait. Les fautes que les hommes commettent
« sans savoir ce qu'ils font sont des fautes involon-
« taires. » Le roi, présent à cet entretien, s'excuse
en disant qu'il était jaloux de cet homme qui semblait lui ravir le cœur de son fils. Alors Cyrus : « Ta
« faute est un effet de la faiblesse humaine. Cette
« faute, Tigrane, il faut la pardonner à votre
« père. » Est-ce mal interpréter la pensée de
Xénophon que de la traduire ainsi : « Élèves de So-
« crate, la mort de votre maître est un crime; mais
« il faut le pardonner à votre patrie [1]. »

Ainsi l'esprit et le but de la *Cyropédie* ne sont pas autres que l'esprit et le but des *Mémoires sur Socrate*. Ce qui appartient en propre à la *Cyropédie*, c'est le caractère romanesque. Xénophon n'a rien négligé pour mettre dans cet ouvrage tout ce qu'il jugeait de nature à captiver le lecteur. De là ces nombreux épisodes, de là ces tableaux d'aventures particulières, qui émeuvent toujours plus que la peinture des événements publics. Comme il sait que l'intérêt est d'autant plus vif qu'il se concentre sur un plus petit nombre de personnes, il ne se borne pas à décrire, dans la bataille de Thymbrée, les grandes scènes de la lutte engagée entre l'armée de Cyrus et celle de Crésus, à présenter ce tableau de l'héroïque résistance des auxiliaires égyptiens [2], qui a fourni à Bossuet quelques traits pour la narration de la bataille de Rocroy; il appelle nos regards sur Abradate, sur ce prince qu'un bienfait vient d'atta-

---

1. *Cyrop.*, IV, 1. — 2. *Ibid.*, VII, 1.

cher au parti de Cyrus, et qui acquitte par une mort courageuse la dette de la reconnaissance; puis il montre, au milieu de la joie des Perses vainqueurs, la douleur de Panthée, qui pleure la perte de son époux, et se perce d'un poignard à ses côtés : tragique dénoûment d'une des plus touchantes histoires de l'antiquité. De même, dans le récit de la prise de Babylone [1], Xénophon a soin de faire remarquer, parmi les plus acharnés d'entre les assaillants, deux hommes qui ne sont ni Perses ni Mèdes, deux anciens sujets du roi d'Assyrie, qui viennent assouvir, en combattant pour Cyrus, un juste et implacable ressentiment : c'est Gadatas, ce prince mutilé par ordre du roi d'Assyrie [2]; c'est Gobryas, ce vieillard assyrien dont le fils, par son adresse à la chasse, a imprudemment provoqué la jalousie de son maître, et est devenu la victime de ce tyran [3].

Après avoir, par ces épisodes, jeté de la variété dans ses récits de bataille, Xénophon n'oublie pas de rompre, par un agrément du même genre, l'inévitable monotonie d'une exposition comme celle du gouvernement de Cyrus. L'épisode de Phéraulas se ressent de la différence des sujets. Aux récits de bataille s'était mêlée la peinture d'hommes de guerre malheureux, à qui Cyrus s'offrait comme un consolateur et un vengeur : les détails sur l'administration et les descriptions de cérémonies royales s'animent par la présence d'un fidèle serviteur que Cyrus élève des derniers rangs à une position assez haute pour

---

1. *Cyrop.*, VII, 4. — 2. *Ibid.*, V, 2-4. — 3. *Ibid.*, IV, 6; V, 2.

faire envie aux plus illustres personnages de sa cour [1].

Dans ces épisodes et dans quelques autres que l'auteur de la *Cyropédie* a semés çà et là [2], est-il possible de voir autre chose que des ornements destinés à égayer son récit? Puisqu'il faut choisir entre le récit d'Hérodote et celui de Xénophon, le choix ne nous semble pas douteux ; le premier est mêlé de fables sans doute, mais ces fables, Hérodote lui-même nous le dit, étaient de tradition : c'était la légende persane de Cyrus. Plus le récit de Xénophon paraît vraisemblable, moins il est vrai : sa vraisemblance tient uniquement à l'habileté d'un écrivain qui cherche à dissimuler ses fictions. Personne d'ailleurs ne nie qu'il ne soit resté dans la *Cyropédie* quelques éléments de la véritable histoire de Cyrus. Les principaux actes de son règne s'y retrouvent : la défaite de Crésus, la prise de Babylone, la conquête de l'Asie ; mais presque tout le reste est inventé.

Ce serait s'abuser que d'aller chercher dans l'ouvrage de Xénophon des documents historiques. Si l'on excepte les grands événements que nous venons de rappeler, combien y en a-t-il dans la *Cyropédie* qui résistent à l'examen de la critique! La peinture qu'il fait des mœurs et des coutumes des Perses est beaucoup trop embellie, et se trouve contredite par

---

1. *Cyrop.*, VIII, 3.
2. Voir l'épisode d'Artabaze, I, 4; IV, 1; VIII, 4; du *taxiarque* de Cyrus, II, 2; de Tigrane et de la belle Arménienne, III, 21-23; de la fille de Gobryas, V, II; VIII, 4, etc., etc.

l'histoire des temps qui suivirent presque immédiatement le règne de Cyrus. La décadence fut rapide, dit Xénophon [1]; si rapide en effet que cela dépasse toute apparence : un demi-siècle ne fait pas d'un peuple rude et belliqueux un peuple voluptueux et efféminé, tel que nous voyons les Perses dès le règne de Darius et de Xerxès. Si Xénophon a choisi un tel peuple pour y placer son idéal d'éducation, c'est qu'il existait certaines traditions sur l'excellente éducation donnée aux princes perses : encore Platon, qui rapporte ces traditions dans le *Premier Alcibiade*, a-t-il soin de les contredire dans les *Lois*. Et si Xénophon a pris Cyrus pour en faire le modèle des rois, c'est que la vie de ce prince, par la diversité des relations dont elle avait été l'objet, se prêtait plus que toute autre à la fiction. Mais qui croira que Cyrus soit devenu, par droit de naissance, roi de Médie après la mort de Cyaxare, lorsque les autres historiens le font succéder au roi Astyage, soit par la victoire, soit par le crime [2]? Xénophon lui-même ne nous met-il pas en garde contre les récits de la *Cyropédie*, lorsque dans l'*Anabase* [3] il parle d'une reine des Mèdes, jadis assiégée par les Perses, et forcée de se réfugier dans sa dernière forteresse, à

---

1. V. VIII, 8. Walkenaer, Sneider, Heindorff et surtout Schulz (*De Cyrop. epilogo*, 1806), ont prétendu que ce chapitre avait été ajouté après coup, et n'était pas de Xénophon. Ils peuvent avoir raison pour leur première supposition, mais ils ont tort pour la seconde, comme l'ont démontré Bornemann (*Der epilog der Cyropædiæ*, 1819), et Letronne (*Vie de Xénophon*).
2. V. Hérodote, liv. I, 127; et les fragments de Ctésias.
3. *Anabase*, III, 4.

Mespila, attestant ainsi qu'il y a eu entre les Perses et les Mèdes une lutte dont le héros ne peut être que Cyrus? Qui admettra qu'un roi barbare, comme Cambyse, ait pu professer les maximes de monarchie tempérée que lui prête Xénophon? Qui ajoutera foi à la conquête de l'Égypte par Cyrus[1], quand il est constant que cette conquête est l'ouvrage de son fils? Qui ne trouvera le héros de la *Cyropédie* trop sage, trop calme, trop philosophe pour un conquérant, surtout pour un conquérant barbare? Et qui ne reconnaîtra le récit de sa mort par Hérodote comme bien plus vraisemblable que celui de Xénophon?

Qu'un roi guerrier meure dans une expédition lointaine, et qu'une reine des Massagètes plonge sa tête dans une outre pleine de sang, il n'y a là rien qui puisse surprendre. Mais qu'un Cyrus, sentant sa mort prochaine, adresse aux dieux des actions de grâces, « parce qu'ils lui ont permis de ne jamais « oublier dans la prospérité qu'il était un homme[2]; » qu'il fasse appeler ses enfants, non pas seulement pour leur donner le conseil de rester unis et de se soutenir les uns les autres, mais pour leur parler le langage d'un Socrate; et qu'il expire en leur exposant les preuves de l'immortalité de l'âme, cela ne s'accorde ni avec les mœurs du temps, ni avec le caractère qu'il est permis de supposer à l'homme.

Tout se réunit pour nous avertir que la *Cyropédie* n'est pas une histoire : les *Helléniques* et l'*Anabase*

---
1. *Cyropédie*, VIII, 6.
2. *Ibid.*, VIII, 7.

de Xénophon lui-même ne s'accordent pas avec cet ouvrage; l'historien dépose contre le romancier. Dans ces livres, les mœurs des Perses sont peintes tout autrement que dans la *Cyropédie*, et l'intervalle est trop court entre Cyrus et Artaxerxe pour expliquer cette différence par un changement de mœurs. Ce n'est pas tout : il y a une foule de contradictions sur des faits particuliers et des détails de géographie [1]. Quels garants aurons-nous de la véracité de la *Cyropédie*, si nous n'avons pas même Xénophon?

---

1. Voir les Mémoires déjà cités de Fréret et de Sainte-Croix, et la *Vie de Xénophon*, par Letronne.

DEUXIÈME PARTIE

LE ROMAN PENDANT L'ÉPOQUE ALEXANDRINE.

CHAPITRE PREMIER

LE ROMAN ET L'HISTOIRE PENDANT L'ÉPOQUE ALEXANDRINE.

Fausse érudition des *grammairiens*. — *Bibliothèques historiques*. (Diodore de Sicile, Apollodore). — Traces de romans historiques sur l'histoire de l'Égypte. — Livre d'Hécatée d'Abdère *sur la philosophie des Égyptiens*. — Influence des rhéteurs sur l'histoire. — Fables mêlées par les rhéteurs grecs à l'histoire romaine (Dioclès de Péparèthe, Sosile et Chéréas, etc.). — Denys d'Halicarnasse. — Difficulté du maintien de la critique historique chez les anciens, faute d'un enseignement de l'histoire dans les écoles.

Les fables complaisamment accueillies par Hérodote, les mensonges calculés de Ctésias, le conte moral de Théopompe, les rêveries de Platon sur l'Atlantide, la fiction de Xénophon sur Cyrus, tout ce que nous avons vu jusqu'ici prouve combien de fois, dès l'époque attique, le roman s'est mêlé à l'histoire. Ce mélange va devenir plus fréquent encore dans l'époque alexandrine, époque dont les limites sont marquées par l'établissement et par la ruine de la domination macédonienne en Égypte. Le goût des fables, qui ne s'épuise jamais, va trouver un aliment nouveau dans l'immense étonnement produit en Grèce par l'expédition d'Alexandre : l'imagination populaire, frappée de l'éclat d'une conquête qui aura dépassé les plus ambitieuses espérances, accueillera sans difficulté les récits les plus merveilleux sur des contrées lointaines et mystérieuses; le mensonge, admis déjà dans l'histoire, s'y maintiendra; et, comme il est difficile de lui faire sa part, il s'y étendra de jour en jour. Le roman, après lui avoir prêté l'agrément de ses frivoles fictions, lui empruntera des sujets pour les embellir par le mélange des légendes populaires, et les transformera par ses propres fantaisies. C'est ainsi que naîtra une histoire fabuleuse d'Alexandre, et une autre de la guerre de Troie, moins poétique, mais plus fictive encore peut-être que celle de l'*Iliade*. Le roman restera d'ailleurs toujours ouvert à l'exposition des doctrines philosophiques, et pour établir leur système, les successeurs de Platon créeront de nouvelles *Atlantides*.

Néanmoins, l'héritage de Thucydide ne peut périr, tant qu'il restera pour écrire l'histoire des hommes de sens et de goût. Si rares que soient les représentants de l'histoire critique [1], un Polybe suffit pour en soutenir l'honneur et en perpétuer la tradition. Il semble même que le goût de l'érudition, propagé par les grammairiens d'Alexandrie, et qui

---

1. Leurs ouvrages sont perdus. Ce sont les Duris, les Ptolémée, etc.

fera tort à la poésie de cette époque, ne doive pas être sans utilité pour l'histoire : mais l'érudition n'est profitable qu'autant qu'elle est judicieuse; savoir beaucoup n'est rien, si la raison ne vient en aide à la science, si elle ne l'éclaire et ne la guide. Or, dans l'époque alexandrine, l'érudition se suffit trop souvent à elle-même; et pourvu que les connaissances soient étendues, on se soucie peu de leur justesse. La gloire d'un *grammairien*, et il n'est personne alors qui ne se tienne honoré de ce titre, lequel correspond chez nous au titre de *lettré*, c'est d'avoir beaucoup lu, beaucoup appris, beaucoup retenu. Aussi, que font la plupart des grammairiens qui, dans cette époque, entreprennent d'écrire l'histoire? Ils ne paraissent pas se douter que le mérite de l'historien est de savoir choisir les matériaux; ils mettent leur amour-propre à les entasser : ils ne composent pas à proprement parler des *histoires*, ils construisent des *bibliothèques* historiques. Voilà ce que devient l'art de Thucydide entre les mains des Apollodore et des Diodore de Sicile.

Faut-il s'étonner si, parmi tant de livres péniblement amoncelés, il se trouve un grand nombre d'autorités fausses et mensongères? Attentif à ne rien omettre de ce qui a pu être écrit sur l'histoire, l'auteur ne songe pas à se demander si les ouvrages qu'il compile ont un caractère vraiment historique. Il ne fait pas difficulté d'aller puiser ses renseignements jusque chez les poëtes. Il a un procédé commode pour faire accepter les traditions les plus fabuleuses, il applique à la mythologie païenne le système d'interprétation d'Evhémère, et réduit à des proportions humaines tous les mythes, sans distinction de nature, d'âge, ni d'origine. Lisez, par exemple, dans Diodore [1] la fable des Atlantes, peuple distinct des Atlantes de Platon, et qui habitait les montagnes de l'Atlas. C'est chez eux que les dieux ont pris naissance, et les dieux ne sont que d'anciens rois des Atlantes. Le premier fut Uranus, qui les fit sortir de la vie sauvage et fut déifié en reconnaissance de ses bienfaits. Basiléa, sa fille aînée, lui succéda : ayant vu ses enfants égorgés par ses frères, elle perdit la raison et disparut dans un orage ; ses frères répandirent le bruit qu'elle était devenue déesse, et se partagèrent l'empire d'Uranus. L'un d'entre eux, Atlas, eut sept filles qui furent les mères de la plupart des nations et à qui leur vertu valut l'apothéose. Jupiter mérita de même et obtint, malgré le cruel Saturne, les honneurs divins. Ainsi, l'on torturait la mythologie, au détriment de la poésie, et sans profit pour l'histoire ; tel est l'esprit qui présida aux ouvrages de tous les *mythographes* [2]. Il est à remarquer, et cela s'observe jusque dans Apollodore [3], qu'un des poëtes auxquels ils ont le plus emprunté,

---

1. III, 55-60. Diodore avait sans doute puisé cette fable dans le *Cycle historique* attribué à Denys de Milet, et qui était probablement l'œuvre du grammairien d'Alexandrie Denys Scytobrachion. V. Heyne, *De font. Diod.*, p. LXVIII (Diod. Bip., I), et ci-dessous, 2ᵉ partie, ch. III.

2. On appelait ainsi les écrivains qui traitèrent en prose de la mythologie. Platon, *Rép.*, III, p. 392 et *pass.*; Diodore, I, 23; III, 65; IV, 8, etc.

3. Voyez l'indication des sources d'Apollodore dans les *Hist. gr. fr.* de C. Müller, I, p. XLII, n° 8.

c'est Hésiode, c'est-à-dire celui dont les mythes peuvent le moins s'expliquer par le système de l'apothéose. Mais que de généalogies il était aisé de tirer de la *Théogonie!*

Il était moins difficile de donner de la vraisemblance aux traditions sur les héros qu'à la mythologie : aussi, les temps héroïques ont-ils, nous le verrons ailleurs[1], donné naissance à un grand nombre de narrations fabuleuses, qui plus tard prirent également leur place dans les *Bibliothèques historiques*. Que resterait-il des premiers livres de Diodore si l'on en retranchait tous les récits que la critique rejette parmi les fables[2], et qu'il a empruntés, soit aux *mythographes*, comme Denys de Milet, soit aux philosophes romanciers, comme Évhémère et Iambule?

Il paraît évident que la *Bibliothèque* de Diodore offre les vestiges de romans philosophiques composés dans l'époque alexandrine sur les peuples primitifs ou étrangers à la civilisation grecque. Ces ouvrages, en apparence historiques, et considérés comme tels par Diodore, suivaient dans leur composition un procédé presque invariable. Ils présentaient la nation dont ils avaient entrepris l'éloge, tantôt comme la plus puissante, tantôt comme la plus vertueuse des nations de la terre. Ainsi, les Chaldéens, les Égyptiens, les Éthiopiens et tels autres peuples se trouvent tour à tour dans Diodore victorieux les uns des autres, et Diodore reproduit

---

1. Voir ci-dessous, ch. III.
2. V. les trois savantes dissertations de Heyne, *De fontibus Diodori et ejus auctoritate* (Diodore, édit. Bipont., t. I).

ces différents récits sans s'apercevoir qu'ils se contredisent [1]. Mais la pensée philosophique qui a présidé à ces ouvrages se trahit à certains traits de comparaison entre les mœurs de ces peuples et celles des Grecs [2].

L'ancienne Égypte surtout paraît avoir inspiré des romans composés sur le modèle de la *Cyropédie* [3]. Diodore considère comme fabuleuses les traditions sur l'Égypte rapportées par Hérodote [4], et suit d'autres autorités. Certes, les livres consacrés par Hérodote à l'histoire d'Égypte ne sont pas exempts de fables; mais ce sont des fables égyptiennes, des mythes que l'historien a recueillis de la bouche des prêtres. Diodore s'appuie quelquefois sur les livres des prêtres, mais rien ne prouve qu'il les ait consultés par lui-même; au contraire, tout porte à croire qu'il n'en parle que d'après des ouvrages grecs antérieurs au sien [5]. Il n'entrait pas dans son plan de remonter aux sources premières [6], et c'est en vain qu'il l'eût tenté, surtout pour l'Égypte. Il est probable que les anciens livres des prêtres avaient péri avec une partie des vieux monuments d'Égypte[7]; Diodore lui-même ne parle de ces livres qu'au passé [8], et il est plus que douteux que les prêtres du temps d'Auguste eussent conservé intacte la science des

---

1. V. Miot, trad. de Diod., t. II, p. 473; Heyne, *De font. Diod.* ap. Diod. Bipont, I, p. LIX. — 2. V. Diodore, II, 29 et *pass.* — 3. V. Heyne, *De font. Diod.*, p. XXXI, sqq.; Miot, notes au 1er volume de la trad. de Diodore; Hase, *Journal des savants*, avril 1836. — 4. V. Diodore, I, 69. — 5. V. Heyne, *ouvrage cité*, p. XXXI. — 6. V. Diodore, I, 37. — 7. V. Strabon, XVII, p. 1158, 1161 et 1170. — 8. I, 44 et 46.

anciens colléges sacerdotaux d'Héliopolis et de Memphis.

L'utilité morale de l'histoire étant la plus grande préoccupation de Diodore [1], il a dû choisir dans l'histoire d'Égypte les traits qui se rapportaient le plus à son but, et lui-même en avertit le lecteur [2]. Parmi les auteurs qu'il pouvait consulter, toutes ses préférences étaient acquises à ceux dont les récits lui offraient ce caractère d'utilité morale. Quant à la valeur historique de tels récits, il suffisait qu'ils parussent vraisemblables, pour que Diodore les crût vrais. Aussi la critique moderne, appelée à choisir entre les relations d'Hérodote et celles de Diodore, n'hésite-t-elle pas à rejeter ces dernières et à déclarer fabuleuses la plupart des sources auxquelles il a puisé. Ces sources sont multiples. Tantôt on y voit paraître le patriotisme égyptien, qui revendique pour l'Égypte la plus haute antiquité, et qui en fait découler la sagesse de toutes les nations, surtout de la Grèce. Tantôt on y sent le grec qui ramène la mythologie et la sagesse de l'Égypte à la mythologie et à la sagesse de la Grèce. Il semble même qu'on y entrevoie quelques réminiscences du langage des Juifs hellénistes, sinon de leurs livres sacrés : ainsi l'on trouve *le Seigneur* nommé en un endroit où Hérodote aurait dit *le destin* ou *les dieux* [3].

C'est dans le tableau des institutions de l'Égypte [4] que se manifestent surtout les fictions philosophiques

---

1. V. sa préface, ch. I, 3; liv. I, 44, 77. — 2. I, 69. — 3. V. Diodore, I, 65; Miot, notes de sa trad., I, p. 505. — 4. V. Diod., I, 69-98.

que Diodore n'a pas craint d'inscrire dans l'histoire et d'opposer à ce qu'il appelle « les fables d'Héro-« dote et des autres historiens grecs [1]. » N'est-ce pas, en effet, une peinture idéale que celle de cette monarchie égyptienne, si bien réglée, si bienfaisante et si chère au peuple? Quelquefois on croit lire la *Cyropédie*. Mais ici l'influence sacerdotale se mêle à l'inspiration philosophique; on croirait même qu'elle la domine, si la part faite aux prêtres dans la *Panchaïe* d'Evhémère ne nous prouvait qu'il ne déplaisait pas aux philosophes d'établir une caste chargée à la fois des pouvoirs religieux et des pouvoirs politiques. C'est parce que la royauté en Égypte est guidée par les prêtres qu'elle est si sage et si tutélaire. Là, pas de tyrans qui mettent leur volonté à la place des lois : les lois, œuvres des prêtres, règlent toute la conduite du roi et jusqu'à l'emploi de ses journées ; il est servi, ou plutôt surveillé par des jeunes gens choisis dans les familles sacerdotales; tous les jours il vient dans le temple, et il entend les prêtres lui souhaiter une longue vie et d'heureux jours, mais à la condition qu'il observera les lois et sera fidèle à ses devoirs; on lui fait l'énumération des vertus qu'il doit cultiver, piété, humanité, tempérance, justice, magnanimité, haine du mensonge, bienfaisance, empire sur ses passions. On maudit les conseillers qui peuvent l'égarer. Il ne doit rendre un jugement que d'après des règles minutieusement tracées à l'avance. Et il ne faut pas croire que les rois d'Égypte supportent impatiem-

---

1. V. Diodore, I, 69.

ment la dépendance dans laquelle ils sont tenus : ils s'en félicitent au contraire, heureux d'échapper ainsi aux malheurs et aux passions où l'exercice d'un pouvoir illimité précipite les autres. Instruits et dirigés par les prêtres, les rois ne peuvent être que des sages; témoin cet Amasis, qui renonce à l'amitié de Polycrate, parce qu'il ne veut pas rester l'ami d'un tyran [1].

Mais comment toute cette sagesse n'a-t-elle abouti qu'à l'anéantissement de la puissance égyptienne et à la triple conquête de Cambyse, d'Alexandre et des Romains? L'objection est prévue et ne reste pas sans réponse. C'est que les meilleures choses ont une fin. Tant que les rois d'Égypte obéirent ainsi aux lois et aux prêtres, ils furent heureux, riches, puissants; ils firent de grandes conquêtes et embellirent les villes de monuments somptueux; mais du jour où ils se révoltèrent contre l'autorité sacerdotale, des maux de toute sorte fondirent sur l'Égypte, et le vieil empire de Sésostris s'achemina vers sa ruine [2].

A ce roman d'un âge d'or, pendant lequel la royauté égyptienne aurait donné l'exemple de toutes les vertus, il suffit d'opposer Diodore lui-même. Car il lui arrive souvent d'émettre deux opinions contraires, empruntées à deux auteurs différents; et il ne s'embarrasse pas de les concilier. Nous voyons le magnanime Sésostris enchainer des rois à son char [3], son fils faire brûler toutes les femmes dont la mauvaise conduite lui est connue par une épreuve

---

1. Diodore, I, 95. — 2. V. Diodore, I, 71. — 3. I, 58.

ridicule [1]; un Busiris porter contre les étrangers des lois inhospitalières qui lui ont fait dans les fables grecques une réputation inouïe de cruauté [2]. Une autre contradiction, non moins significative, se remarque au sujet des artisans dans deux passages de Diodore. Dans l'un il représente Sésostris, après ses nombreuses conquêtes, comme employant les bras des prisonniers qu'il ramène à de nombreux et importants travaux, et à chaque édifice nouveau qu'il élève, mettant cette inscription : « *Ce monument « n'a coûté aucune sueur à aucun Égyptien* [3]. » Cela est d'un Grec qui considérait le travail manuel comme peu digne d'un citoyen. Dans un autre passage, au contraire, les détails fournis sur les artisans égyptiens donnent lieu à une satire de la Grèce et surtout d'Athènes, où les citoyens étaient sans cesse distraits de leur métier, et dédaignaient l'agriculture et l'industrie pour les fonctions civiles et politiques [4].

On peut se demander encore s'il n'y a pas quelque utopie sociale, ayant pour but la réforme de la pénalité, dans cette ville de *Rhinocolure*, lieu de déportation où le roi Actisanès envoie les voleurs après leur avoir coupé le nez [5], et dans cette abolition de la peine de mort, dans cet établissement de *travaux forcés à perpétuité* imputé au roi Sabacon [6]. Sans doute l'idée de ces deux institutions a pu venir à des rois d'Égypte ; mais les éloges qu'en fait Diodore, ou l'écrivain copié par Diodore, semblent par leur

---

1. Diodore, I, 59. — 2. I, 67. — 3. I, 61. — 4. I, 74. — 5. I, 60. — 6. I, 65.

vivacité indiquer un philosophe qui défend un système, et non un historien qui signale un fait.

Dans ces romans philosophiques, rien n'était négligé pour faire de l'Égypte une terre de merveilles. Sans doute l'Égypte est le pays des constructions grandioses et gigantesques; mais parmi celles que décrit Diodore, il en est qui dépassent toutes les limites de la vraisemblance. Les pyramides n'étaient qu'une masse informe de pierres auprès de ce chef-d'œuvre d'architecture colossale qu'on appelait le *Tombeau d'Osymandias;* le labyrinthe n'était qu'un édifice de médiocre importance auprès de cet amas de palais. Après avoir lu la description qu'en a laissée Diodore [1], on se dit que les siècles ont beau exercer leurs ravages sur de tels édifices, ces édifices ne sauraient jamais entièrement périr. Cependant il semble résulter de la relation de Diodore que le tombeau d'Osymandias était déjà détruit de son temps. Quelques archéologues modernes ne s'en sont pas moins flattés d'avoir retrouvé des débris de ce monument, qui n'a peut-être jamais existé que dans l'imagination d'un écrivain grec trompé par les rapports exagérés des prêtres [2]. Mais ce monument s'est écroulé sous les coups répétés d'une critique plus sévère et plus sagace [3]; les deux savants mémoires

---

1. I, 146-49.
2. V. *Descript. de l'Égypte*, t. II, Thèbes, p. 59 sqq.; Gail, *Acad. des Inscript.*, *Mém.*, nouvelle série, t. VIII, p. 131 sqq.
3. V. Heyne, *De font. Diod.*, ap. Diod. Bipont., I, p. XXXVIII; Hamilton, cité par Gail, *loc. cit.*; Letronne, *Journal des savants*, juillet 1812; *Acad. des Inscrip.*, nouvelle série, IX, p. 319 sqq.; Guigniaut, notes à la trad. de Creuzer, I, p. 758 et 939.

5.

de Letronne l'ont pour ainsi dire réduit en poussière. Il ne semble plus possible aujourd'hui de voir dans cette description du tombeau d'Osymandias autre chose qu'un tableau imaginaire, un assemblage de traits empruntés à ce qu'il y avait de plus grandiose dans les débris de l'antique nécropole de Thèbes, et de mythes ou de symboles moraux transformés en réalités.

L'un des auteurs auxquels Diodore a emprunté le plus de détails sur l'histoire d'Égypte, celui peut-être auquel il faut reporter la responsabilité de la plupart des récits qui précèdent, est Hécatée d'Abdère, l'auteur du livre *Sur les Hyperboréens* [1]. D'après Diogène de Laërte [2], il avait écrit *sur la philosophie des Égyptiens*, et ce second ouvrage d'Hécatée d'Abdère a été jugé par le judicieux Arrien [3] comme le premier l'avait été par Strabon : il ne lui reconnaissait pas un caractère historique. Cela n'est pas étonnant : Hécatée d'Abdère était plutôt un philosophe qu'un historien ; c'était de plus, selon Josèphe [4], un homme très-versé dans les affaires, un des conseillers les plus écoutés du premier Ptolémée. Il est rare qu'entre les mains des philosophes et des hommes politiques l'histoire consente à n'être que la fidèle interprète des faits : elle devient volontiers l'auxiliaire d'un système. Nul doute que l'Égypte n'ait été pour Hécatée d'Abdère le sujet

---

1. V. Diodor., I, 37 et 46; Heyne, *De font. Diod.*; C. Müller, *Hist. gr. fr.*, II, 391; Guigniaut, notes à Creuzer, I, p. 749. — 2. Diogène de Laërte, I, 10. — 3. *Anabase*, V, 6, 7. — 4. *Contre Apion*, I, 22.

d'un ouvrage comme sa description de l'île des Hyperboréens, c'est-à-dire d'un ouvrage où l'histoire était également dénaturée par les doctrines du philosophe et par les préoccupations de l'homme politique. La mystérieuse Égypte, surtout expliquée par ses prêtres, donnait une assez libre carrière à la libre spéculation ; et il pouvait entrer dans les desseins d'un conseiller de Ptolémée de donner pour consolation aux vaincus l'estime et l'admiration, en apparence crédule, de leurs vainqueurs.

Tandis que l'histoire était ainsi dénaturée par l'emploi indiscret d'autorités mensongères, elle l'était plus profondément encore par la coupable industrie de nombreux faussaires qui l'altéraient jusque dans ses sources. Rien n'assurait chez les anciens la fidèle transmission des textes : les altérations, volontaires ou involontaires, se multipliaient avec les copies, et le métier de faussaire était d'autant plus facile qu'il était moins aisé de prouver la falsification. A côté des ouvrages authentiques surgissaient souvent des écrits apocryphes, qui avaient presque toujours raison des premiers, parce qu'ils flattaient davantage le goût du temps : des élucubrations nouvelles se produisaient sous le couvert de noms anciens et illustres. Non-seulement on substituait des ouvrages altérés aux véritables, mais on prétendait avoir retrouvé des livres perdus, on en créait qui n'avaient jamais existé. Les écoles d'Alexandrie et de Pergame étaient, en quelque sorte, les officines où s'élaboraient sans cesse ces produits d'une érudition vouée au mensonge : des grammairiens avides ou faméliques, et dont la race s'est conservée jusqu'à nos jours, vendaient à qui pouvait les payer de faux manuscrits des écrivains célèbres, et surtout des anciens historiens [1].

L'histoire se grossit ainsi d'une foule de compositions qui reposaient sur un double mensonge : mensonge sur le nom de l'auteur, mensonge sur les faits qui s'y trouvaient rapportés. Ce n'était pas apparemment pour apprendre au lecteur des faits véritables qu'on commençait par le tromper sur l'origine du livre; que l'on fabriquait des histoires sous le nom d'Aristéas de Proconnèse et de Cadmus de Milet [2]; que l'on refaisait l'*Histoire de Lydie* de Xanthus [3], les *Généalogies* d'Acusilaüs [4], la *Périégèse* d'Hécatée de Milet [5], les *Lois barbares* d'Hellanicus [6], les ouvrages d'Hérodore et de Denys de Milet [7]. Mais, de même que des artistes peu scrupuleux cherchaient à donner plus de prix à leurs statues en les faisant passer pour des œuvres de Praxitèle [8], de même quelques grammairiens du temps des Ptolémées et des Attales calculaient ce que pouvait leur rapporter la prétendue découverte de quelque vieux logographe. Pour mieux se ménager un succès, ils transformaient en narrateurs intéressants et fleuris des écrivains qui n'avaient été le plus souvent que d'arides chroniqueurs ou de secs abréviateurs des antiques épo-

---

1. V. Galien, *De nat. hom.*, II, Proœm., et I, 42; C. Müller, *Hist. gr, fr.*, II; p. XXII. — 2. V. Denys d'Halic., *De Thucyd. jud.*, t. II, p. 138, éd. Sylb.; C. Müller, *Hist. gr. fr.*, II, p. 2 et 19. — 3. V. *Hist. gr. fr.*, I, p. XXII. — 4. V. *Ibid.*, I, p. XXXVII. — 5. *Ibid.*, I, p. XXII, — 6. *Ibid.*, I, p. XXX. — 7. *Ibid.*, II, p, 27 sqq.; p. 2 sqq. — 8. V. Phèdre, *Fables*, prologue du livre V.

pées¹ ; et l'on comprend combien il pouvait leur être avantageux de falsifier les monuments du passé, de manière à servir les intérêts ou à flatter les vanités du présent.

Cette littérature apocryphe prendra un développement considérable dans l'époque romaine, et deviendra une arme au service de toutes les sectes philosophiques ou religieuses. C'est un fait dont il apparaît déjà dans l'époque alexandrine plus d'un symptôme. On voit par exemple les Juifs hellénistes composer plusieurs ouvrages apocryphes, afin de relever leur nation dans l'estime des Grecs et des Romains : il en est resté des vestiges dans le livre de Josèphe *Contre Apion*. L'instinct patriotique, plus fort que les devoirs de l'historien, a fait admettre à cet écrivain les traditions les plus douteuses, et lui a fait citer comme authentiques des ouvrages manifestement supposés. De ce nombre étaient deux livres sur les Juifs, attribués, l'un à Hécatée d'Abdère, écrivain contemporain des premiers Ptolémées, l'autre à un contemporain d'Auguste, Alexandre *Polyhistor* ou l'*Érudit*. Un grammairien de l'antiquité, Hérennius Philon, déclarait apocryphe l'ouvrage sur les Juifs attribué à Hécatée d'Abdère, et la plupart des critiques modernes partagent son avis². Dans un des fragments qui en sont restés, on trouve de prétendus vers de Sophocle en l'honneur du Dieu *unique et souverain :* comme si Sophocle avait connu

---

1. V. C. Müller, *Hist. gr. fr.*, p. xxii.
2. Spencer, *Not. ad Origen.*, p. 14, et Sainte-Croix, *Hist. d'Alex.*, p. 557, ont seuls soutenu l'authenticité du livre d'Hécatée.

Jéhovah! L'ouvrage entier est un perpétuel panégyrique des Juifs. Il est à croire que le véritable Hécatée d'Abdère n'avait pas fait sur les Juifs un livre spécial; mais qu'il avait parlé de ce peuple dans son ouvrage *Sur l'Égypte* en termes aussi favorables que pouvait le faire un Grec. C'est cette estime témoignée aux Juifs par un païen qui a sans doute donné l'idée de fabriquer, sous le nom d'Hécatée d'Abdère, un livre où ce qu'il avait dit se trouvait amplifié et mêlé à bien des fables : il était permis de prêter des récits fabuleux à l'auteur du roman des *Hyperboréens* [1]. Une fraude semblable produisit le livre *Sur les Juifs*, attribué à cet autre historien, auquel son savoir avait mérité un surnom bien glorieux à cette époque, Alexandre l'*Érudit* (*Polyhistor*). En admettant, comme on l'a pensé, que le livre de ce dernier ne soit pas apocryphe, il est certain qu'il s'appuyait sur des autorités plus que suspectes : les ouvrages cités dans ce livre, sous le nom des Aristée, des Artapan, des Cléodème, des Démétrius, des Eupolème, des Molon d'Alabanda, n'annoncent pas des écrivains grecs, et trahissent des faussaires juifs, qui, pour donner plus de crédit à leurs relations, ont imaginé de les publier sous des noms grecs et dans la langue grecque [2]. A ces ouvrages, à la fois mensongers et apocryphes, il faut

---

1. V. sur le livre *Des Juifs*, Josèphe, *Contre Apion*, I, 22; C. Müller, *Hist. gr. fr.*, II, p. 384; Cruice, *De Flavii Josephi fide et auctoritate*, p. 66 sqq. Sur le roman philosophique des *Hyperboréens*, V. ci-dessous, ch. IV.

2. V. C. Müller, *Hist. gr. fr.*, III, p. 209 sqq.; Cruice, *De Fl. Josephi fide et auctorit.*, p. 7.

ajouter celui qui était attribué à un disciple d'Aristote, Cléarque, et d'après lequel le philosophe de Stagyre aurait fait en Asie la connaissance d'un Juif, se serait entretenu avec lui de matières philosophiques, et aurait déclaré avoir plus appris de ce Juif qu'il n'avait pu lui apprendre [1]. Il est trop facile, en effet, de reconnaître ici les efforts plusieurs fois tentés par la vanité juive pour représenter les pères de la philosophie grecque, Pythagore, Platon, Aristote, comme les adeptes de la sagesse hébraïque.

C'est un intérêt du même genre que celui des Juifs, qui, dès l'époque alexandrine, et surtout dans l'époque suivante, poussa des grammairiens grecs à supposer des ouvrages où l'histoire était travestie au profit de leur vanité nationale. C'est des débris de ce genre d'ouvrages que se composent les *Parallèles des Histoires grecque et romaine*, faussement attribués à Plutarque. Il est possible d'ailleurs que quelques-uns des ouvrages cités dans ce livre n'aient jamais existé [2]. Il n'était pas rare que les grammairiens et les sophistes se fissent un plaisir de se jouer de leurs lecteurs en leur citant des autorités imaginaires ou en affectant de raisonner sérieusement sur les paradoxes les moins sérieux. Dans le livre *Des Fleuves*, attribué à Plutarque, et dans celui *De l'Orthographe*, attribué à Apulée, on trouve des citations d'ouvrages qui n'ont évidemment jamais existé;

---

1. Josèphe, *In Apion.*, I, 22; Euseb., *Præp. Evang.*, IX, 3.
2. V. le Mémoire de l'abbé Sallier sur cette question, *Acad. des Inscript.*, première série, t. VI; Cruice, *De Flavii Josephi fide*, p. 3.

et l'on ne peut guère prendre au sérieux le traité de Plutarque *Sur la malignité d'Hérodote*, ni la dissertation où Dion Chrysostome entreprend de prouver qu'il n'y a jamais eu de guerre de Troie.

Ainsi l'érudition, qui de nos jours est l'auxiliaire de l'histoire, a pu, chez les grammairiens de l'époque alexandrine, la trahir et lui tendre des piéges; au lieu de s'attacher à ne lui fournir que des faits vrais et certains, trop souvent elle prenait à tâche de la dénaturer par ses fraudes. On s'étonnera moins des périls que l'histoire a courus et des écueils qu'elle a rencontrés chez les rhéteurs. C'était une opinion généralement reçue, avant même qu'elle eût été exprimée avec autorité par Cicéron [1], que l'éloquence avait une grande part à réclamer dans l'histoire. Aussi les rhéteurs prenaient-ils avec l'histoire des libertés encore plus grandes que les grammairiens. Ils cherchaient dans l'histoire des sujets de développements moraux (*éthopées*) de discours (*suasoriæ*) et de lettres; ils disposaient des faits à leur guise, et sacrifiaient sans cesse la vérité à l'intérêt dramatique. Qu'on parcoure le recueil de Sénèque le rhéteur et la multitude de lettres apocryphes qui nous sont parvenues sous le nom des hommes célèbres de l'antiquité, et dont quelques-unes ont pu faire illusion à une critique inattentive [2]; on aura une idée de ce travail de remaniement perpétuel et arbitraire, appliqué

---

1. Historia oratorium maximè opus. *De leg.*, I, 2.
2. V. Bentley, *Dissert. philol.* Quelques-unes de ces lettres ont été considérées comme des documents historiques. V. C. Müller, *Hist. gr. fr.*, I, p. 325; II, p. 83, 338 et *pass.*

à l'histoire par les rhéteurs. Au sortir des écoles, les récits historiques étaient devenus des romans : pour s'en convaincre, on n'a qu'à comparer la vie de Démosthène chez Plutarque et chez les rhéteurs [1].

L'histoire elle-même, et la plus grave, se faisait quelquefois la complice de la rhétorique : afin de satisfaire cette passion pour l'éloquence politique qui anima toujours les républiques de l'antiquité, elle mêlait au récit des événements, même contemporains, des lettres ou des discours artistement composés, plutôt que de donner les textes authentiques, qui n'étaient pas toujours perdus. On ne regrette qu'à demi cette licence, lorsqu'on lit les belles harangues qu'un Thucydide ou qu'un Tite-Live prête à ses personnages; mais comment n'être pas impatienté, lorsqu'on trouve de lourdes imitations de ces modèles dans les Denys d'Halicarnasse et dans les Diodore de Sicile?

Il est à regretter que le livre d'un certain Cécilius *Sur les Récits des rhéteurs contraires à l'histoire* [2] ne nous soit pas parvenu. Il nous eût fourni d'utiles renseignements sur un genre d'ouvrages auquel Cicéron fait allusion dans le *Dialogue sur les Orateurs illustres* [3]. Après avoir fait mention de la mort volontaire de Thémistocle et Coriolan, il s'interrompt pour dire à son ami Atticus, qui avait écrit un abrégé d'histoire romaine : « Je sais que vous rapportez au-
« trement la mort de Coriolan ; mais permettez-moi

---

1. Voyez, par exemple, l'*Éloge de Démosthène* attribué à Lucien.
2. V. Egger, *Hist. de la crit. chez les Grecs*, p. 217.
3. Ch. XI.

« de préférer mon récit. — Comme il vous plaira,
« répond en riant Atticus, car *il est permis aux rhé-*
« *teurs d'altérer l'histoire afin de pouvoir faire des*
« *récits plus agréables*. La fable que vous contez sur
« Coriolan, Clitarque et Stratoclès l'ont contée avant
« vous sur Thémistocle. Thucydide, Athénien, ci-
« toyen d'une haute naissance et d'un mérite émi-
« nent, historien presque contemporain, dit que
« Thémistocle mourut de mort naturelle, et fut se-
« crètement enseveli en Attique : il ajoute seule-
« ment : On soupçonna qu'il s'était empoisonné.
« Que font Clitarque et Stratoclès? Ils disent qu'il
« immola un taureau, emplit une coupe du sang de
« la victime, le but et tomba mort. Voilà une fin
« qu'ils ont pu embellir à la manière des rhé-
« teurs et des poëtes tragiques; quant à l'autre
« genre de mort, il était trop vulgaire pour leur
« fournir le moindre ornement. Aussi, puisqu'il faut,
« pour vous satisfaire, que tout se ressemble dans la
« mort de Thémistocle et dans celle de Coriolan,
« vous pouvez aussi prendre la coupe de l'illustre
« Athénien. Je vous fournirai moi-même la victime,
« afin qu'il n'y ait pas de différence entre Thémis-
« tocle et Coriolan. — Qu'il en soit de ceci comme
« vous l'entendrez, reprend Cicéron ; pour moi, je
« me tiendrai sur mes gardes, quand je parlerai his-
« toire devant vous ; car vous êtes, j'ose le dire,
« l'auteur le plus grave des annales romaines [1]. »

---

1. Nous retrouverons le nom de Clitarque parmi les écrivains fabuleux d'Alexandre. Quant à Stratoclès et à ses infidélités historiques, nous n'en savons rien de plus que ce que nous dit Ci-

Si ces annales avaient rencontré dans Atticus un historien critique, elles avaient été longtemps mêlées de fables par les rhéteurs grecs établis à Rome. Ces ingénieux mercenaires, tirant profit de la vanité des vainqueurs, leur vendaient des histoires romaines où les vieilles légendes populaires, consignées dans les *Annales des Pontifes* [1], ou développées dans ces antiques chansons de table dont Cicéron déplorait la perte [2], étaient étendues à plaisir et surchargées encore de détails imaginaires. C'est un de ces rhéteurs grecs, Dioclès de Péparèthe, qui le premier, dès le IIIe siècle avant l'ère chrétienne, paraît avoir composé tout le roman sur la naissance de Romulus et la fondation de Rome ; nul doute qu'il n'ait travaillé sur un fond de récits vraiment romains, mais il a certainement cherché à les embellir pour les rendre plus saisissants ; on peut en croire Plutarque, lorsqu'il déclare les narrations de Dioclès arrangées en vue de l'effet dramatique [3].

La critique française [4] a l'honneur d'avoir fixé les limites dans lesquelles se doit renfermer le scepticisme sur la primitive histoire de Rome. Sans prétendre

---

céron. On cite un Stratoclès contemporain et adversaire de Démosthène (Demosth., *Contre Panténète*, p. 980) ; un rhéteur de ce nom mentionné par Rutilius Lupus, et un écrivain sur l'art militaire nommé par Élien. (V. Fabric., *Bibl. gr.*, IV, 343 ; VI, 138, éd. Harles.)

1. Voy. J.-V. Leclerc, *Des journaux chez les Romains*, etc., p. 177, sqq.

2. V. *Brutus*, ch. XIX.

3. V. Plutarque, *Vie de Romulus*, c. III ; C. Müller, *Hist. gr. fr.*, III, p. 74, sqq.

4. V. le mémoire de M. J.-V. Leclerc sur les *Annales des Pontifes*, dans son livre *Des journaux chez les Romains*.

faire exactement la part de la fable et de la vérité, ce qui eût été téméraire, elle n'a pas imité l'intempérance de la critique allemande, qui rejette parmi les fables tous les récits sur les temps antérieurs à l'invasion des Gaulois [1]. Depuis quand, en effet, le merveilleux, qui se mêle à l'histoire primitive de tous les peuples, et qui quelquefois s'étend plus loin que les origines, autorise-t-il à la nier?

Aussi bien il faut distinguer les historiens de Rome qui appartenaient à Rome et ceux qui venaient de la Grèce. Les historiens romains étaient judicieux et graves, témoin ce P. Sempronius Asellio, qui parle des devoirs de l'historien comme Polybe, et presque dans les mêmes termes [2]. Mais il ne faut pas s'attendre à trouver dans les historiens grecs de Rome des guides aussi sûrs que pouvaient l'être les Caton, les Cincius, les Valerius Antias, les Varron. Quand les Grecs n'eussent pas cherché à embellir l'histoire romaine par des motifs d'intérêt, ils l'eussent embellie par amour pour les fables. Ce n'est pas en effet chez les Romains, c'est dans le monde grec que sont écloses et qu'ont fleuri la plupart de ces histoires fabuleuses, de ces narrations romanesques dont nous parlons ici. Que de fois les écrivains romains n'ont-ils pas exprimé leur

---

1. Sans doute la critique allemande n'a pas seule émis ce paradoxe, et l'on ne peut même pas dire qu'elle l'ait émis la première. Mais l'ouvrage de Niebuhr, par la hardiesse de ses négations, et par la hardiesse plus grande encore de ses affirmations, a bien dépassé le timide et ingénieux scepticisme des Pouilly, des Beaufort, des Barthélemy et des Lévesque.

2. V. le mémoire de M. V. Leclerc, p. 151.

dédain pour la crédulité grecque [1]; que de fois n'ont-ils pas protesté contre tous les mensonges *qu'ils osaient* dans l'histoire [2]! Ce n'est pas à dire que les Romains soient sur ce point exempts de tout reproche. Mais on ne connaît guère, sauf l'ouvrage de Quinte-Curce (encore cet ouvrage est-il imité des Grecs), une histoire fabuleuse composée par les Romains dans le seul but d'amuser. S'ils répétèrent les fables des Grecs sur l'histoire de Rome, c'est qu'ils les trouvaient glorieuses pour leur patrie, et leur reconnaissaient un caractère d'utilité politique. Tite-Live, quelque soin qu'il apporte à parer son récit de tous les charmes de la plus brillante rhétorique, laisse assez voir qu'il ne croit pas aux traditions fabuleuses sur les temps primitifs; mais il les conserve dans son histoire, pensant que Rome, après avoir imposé au monde ses lois, a bien le droit de lui imposer la foi en ses annales [3]: il fait céder la critique historique à la raison d'État. Ainsi notre Étienne Pasquier, dans

---

1. Mirum est quò procedat græca credulitas : nullum tam impudens mendacium est quod teste egeat. (Pline, H. N., VIII, 34, 3.)

2. Juven. X, 174 :

>..... Et quidquid Græcia mendax
> Audet in historiâ.........

Quintil., V, 2 ; Græcis historicis plerumque poeticæ similis est licentia.

3. V. sa *Préface*. — De même Tite-Live parle (II, 21) de l'obscurité des premiers temps et de la difficulté d'en donner une histoire précise et certaine. Il regrette que les premières *Annales des Pontifes* aient été détruites dans l'incendie de Rome par les Gaulois (VI, *Préf.*). Ailleurs il signale les altérations qu'ont fait subi à l'histoire les *Éloges funèbres* et les faux titres d'images qu'avait multipliés la vanité des familles patriciennes (VIII, 40).

ses *Recherches sur la France*[1], dira au sujet de la sainte ampoule et du divin oriflamme : « Il est bien-« séant à tout bon citoyen d'admettre telles choses « pour la majesté de l'empire. »

Nous n'hésiterons pas à rendre les rhéteurs grecs responsables de la plus grande partie des fables dont s'est chargée l'histoire romaine. D'où peuvent venir, si elles ne découlent pas de cette source, tant de légendes banales qu'on trouve à la fois dans l'histoire grecque et dans l'histoire romaine? Comment l'histoire de Scévola se rencontre-t-elle sous un autre nom dans les *Persiques* d'Agatharchide de Samos[2], et celle des Horaces et des Curiaces dans les *Arcadiques* de Démarate de Corinthe[3]? Comment le récit de la prise de Gabies par Sextus est-il tout semblable à celui de la prise de Babylone par Zopyre dans Hérodote? Comment trouve-t-on dans le même Hérodote, comme dans Tite-Live, la légende des têtes de pavots coupées?

Les rhéteurs grecs, dans les remaniements fabuleux qu'ils ont fait subir à l'histoire romaine, ne se sont pas arrêtés aux temps qui ont précédé l'invasion des Gaulois. Un certain Sosile et un certain Chéréas, qui paraissent contemporains d'Annibal, ont répandu des fables jusque sur les guerres puniques. Polybe parle de leurs ouvrages avec le plus

---

1. VIII, 21; cité par J.-V. Leclerc, *Des journ. chez les Rom.*, p. 168.

2. Cet historien n'est du reste que de la fin du deuxième siècle avant l'ère chrétienne. (V. C. Müller, *Hist. gr. fr.*, III, 197.

3. On ignore l'époque de cet historien. (V. C. Müller, *Hist. gr. fr.*, IV, p. 379.)

grand mépris : « Ce ne sont pas des histoires, dit-il,
« ce sont des contes que l'on dirait sortis de la bou-
« tique de quelque barbier. » Suivant lui, les anecdotes qu'ils racontaient étaient aussi dénuées de vraisemblance que de vérité ; et il en cite comme exemple
le récit sur la discrétion d'un enfant de douze ans
qui, mené un jour par son père à une séance du
sénat, aurait trompé la curiosité de sa mère par un
ingénieux mensonge. « Il ne restait plus, ajoute spi-
« rituellement Polybe[1], il ne restait plus, après tous
« les présents que la fortune a faits aux Romains,
« que de leur donner la sagesse dès l'enfance. »
C'est sans doute chez ces écrivains, ou chez quelques autres du même genre, comme Aristide de
Milet[2], qu'on trouvait le récit du supplice de Régu-
lus, dont Polybe ne dit pas un mot, et la légende
héroïque sur les Sagontins qui, plutôt que de se
rendre aux Carthaginois, se seraient brûlés dans
leurs maisons avec leurs femmes et leurs enfants[3] ;
Polybe[4] dit simplement qu'Annibal prit Sagonte
après un siège pénible de huit mois. Ce sont encore, selon toute apparence, ces écrivains qui avaient
répandu, sur le passage des Alpes par Annibal, la
ridicule fable de rochers fendus avec du vinaigre[5].
Annibal était pour eux comme un héros d'épopée ;

---

1. III, 20. — 2. On ignore si c'est le même que l'auteur des *Milésiaques*; mais ses *Italiques* étaient pleines d'anecdotes controu-
vées. C'était l'une des principales sources des *Parallèles* faussement
attribués à Plutarque. (V. C. Müller, *Hist. gr. fr.*, IV, 320, sqq.
— 3. V. Tite-Live, XXI, 14. — 4. III, 17. — 5 Juvénal, X, 152 :
Diducit scopulos et montes rumpit aceto. (V. Tite-Live, XXI, 37.)
Rien de semblable dans Polybe.

et en racontant ses hauts faits, ils avaient pris des licences de poëtes épiques, mais de poëtes épiques maladroits. « Ils ont voulu, dit Polybe[1], faire pa-
« raître Annibal comme le modèle de la bravoure
« et de la prudence, et qu'ont-ils fait? Ils l'ont
« représenté comme un insensé... Puis, comme ils
« ne peuvent trouver un dénoûment à leur récit, ni
« une issue à leurs fables, ils font intervenir des
« dieux et des fils des dieux dans l'histoire, qui
« d'ordinaire ne s'appuie que sur des faits. » Tite-Live a eu le tort de se souvenir de ces fables. Il est vrai qu'il ne fait pas descendre au dénoûment un *deus ex machinâ*; mais, comme au début d'une épopée, il met au commencement de son récit une vision : un dieu montre à son héros le chemin de Rome, et la *dévastation de l'Italie* (*vastitas Italiæ*) lui apparaît sous la forme d'un grand serpent[2]. Assurément Tite-Live n'était dupe ni de Sosile ni de Chéréas; mais cette intervention des dieux satisfaisait la vanité romaine; elle expliquait par la jalousie de quelques divinités les maux qu'Annibal avait fait souffrir aux Romains.

Plus crédule que Tite-Live, Denys d'Halicarnasse essaya de défendre, à grand renfort d'arguments, l'authenticité des légendes populaires sur la primitive histoire de Rome. Ce rhéteur paya l'accueil que lui avaient fait ses hôtes en rédigeant pour eux, avec une érudition facile et suspecte, le vieux roman de l'origine troyenne des Romains[3]. C'est pi-

---

1. III, 47. — 2. Tite-Live, XXI, 22. — 3. V. Egger, *Histor. d'Aug.*, p. 284.

tié de voir un historien, qui a la prétention d'être un historien critique, imaginer de petits expédients pour mettre d'accord avec la raison les traditions qui la heurtent le plus. Comme il est peu vraisemblable que, quatre mois après sa fondation, Rome ait été une ville assez puissante pour donner des jeux équestres, Denys d'Halicarnasse croit répondre à toutes les objections en retardant de quatre ans l'enlèvement des Sabines; comme il y a un trop long espace de temps entre Tarquin l'Ancien et Tarquin le Superbe pour que celui-ci puisse être le fils du premier, Denys d'Halicarnasse le déclare son petit-fils, et, la chronologie étant sauve, il estime que toute difficulté a disparu. Au surplus, de sa propre autorité il prête à Romulus une savante dissertation sur les avantages et les inconvénients des gouvernements monarchique, aristocratique et républicain[1] : il se croit un Hérodote, parce que, comme les maladroits imitateurs, il a emprunté au maître[2] une idée malheureuse; il lui a laissé ce qui ne s'emprunte point, l'éloquence.

L'éloquence était, avec l'érudition, le mérite qu'ambitionnaient le plus les historiens de l'époque Alexandrine. Mais, pour un Tite-Live, dont le génie oratoire efface les défauts, combien de Denys d'Halicarnasse mettent au grand jour le vice dont souffrit l'histoire, dans toute l'antiquité, à savoir le manque d'une éducation critique! En effet, pour que la critique historique se maintienne chez un

---

1. *Hist. rom.*, II, 2. — 2. V. Hérodote, III, 80 et suiv.

peuple, il faut plus que l'attention de certains esprits d'élite; il faut des traditions suivies, il faut un enseignement transmis de génération en génération. Que pouvaient produire les leçons et les exemples isolés de Thucydide, de Polybe et de quelques-uns de leurs disciples, lorsque autour d'eux il n'existait pas d'écoles pour perpétuer les règles de leur art? Il n'y avait d'enseignement historique ni dans les écoles grecques ni dans les écoles romaines : l'antiquité n'a jamais eu pour l'histoire de maîtres spéciaux, on ne l'apprenait que dans les livres. Même dans l'époque romaine, même au premier siècle de l'ère chrétienne, alors que, par la volonté des Césars, il se forma un enseignement officiel, donné au nom de l'État et rétribué par l'État[1], il n'y eut de maîtres que pour la grammaire, l'éloquence, le droit et la géométrie[2]. L'histoire n'occupa qu'une place fort restreinte dans ces écoles nouvelles : elle n'était pas enseignée à part, et ne faisait que fournir au grammairien des réminiscences pour le commentaire des auteurs qu'il étudiait avec ses élèves, au rhéteur des sujets d'éthopées, de déclamations ou de lettres fictives. Il est aisé de comprendre comment, dans l'absence d'un enseignement spécial et régulier, les esprits devaient être moins sévères pour la vérité des récits historiques, et combien devaient lui être préjudiciables les hasards de la mémoire des grammairiens, et les licences excessives que se permet-

---

1. V. Code Théodosien, XIV, 9.
2. V. le mémoire de M. Naudet dans le *Recueil de l'Académie des inscriptions*, t. IX, nouvelle série.

taient les rhéteurs. Les exigences de la critique historique, dont la nécessité n'était pas généralement sentie, devinrent d'insupportables entraves; et l'histoire, sans direction ni surveillance, fut livrée à la merci des écrivains, dont quelques-uns furent sérieux et graves, mais qui, dénués pour la plupart à la fois de conscience et de talent, songèrent à plaire et à briller plutôt qu'à dire la vérité.

CHAPITRE II

ROMAN SUR LA VIE DES HOMMES CÉLÈBRES. — PREMIER AGE DU ROMAN D'ALEXANDRE.

Goût du merveilleux devenu général après l'expédition d'Alexandre. — Biographies fabuleuses. — Héraclide du Pont (*Abaris*). — Caractère fabuleux des historiens d'Alexandre. — Onésicrite, Aristobule, Charès de Mitylène, Clitarque, Callisthène.

Les écrivains sont tels que les fait le public. Ce goût du merveilleux, devenu général après l'expédition d'Alexandre, fut le plus grand écueil de l'histoire. A partir de cette époque, on voit se multiplier une foule d'ouvrages d'un genre mixte, qui participent à la fois de l'histoire et du roman. Strabon nous en avertit : « Voyant en honneur ceux
« qui faisaient profession de débiter des fables, un
« grand nombre d'écrivains se flattèrent d'agréer
« aussi à leurs lecteurs, en présentant sous forme
« de narration véritable ce qu'ils n'avaient ni vu ni

« entendu dire, du moins par des personnes qui
« pussent en être instruites. Ils n'eurent qu'un but,
« qui était de faire des contes agréables et merveil-
« leux... On ne saurait, par exemple, croire sur
« parole la plupart des historiens d'Alexandre[1]. »

La légende se forme vite autour des grands noms, et il est peu de ces noms qui soit devenu aussi promptement que celui d'Alexandre le centre de récits légendaires ou romanesques. Mais la vie d'Alexandre n'est pas la seule qui ait donné carrière à l'imagination : celle de presque tous les hommes célèbres est devenue de même le sujet de narrations fabuleuses, qui ne se développèrent que plus tard, mais qu'on voit paraître et s'annoncer dès l'époque Alexandrine. Une critique attentive pourrait dire ce qui revient à cette époque de toutes les vies fabuleuses sur les anciens philosophes, dont la trace se retrouve dans l'ouvrage de Diogène de Laërte, et dont les dates n'ont pas encore été bien déterminées; elle pourrait y montrer les premiers essais de ces vies également fabuleuses de poëtes et d'orateurs, dont l'époque suivante nous offrira des exemples dans la vie d'Homère mise sous le nom d'Hérodote, et dans celle de Virgile attribuée à Donat.

Réservons pour l'époque suivante [2] un tableau d'ensemble de ces sortes de compositions. Qu'il nous suffise ici de prouver par un exemple que ce genre remonte à une date plus ancienne. Plutarque [3],

---

1. Strabon, XI, p. 508. — 2. V. 3ᵉ partie, ch. II et IV. —
3. *De la lecture des poëtes*, c. I (V. E. Deswert, *De Heraclide Pontico*, Lovanii, 1830, in-8°, p. 157).

parlant des ouvrages qui cachent un enseignement philosophique sous d'agréables fictions, cite l'*Abaris* d'Héraclide du Pont, l'un des disciples d'Aristote. La légende du personnage mythique d'Abaris [1] est assez connue pour laisser deviner ce que pouvait être un récit dont elle avait fourni le sujet. Peut-être Héraclide en avait-il retranché le merveilleux; peut-être ne représentait-il pas son héros parcourant la Grèce porté sur une flèche, faisant des miracles, débitant des prophéties, vivant sans prendre de nourriture, et délivrant les peuples de tous les fléaux; peut-être le dépeignait-il comme un simple prêtre d'Apollon, comme un philosophe et comme un poëte. Mais sa narration n'en avait pas moins un caractère fabuleux; car la vérité ne gagne rien à ces transformations de personnages mythiques en personnages historiques; ce ne sont jamais que des fictions remplacées par des hypothèses. Héraclide du Pont, bien qu'il se soit assigné une place parmi les historiens par un ouvrage qui a quelque rapport avec la *Politique* d'Aristote [2], était avant tout un philosophe. Nul doute que dans son *Abaris* il ne se soit aussi peu préoccupé de la vérité historique, que l'ont fait depuis Plutarque et Dion Chrysostome dans de semblables récits. La vie d'Abaris fut pour lui ce que fut plus tard pour Antoine Diogène la vie du Gète Zamolxis [3], un artifice dramatique pour déve-

---

[1]. Fabricius, *Bibl. gr.*, I, p. 11, Harles; Creuzer *Symbolique*, trad. de M. Guigniaut, t. II, p. 266.

[2]. V. les fragments de son livre *Sur les républiques* dans C. Müller, *Hist. gr. fr.*, II, p. 197 sqq.

[3]. Voir, sur cet autre personnage hyperboréen, Creuzer, t. II,

6.

lopper les doctrines philosophiques que, selon la tradition, Abaris et Zamolxis avaient popularisées chez les peuples hyperboréens.

Pour Alexandre, il est certain que les premiers éléments des récits romanesques répandus plus tard sous le nom du faux Callisthène remontent à l'époque même du conquérant. Ce n'est pas seulement Strabon, c'est l'antiquité tout entière qui dénonce le caractère fabuleux des historiens d'Alexandre [1]. L'adulation et l'enthousiasme conspiraient pour altérer la vérité. Lucien [2] rapporte qu'un jour Alexandre, naviguant sur l'Hydaspe, se fit lire la relation de sa vie par le rhéteur Aristobule; choqué de quelques récits où les hyperboles adulatrices étaient poussées jusqu'à l'invraisemblance, le prince jeta le livre dans le fleuve en disant qu'il devrait y faire jeter aussi l'auteur, pour lui apprendre à débiter de pareilles absurdités. On peut le croire, ce qui excita la colère d'Alexandre, c'est moins peut-être le mensonge contre l'histoire que la maladresse de la flatterie.

Il était difficile, même pour un contemporain, de se tenir dans les limites de la vérité historique, en racontant l'expédition et les conquêtes du roi de Macédoine. La réalité elle-même y ressemblait à une fiction, et l'imagination du lecteur était disposée à ne s'étonner d'aucune merveille. Que croire, en

---

p. 270; sur le rôle qu'il joue dans le roman d'Antoine Diogène, Chardon de la Rochette, *Mélanges*, t. I, p. 58 et suiv., et notre 3ᵉ partie, ch. VI

1. V. Quintilien, X, 1, 75; Quinte-Curce, IX, 1 et 9, etc., etc.
2. *De la manière d'écrire l'histoire*, ch. XII.

effet, que ne pas croire, sur des entreprises si aventureuses et couronnées de si éclatants succès; sur ces lointaines contrées autrefois à peine entrevues, et si péniblement traversées par les auxiliaires de Cyrus le Jeune, désormais marquées par les triomphes des armées grecques; sur cette Inde mystérieuse, qui était pour la Grèce comme un monde inconnu, ou connu seulement par des fables; sur cette nature puissante, sur ces animaux monstrueux et ces fleuves gigantesques; sur tous ces objets extraordinaires qui avaient laissé dans l'esprit des spectateurs une sorte d'éblouissement, et dont la description se chargeait facilement d'exagérations involontaires? Des témoins d'une imagination moins vive que les Grecs auraient eu peine à se défendre contre la tentation de communiquer aux autres l'impression qu'ils avaient ressentie. Loin d'y résister, les Grecs s'y abandonnèrent, ils voulurent étonner comme ils avaient été étonnés eux-mêmes. De là, dans les histoires d'Alexandre écrites par ses compagnons de route, tant d'hyperboles, tant de contes où l'oubli de la vraisemblance est porté à ses dernières limites.

Nous n'avons pas à reproduire, encore moins à refaire les savantes recherches de Sainte-Croix [1], de R. Geier [2], et de M. C. Müller [3], sur les historiens du roi de Macédoine. Ils se sont proposé d'éta-

---

[1]. *Examen critique des historiens d'Alexandre.*

[2]. *Alexandri Magni historiæ script. ætate suppares.* Lips. 1844.

[3]. *Scriptores rerum Alexandri Magni,* à la suite de l'Arrien de la *Collection des classiques grecs* de Didot.

blir l'histoire ; notre tâche est de démêler le roman d'Alexandre.

Parmi les historiographes officiels ou officieux qui entouraient le conquérant [1], il y avait d'un côté les généraux et les lieutenants du prince, de l'autre les rhéteurs et les sophistes. Les relations des premiers, des Marsyas de Pella, des Jérôme de Cardie, des Ptolémée, des Néarque [2], étaient généralement exactes et n'avaient rien que de sérieux. Ce n'est pas qu'il ne s'y fût glissé quelques fables; mais elles étaient rares, et racontées soit de bonne foi, soit dans un but politique : ainsi Néarque s'était quelque fois trompé, mais bien moins souvent que ne l'a cru Strabon [3]; et si Ptolémée fait guider Alexandre au temple d'Ammon par deux énormes serpents [4], il était sans doute engagé à répandre cette fable par quelque raison d'État [5], il avait, du reste, la réputation d'un historien sincère [6].

Il n'en était pas de même des rhéteurs qui suivaient l'armée macédonienne pour en raconter les hauts faits, et qui avaient pour but bien moins d'instruire que de plaire au roi et d'amuser les Grecs. C'était le goût du temps de surcharger l'histoire d'ornements étrangers, et la gravité de ce genre avait à souffrir des envahissements de la rhétorique. Éphore et Théopompe sortaient de l'école

---

1. Cicéron, *Pour Archias*, 10. — 2. V. Sainte-Croix, p. 40-44. — 3. Strabon, II, p. 70. (V. Sainte-Croix, R. Geier, et C. Müller, *Script. rer. Alex.*, p. 58 et suiv.) — 4. V. C. Müller, p. 88, fr. 7. — 5. V. Geier., *ouvr. cité*, p. 10; Westermann, *Comm. de Callisth.*, II, p. 16. — 6. V. Arrian. *Anab. Præf.* Il est appelé *fabularum inimicus* dans l'*Itinerarium Alexandri*.

d'Isocrate, et transportaient dans leurs ouvrages tous les artifices qu'ils avaient appris chez leur maître[1]. Le second surtout était moins un historien qu'un rhéteur. On peut en dire autant des Onésicrite, des Aristobule, des Clitarque et des Callisthène.

Quel beau sujet d'amplifications et de déclamations que les conquêtes d'Alexandre, pour des hommes tout pleins des souvenirs de l'école, qui avaient beaucoup lu, mais n'avaient presque rien vu! Onésicrite, qui ne fut pas seulement témoin, qui fut acteur dans l'une des grandes entreprises accomplies à cette époque, Onésicrite, le lieutenant de Néarque dans l'expédition maritime entre l'Indus et l'Euphrate, semblerait avoir dû prendre un esprit sérieux dans les événements auxquels il fut mêlé. Il n'en est rien. Il garda comme écrivain toute cette intempérance d'imagination qui, dans le commandement exercé par lui, avait failli devenir funeste à la flotte de Néarque[2]. Il ne craignit pas de faire pour Alexandre vivant ce que Xénophon avait fait pour l'ancien roi des Perses, Cyrus, et composa son histoire du roi de Macédoine sur le plan de la *Cyropédie*[3]. Si grand que fût Alexandre, il était loin d'être le modèle des rois; ces hyperboles adulatrices décèlent un rhéteur. En s'emparant ainsi du cadre de la *Cyropédie* pour y placer le portrait embelli de

1. V. C. Müller, *Hist. gr. fr.*, I, p. LXIV.
2. Nearchi fragm. ap. C. Müller, *Script. rer. Alex.*, p. 68, *fr.* 28.
3. Diogène de Laërte le dit positivement (VI, 84), et Sainte-Croix a tort de récuser son témoignage (p. 38). V. Geier cité par Müller, p. 47.

son maître, Onésicrite faisait un roman, mais un roman peu digne d'un philosophe, surtout d'un philosophe cynique, comme il était. Il est juste de dire que c'était le roman de la reconnaissance autant que de l'adulation. Onésicrite avait reçu d'Alexandre une couronne d'or [1]; il voulait la lui rendre dans ses écrits.

Il est intéressant de savoir ce que pensait de l'ouvrage d'Onésicrite ce même Alexandre que Lucien nous a montré si sévère pour Aristobule. S'il faut en croire Lucien[2], la flatterie d'Onésicrite ne déplut point au conquérant, sans doute parce qu'elle était plus adroite. Alexandre ne jeta point le livre dans l'Hydaspe, mais il se contenta de dire : « Je voudrais bien revenir à la vie quelque temps après ma mort, pour voir comment on jugera ton ouvrage, Onésicrite. Aujourd'hui, on le vante, on l'admire, et cela n'est pas étonnant : chacun voit là un sûr moyen de gagner ma faveur. Pour Homère, c'est autre chose : malgré les fables dont il entoure son Achille, il y a des hommes qui sont tentés d'ajouter foi à ses récits; et pour prouver la véracité d'Homère, ils se bornent à dire qu'il n'a pas chanté un personnage vivant, et qu'on ne voit pas dans quel intérêt il aurait menti. »

Onésicrite ne s'était pas borné à peindre un Alexandre de fantaisie; suivant Strabon[3], il surpassait en contes fabuleux, particulièrement sur l'Inde, tous les historiens d'Alexandre, qui n'avaient pas

---

1. Arrien, *Anabase*, VIII, 5, 9. — 2. *De la manière d'écrire l'histoire.* — 3. XV, p. 480.

épargné les fables. Sans doute Strabon soupçonne quelquefois à tort la véracité des historiens qui ont parlé de l'Inde : mais Strabon n'est pas le seul à réclamer contre Onésicrite ; il y a encore Mégathène, et même Aristobule[1]. Aussi, qu'arriva-t-il ? C'est que l'histoire d'Onésicrite alla grossir le nombre des recueils de *Faits extraordinaires* (παράδοξα). Et c'est parmi un certain nombre de livres semblables qu'Aulu-Gelle en trouva un exemplaire à vendre sur le port de Brindes, et qu'il l'acheta à vil prix[2]. Plutarque rapporte[3] qu'un jour Onésicrite lisait son ouvrage à Lysimaque, devenu roi : il arrive à un conte répété depuis par presque tous les historiens d'Alexandre, sur une reine des Amazones qui serait venue trouver ce prince pour avoir de lui un enfant. Alors Lysimaque de sourire et de s'écrier : « Où donc étais-je, moi, en ce « temps-là ? » Alexandre eût peut-être fait la même question. Quelle histoire que celle dont les principaux personnages ne peuvent s'y retrouver !

La réputation d'Onésicrite comme romancier est si bien établie qu'elle a relevé celle d'Aristobule comme historien ; on a supposé qu'il y avait une erreur de nom dans le passage de Lucien sur Aristobule, et que cet écrivain avait voulu parler d'Onésicrite[4]. Il est vrai qu'Arrien, dans sa *Préface*, considère le récit d'Aristobule comme tout à fait fidèle à la vé-

---

1. V. Müller, *Scriptores rerum Alexandri*, p. 48. — 2. *Nuits attiques*, IX, 4. — 3. *Vie d'Alexandre*, ch. XLVI. — 4. V. Sainte-Croix, *Hist. d'Alex.*, p. 43. C'est aussi l'opinion d'Heeren, Hermann, Westermann, Creuzer.

rité : mais sa principale raison, c'est qu'il a écrit après la mort d'Alexandre, et n'a pas eu intérêt à tromper. Malheureusement le même argument a servi pour appuyer les fables d'Homère : il vaut cependant encore mieux que cet autre, tout philosophique; qui a été mis en avant par le même Arrien en faveur de la véracité de Ptolémée, à savoir qu'il eût été indigne d'un roi de mentir. Il n'est pas inutile de noter que ces deux historiens, aussi véridiques l'un que l'autre, suivant Arrien, se contredisent souvent, de son propre aveu, et qu'il lui a fallu plus d'une fois choisir entre leurs récits. Arrien eût peut-être bien fait de se borner à ce qu'il dit ensuite, qu'Aristobule et Ptolémée « lui ont paru « plus dignes de foi que les autres historiens d'A-« lexandre. » Ce n'était pas dire' beaucoup, et c'était probablement tout ce qu'il y avait à dire.

Des critiques [1] ont expliqué par une différence de date les témoignages contradictoires d'Arrien et de Lucien. Un texte d'un livre apocryphe, mis sous le nom de Lucien [2], d'après lequel Aristobule aurait écrit à 84 ans l'histoire d'Alexandre, leur a semblé résoudre cette difficulté. Comme si une difficulté pouvait être résolue par un ouvrage apocryphe! L'anecdote rapportée dans le traité *sur la manière d'écrire l'histoire*, ils n'ont pas cru pouvoir la nier, d'autant qu'elle semble d'accord avec un passage d'un ancien rhéteur [3], où Aristobule est désigné comme l'un des principaux représentants de la *rhétorique adula-*

---

1. V. C. Müller, *Scriptor. rerum Alex.*, p. 94. — 2. *Exemples de longévité*, ch. XXII. — 3. V. Valz, *Rhetores græci*, t. III, p. 610.

trice; et d'un autre côté, ils ont admis le fait avancé par le faux Lucien, et que semble confirmer Arrien, lequel donne l'histoire d'Aristobule comme écrite après la mort d'Alexandre. Qu'est-ce à dire? Selon ces critiques, il y aurait eu deux éditions de cette histoire, l'une mensongère, composée du vivant d'Alexandre, l'autre véridique, arrangée après sa mort. L'explication est ingénieuse, mais est-elle bien nécessaire? N'exagérons rien : la colère d'Alexandre, provoquée par une flatterie maladroite, ne prouve pas que l'histoire d'Aristobule fût un tissu de fables; et, même après le témoignage favorable d'Arrien, il est permis de croire qu'Aristobule ne s'était pas entièrement interdit les fictions.

Nous croyons donc pouvoir, avec Strabon [1], ranger Aristobule parmi les conteurs de fables, et nous sommes porté à supposer que, comme Onésicrite, il avait admis dans son histoire un élément romanesque. « Quelle jouissance préférerait-on, demande Plu« tarque dans un de ses traités de morale [2], à la lec« ture du récit de Xénophon sur Panthée, de Théo« pompe sur Thébé et d'Aristobule sur Timoclée? » Nous ne savons quelle est cette Thébé dont parlait Théopompe, mais la réputation de Théopompe comme écrivain fabuleux, et le rapprochement avec l'épisode évidemment imaginaire de la *Cyropédie* sur Abradate et Panthée, peuvent faire concevoir quelques doutes sur l'authenticité du beau récit dont Timoclée était l'héroïne, et que Plutarque [3] rapporte

---

1. XV, p. 476. — 2. *Non posse suaviter vivi*, c. x. — 3. V. *Vit. Alex.*, 12, et *De virtut. mulier.*, p. 259.

d'après Aristobule. C'est une touchante et noble histoire que celle de cette femme thébaine, tombée entre les mains des soldats d'Alexandre, et qui, après avoir tué celui qui l'a déshonorée, brave la colère du roi et mérite sa clémence. Cette histoire pouvait être vraie. Mais comment avait-elle été racontée par le seul Aristobule? N'était-ce pas un de ces récits imaginaires par lesquels cet historien avait voulu relever les vertus de son héros? Et la narration de Plutarque, qui fait ressortir le caractère tout moral de cette anecdote, et dans laquelle les ornements de la rhétorique sont si multipliés [1], n'offre-t-elle pas un reflet du récit d'Aristobule?

Il en était sans doute de l'histoire d'Aristobule comme de celle de Charès de Mitylène, l'*Isangèle* ou le chambellan d'Alexandre. Elle n'était pas aussi fabuleuse que celle d'Onésicrite, mais elle n'était pas entièrement véridique. Certes, les fonctions de Charès l'avaient mis à même de donner des détails bien intéressants et bien précieux sur la vie privée d'Alexandre; mais dans les fragments qui nous restent de lui, il y a plus d'une fable [2]. Il avait même admis dans son histoire un récit romanesque, qui rappelle celui de Panthée, mais qui semble plus étranger au sujet [3]. Lui-même le donne comme une tradition fort répandue en Asie, et, si cela est vrai, c'est un des contes orientaux qui se sont quelquefois glissés dans

---

1. Nous parlons ici du récit donné dans le livre *Des vertus des femmes*. — 2. V. C. Müller, *Script. rerum Alex.*, p. 114. — 3. V. Athénée, XIII, 575 A; C. Müller, *Script. rerum Alex.*, p. 119.

l'histoire grecque. Ce conte a pour sujet les amours d'Odatis, la plus belle des femmes d'Asie, et de Zariadrès, le plus beau des hommes de ce pays. Tous deux sont devenus amoureux l'un de l'autre en songe, sans s'être jamais vus; leur passion n'en est pas moins violente. Zariadrès, qui est le roi des peuples compris entre le Tanaïs et les Portes Caspiennes, fait demander Odatis à son père Omarthès, roi des Marathres, peuple qui habite au delà du Tanaïs. Omarthès qui n'a pas de fils, et qui veut donner sa fille à un parent, répond par un refus. Un jour, au milieu d'un festin, il dit à Odatis : « Regarde chacun des convives, et présente la coupe à celui que tu auras choisi pour époux. » Elle se retire les larmes aux yeux pour aller remplir la coupe. A la porte de la salle, elle trouve Zariadrès qui a traversé le Tanaïs, et, revêtu d'une chlamyde scythique, est entré jusque dans la demeure d'Omarthès. « Me voici, » s'écrie-t-il; puis il reçoit de ses mains la coupe qu'elle a déjà remplie, et s'enfuit avec elle.

De tous les historiens d'Alexandre, le plus goûté était Clitarque; mais c'était peut-être celui dont l'autorité historique était le plus attaquée [1]. Le goût des fables était héréditaire dans sa famille; son père, Dinon, parlait sérieusement du chant des Sirènes dans son *Histoire des Perses*[2]. Lorsque chez les anciens on voulait citer un rhéteur habile, mais frivole, on nommait Clitarque[3]. A son amour des récits fabuleux Clitarque unissait l'habitude de l'emphase : « Ce

---

1. Quintil., X, 1, 75. — 2. Plin., X, 70. — 3. Cic., *De leg.*, I, 11; *Brut.*, 11.

« n'était, suivant Longin [1], qu'écorce et que vent. »
Bien des histoires se couvrirent de cette écorce et
s'enflèrent de ce vent [2]. C'est de Clitarque qu'étaient
tirées la plupart des fables sur Alexandre, racontées
par Diodore de Sicile, par Trogue-Pompée et par
Quinte-Curce. C'est lui qui avait le premier parlé
d'une ambassade envoyée par les Romains vers
Alexandre, récit auquel ne croyait pas Arrien [3], mais
qui est reproduit par Quinte-Curce [4] et Diodore [5], et
qui sera fort amplifié par le faux Callisthène [6]. C'est
lui qui avait fait de Babylone une description tellement hyperbolique, qu'elle n'a pas trouvé grâce devant la critique indulgente du bon Rollin [7]. C'est
encore lui qui, suivant son penchant à l'emphase et
à l'hyperbole, avait représenté Persépolis comme entièrement détruite par un incendie, et qui, pour rendre son récit plus dramatique, avait imaginé de faire
allumer cet incendie par la courtisane Thaïs, au milieu
d'une nuit d'orgie. Or le fait, pour ce qui concerne
Thaïs, est nié par Athénée [8]. Plutarque en doute [9];
ni Arrien, ni Strabon ne le signalent; Diodore [10]
et Quinte-Curce [11] l'avaient seuls reproduit sur la foi
de Clitarque. Quant à l'anéantissement de Persépolis,
il ne paraît pas qu'il eût été complet, car il est encore
question de cette ville chez les anciens après la mort
d'Alexandre [12].

1. *Du sublime*, c. III. — 2. V. Sainte-Croix, p. 123; R. Geier, *Alex. rer. script.*, p. 152; C. Müller, p. 74. — 3. *Anabase*, VII, 15. Niebuhr admet que cette tradition a quelque fondement, *Histoire romaine*, III, 190. — 4. VII, 95. — 5. XVII, 113. — 6. I, 27-29. — 7. V. Rollin, *Hist. ancienne*; Daunou, *Cours d'études histor.*, XII, p. 419. — 8. XIII, 576. — 9. *Alex.*, 38. — 10. XVII, 72. — 11. V, 7. — 12. V. Sainte-Croix, *Hist. d'Alex.*, p. 312.

Clitarque avait encore conté, d'après Onésicrite, l'histoire de l'amazone Thalestris, laquelle serait venue trouver Alexandre, se croyant digne de lui donner des héritiers. Diodore [1], Justin [2] et Quinte-Curce [3] répéteront cette fable, qui faisait autrefois sourire Lysimaque; mais Plutarque [4] et Arrien [5] la rejetteront au nombre des contes imaginés par les historiens d'Alexandre pour embellir la vie de leur héros.

Il y a un nom qui, dans la décadence de la littérature grecque et de la littérature latine, a résumé toute cette histoire fabuleuse du conquérant macédonien : c'est le nom de Callisthène. Callisthène a dû cette grande réputation non à son propre ouvrage, mais à une fraude littéraire dont nous aurons bientôt à parler. Ce n'est pas que son histoire d'Alexandre ne fût aussi bien mêlée de fables ; il est même probable que le nom de Callisthène n'a pas été sans raison préféré à celui de tous les autres historiens d'Alexandre, et que son ouvrage fut la base du roman historique répandu plus tard sous son nom. Aristobule, Onésicrite, Clitarque, se proposant de peindre un homme extraordinaire, avaient voulu qu'il parût tel dans tous ses actes. Callisthène avait fait d'Alexandre un dieu. Cela semble étrange de la part d'un homme qui se disait philosophe, et que la tradition grecque représente comme ayant péri victime de quelques plaisanteries sur la divinité d'Alexandre [6].

---

1. XVII, 77. — 2. XII, 3. — 3. VI, 5. — 4. *Alex.*, 64. — 5. *Anabas.*, VII, 13. — 6. V. le *Lysimaque* de Montesquieu, et Sainte-Croix, ouvrage cité, p. 361 et suiv

Mais il ne faut pas que les malheurs de Callisthène nous fassent illusion sur le caractère de son histoire; s'il y a quelque contradiction entre ce qu'on dit de son ouvrage et ce qu'on dit de sa mort, c'est qu'il y eut contradiction dans sa conduite. On ne peut être à la fois courtisan et philosophe. Callisthène, qui essaya de jouer ce double rôle auprès d'Alexandre, y échoua, comme avant lui Platon à la cour de Denys[1], comme plus tard Sénèque et Lucain à la cour de Néron. Il affectait une rigidité de mœurs qui devait tôt ou tard déplaire au roi; à mesure qu'il vit décliner sa faveur, il affecta de censurer tout autour de lui; ses rivaux, dont il s'était fait autant d'ennemis par sa vanité et par ses railleries mordantes, n'eurent pas de peine à faire considérer comme un rebelle celui qui ne voulait plus être un courtisan.

Certains hommes se font moins de scrupule d'écrire un mensonge que de le prononcer de vive voix; il semble à ces esprits superbes qu'ils ne doivent la vérité qu'à un petit nombre d'amis : le vulgaire n'en est pas digne. Callisthène donna dans ce travers. Il avait consenti à faire dans son histoire tout ce qu'il fallait pour accréditer auprès de la multitude le bruit de la divinité du roi[2], mais il entendait bien se réserver le droit de plaisanter entre amis sur le dieu Alexandre. Le roi lui fit cruellement expier la seconde faute, la postérité ne saurait

---

[1]. On sait la leçon que firent à Platon, suivant Diodore (xv, 7), les philosophes qui le rachetèrent : « Il faut se garder de fré-« quenter les tyrans, ou bien il faut chercher à leur plaire. »

[2]. V. Polybe, *Fragments*, xii, 23.

l'absoudre de la première. Qu'il ait montré dans son ouvrage une profonde ignorance de la tactique[1], qu'il ait répété certaines traditions sur des peuples fabuleux, comme les Halizones[2], on le comprend et on l'excuse : mais comment lui pardonner d'avoir dépassé les hyperboles de Clitarque, les flatteries d'Onésicrite et d'Aristobule ? Dans l'indignation qu'inspiraient à Timée les mensonges de Callisthène, cet historien va jusqu'à dire que son supplice était mérité, et qu'il avait, autant qu'il était en son pouvoir, corrompu le caractère d'Alexandre[3]. Ce jugement est sévère, comme l'étaient en général les jugements de Timée. Il est permis de croire que Callisthène n'avait corrompu que l'histoire. Mais sur ce dernier point tous les témoignages anciens s'accordent avec celui de Timée. Suivant Cicéron[4], il avait écrit l'histoire en rhéteur. Il cherchait l'élévation, dit Longin[5], et n'arrivait qu'à l'enflure. Strabon[6] lui reproche « de chausser le cothurne, » et de vouloir sans cesse grandir les événements par des artifices de narration et de style. Arrien[7] rapporte qu'il disait lui-même : « Ce qui fera croire à la divi-
« nité d'Alexandre, ce ne sont pas les mensonges de
« sa mère sur sa naissance, mais les récits que je
« ferai parvenir aux oreilles des hommes. »

Les citations que les anciens ont faites de l'ou-

1. Polybe, XII, 17, relève sur ce point des erreurs d'autant plus graves qu'il dit avoir tout vu de ses yeux. — 2. V. Strabon, XIV, 180; Callisthène, *Fragments*, dans les *Script. rer. Alex.* de C. Müller, p. 20. — 3. V. Polybe, *Fragm.*, XII, 12. — 4. *De l'orateur*, II, 14. — 5. *Du sublime*, ch, III. — 6. XVII, p. 556. — 7. *Anabase*, IV, 10.

vrage de Callisthène justifient toutes ces accusations[1]. Par exemple, il racontait qu'Alexandre, dans son voyage au temple d'Ammon, s'était égaré au milieu d'un nuage de sable, mais avait été sauvé par une pluie abondante et ramené dans sa route par deux corbeaux. Il ne se contentait pas de rapporter que le prêtre d'Ammon avait déclaré Alexandre fils de Jupiter, il ajoutait que l'origine divine du roi était aussi attestée par la sibylle d'Érythres. Il multipliait en sa faveur oracles et prodiges. Il montrait la mer de Pamphylie, l'une des mers les plus orageuses, s'apaisant devant Alexandre et se courbant sous lui comme pour l'adorer; invention ridicule, dont Ménandre fit justice dans une de ses comédies [2], que l'historien Josèphe eut le tort de rappeler aux Grecs pour leur faire admettre le passage de la mer Rouge par Moïse [3], et qui, comme beaucoup d'autres traditions merveilleuses, repose sur un fait vrai, mais exagéré et dénaturé [4].

Avant de passer du véritable au faux Callisthène, l'histoire d'Alexandre devait se grossir de bien des fables. Mais comment restituer à chaque écrivain celles qui lui appartiennent? Nous n'avons ni l'ou-

---

1. V. Callisth., *Fragm.* dans les *Script. rer, Alex.* de C. Müller.
2. V. Plutarque, *Vie d'Alexandre*, ch. XVII; Eustathe, *Comm. sur l'Iliade*, XIII, 29.
3. V. *Archæol. Jud.*, II, 16.
4. Strabon a parfaitement expliqué (XIV, p. 458) qu'il y a près de la ville de Phasélis des détroits par lesquels Alexandre fit passer son armée : le mont Climax, penchant vers la mer de Pamphylie, ne laisse qu'un passage fort étroit le long du rivage, qui reste à sec quand le temps est calme et serein. (V. Sainte-Croix, p. 244, 546.)

vrage d'Hégésias de Magnésie, qu'Aulu-Gelle[1] range avec Onésicrite parmi les narrateurs de contes sans vraisemblance, ni celui de Duris, qui répétait dans ses *Macédoniques*[2] un vieux conte sur un dauphin qui avait aimé un jeune homme, et ajoute qu'Alexandre lui-même avait voulu voir ce dauphin, ni tant d'autres historiens d'Alexandre, dont les noms ont survécu à leurs ouvrages. Il nous resterait à parler des premiers changements apportés à l'ouvrage de Callisthène, qui remontent évidemment à l'époque Alexandrine. Mais nous préférons présenter ailleurs[3] une esquisse des remaniements successifs que subit cet ouvrage, jusqu'à ce que la rédaction première en devint méconnaissable; et nous terminons ici cette rapide revue de ce que l'on peut appeler le *Premier âge du roman d'Alexandre*.

CHAPITRE III

ROMAN ÉPIQUE, OU NARRATIONS FABULEUSES EN PROSE SUR LES TEMPS HÉROÏQUES ET LA GUERRE DE TROIE.

Remaniements en prose des anciennes épopées et des poëmes cycliques. — Romans sur les temps mythologiques. — *Bibliothèque* d'Apollodore. — *Cycle historique* attribué à Denys de Milet. — Romans sur les temps héroïques. — Récits attribués à Denys de Milet sur les Amazones de Libye. — Romans sur la guerre de Troie. — Hellanicus. — Le faux Céphalion.

Comme le développement des divers genres est le même dans presque toutes les littératures, les com-

---

1. *Nuits attiques*, IX, 4. — 2. V. Athénée, XIII, p. 606. — 3. V. 3ᵉ partie, ch. IV.

positions épiques ont traversé les mêmes phases chez les anciens et chez les modernes. D'un côté comme de l'autre, on voit les sujets héroïques d'abord chantés dans de longues épopées, œuvres d'imagination et d'enthousiasme, où la naïveté n'exclut pas, et semble même quelquefois favoriser le génie, où la négligence des détails disparaît devant la majestueuse grandeur de l'ensemble. C'est l'époque des poëmes homériques ; c'est aussi, autant que l'on peut rapprocher de tels chefs-d'œuvre des productions restées imparfaites, l'époque de nos *Chansons de geste*. Lorsque la prose est devenue d'un usage plus général que la poésie, les sujets épiques sont repris et remaniés dans des ouvrages qui ne sont ni des poëmes ni des histoires, et ces compositions d'un caractère équivoque ne cessent pas d'être publiées jusqu'à ce qu'elles aient fait place à des narrations purement imaginaires. Ainsi, avant les romans d'Héliodore et d'Achille Tatius, fruits tardifs du génie grec, on trouve un grand nombre d'histoires fabuleuses, qui reproduisent en prose, avec plus ou moins de fidélité, les récits de l'épopée. Dans les temps modernes, les *Chansons de geste*, remaniées partout en prose, dès le xive et surtout au xve siècle, donnèrent naissance aux romans épiques, qui se multiplièrent en Europe, jusqu'au jour où les sarcasmes de Cervantes firent tomber dans le discrédit les récits chevaleresques, et où les bergers de d'Urfé, les Romains et les Grecs de Mlle de Scudéry remplacèrent les paladins des Trouvères et de leurs imitateurs. Les fictions épiques, abaissées par leur passage dans la prose, se relevèrent en s'introduisant dans l'histoire ; la chronique de Geoffroy de Monmouth et celle du faux Turpin admirent plus d'un récit fabuleux des Trouvères, comme Diodore de Sicile avait accueilli dans sa *Bibliothèque historique* bien des fables empruntées aux anciennes épopées de la Grèce.

Le roman épique, dans l'antiquité, embrasse tous les sujets traités par l'épopée, depuis les temps mythologiques jusqu'à la guerre de Troie, et aux aventures des principaux héros de cette guerre.

Les narrations fabuleuses sur la mythologie appartiennent plutôt à la poésie qu'au roman; cependant, le roman n'y est pas étranger; c'est par le roman qu'elles ont pénétré dans l'histoire, grâce au facile procédé de l'évhémérisme, qui faisait des dieux antiques autant d'hommes, sous prétexte que c'étaient des hommes dont on avait fait autant de dieux. Peut-être demandera-t-on si la similitude des sujets n'était pas le seul rapport qui existât entre les compositions des poëtes et celles des *Mythographes*. Il est certain que les ouvrages de ces derniers, dont il est resté quelques traces, paraissent avoir été d'une sécheresse plus capable de déconcerter l'imagination que de la satisfaire[1]. Mais il n'en était pas de même de tous.

---

1. Voir sur les *Histoires mythiques* de Marsyas de Philippes, de Paléphate, d'Alexandre de Mynde, de Silène de Chio, de Satyrus, d'Aristodème de Thèbes, de Sostrate, de Phylarque, d'Aratus, d'Ératosthène, d'Hygin, etc.; C. Müller, *Script. rerum Alex.*, p. 41 (à la suite de l'Arrien de la coll. Didot); *Hist. gr. fr.*, II, p. 338, 336; III, 100, 165, 311, 505; I, p. LXXVII; les Μυθογράφοι de Westermann, les *Mythographi latini*, etc. Sur les *Métamorphoses* de Callisthène, de Dorothée, de Théodore, d'Antoninus Liberalis, V. *Script.*

On a supposé que le livre le plus important qui nous soit parvenu en ce genre, la *Bibliothèque* d'Apollodore, était l'abrégé maigre et décharné d'un ouvrage plus ample et plus large [1]. L'hypothèse paraît tellement vraisemblable, que les critiques mêmes, qui refusent de voir dans la *Bibliothèque* d'Apollodore l'abrégé d'un autre ouvrage, ne font pas difficulté d'admettre qu'Apollodore écrivit, en effet, sur le même sujet, un ouvrage plus considérable, mais étranger à celui-là [2]. En dépit des minutieuses distinctions d'une critique subtile, il ne semble pas que la *Bibliothèque* d'Apollodore nous soit, plus que tant d'autres ouvrages du même grammairien, parvenue telle qu'il l'avait composée. Déjà l'on est d'accord pour ne lui attribuer ni le titre ni les divisions de ce livre : il reste à s'expliquer comment un livre aussi médiocre, aussi faiblement composé et aussi pauvrement écrit, peut être l'œuvre d'un maître aussi estimé que l'était de son temps Apollodore, d'un homme auquel les amphictyons, selon Pline [3], décernèrent des honneurs publics. N'est-il pas plus probable qu'Apollodore écrivit sur les temps mythologiques un ouvrage plus digne à la fois de sa réputation et de son sujet, un ouvrage semblable à celui d'Évhémère, dont il suivit le système?

---

rer. *Alex.*, p. 7, 156; *Hist. gr. fr.*, IV, 513, et les Μυθογρ. de Westermann.

1. V. Voss., *De hist. gr.*, p. 132; Barth., *ad Theb.*, I, p. 121; Reines., *Epist. ad Hoffmann;* Burmann, *Catal. Argon.;* Tannegui Lefèvre, *Préface* de son édition d'Apollod.; Clavier, *Préface* de sa trad.; Welcker, *De Cyclo homer.*, p. 88. — 2. V. C. Müller, *Hist. gr. fr.*, I, p. XXXVIII et suiv. — 3. III, 37.

Si le caractère de la *Bibliothèque* d'Apollodore donne lieu à des controverses entre les critiques, il n'en saurait être de même du *Cycle historique*, attribué à Denys de Milet. Les récits sur Bacchus, que Diodore [1] emprunte à cet *historien* (car c'est ainsi qu'il appelle ce mythographe), sont plus poétiques que les *Dionysiaques* de Nonnus. Nous avons indiqué plus haut [2] les sujets qu'embrassait le *Cycle historique;* il est probable que cet ouvrage, tel qu'il était parvenu à Diodore, n'était pas l'œuvre du logographe Denys de Milet, mais qu'il avait été remanié ou même fabriqué sous son nom par quelque grammairien d'Alexandrie, comme l'histoire de Cadmus de Milet et les *Arimaspées* d'Aristéas de Proconèse. Peut-être l'auteur n'est-il autre que Denys Scytobrachion de Mitylène, grammairien du premier siècle avant l'ère chrétienne, du moins les ouvrages de ce dernier, cités par Suidas, rappellent par leur titre les sujets du *Cycle historique*, attribué à Denys de Milet[3], et il était connu dans l'antiquité pour avoir fabriqué et mis sous le nom du logographe Xanthus une *Histoire de Lydie* [4]. Quel que soit le grammairien qui a composé le *Cycle historique*, cet ouvrage, à en juger par les emprunts que lui fait Diodore, n'a rien de commun avec la sécheresse des vieux logographes, et il trahit cette époque Alexandrine, qui s'est complu à traiter les sujets mythologiques en leur appliquant les règles de la critique d'Évhémère.

---

1. V. *Bibl. hist.*, III, 67 et suiv. — 2. Première partie, ch. I. — 3. V. C. Müller, *Hist. gr. fr.*, II, p. 6 sqq. — 4. Athen. *fr.* 19; V. *Hist. gr. fr.*, I, p. XXI.

Les exploits des anciens héros ouvraient au roman épique un champ plus large que la mythologie, car c'est à l'homme que l'homme s'intéresse le plus ; et, en dépit d'Évhémère, les dieux, pour le vulgaire, furent longtemps des dieux. Que contaient aux enfants les nourrices grecques? Des fables sans doute, et surtout des *Fables libyques* [1], parce qu'il y était question de monstres, et que les monstres sont une grande ressource pour les nourrices ; mais elles contaient aussi, et souvent avec beaucoup de sentiment et d'émotion, les vieilles légendes épiques, comme celle d'Ariane et de Thésée [2]. L'imagination des anciens se repaissait de ces contes, sans jamais s'en rassasier ; ces fictions étaient accueillies avec la même faveur chez les poëtes qui les avaient répandues d'abord, et chez les écrivains en prose qui les reproduisaient.

Lorsqu'on voit citées dans les auteurs anciens l'*Héroologie* d'Anaximandre [3], la *Méléagride* d'Antisthène [4], la *Phoronide*, l'*Asopide*, la *Deucalionie*, l'*Atlantide* d'Hellanicus [5], on croit d'abord qu'il s'agit de poëmes ; il n'en est rien, ce sont des narrations fabuleuses en prose. Deux sujets paraissent avoir surtout fourni matière à ces sortes de narrations : la légende des Amazones et la guerre de Troie.

La légende des Amazones, qui avait été racontée par Denys de Milet ou sous son nom, le fut aussi, à

---

1. V. Julien, *Disc. VII*; Maxime de Tyr., x, 3; Dion Chrysostome, *Disc. IV*. — 2. V. Philostrate, l'*Héroïque*, p. 668 (Oléar.); *Les Tableaux*, I, 15. — 3. V. C. Müller, *Hist. gr. fr.*, II, 67. — 4. V. *Ibid.*, III, 79. — 5. *Ibid.*, I, p. XXVI.

une époque évidemment postérieure, par Onasos ou Mnaséas, et par Possis de Magnésie [1]. Les récits attribués à Denys de Milet par Diodore font partie d'un ensemble de narrations tellement fabuleuses, qu'on s'étonne de les rencontrer dans une histoire. Telles sont les relations sur les Atlantes, sur les Scythes et sur les Amazones de Libye [2].

Il n'y avait pas un mot qui fût historique dans tout ce que rapportait sur ces Amazones Denys de Milet, ou le faussaire qui s'était emparé de ce nom. Ses récits avaient pour bases quelques traditions répandues par des voyageurs et les fictions des anciens poëtes. De tout ce qui s'était dit sur les Amazones du Pont-Euxin, sur des femmes velues qui habitaient l'Afrique occidentale, sur la naissance de Pallas auprès du lac Tritonis, sur les Gorgones, etc., on avait formé un seul corps de narrations fabuleuses, qui n'avaient de commun avec l'histoire que la forme du récit[3]. D'après ces narrations, les Amazones de Libye seraient plus anciennes que celles du Pont-Euxin ; elles auraient disparu de la terre quelques générations avant la guerre de Troie. Elles n'étaient pas les seules femmes guerrières de la Libye; comme elles, les Gorgones formaient une sorte de république, où le pouvoir était entre les mains des femmes. Les Amazones habitaient une île située sur le lac Tritonis, elles avaient, sous la conduite de leur reine Myrina, subjugué leurs voisins, les Atlantes, puis

---

1. V. C. Müller, *Hist. gr. fr.*, III, 158; IV, 483. — 2. V. *Diodor.*, II, 43 sqq.—3. V. Hannon, *Périple*, dans Pomponius Méla, *De situ orbis*, II, 9; Heyne, *De font. Diodor.*, p. LXVII.

poussé leurs conquêtes jusqu'en Arabie et en Syrie.

A ces narrations sur les Amazones de Libye étaient étroitement liés les récits sur les Atlantes. Il ne faut pas confondre ces Atlantes avec ceux de Platon. Tandis que le philosophe place ses Atlantes dans une île de l'Océan, le faux Denys de Milet leur donne pour séjour le rivage occidental de la Libye, la contrée comprise entre l'Océan et le lac Tritonis, où se trouve l'île des Amazones. Il les représente comme un peuple humain et doux, plus occupé des arts de la paix que du soin de la guerre : de là, le triomphe des Amazones dans leur guerre contre les Atlantes.

Il fait aussi l'éloge de leur piété, et il donne leur terre comme la patrie des dieux, c'est-à-dire des hommes déifiés. On n'aura pas de peine à reconnaître dans tout ceci un mélange confus de fictions empruntées aux poëtes, et de spéculations philosophiques dans le goût de celles d'Évhémère [1].

Rien n'égale la vitalité des récits sur la guerre de Troie. Ils entretinrent l'imagination grecque depuis son premier éveil jusqu'à ses derniers moments, depuis les Aèdes qu'efface la gloire d'un Homère, jusqu'à Tzetzès, qui recueille, après tant d'autres, l'héritage des Cycliques. Au cœur du moyen âge, ils se répandirent dans l'Europe occidentale, et pour la seconde fois « la Grèce captive vainquit son fier vainqueur [2]. » Mais tandis que l'*Empire latin* de Constantinople, après quelques années d'existence, devait disparaître sans laisser de trace, les récits sur la

---

1. V. Diod., III, 55-60; Heyne, *De font. Diod.*, p. LXVIII.
2. Horace, *Épîtres*, II, 1.

guerre de Troie, apportés en France, y contre-balancèrent les traditions nationales, et la renommée d'Achille, d'Ajax et d'Hector le disputa longtemps à celle des Roland, des Arthur et des Amadis.

Il ne faut donc pas s'étonner si la Grèce, et Rome son élève, reproduisirent sous toutes les formes, et sans jamais se lasser, les légendes héroïques de la guerre de Troie. Épopées, tragédies, chants lyriques, héroïdes, tout cela ne suffisait pas. La prose s'empara de ces légendes comme la poésie ; l'histoire les répéta tantôt avec complaisance et facilité, tantôt avec prudence et circonspection, en essayant de dégager la vérité des fables qui l'enveloppaient ; puis, lorsque se fut répandu le goût des narrations fabuleuses en prose, c'est la guerre de Troie qui en fit éclore le plus grand nombre.

Nous n'avons pas à parler ici des histoires générales où cette guerre a été racontée incidemment avec une critique plus ou moins sûre ; il nous suffira de signaler les ouvrages dont elle a été l'objet spécial, et qui avaient presque tous pour titre : *Histoires Troyennes*. Le premier de ces ouvrages qui s'offre à nous est celui qui était attribué au logographe Hellanicus, dont les fragments semblent accuser l'intention de ramener à la vraisemblance les récits des poëtes. C'est ainsi que le combat d'Achille contre le Scamandre n'est plus dans Hellanicus que la lutte d'un nageur intrépide contre les eaux d'un fleuve fougueux. Cela ne veut pas dire que le logographe ait retranché de son récit toutes les fables ; il n'oublie ni les parjures de Laomédon, ni le monstre dont Hercule délivra Hésione, ni la métamorphose de Tithon en cigale [1]. Mais son ouvrage n'en paraît pas moins historique à Denys d'Halicarnasse, qui donne le récit d'Hellanicus sur la fuite d'Énée comme le plus vraisemblable, apparemment parce qu'il était le plus avantageux pour l'ancêtre supposé d'Auguste [2]. Énée s'y trouve représenté comme se défendant avec courage jusqu'au dernier moment, protégeant la fuite des vieillards, des femmes et des enfants, quittant la citadelle lorsque Néoptolème y a déjà pénétré, se fortifiant sur l'Ida, y rassemblant encore un assez grand nombre de combattants, et ne consentant à traiter avec les Grecs qu'à la condition de pouvoir se retirer avec tous les honneurs de la guerre.

Il ne reste que le titre et quelques fragments sans caractère des *Histoires Troyennes* de Denys de Milet [3], de Paléphate d'Athènes [4], d'Idoménée de Lampsaque [5], de Métrodore de Chio [6], d'un certain Abas [7], de Démétrius d'Ilion [8], et de Théodore d'Ilion [9]. On citait une *Histoire d'Iphigénie* par le logographe Phéricyde [10] et une autre par Simonide de Caryste [11] sur les événements qui ont suivi la guerre de Troie. Lysimaque d'Alexandrie [12] et Anticlide [13] avaient composé des ouvrages intitulés, comme quelques poëmes cycliques, *les Retours*.

Parmi les *Histoires Troyennes* dont il est resté

---

1. V. C. Müller, *Hist. gr. fr.*, I, p. 61-65, *passim*. — 2. *Antiquités romaines*, I, 46. — 3. *Hist. gr. fr.*, II, p. 5. — 4. *Ibid.*, II, 338. — 5. *Ibid.*, II, 494. — 6. *Ibid.*, III, 205. — 7. *Ibid.*, IV, 278. — 8. *Ibid.*, IV, 381. — 9. *Ibid.*, IV, 513. — 10. *Ibid.*, I, p. XXXIV. — 11. *Ibid.*, II, 42. — 12. *Ibid.*, III, 337. — 13. V. *Script. rer. Alex.* à la suite d'Arrien, éd. Didot, p. 148.

quelque vestige, il y en a une qui avait cours sous le nom de Céphalion de Gergithe. Ce n'était, comme nous l'apprend Athénée[1], que le pseudonyme d'Hégésianax d'Alexandrie, grammairien du cinquième siècle avant l'ère chrétienne. Denys d'Halicarnasse, dont la bonne foi était facile à surprendre, croyait Céphalion « un écrivain très-ancien » et le jugeait « tout à fait digne d'estime » : il donnait le même éloge à Hégésippe, auteur de *Palléniaques* et de *Milésiaques*[2]. Et à quelle occasion Denys d'Halicarnasse professait-il ainsi son estime pour Céphalion et pour Hégésippe ? A propos d'un récit sur je ne sais quel voyage d'Énée en Thrace et sur sa mort dans ce pays. C'était mal choisir le moment. La nature de ce récit, et la rencontre du faux Céphalion avec un écrivain qui est soupçonné d'avoir aimé les fables[3], peuvent déjà inspirer quelques doutes sur la gravité de cette *Histoire Troyenne*: le jugement ne saurait plus être en suspens, lorsqu'on lit deux autres récits romanesques que Parthénius de Nicée rapporte d'après le faux Céphalion.

L'un de ces récits concerne un fils d'OEnone et de Pâris, Corythus, qui s'éprit d'Hélène, lui inspira de l'amour et fut tué par son père[4]. L'autre avait pour sujet la mort d'OEnone, première femme de Pâris : c'est un épisode raconté sans détail par Apollodore[5], par Conon[6] et par le faux Dictys[7]. Si

---

1. IX, p. 393. — 2. *Antiquités romaines*, I, 49. — 3. V. plus bas, troisième partie, ch. VII. — 4. V. Parthen. Nic., *Narrat.* 34. — 5. *Bibl.*, III, 12, 6. — 6. *Narrat.* 23. — 7. IV, 21. Voir la Ve *Héroïde* d'Ovide et Tzetzès, *Posthom.*, v, 595 et suiv.

l'on en juge par l'extrait de Parthénius de Nicée, Céphalion lui avait donné plus de développement et d'intérêt. La malheureuse OEnone, abandonnée par Pâris, apprend qu'il vient d'être blessé par Philoctète : Pâris sachant qu'elle seule, d'après les ordres du Destin, a la faculté de le guérir, l'envoie prier de venir à son secours. OEnone, cédant à un mouvement de colère, lui fait dire de s'adresser à Hélène; mais à peine a-t-elle renvoyé avec cette cruelle parole le messager de Pâris, qu'elle part elle-même afin de soigner l'infidèle. Elle arrive trop tard : sa réponse a tué Pâris. A la vue du cadavre d'un homme qui lui a été si cher, elle se donne la mort. Cette légende sera le sujet d'un des plus beaux épisodes de Quintus de Smyrne[1].

« Il faudrait un fort volume, dit un moderne his« torien de la Grèce[2], pour exposer les diverses lé« gendes de la guerre de Troie, racontées d'abord « par les poëtes épiques, tragiques et lyriques, puis « remaniées par certains historiens qui, en se van« tant d'élaguer les exagérations des poëtes, ont, « dans leur prose, ouvert une nouvelle veine de « fictions. » Parthénius de Nicée, Hygin et Conon nous ont conservé dans leurs compilations des fragments de quelques-unes de ces narrations fabuleuses. On pourrait recueillir chez ces trois grammairiens, aussi bien que chez Diodore de Sicile et chez Denys d'Halicarnasse, les débris du *roman de*

---

1. x, 260-488. — 2. Grote, *Hist. of Greece*, p. 386. M. Fuchs n'a donné qu'une esquisse d'un tel ouvrage dans sa dissertation *De varietate fabularum Troïcarum*, Colon. 1830.

Troie, tel que le créa l'époque Alexandrine. C'est seulement à la fin de l'époque romaine que nous trouvons, dans les ouvrages du faux Darès et du faux Dictys, des monuments de ce cycle romanesque parvenus jusqu'à nous.

CHAPITRE IV

ROMANS SUR LA GÉOGRAPHIE.

§ I. — RELATIONS DE VOYAGES EN PARTIE FABULEUSES.

Périples. — *Histoires Phéniciennes*. — Souvenirs de l'*Atlantide* de Platon. — Relations des voyages de Damastès, de Pythéas, d'Eudoxe. — Mégasthène (Récits sur l'Inde).

A la géographie, comme à l'histoire, est échu son contingent de romans. Elle en a reçu des écrivains qui ne prétendaient qu'amuser ou surprendre par des récits de voyages et par des relations sur des contrées mal connues; elle en a reçu des philosophes qui, jaloux de montrer leurs théories réalisées quelque part, créaient des terres tout exprès, et souvent obtenaient plus de crédit pour leurs inventions géographiques que pour le reste de leurs rêveries. Avant de parcourir les terres fabuleuses dont les philosophes ont enrichi la géographie des anciens, à l'imitation de l'*Atlantide* de Platon, jetons un coup d'œil sur les récits exagérés ou imaginaires des voyageurs ou de leurs interprètes, rhéteurs et grammairiens.

De tout temps un grand intérêt s'est attaché aux relations de voyages : l'homme est naturellement attiré vers l'inconnu et l'extraordinaire; ce n'est que par réflexion qu'il s'inquiète de la vérité et discute sur la vraisemblance des récits qui lui sont faits. Les relations de voyages ont dû tenir dans la littérature romanesque de l'antiquité une place d'autant plus grande que le monde était moins connu des anciens, et qu'il était plus facile de mentir à qui venait ou disait venir de loin. Voyez leurs romans les plus importants, il n'y en a pas un où les récits de voyages ne jouent un rôle considérable, qui même ne soit présenté en grande partie sous forme de récit de voyage. Si le Cyrus de Xénophon voit moins de pays que celui d'Hérodote, c'est qu'il n'entre pas dans le plan du philosophe d'en faire ce qu'on appelle un conquérant; néanmoins il lui fait parcourir bien des contrées de l'Asie, et dans la géographie de la *Cyropédie*, on ne reconnaît pas toujours celle de l'*Anabase*. La *Vie d'Apollonius de Tyane* n'est qu'un long voyage; le récit de Philostrate justifie à la lettre ce que l'on a dit de la carrière de son héros, que c'était le *voyage d'un dieu sur la terre;* et le biographe répand trop de merveilles sur la vie du thaumaturge pythagoricien pour n'en pas semer aussi sur sa route. L'ouvrage d'Évhémère, celui d'Iambule et d'Antoine Diogène ne sont que des voyages, et quels voyages! Parlerons-nous des romans d'amour? Jamblique le Syrien, Xénophon d'Éphèse, Héliodore, Achille Tatius, Chariton, promènent leurs héros à travers les terres et les mers, non pas, il est vrai, pour aller à la découverte de quelque pays inconnu, mais pour retrouver l'objet aimé qui leur a été ravi : et le narrateur a le temps de décrire, le héros a l'esprit assez libre pour observer toutes les curiosités et toutes les choses extraordinaires qui se rencontrent sur son chemin.

Les récits de voyages ne sont que des épisodes dans les romans philosophiques et dans les romans d'amour; mais, comme ces récits avaient leur intérêt propre, ils devaient avoir leur développement à part. Ce développement fut en rapport avec les progrès de la navigation. A mesure que les Grecs entreprirent de rivaliser avec les Phéniciens pour les courses aventureuses sur mer, les *Périples* se multiplièrent, et à côté des *Périples* déjà bien mêlés de fables, parurent des relations de voyages tellement surchargées d'incidents merveilleux que plusieurs des anciens géographes ont refusé d'y voir autre chose que des récits mensongers. Sans doute le scepticisme de Strabon n'est pas toujours plus près de la vérité que la crédulité ou l'exagération des écrivains qu'il réfute; on se trompe quelquefois autant à nier un récit, par la seule raison qu'il contient des faits extraordinaires, qu'à le croire légèrement et sans examen. Mais la méfiance ne s'était éveillée chez les Grecs qu'après de nombreuses impostures. Il y avait tant d'exemples de fraudes évidentes, que les historiens critiques croyaient en voir là où souvent il n'y en avait que l'apparence.

Ce n'étaient pas toujours les voyageurs eux-mêmes qui écrivaient ce qu'ils avaient vu : souvent ils se bornaient à des relations orales que reproduisaient et qu'amplifiaient des rhéteurs ou des grammairiens.

Le récit primitif ne pouvait manquer de s'altérer avec de pareils interprètes : ils n'avaient pas toujours bien compris ni bien retenu, ils se préoccupaient bien moins d'être fidèles que d'être intéressants, et ils ne croyaient pouvoir intéresser qu'en disant des choses extraordinaires. Leur imagination s'exerçait d'ordinaire sur les contrées lointaines et de préférence sur les îles, toujours moins connues que les continents : il fallait bien transporter le théâtre de ces relations mensongères hors des limites des terres explorées. Les progrès de la science reculaient sans cesse ces limites. Au temps d'Hécatée de Milet, l'inconnu était voisin de la Grèce, c'étaient les rivages mêmes du Pont-Euxin, où cet historien plaçait sa fabuleuse *Cimméris* [1]; au temps d'Alexandre, l'inconnu, c'était le centre de l'Asie, c'était l'Inde, c'était l'Afrique, à part l'Égypte, la Cyrénaïque et la Mauritanie.

Quelques-unes de ces relations de voyages étaient si évidemment fabuleuses qu'elles rappelaient à Lucien les comtes d'Ulysse dans le palais d'Alcinoüs, et qu'il crut à propos d'en faire la parodie : de là son *Histoire véritable*. Il semble que les récits qui avaient pu susciter une telle parodie ne pouvaient guère être confondus avec l'histoire. Et cependant

---

1. V. Strabon, VII, p. 458.

de semblables récits ne figurent-ils pas plus tard dans l'ouvrage du faux Callisthène? Ne les voit-on point apparaître dès l'époque Alexandrine dans celui d'Iambule, dont Diodore de Sicile a donné un extrait, et dont nous aurons bientôt à parler d'après lui? N'ont-ils pas laissé des traces dans les nombreuses compilations intitulées *Traditions merveilleuses*, *Faits extraordinaires*, *Récits incroyables* [1], qui rapportent tant de choses surprenantes sur les hommes, les animaux et les phénomènes des différents pays, et qui, chez les Grecs, formaient en quelque sorte un genre à part dans l'histoire [2]?

Du reste, à côté de ces relations purement fabuleuses, il y en avait d'autres qui contenaient un fond de vérité caché sous quelques fables : il pouvait être permis de douter si c'étaient des romans ou des récits vraiment historiques. De ce genre étaient les récits qu'accueillait le même Diodore de Sicile [3] sur une *île fortunée* située dans l'Océan, à l'ouest de l'Afrique. Ce passage de Diodore, tels autres d'un livre sur les *Traditions merveilleuses* [4] faussement mis sous le nom d'Aristote, qui répètent avec quelques différences de détail le récit de Diodore, la mention faite par Pline [5] d'une *île Atlantide*, et par Ptolémée [6] d'une île inaccessible, enfin le célèbre

---

1. V. Westermann, Παραδοξογράφοι. Ce recueil contient seulement les ouvrages de ce genre écrits en grec; mais l'éditeur, dans sa *Préface*, p. 52, indique ceux qui ont été composés en latin. — 2. V. Aulu-Gelle, IX, 4; Tzetzès, *Chiliades*, VII, 646 sqq. — 3. Livre v, 19 et 20. — 4. V. le recueil de Westermann, aux chapitres 84 et 136 de l'ouvrage du faux Aristote. — 5. VI, 36. — 6. IV, 6.

épisode du *Timée* de Platon [1], tout cela prouve jusqu'à l'évidence que les anciens soupçonnaient l'existence d'un autre monde au delà de l'Océan. Aristote va jusqu'à dire [2] qu'il se peut que cet autre monde soit plus étendu que celui qui était connu des Grecs. Diodore et le faux Aristote [3] nous font connaître, peut-être en les exagérant, les précautions jalouses que prenaient les Carthaginois pour cacher aux autres peuples leurs découvertes. Ces précautions expliquent comment il n'était venu aux oreilles des Grecs que des bruits vagues sur les voyages des Phéniciens et des Carthaginois du côté de l'Occident, et comment la relation de ces voyages, vraie au fond, se chargeait facilement de mensonges. Tel était sans doute le caractère de ces *Histoires phéniciennes* que cite le faux Aristote [4] à l'occasion de ses propres récits sur les voyages des Carthaginois. Tel est aussi celui que nous offre la narration de Diodore, empruntée soit à ces sortes d'ouvrages, soit, comme on l'a supposé [5], au livre de Posidonius d'Apamée sur l'*Océan*.

Tel devait être encore le caractère des relations de voyages auxquelles faisait allusion, dans ses *Ethiopiques*, le géographe Marcellus [6]. Les auteurs de ces relations disaient avoir rencontré dans l'Océan sept îles consacrées à Proserpine, et trois autres îles inaccessibles consacrées au dieu Ammon, à Pluton,

---

1. V. ci-dessus, première partie, ch. II. — 2. *Du monde*, c. III. — 3. Ouvrage cité plus haut. — 4. *Ibid.*, c. 134. — 5. Heyne, *De font. Diodori*, p. LXXII. — 6. V. Proclus, *Commentaire sur le Timée*, p. 55 ; Henri Martin, *Études sur le Timée de Platon*, p. 291 et 259.

à Neptune; quelque inaccessibles que fussent ces îles, ils assuraient avoir pénétré dans la dernière et avoir recueilli de la bouche des habitants des traditions sur une île beaucoup plus grande, elle-même consacrée à Neptune, et dont l'empire s'étendait autrefois sur toutes les îles de l'Océan. Il est difficile de ne pas reconnaître là un souvenir de l'*Atlantide* de Platon : peut-être ces relations étaient-elles l'ouvrage de quelques platoniciens qui, pour confirmer ce qu'avait avancé le maître, croyaient devoir enchérir sur son récit. Ainsi le platonicien Crantor citait, à l'appui de cette narration, des hiéroglyphes conservés sur des colonnes dans un temple d'Égypte[1]; et elle était devenue si populaire dans l'école platonicienne, que l'un des contemporains de Porphire, Zoticus, critique et poëte, en avait fait le sujet d'un poëme élégant[2].

Le sévère Strabon signale comme fabuleuses plusieurs narrations de voyages ou descriptions de pays particuliers : celles de Damastès, de Pythéas et d'Eudoxe.

Damastès, selon Suidas, avait écrit un certain nombre d'ouvrages, entre autres une *Liste de peuples et de villes*. Il ne se bornait pas à conter des fables, il les appuyait sur de prétendus témoignages : il disait, par exemple, que le golfe Arabique était un lac, et que le Cydnus communiquait avec l'Euphrate, et il prétendait tenir ces renseignements de Diotime, fils de Strombique, chef d'une députation athénienne.

---

1. Proclus, *ibid.*; H. Martin, *ouvr. cité*, p. 59.
2. V. Porphyre, *Vie de Plotin*, c. VII.

Ératosthène avait réfuté les assertions de Damastès; Strabon lui reproche d'avoir pris cette peine, les récits de Damastès ne méritant pas plus de réfutation que ceux d'Evhémère [1].

On attribuait à Pythéas la relation d'un voyage en Bretagne et dans l'île de Thulé, relation qu'Érastothène et Polybe, avant Strabon, avaient déclarée mensongère, et qui le paraît en effet. Pythéas se prétendait plus instruit que tous les géographes qui l'avaient précédé; il disait avoir parcouru à pied toute la Bretagne, et faisait de Thulé et des lieux environnants une description tout à fait merveilleuse : selon lui, on ne trouvait dans ces parages ni terre, ni mer, ni air, mais un certain mélange de tous ces éléments, une sorte de *poumon marin* : c'était en quelque sorte le point de jonction entre l'air, la terre, la mer, qui flottaient indécis dans l'espace : le pied ne pouvait se fixer nulle part, nulle part les vaisseaux ne pouvaient aborder. Pythéas se vantait encore d'avoir parcouru l'Europe entière depuis Gadès jusqu'au Tanaïs, comme si l'on pouvait admettre qu'un simple particulier, et un homme sans fortune, eût pu exécuter un si long voyage ! « J'aimerais mieux, disait Polybe, croire Évhémère « que Pythéas : d'autant qu'Évhémère se borne à « son voyage en Panchaïe, et que Pythéas prétend « avoir parcouru toute l'Europe septentrionale, ce « qui ne serait pas croyable dans la bouche de Mer- « cure lui-même [2]. »

---

1. V. I, 47; XIV, 684. Strabon invoque cependant son autorité, XIII, p. 583. — 2. V. Strabon, II, p. 104; Polyb., *Fragm.*

Strabon renvoie également parmi les relations de voyages fabuleuses les récits sur les différents voyages entrepris autour de l'Afrique par Eudoxe de Cyzique[1]. Il ne conteste pas le fond du récit ; car, au deuxième siècle avant l'ère chrétienne, époque où vivait Eudoxe, il y avait longtemps déjà que les Grecs soupçonnaient que l'Afrique est une immense presqu'île ; cela se voit même dans Hérodote[2] ; mais il relève les invraisemblances de détail et le caractère romanesque du récit. Il est certain que la narration d'Eudoxe contient bien des circonstances qui paraissent imaginées à plaisir. On y voit des Indiens s'égarer en mer, et naviguer dans le golfe Arabique, si resserré, surtout à son entrée, en croyant naviguer toujours dans l'océan Indien. On y voit Eudoxe survivre seul à tout un équipage mort de faim, puis, bien qu'étranger, persuader en peu de temps au roi Ptolémée[3] de lui confier une expédition difficile sur une mer inconnue, entreprendre et exécuter à ses propres frais de fréquents voyages, construire vaisseaux sur vaisseaux, se procurer sans cesse un équipage nouveau, braver tous les périls et les surmonter par son adresse autant que par son courage, enfin passer rapidement des succès aux revers, de la plus haute faveur aux plus tristes disgrâces. Il semble qu'on ait sous les yeux, non un récit historique, mais une narration romanesque assez dramatiquement ordonnée, et dont le but serait de peindre, d'après une figure idéale ou idéali-

---

1. II, p. 98 sqq. — 2. V. IV, 42 et 12. — 3. Il s'agit du roi Ptolémée VII Évergète (145-117 avant J.-C.).

sée, le courage aventureux des navigateurs grecs qui avaient jadis entrepris de ravir à l'Océan ses secrets. L'existence de cet Eudoxe n'est pas bien démontrée ; et peut-être n'est-ce qu'un personnage imaginaire, créé par la vanité grecque pour balancer la renommée mieux établie du Carthaginois Hannon ; peut-être toute cette narration n'est-elle qu'une contre-épreuve du *Périple* de ce fameux navigateur.

S'il fallait en croire Strabon, toutes les relations de voyage sur l'Inde, toutes les descriptions de ce pays répandues jusqu'à lui, c'est-à-dire jusqu'au siècle d'Auguste, seraient des ouvrages de pure imagination. Au premier rang des conteurs de fables sur ce pays, on s'attend à voir Ctésias : il y met Déimaque et Mégasthène. Il ne peut entendre sans pitié ces écrivains parler sérieusement d'hommes qui se font un lit de leurs oreilles, d'hommes sans bouche ou sans nez, d'hommes à un seul œil, d'hommes aux doigts retournés, monstres qui forment des peuplades entières, renouveler le combat homérique des Pygmées contre les grues, et répéter une foule de fables semblables[1]. Les progrès de la critique ont conduit à une appréciation plus indulgente, et aussi plus juste, des *Indiques* de Ctésias et de Mégasthène. On a compris que ces écrivains, si généralement discrédités, n'avaient pas inventé les fables qu'ils racontaient, et qu'ils n'avaient fait que rapporter des mythes dont l'origine était réellement indienne. Le tort de Ctésias est de prétendre quel-

---

1. II, p. 70.

quefois avoir vu de ses yeux les merveilles qu'il rapporte, et dont il ne comprend pas le sens symbolique. Mégasthène est plus sincère : comme Hérodote, il recueille des traditions, mais sans les garantir : il a soin d'avertir qu'il n'est que l'écho de la renommée [1]. Les anciens eux-mêmes ne le confondaient pas avec Ctésias : Arrien [2] le place à côté de Néarque et d'Ératosthène, Diodore lui emprunte avec raison la plupart des détails qu'il donne sur l'Inde [3]; et Strabon, qui le décrie, a soin de profiter de ses relations [4].

On comprend la longue défiance qu'ont dû rencontrer les récits de Mégasthène. De combien de contes ne s'était-il pas fait l'interprète ! Il était Grec; et un Grec ne résistait guère au plaisir de rapporter des récits merveilleux, dussent ces récits lui valoir le reproche de crédulité ou de mensonge. Mais il était allé dans l'Inde, où il avait rempli plusieurs missions au nom de Séleucus Nicator [5]; et les contes dont son livre était rempli, il les tenait des sages de l'Inde. Strabon lui-même nous le dit [6], jamais l'Inde n'avait été vraiment ouverte aux hommes de l'Occident; les conquérants venus d'Asie ou d'Europe y avaient fait un trop court passage pour en rapporter des souvenirs bien exacts et des observations bien précises : ils avaient été obligés de s'en rapporter au témoignage des Brachmanes.

1. V. C. Müller, *Hist. gr. fr.*; II, p. 400 et 434.—2. *Sur l'Inde*, 17; *Anabase*, V, 5. — 3. II, 35 et suiv. — 4. Lib. XV, *pass.* — 5. C. Müller, *Hist. gr. fr.*, II, p. 398. — 6. XV, p. 711; C. Müller, *Hist. gr. fr.*, II, p. 424.

Comme les prêtres d'Égypte, les Brachmanes devaient donner aux étrangers qui les interrogeaient des renseignements d'une valeur fort suspecte : comme les prêtres d'Égypte, ils devaient se proposer avant tout de produire l'étonnement et l'admiration. Pour étonner, ils n'avaient qu'à raconter quelques-unes des fables contenues dans les vieux poëmes indiens; pour se faire admirer, ils n'avaient qu'à faire montre de leur sagesse. De là tant de récits sur des animaux étrangers, sur des hommes monstrueux, sur des dieux inconnus à la Grèce. De là cette mise en scène de vertu et de détachement des choses de la terre, que semble confirmer, au temps d'Alexandre, le bûcher de Calanus.

Peut-être ne s'attendrait-on pas à trouver dans la littérature grecque, surtout dans l'histoire, un écho de l'antique poésie indienne. Cependant la critique moderne [1] a signalé dans les récits fabuleux de la plupart des historiens grecs qui ont écrit sur l'Inde quelques lointains souvenirs du *Mahabarata* et du *Ramaïana*. C'est dans les fables de ces poëmes qu'il trouve la source de toutes ces descriptions d'êtres extraordinaires, qui tiennent une si large place chez les historiens et les romanciers grecs qui ont parlé de l'Inde; c'est là surtout qu'il fait remonter les traditions relatives à l'*Hercule indien*.

Ctésias et Mégasthène ont converti en réalités vivantes des allégories et des symboles. Ctésias voit sur quelques monuments un animal à face hu-

---

1. V. Schwanbeck, *Megasthenis Indica*, Bonn, 1846; C. Müller, *Hist. gr. fr.*, t. II, p, 435 et suiv.

maine, ayant le corps d'un lion et la queue d'un scorpion : il ne sait pas que c'est un symbole, et il en fait un animal réel, son trop fameux *marticho-ras*[1]. Les contes sur les fourmis qui amassent de l'or ont été produits par une métaphore du *Mahabarata* sur des animaux qui vivaient au milieu d'une contrée aurifère, et qui n'avaient d'autre ressemblance avec les fourmis que de vivre sous le sol. Les fables sur les peuples monstrueux de quelques contrées de l'Inde n'ont pas une autre origine : c'étaient des peuplades que la haine ou le mépris des Brachmanes s'était plu à présenter comme difformes ; ils n'ont pas trouvé de manière plus vive d'exprimer leur barbarie et leur brutalité que de leur attribuer en partie la forme des bêtes. On trouve dans les poëmes épiques des Indiens les *énotocètes*, les *ocypodes*, les *opisthodactyles*, les *cynocéphales*, les *monommates*; et l'on suppose que la fable des *Pygmées* se rapporte à quelque peuplade de la race Mongole. Pour ce qui est des divinités indiennes, Mégasthène les a défigurées en suivant l'invariable coutume des Grecs, qui était d'assimiler les dieux étrangers aux dieux helléniques avec lesquels ils offraient le plus de rapports. Cependant il est facile de reconnaître dans ce qu'il dit de l'Hercule et du Bacchus indiens la légende de Crisna et de Civa[2]. On regrette seulement que Mégasthène n'ait pas ici mieux retenu ou plus fidèlement suivi les traditions indiennes.

1. V. Creuzer, *Symbolique*, trad. Guigniaut, I, p. 340.
2. V. sur ces divers détails Schwanbeck, *Megasthenes, passim;* Creuzer, trad. Guigniaut, II, p. 190.

Ce n'était pas l'un des côtés les moins curieux du monde indien que la vie sobre et sévère des sages de l'Inde ; mais ce n'en était pas le mieux connu. On n'ignorait pas qu'ils vivaient dans une entière nudité, qu'ils menaient une existence toute contemplative, et qu'ils ne redoutaient nullement la mort : Calanus l'avait prouvé. Mais on ne savait rien de plus sur les *gymnosophistes* ou *Brachmanes*. L'imagination des rhéteurs et des sophistes n'en était que plus à l'aise pour en faire des portraits destinés à offrir un frappant contraste avec la molle existence des Grecs. Mégasthène n'avait fait sur les sages de la montagne et de la plaine, sur les *Brachmanes* et les *Sarmanes*, que des récits sérieux et pleins de vraisemblance[1] : il parlait en historien. Mais plus tard les sages indiens devinrent les héros d'un certain nombre de romans philosophiques, qui ont laissé leurs traces dans la *Vie d'Apollonius de Tyane* par Philostrate, et dans l'*Histoire d'Alexandre* du faux Callisthène, et dont nous avons des exemples dans l'ouvrage de l'évêque Palladius sur les *Brachmanes*, dans celui du grammairien Amomet sur les *Attacores;* ce dernier ouvrage appartient seul à l'époque Alexandrine[2].

1. V. C. Müller, *Hist. gr. fr.*, II, p. 435.
2. Amomet était un grammairien d'Alexandrie qui vivait un peu avant Callimaque. (V. C. Müller, *Hist. gr. fr.*, p. 396 sqq.)

§ II. — ROMANS PHILOSOPHIQUES SUR DES CONTRÉES FABULEUSES OU PEU CONNUES.

Amomet (*les Attacores*). — Hécatée d'Abdère (*les Hyperboréens*). — Iambule (*l'Ile fortunée*). — Évhémère (*Histoire sacrée*. — *La Panchaïe*).

Pline[1] compare le livre d'Amomet sur la peuplade indienne des *Attacores* à celui qu'Hécatée d'Abdère avait écrit sur les *Hyperboréens* ; c'étaient deux de ces romans philosophiques que l'époque Alexandrine paraît avoir produits en grand nombre, et qui avaient pour cadre uniforme la description de quelque contrée fabuleuse ou peu connue. Ils paraissent avoir eu l'un et l'autre une origine indienne, car les relations que les Brachmanes avaient faites à Mégasthène lui rappelaient celles de Simonide et de Pindare sur les Hyperboréens, et elles remontaient certainement à une plus haute antiquité[2]. L'un et l'autre offraient la peinture d'une perfection idéale, d'une existence frugale et heureuse passée dans l'exercice de la vertu sous un climat fortuné.

Le mythe des Hyperboréens[3] était déjà fort répandu en Grèce, lorsque Hécatée d'Abdère s'en empara. Dans Hellanicus, ou chez le faussaire qui décora du nom de ce logographe un livre sur *les Lois des Barbares*[4], les Hyperboréens étaient représentés comme un peuple qui faisait une étude spéciale de la

---

1. *Hist. nat.*, VI, 20.
2. V. C. Müller, *Hist. gr. fr.*, II, p. 396, 400, 424, 427.
3. V. C. Müller, *Dor.*, I, p. 277; Guigniaut, *Encycl. des gens du monde*, t. XIV, p. 412, et notes à Creuzer, *Symbol.*, II, p. 1052.
4. V. C. Müller, *Hist. gr. fr.*, I, p. XXX et 58.

justice, ne mangeait pas de chair et se nourrissait du fruit des arbres. Il ne faut pas attendre d'Hécatée d'Abdère, disciple du philosophe Pyrrhon, philosophe lui-même plutôt qu'historien, une fidélité scrupuleuse dans la reproduction du vieux mythe des Hyperboréens; il le présenta tel qu'il convenait à l'enseignement moral qu'il en voulait tirer [1]. Il mêla et confondit des fables relatives à divers peuples, à divers temps, à divers pays. Le nom d'Hyperboréens résumait du reste à peu près toutes les traditions fabuleuses, rapportées et embellies par les poëtes, sur les peuples qui habitaient au nord de la Grèce. A mesure que les progrès de la géographie étendaient l'horizon du monde connu des anciens, le pays des Hyperboréens reculait par cela même ses limites mystérieuses; pour Hérodote [2], les Hyperboréens sont les peuples les plus septentrionaux; quand le nord de l'Europe cessa d'être ignoré, il fallut bien reléguer les Hyperboréens dans une île de l'Océan, en face de la Celtique; plus tard Antoine Diogène, en quête de terres inconnues, les placera au delà de Thulé.

Selon Hécatée d'Abdère, les Hyperboréens n'étaient pas une nation éteinte; ce peuple existait encore de son temps, c'est-à-dire au IV⁰ siècle avant Jésus-Christ. Leur île, nommée Hélixée, aussi grande que la Sicile, était située sous la constellation de l'Ourse, en face de la Celtique, au delà du point où souffle

---

1. V. C. Müller, *Hist. gr. fr.*, II, p. 387, fr. 3; Heyne, *De font. Diod.*, dans le Diodore, de l'éd. des Deux-Ponts, I, p. LVI.

2 Hérode, IV, 3.

Borée : de là leur nom. Le climat en était heureusement tempéré, le sol produisait toute espèce de fruits et donnait deux récoltes par an. C'était la patrie de Latone ; les habitants honoraient Apollon plus que tous les autres dieux, ils lui avaient élevé un temple magnifique, et lui consacraient un culte de chaque jour. Apollon avait pour prêtres trois frères, fils de Borée et de Chionée, hauts de six coudées. Lorsque ces prêtres célébraient leurs sacrifices, de nombreuses bandes de cygnes venaient des monts Rhiphées s'abattre dans ce temple, et après avoir mêlé leurs chants aux chœurs qui s'y exécutaient, regagnaient leur demeure aérienne. Tous les dix-neuf ans, Apollon lui-même apparaissait dans cette île ; cette période de dix-neuf ans marquait l'espace de temps durant lequel les astres accomplissent leur révolution. Lors de l'apparition du dieu, on l'entendait toutes les nuits chanter ses propres louanges, et présider à des chœurs harmonieux. Les Hyperboréens aimaient les Grecs, surtout les Athéniens et les Déliens ; à diverses reprises, des voyageurs grecs avaient abordé dans leur île, y avaient reçu une cordiale hospitalité, et avaient laissé dans le temple des offrandes magnifiques et des inscriptions. De leur côté, les Hyperboréens avaient envoyé Abaris en Grèce pour renouveler amitié avec les Déliens.

Telles sont les fables que Diodore insère dans sa *Bibliothèque historique*[1] ; Élien les accepte également[2], et le scholiaste de Pindare[3] considère comme

---

1. II, 47. — 2. *Hist. des animaux*, XI, 1. — 3. *Olympiques*, III, 28.

historique le livre d'Hécatée d'Abdère. Strabon paraît être le seul des anciens qui ait effacé de l'histoire toutes ces fictions ; il range l'île des Hyperboréens parmi les contrées fabuleuses, comme la *Terre des Méropes* de Théopompe, et la *Panchaïe* d'Evhémère [1].

Il ne faut pas se plaindre du peu de critique de Diodore ; son livre doit sans doute être consulté avec précaution, mais il donne de précieux renseignements sur l'histoire et le roman de l'antiquité. Nous lui avons déjà beaucoup emprunté ; c'est lui qui nous fournira tout ce qui nous reste à dire sur les romans philosophiques de l'époque Alexandrine, présentés sous forme de descriptions de terres fabuleuses ou peu connues.

En passant de l'île des Hyperboréens à l'*Ile Fortunée* d'Iambule [2], nous passons d'une œuvre qui paraît purement morale, à une sorte d'utopie sociale dans le genre de l'*Atlantide* de Platon.

Voici, en substance, le récit d'Iambule. Naviguant vers l'Arabie pour son commerce, il fut pris par des corsaires éthiopiens, et vit tous ses compagnons égorgés, sauf un seul, qui fut réservé comme lui pour une cérémonie expiatoire qui s'accomplissait en Éthiopie tous les six cents ans : on exposait deux hommes sur une barque qui pouvait tenir la mer, et on leur enjoignait de faire voile vers le midi ; si les dieux leur étaient favorables, ils devaient rencontrer

---

1. V. C. Müller, *Hist. gr. fr.*, II, p. 386, sqq.
2. L'époque précise où écrivait Iambule ne nous est pas connue; mais l'analyse que Diodore a faite de son ouvrage (II, 55-60) le place avant le premier siècle de l'ère chrétienne.

sur leur route une île dans laquelle ils étaient certains de trouver une hospitalité généreuse, et le bonheur de l'Éthiopie était assuré pour six cents ans. Iambule et son compagnon abordèrent en effet, après une traversée de quatre mois, dans une île habitée par des hommes fort différents de ceux qu'ils connaissaient ; leur taille était de quatre coudées, leurs os élastiques, leur corps sans poil, leurs narines garnies d'une excroissance semblable à une épiglotte, leur langue bifurquée à la racine, de manière à exprimer une plus grande variété de sons et à leur permettre de converser avec deux personnes à la fois. Ils vivaient cent cinquante ans ; arrivés à cet âge, ils se couchaient sur une herbe qui avait la propriété de donner une douce mort.

Ils étaient partagés en familles et en tribus ; aucune tribu ne dépassait le chiffre de quatre cents membres ; le plus âgé de chaque tribu était chargé du gouvernement, tous lui obéissaient, et la concorde la plus entière régnait entre ces hommes dépourvus d'ambition et de jalousie. Les charges de l'administration publique étaient exercées par tous, à tour de rôle ; de même chacun faisait à son tour le service de la communauté, chassant, pêchant, se livrant aux arts mécaniques. Ils adoraient le soleil et les étoiles. Le mariage était inconnu chez ces hommes ; les enfants nés de la promiscuité des sexes étaient élevés aux frais de la communauté, et les nourrices les changeaient entre elles de manière que les mères ne pussent les reconnaître.

La température de cette île était douce, le sol fertile en productions de toute sorte, la chasse et la pêche très-abondantes; mais les habitants usaient avec modération des ressources qui leur étaient offertes. Il y avait des jours déterminés pour les différents genres de nourriture, pour la chair des animaux, pour celle des oiseaux, pour le poisson, pour les légumes et les fruits.

A ces détails sur les mœurs des habitants de l'*Ile Fortunée*, Iambule, pour se donner les apparences de l'exactitude, ajoutait quelques renseignements géographiques. L'île était ronde, et avait environ cinq cents stades de tour; elle était voisine de sept autres îles d'une même étendue, et placées à une distance à peu près égale les unes des autres. Toutes se trouvaient sous la ligne équinoxiale; et de ces îles on n'apercevait ni les Ourses ni les Constellations proches de celle-là. La mer qui entourait ces îles avait un reflux violent, mais son eau était douce au goût.

Après dix ans de séjour dans l'*Ile Fortunée*, Iambule et son compagnon avaient été chassés comme gens de mauvaises mœurs. Le roman ne se terminait pas là. Iambule reprenait la mer, et, après quatre mois de navigation, était jeté sur les côtes de l'Inde, où son compagnon trouvait la mort dans des bas-fonds. Iambule gagnait un village; de là il était mené vers le roi, dont la capitale était à plusieurs journées de la mer. Ce roi, grand ami des sciences et grand admirateur des Grecs, l'accueillait avec bonté et lui donnait une escorte pour le reconduire en Perse, d'où il fut facile à Iambule de regagner la Grèce.

Telle était la narration d'Iambule. Lucien, tout en la parodiant, lui accorde quelque agrément[1]; il faut avouer que l'analyse de Diodore ne lui en a guère laissé. Si sèche que soit cette analyse, elle permet de comprendre la signification du livre. C'était un roman philosophique où quelques utopies sociales, renouvelées de la *République* de Platon, se mêlaient à la peinture idéale d'un peuple chez lequel se seraient réfugiées toutes les vertus, et à la satire du monde grec, qui n'aurait gardé que les vices. L'auteur avait du reste eu le bon goût de s'exécuter tout le premier, et de n'accuser les autres qu'après s'être confessé lui-même.

Des critiques[2] ont pensé qu'au milieu de toutes les fables d'Iambule, il y a un fond de vérité; l'*Ile Fortunée* leur a semblé désigner l'île de Ceylan, l'ancienne Taprobane, et les autres îles l'archipel des Maldives ou de la Sonde. Ce qui semble confirmer cette supposition, c'est que plus tard Palladius placera les *Macrobes* ou les *Bienheureux* dans l'île de Taprobane[3]. Mais si Iambule avait en effet songé à cette île, pourquoi ne l'aurait-il pas nommée? Était-il besoin de grandes connaissances géographiques pour savoir ou pour soupçonner que plusieurs îles devaient se trouver dans la mer qui s'étend entre l'Éthiopie et l'Inde? Et n'était-il pas facile à Iambule

1. *Hist. véritable*, I, 3.
2. Heyne, *De font. Diod.*, éd. Bipont., I, LVII; Wesseling, notes de son édition de Diodore; Miot, trad. de Diodore. — Daunou, *Cours d'étud. hist.*, XII, p. 432, est d'un avis contraire.
3. V. son roman des *Brachmanes*, dont nous parlerons plus bas, troisième partie, ch. III.

d'affirmer, sans crainte d'être démenti, qu'il en avait visité quelqu'une? Qu'importe d'ailleurs qu'il ait songé à une île véritable, si sa narration est mensongère? Le trait le plus surprenant, c'est ce qui est dit de l'écriture des peuples de l'*île Fortunée*, qui était disposée de haut en bas, comme l'est celle des Chinois [1]. Prétendra-t-on que la Chine était connue d'Iambule? Rien n'est plus téméraire que ces inductions tirées de quelques vagues et confuses ressemblances avec la réalité, qui se rencontrent dans les œuvres d'imagination. Des récits comme ceux d'Iambule ne sont de nature à faire avancer ni la géographie ni l'histoire.

Il en est de même de l'*Histoire sacrée* d'Evhémère. Peu d'ouvrages ont joui dans l'antiquité d'une aussi grande célébrité que ce dernier. Les anciens ont tant parlé du livre et de la doctrine d'Evhémère, qu'il ne reste pas aujourd'hui la moindre obscurité sur la nature de l'un et la portée de l'autre. Le seul point qui ne soit pas éclairci pour nous, c'est la valeur littéraire de cet ouvrage. Qu'en reste-t-il en effet? Une analyse incomplète laissée par Diodore, et quelques citations assez courtes extraites pour la plupart de la traduction d'Ennius [2]. Comment retrouver au milieu de ces débris l'art de composition et le talent de peinture qu'avait dû déployer, dans un ouvrage tel que celui-là, un écrivain né au cœur de la Grèce, et contemporain de Théophraste et de

---

1. V. Miot, trad. de Diodore, I, p. 494.
2. V. Diodore, v, 41-46, vi, fr. 1; Sextus Empiricus, *Adv. mathem.*, VIII; Ennii *Fragm.*, éd. Columna.

Ménandre? Cependant, qu'on y prenne garde : en quelques endroits de la sèche analyse de Diodore, le ton s'élève, le style prend une certaine ampleur et se colore d'une teinte poétique; il est permis de croire qu'on ne lit plus Diodore, mais Evhémère lui-même.

Comme c'est là coutume des conteurs de fables les plus intrépides d'entourer leurs récits de témoignages spécieux et de garanties propres à produire l'illusion, Evhémère eut soin de présenter son récit comme la relation en quelque sorte officielle d'une mission qui lui avait été confiée par Cassandre; il appuya de prétendues inscriptions l'interprétation historique qu'il donnait de la mythologie grecque. Ainsi se trouvent autorisées, pour qui a bonne volonté de croire, les deux parties dont se composait l'ouvrage d'Evhémère, c'est-à-dire, 1° la relation de son voyage; 2° l'histoire du roi Uranus, du roi Saturne, du roi Jupiter et des autres rois qui étaient adorés comme des dieux.

Au début du livre, on voyait l'envoyé de Cassandre s'embarquer dans un port de l'Arabie Heureuse. La riante peinture de cette contrée fertile formait une sorte de prologue. Après plusieurs jours de navigation, Evhémère avait pris terre dans une île que ses habitants appelaient l'*île Sacrée*, près de laquelle se trouvaient deux autres îles : l'une d'elles était nommée *Panchaïe*. Ces trois îles, surtout la dernière, étaient d'une fertilité merveilleuse; leurs mœurs, leur religion et leurs lois offraient des singularités qu'Evhémère s'était plu à exposer avec détail, pour la plus grande instruction de ses concitoyens.

A la vérité, si la république des Panchéens ne ressemblait guère aux petites républiques de la Grèce, elle avait plus d'un rapport avec celle des Atlantes de Platon et celle de l'*île Fortunée* d'Iambule. Le sol était partagé entre tous les habitants; nul ne possédait rien en propre, si ce n'est sa maison et son champ, encore la récolte était-elle mise en commun, comme les troupeaux et les produits de tout genre; des prix étaient décernés aux citoyens qui apportaient le plus à la communauté. C'étaient les prêtres qui distribuaient ces récompenses et qui faisaient le partage; ils le faisaient équitablement, après s'être toutefois adjugé double part. C'étaient les prêtres qui dirigeaient toutes les affaires, qui jugeaient les procès et réglaient tous les actes publics. Ils étaient en possession de tous les priviléges, à eux seuls appartenaient les recherches de la propreté, les magnificences du luxe et toutes les jouissances de la vie; mais il leur était défendu, sous peine de mort, de sortir de l'enceinte sacrée. Au-dessous de la classe des prêtres, dont dépendaient les artisans, il y avait deux autres classes : celle des laboureurs et celle des guerriers, auxquels étaient joints les pasteurs. Les guerriers étaient chargés de la garde du territoire, ils avaient un temps de service déterminé, pendant lequel ils devaient protéger les laboureurs contre toute agression.

On trouve encore des souvenirs de l'*Atlantide* dans les descriptions poétiques que faisait Evhémère du temple de *Jupiter Triphylien* et de l'enceinte sacrée. Rien n'égale la magnificence de ce temple, construit en marbre blanc, long de deux plèthres (60 mètres), soutenu par de hautes et fortes colonnes, orné de superbes sculptures et de statues gigantesques, œuvre d'un art accompli. Il était rempli de riches offrandes amassées depuis de longues années. Les portes, d'un admirable travail, étaient en ivoire, en citronnier, en argent et en or; le lit du dieu était en or massif remarquablement ciselé, et la table du dieu, auprès du lit, ne lui cédait pas en magnificence.

Toute la campagne qui entourait le temple était plantée d'arbres fruitiers ou de cyprès, de platanes, de lauriers et de myrtes baignés par des eaux limpides. A quelque distance de l'enceinte sacrée jaillissait du sein de la terre une source d'eau douce, formant dès sa naissance un fleuve navigable, bientôt divisé en mille canaux, qui allaient féconder au loin les campagnes. Ce fleuve était appelé *eau du Soleil*. Les habitants venaient l'été prendre le frais sur ses bords, à l'ombre d'arbres touffus; leurs oreilles étaient charmées par les chants d'oiseaux de diverses espèces, parés de riches couleurs. On y voyait encore des jardins consacrés à tous les genres de culture, des prairies émaillées de fleurs, une foule de retraites charmantes et dignes des dieux. Là croissaient les palmiers, dont les longues tiges s'élevaient dans les airs, chargées de dattes; là de nombreux noyers offraient leurs fruits aux habitants; là des vignes, dont le feuillage poussait sans contrainte, présentaient aux regards un riant tableau, et sans culture donnaient une ample récolte.

Parmi les ornements les plus remarquables du temple de Jupiter Triphylien, Evhémère dit avoir remarqué une colonne d'or, chargée d'inscriptions en caractères panchéens ou caractères hiéroglyphiques comme ceux de l'Égypte. Il aurait prié les prêtres de lui interpréter ces caractères, et grande aurait été sa surprise en voyant que ces inscriptions contenaient le récit sommaire des hauts faits d'anciens rois adorés comme des dieux dans l'univers entier, et laissaient voir comment s'était faite leur apothéose. C'est d'après ces inscriptions et d'après les explications fournies par les prêtres, qu'Evhémère racontait l'histoire d'une époque effacée de la mémoire des Grecs. Ici commence la seconde partie, ou plutôt c'est ici le fond même de l'*Histoire sacrée*, car la relation du voyage d'Evhémère et la description de la Panchaïe ne formaient sans doute dans l'ouvrage qu'une poétique introduction.

L'imagination avait encore sa part dans la suite, non plus l'imagination d'un poëte qui invente des fictions agréables, mais celle d'un critique qui cherche des hypothèses admissibles. C'était une tâche assez ingrate au point de vue littéraire, que celle d'écarter ainsi l'un après l'autre les poétiques mensonges de la mythologie grecque, pour y substituer d'autres mensonges qui n'avaient ni la grandeur ni la beauté des premiers. Les fables d'Evhémère pouvaient avoir pour elles une certaine nouveauté et l'agrément de détails ingénieux; mais qu'était-ce auprès des fables riantes ou grandioses d'Homère et d'Hésiode? Le philosophe pouvait avoir atteint son but en abaissant l'Olympe et en réduisant les dieux à des proportions humaines. Mais il y a des sujets qui ne conviennent qu'à la poésie. De quelque côté qu'on les envisage, on se trouve en face de la Fable; si, pour fuir la Fable, on rejette les vieilles traditions, on rentre dans son domaine par les conjectures qu'on entreprend de leur substituer. C'est ainsi que plusieurs écrivains, avant et après Evhémère, prétendant faire de l'histoire, n'ont fait que des romans.

L'auteur de l'*Histoire sacrée*, qui sans doute appelait ainsi son livre par antiphrase, offrait sur les temps mythologiques tout un édifice d'hypothèses souvent forcées, presque toujours étroites ou incomplètes. Il faisait d'Uranus un roi doux et bienfaisant, fort savant en astronomie; de Saturne un prince presque débonnaire, que l'on avait calomnié en disant qu'il dévora ses enfants; de Jupiter, de ce souverain des dieux, de ce maître de la foudre, de ce dieu qui parcourt l'Olympe en trois pas, un conquérant comme Sésostris ou Alexandre, mais un conquérant qui impose par la force son culte aux vaincus, et dont l'exemple, suivi par d'autres, a bientôt multiplié les dieux. « En effet, disait Evhémère,
« alors que les hommes vivaient encore dans le dé-
« sordre et la confusion, ceux d'entre eux qui sur-
« passaient les autres en force et en habileté les
« contraignirent tous à se soumettre à leur volonté;
« puis, pour s'entourer de plus d'admiration et de

« respect, ils s'attribuèrent une puissance supé-
« rieure et divine¹. »

Evhémère traitait avec quelque irrévérence les dieux inférieurs : l'un des interlocuteurs du dialogue d'Athénée, un cuisinier, s'appuie de l'autorité d'Evhémère pour revendiquer en faveur de son art une illustre origine ; et d'après l'*Histoire sacrée*, il cite le dieu Cadmus, ancien cuisinier du roi de Sidon, et amant d'une joueuse de flûte nommée Harmonie².

Enfin, bien que philosophe de l'école Cyrénaïque, c'est-à-dire théoricien du plaisir, Evhémère ne ménageait pas Vénus, et voici comment il parlait de cette déesse, dont la poésie grecque s'était plu à présenter les plus aimables peintures : « C'est elle qui la
« première fit de la prostitution un art, et força les
« femmes de Cypre à trafiquer de leur beauté ; elle
« voulait qu'on ne pût pas dire qu'elle était la seule
« femme impudique et libertine. » On ne pouvait certes dénaturer d'une manière plus irrévérencieuse les fables des poëtes : mais, si ce n'est plus de la poésie, est-ce de l'histoire ? L'imagination ne se dédommage-t-elle pas par des fictions amoindries de la perte de ses dieux ?

Callimaque, contemporain d'Evhémère, le traite d'imposteur : nul doute qu'il ne sût à quoi s'en tenir sur cette prétendue relation de voyage. Ératosthène l'appelle *Bergéen*, c'est-à-dire faiseur de contes à la façon d'Antiphane de Berga. Apollodore, Polybe,

---

1. V. Sextus Empiricus, *Adv. mathem.*, VIII, p. 552.
2. V. Athénée, le *Banquet des sophistes*, XIV, p. 658.

Strabon, Ptolémée, rangent la Panchaïe au nombre des pays fabuleux [1]. Si Lucrèce, Tibulle, Ovide et Virgile, de leur autorité de poëtes, parlent de cette terre et de ses sables fertiles qui produisent l'encens [2], aucun des géographes de l'antiquité ne mentionne ni la Panchaïe, ni les îles qu'Evhémère avait groupées autour de celle-là, ni les villes qu'il y avait semées, Panara, Doïa, Hyracia, Dalis, Océanis [3].

Parmi les anciens, le seul Diodore [4] considère l'ouvrage d'Evhémère comme une histoire. En revanche, deux savants modernes se sont épuisés en conjectures pour démontrer que cet ouvrage n'est pas entièrement fictif. Il y avait réellement, dit Isaac Vossius [5], une terre désignée du nom de Panchaïe, et la preuve, c'est qu'on lit dans une inscription le nom de Panchaïtes; malheureusement, vérification faite de l'inscription, il se trouve que le nom a été mal lu [6]. Un académicien français [7] fait dériver le nom de Panchaïe du promontoire de Panck, en Arabie, et celui de Panara de la ville de Pharan; les trois tribus de l'île d'Evhémère, Panchéens, Océanites et Doïens, lui rappellent les descendants de Loth, d'Ismaël et d'Esaü. Que d'érudition dépensée

---

1. Callimaque, cité par Plutarque, *Opinions des philosophes*, I, 7; Eratosthenes, *Frag. hist. gr.*, II, p. 252; Apollodore, *ibid.*, I, p. 455; Polybe, XXXIII, 12; XXXIV, 5; Strabon, II, p. 163; VII, 459. — 2. Lucrèce, II, 417; Tibulle, III, 2, 23; Ovide, *Métam.*, X, 307; Virgile, *Géorg.*, II, 139. — 3. V. Miot, notes à sa traduction de Diodore de Sicile, II, 574. — 4. V, 42; VI, *Fragm.*, 1. — 5. Notes à Pomponius Méla, II, 8. — 6. V. Wesseling, éd. de Diodore, V, 42. — 7. Fourmont l'aîné, *Acad. des Inscr.*, XV, p. 265.

pour rendre probable une thèse qui ne saurait se soutenir! Mais d'autres ont fait bonne justice des récits d'Evhémère [1].

Ne cherchons donc pas dans le livre d'Evhémère autre chose que ce qui s'y trouvait réellement, c'est-à-dire des fictions romanesques destinées à propager des utopies sociales et des doctrines philosophiques.

C'est en vain qu'Aristophane avait ri et fait rire les Athéniens des rêveries politiques de Platon, l'utopie sociale ne cessa pas d'être un des entretiens favoris du génie grec. Chose étrange! dans cette société qui ne connaissait pas les premiers principes de l'égalité, puisqu'elle reposait tout entière sur l'esclavage, l'idéal de presque tous les philosophes qui essayèrent de tracer des plans de gouvernement, c'était l'égalité la plus impossible à réaliser, ou du moins à maintenir, l'égalité des biens. Assurément, il y a de grandes différences entre les républiques de l'*île Fortunée* et de la *Panchaïe*, pour ne parler que de ces deux républiques : la première est toute démocratique, la seconde tout aristocratique. Toutes les deux cependant ont une même base, le communisme; Evhémère et Iambule n'imaginent pas d'autre remède aux vices des sociétés antiques qu'un principe destructeur de toute société. Mais, il faut le reconnaître, l'exagération même de ces systèmes en atténuait le danger; ils étaient en contradiction trop directe avec la plupart des gouvernements établis en Grèce pour paraître applicables et par conséquent

---

1. L'abbé Sévin, *Acad. des Inscr.*, VIII, p. 107; l'abbé Foucher, *ibid.*, XXXIV, p. 444.

menaçants. On n'y voyait que ce qu'ils étaient en effet, des rêveries philosophiques semblables à cette chimère d'un âge d'or, dont se berça si longtemps l'imagination des poëtes. C'est surtout, on l'a remarqué avec justesse [1], c'est surtout aux époques malheureuses et tourmentées que certains écrivains se plaisent à tracer des peintures idéales de terres fortunées, de populations paisibles et heureuses. Au milieu des luttes sanglantes et des crimes de la succession d'Alexandre, Evhémère et Iambule se figuraient des peuples heureux à la faveur de la paix, de l'innocence et d'une soumission librement consentie. Plus ils étaient mécontents du présent et inquiets de l'avenir, plus ils trouvaient de charme à se reporter par la pensée vers ces régions inconnues, dont nul ne savait l'histoire, dont tous avaient entendu conter mille merveilles, et qu'on pouvait croire exemptes des malheurs infligés au monde grec. Plus tard, dans le fort des guerres civiles qui désoleront sa patrie, un poëte s'écriera sous l'impression du même sentiment :

. . . . Arva, beata
Petamus arva, divites et insulas [2].

L'utopie sociale était, dans l'*Histoire sacrée*, la part du rêve; mais ce livre avait un côté plus pratique, par lequel il fut dans son temps un livre redoutable. Tandis que les Pythagoriciens et les Platoniciens considéraient les divinités adorées du vulgaire

1. M. Villemain, *Cours de litt. du dix-huitième siècle*, XLVIᵉ leçon, sur Bernardin de Saint-Pierre.—2. Horace, *Epod.*, XVI.

comme des allégories morales ou cosmogoniques, comme de poétiques personnifications, soit des vertus et des vices de l'humanité, soit des forces de la nature, Evhémère entreprenait de répandre un système qui, moins profond que les précédents, n'en était que plus dangereux. Il prétendait prouver que les dieux étaient d'anciens héros déifiés par l'admiration, la reconnaissance ou la terreur des peuples. Le temps n'était plus où de moindres hardiesses avaient fait condamner à l'exil un Anaxagore et un Aristote, à la mort un Prodicus et un Socrate. Aussi bien Evhémère avait, pour appuyer l'audace de ses négations, la faveur de Cassandre, roi de Macédoine; et il eut soin de n'attaquer le polythéisme que sous le voile d'une fiction.

Son ouvrage n'en souleva pas moins dans toute l'antiquité païenne une réprobation énergique[1]. Plutarque dénonce Evhémère comme l'un des principaux représentants de l'athéisme, et il repousse loin de lui « les jongleries du Messénien, de cet ennemi « des mythes, qui a forgé lui-même une mythologie « dépourvue de toute vraisemblance comme de « toute réalité, et qui répand l'impiété sur toute la « terre[2]. » Le fanatisme des derniers païens s'acharna d'autant plus sur le livre d'Evhémère, que le christianisme s'en servait comme d'une arme contre les faux dieux ; mais le jour vint où les docteurs de la

---

1. Callimaque, *Hymne à Jupiter*, v, 8, et le scoliaste à cet endroit; Ératosthène, éd. Benhardy, p. xv, n. 12; Polybe, xxxIII, 12; xxxiv, 5.
2. V. Plutarque, *Isis et Osiris*, et *Contre les stoïciens*, ch. xxxI.

religion nouvelle s'aperçurent que le système d'Evhémère ne battait pas en brèche le polythéisme seul, et qu'il sapait les fondements de toute religion ; alors ce livre, devenu odieux aux chrétiens comme aux païens, fut poursuivi par tous et finit par disparaître.

Le nom d'Evhémère est resté attaché à ce système qui va chercher dans l'histoire les origines de toute mythologie. Ce philosophe avait-il donc été le premier à expliquer ainsi les anciens mythes? Ne trouve-t-on pas déjà des traces de cette doctrine dans Éphore et jusque dans les logographes ioniens? Les sophistes n'avaient-ils pas soutenu que les législateurs inventèrent les religions afin de sanctionner leurs lois par la crainte des dieux [1]? Le vrai crime d'Evhémère, c'était d'avoir fait sortir l'incrédulité des écoles et de l'avoir popularisée, en lui donnant la forme attrayante d'une fiction.

---

1. Creuzer, *Symbolique*, trad. Guigniaut, I, 108; III, 857; Sextus Empiricus, IX, 53-57.

TROISIÈME PARTIE

LE ROMAN PENDANT L'ÉPOQUE ROMAINE

CHAPITRE PREMIER

LE ROMAN ET L'HISTOIRE PENDANT L'ÉPOQUE ROMAINE.

L'histoire à l'époque des Antonins. — Lucien, *De l'art d'écrire l'histoire*. — Influence de l'esprit sophistique. — Historiens de la guerre des Parthes. — Amour du merveilleux. Recueils de faits extraordinaires. — L'histoire chez les Juifs et les chrétiens. Josèphe, Paul Orose, Eusèbe. — *Vies des hermites du désert*. — Chronographes.

Tous les progrès qu'a faits le roman dans l'antiquité se sont accomplis au préjudice de l'histoire : à mesure que les récits légendaires ou romanesques se multipliaient autour des noms célèbres, il devenait plus difficile à l'histoire de se maintenir pure et sans mélange : tant fut énergique et prolongé l'envahissement de la fable ! tant était vive la tentation de chercher à plaire en cédant à l'entraînement général ! Dans l'époque Attique et dans l'époque Alexandrine, peu d'écrivains eurent assez de force d'esprit pour garder intacte la sévérité de leur jugement, et pour dédaigner des suffrages achetés par de coupables complaisances : ils sont moins nombreux encore dans l'époque Romaine. Ce n'est pas qu'il ne subsiste quelques héritiers de l'art des Thucydide, des Xénophon et des Polybe. Tacite, Arrien, Appien, Hérodien, Zozime sont des historiens sérieux ; mais, à l'exception de Tacite, ce ne sont pas des maîtres. Plutarque, en suivant une voie différente, s'assure un rang à part : il n'est pas étranger aux scrupules de l'esprit critique [1], et il écrit un livre, aujourd'hui perdu, *Sur la méthode à suivre pour reconnaître si une histoire est vraie;* mais il néglige la chronologie, aime trop les anecdotes pour les contrôler toutes, et ne rejette pas les fables, quand elles lui paraissent avoir une signification morale. L'histoire est en effet pour lui comme un cours de morale : il s'intéresse plus au jeu dramatique des passions qu'aux révolutions politiques; et, quelque grande et légitime que soit sa renommée, son influence est moins marquée sur les historiens que sur les écrivains jaloux de connaître et de peindre le cœur humain, sur les Montaigne, les Shakespeare et les J.-J. Rousseau.

L'histoire, pendant l'époque romaine, offre encore quelques noms qui ne sont pas indignes d'estime ; mais, à la considérer dans l'ensemble de son développement, on ne saurait nier qu'à partir du siècle des Antonins elle ne soit enveloppée dans la décadence générale des littératures grecque et latine. Dans son traité *Sur l'art d'écrire l'histoire*, Lucien

---

1. V. Heeren, *De fontibus Plutarchi.*

signale les deux défauts qui de son temps pervertissaient l'histoire, et qui ne firent que s'aggraver dans les siècles suivants : c'est le goût des amplifications sophistiques, et l'amour des fables et du merveilleux.

De tout temps l'histoire fut un art chez les anciens : la belle ordonnance des plans, le travail achevé des narrations et des descriptions, les discours souvent éloquents prêtés aux principaux personnages, tout témoigne des préoccupations littéraires qu'ils apportaient dans ce genre de composition. Le caractère oratoire des œuvres historiques de l'antiquité brille de tout son éclat dans Thucydide, Salluste et Tite-Live. Mais il y avait pour les écrivains médiocres un écueil dans ce soin minutieux de la forme et dans cette recherche de l'éloquence dans l'histoire. Au lieu de chercher à instruire, ils ne s'étudièrent qu'à plaire, et pour y réussir, ils ne négligèrent aucun des artifices qu'ils avaient appris chez les rhéteurs. Déjà dans l'époque Attique le souvenir de l'école d'Isocrate avait porté malheur à Théopompe ; que pouvait devenir l'histoire, lorsque, au lieu de quelque disciple d'Isocrate, elle eut pour représentants les élèves de ces *sophistes* qui inondèrent l'empire romain du deuxième au cinquième siècle de l'ère chrétienne ? Le talent de raconter et de décrire, qui demeura le secret de quelques esprits bien doués, fit place chez la plupart des historiens à la manie de stériles amplifications et de misérables hyperboles. Aux éloquents discours dont les maîtres de l'art avaient embelli leurs œuvres, succédèrent de longues et froides dissertations sophistiques décorées du nom de harangues.

Lucien nous donne de remarquables exemples du développement qu'avait pris chez les historiens l'esprit sophistique : il les choisit dans un certain nombre d'histoires qu'avait fait éclore un fait contemporain, la guerre des Parthes, achevée avec succès en quatre ans par Avidius Cassius, Martius Verus et Stadius Priscus[1]. Des prétentions oratoires et même poétiques dénaturaient souvent ces récits, et, bien qu'il s'agit de faits dont les témoins étaient répandus partout, les détails imaginaires n'y étaient pas épargnés. On s'arrêtait à peindre « le désordre « de la chevelure d'Oroes, lorsqu'il passa le Tigre à « la nage, la caverne où il se réfugia et dans la« quelle le laurier et le myrte entrelacés formaient « une ombre épaisse. » On disait que « au seul cri « de Priscus, vingt-sept ennemis moururent subite« ment. » On parlait d'une bataille où les Parthes auraient perdu sept mille deux cent trente-six hommes, et où les Romains n'auraient eu que deux hommes tués et trois blessés. L'un de ces auteurs débutait par une invocation aux Muses, puis il comparait un des généraux romains au fils de Pélée, et le roi des Parthes à Thersite[2].

De tels récits expliquent comment Quintilien, indiquant à son élève les auteurs qu'il doit lire, nomme les historiens aussitôt après les poëtes et

---

1. V. C. Müller, *Hist. gr. fr.*, III, p. 646 sqq.
2. Lucien, *De l'art d'écrire l'histoire*, ch. XIV, p. 19, 20.

ajoute : « L'histoire est en effet voisine de la poésie ; « un livre d'histoire est en quelque sorte un poëme « en prose[1]. » Cicéron s'était contenté de reconnaitre à l'histoire un caractère oratoire; Quintilien, interprète des idées de son temps, en fait presque un genre poétique. S'étonnera-t-on après cela de la facilité avec laquelle les historiens de l'époque Romaine mêlent des fables à leur récit, et de la complaisance qu'ils manifestent pour les faits merveilleux ? Tacite lui-même semble avoir eu l'esprit moins ferme que le cœur; il accueille dans son histoire plus d'une relation de prodiges, et semble même croire à je ne sais quelles guérisons miraculeuses opérées par Vespasien[2]. Dion Cassius aborde l'histoire avec l'autorité d'un consulaire, mais non avec la gravité d'un véritable historien : imitateur de Polybe, il est loin d'égaler son impartialité, sa rectitude de sens, sa profondeur de vues; non-seulement il est injuste envers Cicéron, non-seulement il calomnie Sénèque, mais en lisant son *Histoire romaine*, on se souvient trop qu'il avait écrit un opuscule *Sur les prodiges qui ont amené le règne de Septime Sévère*. Vopiscus interrompt sa *Vie d'Aurélius* pour annoncer gravement qu'il se propose d'écrire celle d'Apollonius de Tyane, et l'on peut juger de ce que devait être cette biographie par l'éloge qu'il fait de ce thaumaturge[3]. L'ouvrage de

---

1. « Est enim proxima poetis historia, et quodammodo carmen solutum. » Et plus loin : « Verbis remotioribus, et liberioribus figuris narrandi tædium evitat. » (*De l'Institution de l'orateur*, x, 1, 31.) — 2. *Histoire*, IV, 81. — 3. *Vie d'Aurélien*, ch. XXIV.

Philostrate, que nous étudierons bientôt[1], et ceux de Diogène de Laërte, d'Eunape, de Jamblique, de Porphyre et de Marinus, nous montrent dans les vies des philosophes célèbres une des sources les plus abondantes des narrations fabuleuses mêlées à l'histoire par l'époque Romaine.

A ces fables produites soit par la crédulité, soit par l'enthousiasme inconsidéré pour de grands noms, se joignaient les mensonges de l'adulation. Ainsi quelques historiens [2] plaçaient sous le règne de Trajan une expédition de ce prince dans l'Inde, où il n'a jamais pénétré; cette fable doit avoir pour origine quelque relation écrite et répandue par des amis de Trajan; les triomphes lointains de ce prince s'y trouvaient exagérés jusqu'à la fausseté [3], comme autrefois ceux d'Alexandre dans Aristobule et Onésicrite.

Le plus grand nombre des récits fabuleux venaient encore du désir de piquer la curiosité et de provoquer la surprise. Un historien était sûr de plaire à bien des lecteurs lorsqu'il contait beaucoup de faits extraordinaires; et telle était la faveur acquise à ces sortes de récits, qu'il s'en était formé, nous l'avons vu, de nombreux recueils[4]. Dans un de ces recueils, intitulé *Histoires égyptiennes*, Apion de l'Oasis racontait l'histoire d'Androclès et de son lion, et celle d'un dauphin qui était devenu amoureux d'un jeune

---

1. V. troisième partie, ch. II.
2. V. Eutrope, VIII, 3; Sextus Rufus, ch. II.
3. V. Fréret, *Acad. des Inscrip.*, XXI; *Histoire*, p. 55.
4. V. sur les *Paradoxographes*, la deuxième partie, ch. IV, p. 52.

enfant[1]. Dans un autre, Phlégon de Tralles[2] rapportait des histoires de revenants. Les livres de quelques géographes étaient des mines inépuisables de ces sortes de récits merveilleux; pour s'en faire une idée, il n'est pas besoin de lire la ridicule compilation *Sur les montagnes et les fleuves*, faussement attribuée à Plutarque; il suffit de parcourir Pomponius Méla.

Voilà ce qu'ont fait de l'histoire les rhéteurs et les sophistes du paganisme. Mais sortons des littératures païennes : nous le pouvons en abordant l'étude de l'époque nouvelle qui s'ouvre devant nous, inaugurée par deux faits considérables, l'établissement de l'empire romain et l'établissement de la religion chrétienne. Il semble que l'histoire, avec les écrivains juifs et les écrivains chrétiens, doive échapper au double vice de l'histoire profane. Malheureusement la plupart de ces écrivains ont reçu les leçons des sophistes païens, et l'on retrouve chez eux la trace de leur éducation; quant aux fables, il était impossible qu'ils en fussent exempts, car il est de l'essence du prosélytisme de les multiplier et d'en produire sans cesse de nouvelles. Il n'est pas ici question des monuments primitifs et canoniques de l'histoire du Christianisme, car ils sont étrangers à l'influence grecque et romaine.

L'époque Alexandrine nous a offert plusieurs exemples des altérations que fit subir à l'histoire le prosélytisme des Juifs hellénistes[3]. Nous avons

---

1. V. C, Müller, *Hist. gr. fr.*, III, p. 512 et suiv. — 2. V. *Ibid.*, III, p. 611 et suiv. — 3. V. deuxième partie, ch. I.

vu à quelles sources apocryphes l'historien Josèphe a puisé la plupart de ses arguments dans sa polémique contre Apion. Il n'est pas plus scrupuleux dans ses *Antiquités Juives*, ouvrage où le fidèle et dramatique historien de la *Guerre des Juifs* nous apparaît inférieur à lui-même et systématiquement inexact. Saint Jérôme a fait tort à Tite-Live en lui comparant Josèphe [1]. Tite-Live est un historien orateur, Josèphe un historien rhéteur. Il a souvent recours à l'emphase et à la déclamation pour rehausser l'importance des faits qu'il raconte. On a regret à lui voir mettre le bel esprit des rhéteurs grecs à la place de la simplicité de Moïse, et prêter aux personnages de la Bible des discours comme en tiennent ceux de Thucydide et de Salluste. Il ne respecte pas plus les traditions de la Bible que la physionomie de ses personnages. Encore s'il s'était contenté d'atténuer les miracles pour les rendre plus vraisemblables aux yeux des Grecs! les Juifs eussent eu le droit de réclamer en faveur de l'intégrité de leur histoire nationale et de leurs traditions sacrées; mais Josèphe ne se borne pas à cela : il supprime ou altère quelques récits merveilleux, il en ajoute d'autres qui lui paraissent plus conformes à l'esprit de son temps, et qui ne sont que des inventions.

C'est ainsi que, pour donner une idée de la haute sagesse de Salomon et de l'universalité de ses connaissances, il fait de ce roi un magicien, et lui attribue l'art de guérir les maladies par des enchante-

---

1. Lettre XXIIe.

ments[1]. C'est ainsi qu'il donne, d'après le faux Hécatée d'Abdère, une relation plus que suspecte du voyage d'Alexandre à Jérusalem, dont Sainte-Croix s'est vainement efforcé de défendre l'authenticité. Suivant cette relation, Alexandre, occupé au siége de Tyr, aurait écrit au grand prêtre Jaddus pour demander des provisions et des troupes auxiliaires. Jaddus s'excuse, alléguant le serment fait à Darius de ne pas porter les armes contre lui. Aussitôt maître de Tyr, Alexandre marche sur Jérusalem, impatient de se venger; le grand prêtre offre des sacrifices. Jéhovah lui apparaît en songe et lui ordonne d'aller au-devant d'Alexandre revêtu de ses habits pontificaux, à la tête de tous les prêtres et du peuple vêtu de blanc. La vue de cette procession majestueuse émut tellement le roi, qu'il s'avança vers le grand prêtre, le salua, s'inclina même devant lui. Et comme Parménion lui demandait comment un prince, devant qui tous se prosternaient, avait pu se prosterner devant un prêtre juif, Alexandre répondit : « Ce n'est « pas le prêtre que j'ai adoré, c'est le dieu qu'il re- « présente. Ce dieu, je l'ai vu en songe, alors que « je méditais la conquête de l'Asie. Il m'exhorta à « ne point différer mon entreprise, et me promit de « conduire lui-même mon armée. » Puis Alexandre entra dans Jérusalem, et, montant au temple, y fit des sacrifices. Enfin, à la prière du grand prêtre, il permit aux Juifs de se gouverner conformément aux lois de leurs pères, et de les exempter de tribut la

---

1. V. *Antiquités Juives*, VIII, 5.

septième année, eux et tous les Juifs répandus en Babylonie et en Médie[1].

C'est ainsi encore que Josèphe consigne dans son histoire [2] tout un récit romanesque emprunté au IIIe livre d'Esdras[3], livre aujourd'hui reconnu pour apocryphe. Qu'on juge de la vraisemblance de ce récit. Une nuit que Darius ne pouvait dormir, il fit venir trois de ses gardes du corps, et, après avoir promis au vainqueur de magnifiques récompenses, il leur proposa cette question à résoudre : « Qu'y a-t-il de plus puissant au monde ? » Le premier éleva au-dessus de toutes les autres puissances celle du vin; le second, qui était un courtisan, celle du roi; le troisième soutint que la femme était plus puissante que le vin et même que le roi, mais il ajouta qu'il y avait quelque chose de plus fort que le vin, que le roi et que la femme, à savoir la vérité. Darius, transporté d'admiration pour ce dernier discours, déclara vainqueur celui qui l'avait prononcé ; et, non content de lui décerner le prix, il promit de lui accorder tout ce qu'il lui demanderait. Or ce garde du corps, qui se nommait Zorobabel, était Juif; il ne demanda rien pour lui-même, mais supplia le roi de se souvenir qu'il avait promis, s'il arrivait au trône, de rebâtir le temple de Jérusalem et d'y renvoyer les vases enlevés par Nabuchodonosor. Ainsi l'esprit et la piété d'un Juif auraient fait relever par un roi de

---

1. V. *Antiquités Juives*, XI, 82; Sainte-Croix, *Examen des hist. d'Alex.*, p. 563 sqq.

2. *Antiquités Juives*, XI, 5.

3. Ch. III, v. Josèphe, qui rapporte sans doute de mémoire le récit d'Esdras, l'altère un peu.

Perse le temple de Jérusalem. Ce conte est édifiant et ingénieux sans doute, mais il ne résiste pas à l'examen; la critique y trouve plus d'une invraisemblance, et n'y voit qu'un roman forgé par quelque Juif helléniste [1].

Le monument historique le plus original et le plus remarquable qu'ait produit la littérature chrétienne des quatre premiers siècles, c'est l'ouvrage de Paul Orose. Cet écrivain ne résume pas l'histoire par impatience, comme Velléius Paterculus, par caprice, comme Florus, par impuissance, comme Justin et Eutrope. Il resserre les faits pour les plier à une grande idée philosophique, les faits sont pour lui des arguments. La religion chrétienne ayant été rendue par les païens responsable de tous les maux qui désolaient le monde au IVe siècle de notre ère, Paul Orose leur répond comme saint Augustin dans la *Cité de Dieu:* il met sous les yeux de ces Romains, si fiers de leur grandeur, le tableau de toutes les misères et de toutes les calamités qui ont affligé les plus brillantes époques de leur histoire. Le mérite de Paul Orose est d'avoir été l'un des créateurs de la philosophie de l'histoire. Mais, si c'est un historien philosophe, ce n'est pas un historien critique; il y a trop en lui du rhéteur. Au milieu de ses hyperboles et de ses abus de logique, l'exactitude des faits souffre plus d'une atteinte : il accepte avec trop de facilité les traditions populaires, lorsqu'elles sont favorables à son système. Il racontera, par exemple,

---

[1]. V. les remarques de D. Calmet sur le troisième livre d'Esdras, dans la *Bible* de Vence, t. XVIII, p. 546 et suiv.

qu'au retour d'Octave, après la défaite de Sextus Pompée, une fontaine d'huile jaillit naturellement à Rome d'une boutique de pauvres artisans; et il donne la signification de ce prodige, qui, pour avoir un sens symbolique, ne lui paraît pas moins être un fait réel [1].

Les premiers annalistes de l'Église, les Eusèbe, les Socrate, les Théodoret, sont des écrivains instruits et graves. Cependant l'un d'eux, et le plus célèbre, Eusèbe, laisse parfois sommeiller sa critique. En général, il écarte les fables, et se tient en garde contre les livres apocryphes; cependant, quand il lui arrive de se laisser dominer par le prosélytisme ou par des raisons politiques, il ne se fait pas faute d'admettre des traditions d'une origine suspecte et d'un caractère fictif. Comment un historien tel qu'Eusèbe a-t-il pu admettre dans son livre [2] un récit comme celui des relations qui auraient existé entre Abgare, roi d'Édesse, et Jésus-Christ? Sans doute, il dégage ce récit de tous les incidents romanesques qu'y rattachaient les *Actes* apocryphes de *Thaddée* [3] et les *Actes des apôtres* du faux Abdias [4], et que plus tard Nicéphore Calliste insérera tout au long dans son *Histoire ecclésiastique* [5], il ne parle pas du portrait de Jésus-Christ plusieurs fois essayé en vain par le peintre d'Abgare, et de son image miraculeusement imprimée par le Seigneur lui-même sur un tissu de

---

1. Paul Orose, VI, 20; V. Egger, *Historiens du siècle d'Auguste*, p. 312 et suiv. — 2. V. *Histoire de l'Église*, I, 13. — 3. V. ces actes, publiés pour la première fois par Tischendorf, *Act. apostol. apocr.*— 4. V. cet ouvrage, liv. X, ch. 1, dans le *Codex apocryphus Novi Testamenti* de Fabricius. — 5. Lib. II, c. VII.

10.

lin ; mais il croit aux deux lettres de Jésus-Christ et d'Abgare, il les traduit d'après le syriaque, en invoquant les registres d'Édesse, et il ne lui vient pas à l'esprit que ces lettres ont pu être fabriquées par les chrétiens d'Édesse pour relever l'antiquité de leur Église et l'importance de leur cité [1].

Eusèbe accueille encore trop complaisamment la légende qui, par une fausse interprétation de la IVe Églogue de Virgile, rangeait ce poëte au nombre des hommes inspirés qui avaient annoncé Jésus-Christ [2]. Il tient en très-haute estime un certain Hégésippe, qui avait recueilli les traditions orales des temps apostoliques, et fait d'après lui une narration du martyre de saint Jacques le Mineur qui est pleine de circonstances au moins invraisemblables [3]. Enfin

---

1. Le caractère tout local de cette légende éclate dans Procope (*Guerre des Perses*, II, 12). Il ne parle pas du portrait de J.-C. ; mais en revanche il rapporte sur Abgare diverses traditions d'une couleur orientale. Selon lui, les habitants d'Édesse avaient fait mettre la lettre de J.-C. à l'une des portes de leur ville, et avec cette lettre ils croyaient leur ville inexpugnable, d'après une promesse du Sauveur lui-même ; Chosroës, étant venu attaquer Édesse, était tombé subitement malade et s'était retiré en se contentant d'imposer un tribut aux habitants. Procope fait à ce sujet cette réflexion : « Il m'est souvent venu à l'esprit que cette lettre n'était pas de Jésus-Christ, mais que, les habitants s'étant persuadés que leur ville est sous la protection du Sauveur, il ne souffre pas qu'elle soit prise, de peur que le soupçon d'une fraude ne devienne une occasion d'hérésie. Du reste, qu'il en soit comme il plaît à Dieu ! » (Voir l'examen critique de la lettre de J.-C. à Abgare, par Valois, notes sur Eusèbe, I, 13.)

2. V. Ozanam, *Civilisation au cinquième siècle*, t. I, p. 310.

3. V. le président Cousin, *Préface de sa traduction d'Eusèbe*; Tillemont, *Mémoires sur l'histoire ecclésiastique*, vol. I. M. J.-V. Leclerc range parmi les contes dévots des premiers siècles le recueil

les critiques les plus orthodoxes n'osent se porter garants de sa véracité dans le fameux récit sur cette croix aérienne qui aurait miraculeusement apparu à Constantin, lorsqu'il marchait sur l'Italie [1]. Les mêmes critiques dénoncent comme peu digne de confiance un autre historien ecclésiastique, Gélase de Cyzique qui, dans sa compilation sur le concile de Nicée, composée un siècle après ce concile, enregistre des faits douteux ou manifestement faux, et fait figurer la légende à côté de l'histoire [2].

C'est surtout dans la vie des saints et des hermites que de pieuses fictions ont altéré la gravité de l'histoire. La *Légende dorée*, qui s'est épanouie au moyen âge, est, à vrai dire, éclose dans les premiers siècles de l'ère chrétienne. Si les premiers *Actes des martyrs* offrent les caractères de l'authenticité, s'ils méritent leur titre d'*Acta sincera*, et semblent être les œuvres d'une foi aussi simple qu'ardente, les *Vies des saints du désert* doivent au zèle et à l'imagination des premiers fidèles bien des embellissements romanesques. Assurément il y a loin des récits de saint Jérôme, de Rufin, de Palladius, d'Héraclide de Chypre, de Théodoret, à ceux de Jacques *de Voragine;* cependant, combien n'y a-t-il pas déjà

---

d'Hégésippe, ainsi que celui de Papias, *Exposition des discours du Seigneur* (*Hist. litt. de Fr.*, XXIII, p. 116). L'abbé Lavigerie, sans défendre la narration de la mort de saint Jacques, a essayé de relever la réputation un peu compromise d'Hégésippe (*De Hegesippo disquisitio*, 1850).

1. V. toutes les raisons pour et contre le récit d'Eusèbe dans A. de Broglie, *l'Église et l'Empire romain au quatrième siècle*, I, p. 218, et *Éclaircissements*, p. 442 sqq.

2. V. A. de Broglie, *Ibid.*, t. II, p. 63.

de fables dans les premiers rédacteurs de ces pieuses légendes[1], et ne peut-on pas dire que quelques-unes d'entre elles appartiennent plutôt au roman chrétien qu'à l'histoire du christianisme[2]?

Dans les ouvrages historiques, ceux qui paraissent le moins admettre les fables, ceux qui semblent ne devoir donner place qu'aux faits les plus avérés, ce sont les abrégés chronologiques. Mais le mélange de la fable et de l'histoire est devenu si général à partir de l'époque romaine, que presque tous les auteurs de ce genre d'écrits ont payé tribut à la contagion, depuis le chronographe Castor de Rhodes, contemporain de César, jusqu'au chronographe Byzantin Malalas. Castor de Rhodes est cité par Malalas en compagnie de Thalès ou Thallus[3], de Polybe, d'Hérodote et du chronographe Théophile[4] pour une histoire assez romanesque de la défaite de Crésus par Cyrus, et des rapports entre Cyrus et Daniel[5]. Peut-être ne devrions-nous pas rendre Castor responsable de ce récit fabuleux sur le témoignage d'un compilateur qui attribue la même relation à Héro-

---

1. V. Tillemont, *Mém. pour servir à l'hist. ecclés.*, t. 1; *Avertissement*; Saint-Marc Girardin, *la Thébaïde ou saint Antoine*, dans les *Essais de littérature et de morale*, t. II; Ozanam, *Civilisation au cinquième siècle*, t. II, p. 199; Leroux de Lincy, *le Livre des légendes*, p. 30.

2. V. ci-dessous, ch. III.

3. Ce chronographe est cité par Jules l'Africain, par conséquent il est antérieur au troisième siècle. (V. Jules l'Africain cité par Eusèbe, *Préparation évangélique*, X, 10.

4. Ce Théophile est postérieur à Justinien. (V. J. Malalas, éd. Bonn., p. 428.)

5. V. J. Malalas, éd. Bonn., p. 153; *Castoris reliquiæ*, à la fin de l'Hérodote de la collection Didot.

dote et à Polybe, et semble croire qu'Hérodote est postérieur aux autres historiens cités par lui [1]. Mais nous trouvons de semblables récits dans Jules l'Africain, chronographe du III⁰ siècle, qui raconte d'après un faussaire caché sous le nom de Pythagore, une guerre entre Cyrus et les Samiens, guerre dans laquelle Cyrus aurait été battu, et au retour de laquelle il aurait été tué en Perse [2]. Nous pourrions même, par une induction légitime, faire remonter aux chronographes des cinq premiers siècles de l'ère Chrétienne, quelques-unes des narrations fabuleuses qu'offrent en foule les chronographes Byzantins.

Mais comment déterminer, au milieu de la confusion et de l'obscurité des traditions, à quelle époque certains récits fictifs sont entrés dans l'histoire? Ne suffit-il pas de reconnaître que l'histoire, après avoir perdu les saines habitudes d'une critique sévère, inclina vers le roman par une dégradation insensible? Ne suffit-il pas d'indiquer comme le dernier terme de cette décadence, l'histoire Byzantine, où des compilateurs dépourvus de sens et d'instruction entassèrent indistinctement les témoignages authentiques de l'histoire et les inventions les plus hasardées du roman historique? Nous venons de signaler, dans des historiens antérieurs au V⁰ siècle de notre ère, des narrations sur Cyrus qui, pour n'avoir rien de commun avec la *Cyropédie*, n'en sont pas moins étrangères au récit d'Hérodote. Dans la revue qui nous reste à faire des productions romanesques de

---

1. Il dit « après eux. » (V. l'endroit cité ci-dessous, ch. III.)
2. V. J. Malalas, éd. Bonn., p. 158.

l'époque Romaine, nous aurons plus d'une occasion de faire remarquer chez les historiens byzantins la trace de ces productions. Nous nous bornerons à citer des faits incontestables. Mais pour qui verra dans les Cédrénus et les Malalas tant de souvenirs du roman philosophique, du roman chrétien, du roman d'Alexandre et du roman de Troie, peut-être semblera-t-il évident que, dès la fin de l'époque Romaine, bon nombre de ces narrations fabuleuses avaient dû se mêler à l'histoire.

CHAPITRE II

LE ROMAN PHILOSOPHIQUE DU PREMIER AU CINQUIÈME SIÈCLE DE L'ÈRE CHRÉTIENNE.

Ce qui donne à l'époque Romaine son caractère propre, c'est cette immense lutte d'opinions qui éclate alors, et qui remplace les longues guerres des siècles précédents. La majestueuse unité de l'empire romain, en supprimant les rivalités entre les peuples, livre tous les esprits et tous les cœurs aux rivalités entre les philosophies et les religions. Virgile avait raison de s'écrier :

Alter ab integro sæclorum nascitur ordo.

Certes, il était aussi loin de pressentir la révolution qui allait s'accomplir dans les idées qu'il était loin de prévoir la chute de cette Rome, à laquelle il promettait l'éternité. Mais il comprenait que la paix qu'Auguste venait de faire dans le monde et dans le forum ne pouvait être qu'une paix féconde ; et sans deviner quels devaient en être les bienfaits, il les attendait avec espoir et les chantait avec confiance.

Depuis longtemps le polythéisme est frappé à mort par les négations détournées d'un Socrate, les attaques directes d'un Evhémère et les plaisanteries d'un Aristophane ou d'un Cicéron. Il va se débattre dans une longue agonie, et c'est en vain que d'ingénieuses tentatives seront faites pour lui rendre la vie qui lui échappe. Les interprétations symboliques proposées par l'École d'Alexandrie pourront bien, auprès des savants, justifier Athènes et Rome du reproche de n'avoir adoré que des dieux ridicules ; mais elles ne pourront pas renouveler pour bien des esprits désabusés l'ancien prestige de Jupiter, de Vénus et de Junon. De tous côtés les sectes philosophiques et religieuses se pressent pour recueillir le grand héritage que le polythéisme va laisser. Dans l'Occident les innombrables sectes qu'a enfantées le génie hellénique semblent réveillées par l'ambition d'une si haute fortune, et les systèmes de l'Orient sortent de l'Asie, où ils semblaient jusqu'alors enfermés, pour se mêler à cette compétition générale. Mais tandis que tous les philosophes de la Grèce et que tous les sages du reste de l'Orient se faisaient forts de l'emporter sur les autres, en donnant aux hommes la science, le Christianisme allait triompher, parce qu'il apportait avec lui trois vertus nouvelles, bien capables de régénérer le monde, la foi, l'espérance et la charité.

Nous n'avons pas à étudier les diverses phases de cette lutte mémorable, où étaient engagées les destinées des nations modernes : nous n'en voulons considérer qu'un côté, et ce n'est pas celui qui a été mis le plus en lumière. Parmi les instruments dont se servit chaque philosophie ou chaque religion pour arriver à la conduite des esprits et au gouvernement des âmes, l'enseignement oral et les livres de doctrine ou d'apologie ont joué un rôle prépondérant, qui n'a pu échapper à l'étude des historiens de ces philosophies et de ces religions. Mais il y a un point qui n'a été encore qu'abordé et que nous voudrions éclaircir ici ; c'est la part que le prosélytisme a faite aux narrations fabuleuses.

Cette part, nous le verrons, est considérable ; et elle est d'autant plus forte chez les différentes sectes philosophiques ou religieuses que chacune d'elles a mieux compris combien elle avait intérêt à s'adresser à l'imagination en même temps qu'à la raison. Mais les fictions qui ont pour but de défendre et de propager une doctrine diffèrent de celles qui n'ont d'autre objet que l'amusement : pour avoir de l'action, elles sont obligées de s'imposer, et pour s'imposer, elles sont réduites le plus souvent à se couvrir d'autorités mensongères. De là le double caractère que présentent la plupart des narrations fabuleuses composées par des philosophes grecs, par des juifs et par des chrétiens dans les cinq premiers siècles de notre ère : ce sont des ouvrages romanesques et des ouvrages apocryphes.

Déjà l'époque Alexandrine avait offert plus d'un

exemple d'ouvrages de ce genre [1]; ils se multiplient d'une façon extraordinaire dans l'époque Romaine. On peut dire qu'alors il se forma comme une vaste et permanente conspiration pour falsifier l'antiquité. Ce qui n'était chez les grammairiens qu'une fraude littéraire devint entre les mains des philosophes une arme pour la défense de leurs doctrines. Le succès de la fausse *Histoire sacrée* d'Evhémère enhardit les falsificateurs. C'est ainsi que, sans parler de tous les ouvrages en vers et en prose qui furent fabriqués alors, *Poëmes orphiques*, *Vers dorés de Pythagore*, *Livres d'Hermès Trismégiste*, *Oracles sibyllins*, *Lettres de Sénèque et de Saint Paul*, on vit paraître des narrations fabuleuses sous le nom de Cébès le Thébain et sous celui des principaux apôtres de l'Eglise chrétienne.

§ I. — ROMANS COMPOSÉS PAR LES DIFFÉRENTES SECTES.

Platoniciens : Cicéron (*Songe de Scipion*). Plutarque (Mythes de *Timarque de Chéronée*, de *Thespésius*). — Mythes des Néo-platoniciens et des Gnostiques. — Mythe de *Psyché*. — Stoïciens : le faux Cébès (*Tableau de la vie humaine*). — Évhéméristes et Anti-évhéméristes : Philon de Byblos (*Histoire phénicienne* de Sanchoniathon). — Plutarque (*l'Ogygie*). — Sceptiques : Lucien (*Icaroménippe*, *Alexandre le faux prophète*, *Mort de Pérégrinus*, le *Banquet*, *Hermotime*). — Cyniques : Julien (Allégorie adressée au cynique Héraclius; *les Césars*).

Étudions d'abord le roman chez les philosophes. Toutes les écoles, on peut le dire, sauf à ne le prouver que pour quelques-unes, ont emprunté ce cadre, afin de répandre leurs doctrines, de servir

---

1. V. deuxième partie, ch. I.

leurs intérêts ou d'exprimer leurs passions. C'était une forme littéraire d'un usage si général dans l'époque Romaine que la science même la plus abstraite finit par l'employer à son tour, témoin le livre de Martianus Capella, les *Noces de Mercure et de la Philologie*, véritable encyclopédie de l'antiquité, composée au cinquième siècle et consultée avec un respect superstitieux par tout le moyen âge.

Le mythe et l'allégorie continuent à fleurir dans l'école de Platon et dans celles qui procèdent du platonisme. De même que Platon avait terminé sa *République* par le récit d'*Her l'Arménien*, Cicéron couronne la sienne par le *Songe de Scipion* : l'écrivain latin, par un scrupule de vraisemblance, ne fait pas revivre le narrateur, comme Platon, et se contente de le réveiller [1]. Cette peinture de la destinée de l'âme au sortir de la vie, que Virgile a reproduite dans le VIe livre de son *Énéide* en la renouvelant, a aussi tenté Plutarque et lui a fourni deux récits mythiques à l'imitation de celui de Platon : dans son dialogue *Sur le Démon de Socrate*, il rapporte une vision de Timarque de Chéronée au fond de l'antre de Trophonius ; dans un autre, *Sur les délais de la justice divine*, il raconte l'histoire d'un certain Thespésius de Soli, jeune débauché auquel un oracle a prédit qu'il changerait de vie après sa mort, et qui, au sortir d'une léthargie de trois jours, où les mystères de l'autre vie se sont ouverts à ses yeux, mène en effet une existence exemplaire. Le mythe de Thespé-

---

1. V. Macrobe, *Commentaire sur le Songe de Scipion*, I, 1.

sius complétait celui d'Her l'Arménien en lui ajoutant une moralité.

C'est sous la forme populaire du mythe que souvent les Néo-platoniciens[1] et toujours les Gnostiques présentaient leurs idées. Le mythe le plus célèbre des Gnostiques était celui de Sophia qui, sortie du monde intelligible, est soumise à toute espèce de souffrances jusqu'au moment où il lui est donné de rentrer dans ce monde, sa patrie. Les infortunes de Sophia, pendant la durée de son exil, avaient été racontées dans un ouvrage spécial par le gnostique Valentin, qui faisait un tableau pathétique de son abattement et lui prêtait des plaintes à Dieu d'une singulière hardiesse : « O Dieu! lui faisait-il dire, pourquoi m'avez-vous créée[2]? » Il n'est pas difficile de reconnaître dans ce mythe une personnification de l'âme humaine aux prises avec les souffrances de la vie, et le développement d'un mythe déjà esquissé dans le *Phèdre* de Platon.

Il est moins aisé de déterminer le sens véritable du mythe de Psyché, que nous a transmis, dans un livre plein d'extravagances et d'ordures, un philosophe platonicien du deuxième siècle, qui est en même temps un romancier. Ce qu'a d'ingénieux et de charmant le mythe dont Apulée n'est que le reproducteur maniéré, et dont Fulgence, après lui, n'est que le sec abréviateur, il n'est personne qui ne le comprenne et ne le sente : plus d'une fois la

---

1. V. par exemple l'*Antre des Nymphes* de Porphyre, p. L de la traduction de Plotin, par M. Bouillet, t. I.
2. V. Matter, *Hist. du Gnosticisme*, t. II.

poésie s'en est inspirée[1], et, au moyen âge même, l'idée principale de cette fiction a été renouvelée avec bonheur dans un roman chevaleresque [2]. Mais l'interprétation de ce mythe gracieux a fait le tourment des érudits. Parmi toutes les explications qui ont été proposées, nous préférons celle de M. Creuzer, comme la plus vraisemblable et comme présentant le sens le plus profond. Cette curiosité impatiente de Psyché qui, pour son malheur, veut connaître l'époux qu'elle devrait se contenter d'aimer, n'est-ce pas en effet une poétique image de l'ardente aspiration qui emporte quelquefois l'âme vers un bien au-dessus de tous les biens terrestres, et qui, dans la jouissance même, l'empêche de trouver l'apaisement de ses désirs[3]?

Les Stoïciens eux-mêmes ne se sont pas interdit la fiction, et n'ont pas craint d'y avoir recours, afin de gagner des partisans à leur sévère doctrine : préoccupés de morale bien plus que de métaphysique, c'est à leur enseignement moral qu'ils ont essayé de donner un corps par un conte allégorique que l'on a cru de l'époque de Périclès et qui appartient probablement à celle des Antonins. Nous voulons parler du *Tableau de la vie humaine* connu sous le nom de Cébès. Personne ne croit plus aujourd'hui, avec Diogène de Laërte[4], que cet opus-

---

1. V. l'opéra de Corneille, Molière et Quinault; le roman de la Fontaine, le poëme de M. Laprade.
2. V. *le Parthenopeus de Blois*, où les rôles sont intervertis : l'indiscrétion vient du côté de l'amant, et c'est l'amant qui en souffre.
3. V. Creuzer, *Symbol. III*, p. 375, et les notes de M. Guigniaut, p. 1003 et 1037. — 4. V. Diogène de Laërte, II, 16.

cule soit de Cébès le Thébain, le disciple de Socrate; la critique a démontré que ce doit être l'œuvre de quelque disciple de Zénon qui se nommait Cébès, peut-être de Cébès de Cyzique, contemporain de Marc-Aurèle, cité par Athénée [1]. On ne croit pas davantage à la réalité du tableau allégorique qui s'y trouve décrit; un artiste serait fort en peine de représenter sur une seule toile le détail de toutes les scènes que l'auteur accumule dans la triple enceinte de son édifice imaginaire, et les essais d'exécution tentés par les modernes n'ont pas réussi [2]. Tout cet entassement de figures allégoriques, tout cet appareil de narration et de dialogue n'est qu'un artifice assez apparent pour insinuer des principes de morale; et ces principes ne sont pas ceux de Socrate, mais bien ceux de Zénon. Sans être opposées, les doctrines morales de ces deux philosophes ne sont nullement identiques : la morale de Socrate est plus humaine, celle de Zénon plus austère; la première se distingue par une certaine souplesse pratique, la seconde se reconnaît à une roideur qui prétend rompre la nature à l'inflexibilité de ses principes, et exige souvent que, pour être un sage, on cesse d'être un homme. La morale du Portique remplit le *Tableau* de Cébès : l'auteur commence par établir la division fondamentale des Stoïciens entre les choses bonnes, les choses mauvaises et les choses indifférentes, et cette division domine l'ouvrage entier;

---

1. V. l'abbé Garnier, *Acad. des Inscript.*, XLVII, p. 455; l'abbé Sévin, *ibid.*, III, p. 137. — 2. V. comte Caylus, *ibid.*, XXIX, p. 152. — V. Musée du Louvre, *École d'Italie*, n° 523. *Inconnus.*

partout on rencontre cette alternative toute stoïcienne, qui a tant égayé Horace, entre deux classes comprenant l'humanité tout entière, les sages et les fous.

Si l'on en croyait quelques érudits[1], le système d'Evhémère aurait produit, vers la fin du premier et le commencement du deuxième siècle de l'ère chrétienne, un ouvrage du même genre que l'*Histoire sacrée* d'Évhémère; c'est l'*Histoire phénicienne* que Philon de Byblos avait publiée comme traduite du Phénicien Sanchoniathon. Il y avait assurément des raisons de douter que l'ouvrage de Philon fût en effet une traduction; mais une critique plus pénétrante et mieux servie par la profonde connaissance des religions et des langues sémitiques a justifié Philon du reproche de falsification systématique et reconnu dans son ouvrage la trace évidente d'un texte phénicien. Le tort de Philon est d'avoir reproduit ce texte avec quelque inexactitude; mais on sait avec quelle liberté l'esprit grec traitait ordinairement les œuvres des Barbares, quand il daignait se les approprier[2].

Le système de Sanchoniathon étant le même que celui d'Évhémère, Philon de Byblos, par sa traduction de l'*Histoire phénicienne*, portait un nouveau coup au polythéisme déjà fort ébranlé. Cependant,

---

1. V. surtout Movers, *Die relig. der Phœniz;* Roth, *Zur litteratur des Sanchoniathon;* C. Müller, *Hist. gr. fr.*, III, p. 560 sqq. 9.

2. V. le *Mémoire sur l'origine et le caractère véritable de l'Histoire phénicienne, qui porte le nom de Sanchoniathon*, par M. E. Renan, dans le tome XXIII, deuxième partie, des *Mém. de l'Acad. des Inscriptions et belles-lettres*.

vers la même époque, le polythéisme reprenait faveur auprès de certains esprits qui voyaient dans la croyance à l'ancienne mythologie, interprétée par les savants, l'unique sauvegarde contre la ruine croissante des mœurs. De ce nombre était Plutarque : dans son zèle païen il eût volontiers, comme le péripatéticien Hiéronyme[1], représenté Pythagore descendant aux enfers et assistant au spectacle des tourments infligés à l'ombre d'Hésiode et à l'ombre d'Homère pour leurs blasphèmes contre les dieux. Ennemi déclaré d'Evhémère, après avoir maudit l'auteur de l'*Histoire sacrée*, il entreprit d'opposer à cet ouvrage fiction pour fiction.

L'*Ogygie* de l'écrivain de Chéronée est, en effet, comme une contre-épreuve de la *Panchaïe* du philosophe messénien. Plutarque, lui aussi, imagine une terre fabuleuse dont il emprunte l'idée aux mêmes hypothèses géographiques qui avaient donné naissance à l'*Atlantide* de Platon[2]. Il s'appuie, lui aussi, sur d'anciennes traditions, sur des parchemins sacrés qui, après avoir été longtemps ensevelis sous terre, viennent enfin d'être découverts par un savant. C'est d'après ces manuscrits qu'il rectifie les idées d'Homère sur les dieux, au lieu de les supprimer, comme Évhémère. D'après eux, il détermine la substance du soleil et de la lune, et parle des démons qui habitent ce dernier astre ; d'après eux il

---

1. V. Diogène de Laërte, VIII, 1, 19.
2. V. H. Martin, *Ét. sur le Timée*, I, p. 299. — Cette fiction de Plutarque est empruntée au dialogue · *De la face qui paraît sur la lune*.

révèle l'état des âmes après la mort, leur passage dans la lune, les changements qu'elles y éprouvent, les expiations imposées aux âmes coupables, le bonheur réservé aux âmes justes. Les dieux ne sont pas seuls en cause : car pour Plutarque la croyance aux dieux n'est qu'un premier pas vers d'autres croyances. Moraliste plutôt que métaphysicien, il tient surtout à inculquer dans les esprits, avec la croyance à l'immortalité de l'âme, une crainte salutaire de la justice divine. Aussi le voyons-nous reproduire sous toutes les formes cet enseignement, et multiplier les mythes pour le répandre : de là les *visions de Timarque de Chéronée* et de *Thespésius*; de là l'*île d'Ogygie*. Mais son enseignement moral reposait sur une base ruineuse. Il ne suffisait pas de chercher à raviver dans la foule, en s'adressant à son imagination, la croyance aux dieux de l'Olympe : encore fallait-il leur donner des titres au respect en même temps qu'à l'adoration des hommes. Tant que cela n'était pas fait, Évhémère n'était pas réfuté. Plutarque a beau parfumer d'ambroisie la demeure de son Saturne, il ne rend ni plus grand le dieu qui se laisse enchaîner par le Sommeil, ni plus digne de vénération celui qui s'abandonne aux passions les plus violentes. Qu'importe que Cérès et Proserpine n'habitent pas le même lieu, que Cérès réside sur la terre et Proserpine dans la lune? Ce ne sont pas ces puériles variantes apportées à l'ancienne mythologie qui pouvaient lui ramener les intelligences ni les cœurs. C'est ce que Plutarque ne paraît pas avoir compris. Aussi tout son roman de l'*île d'Ogygie* n'est-il qu'une fable frivole, peu digne d'un philosophe.

La tentative de Plutarque pour consacrer des divinités ridicules devait mener au même résultat que l'ouvrage d'Evhémère et celui de Philon, à la négation de toute divinité. C'est là le terme où aboutit la pensée de Lucien.

On trouve, répandus dans les dialogues de cet écrivain, qui fut un homme d'esprit plutôt qu'un philosophe, une foule de contes sceptiques. Des récits piquants lui servent à faire justice de la croyance à la magie ou aux revenants[1]. Son *Icaroménippe* est un conte satirique où, sous forme d'un voyage à vol d'oiseau, et dans le cadre adopté depuis par l'auteur du *Diable boiteux*, il passe en revue le genre humain, et mène son héros jusque dans l'Olympe pour insulter Jupiter sur son trône même. C'est avec de tels contes qu'en maint endroit il fustige les vanités et démasque les bassesses des philosophes de son temps. Dans la *Vie d'Alexandre le faux prophète*, il fait, à la faveur d'un récit moitié réel, moitié fictif, un virulent pamphlet contre les charlatans que l'Orient produisait chaque jour, et qui rêvaient les succès d'un Apollonius de Tyane, sans avoir droit d'y prétendre par leur intelligence ni par leur austérité, sans s'appuyer sur autre chose que sur la crédulité de la multitude.

Le récit de la *mort de Pérégrinus* est un ouvrage du même genre : ce récit n'est assurément pas bien

---

1. V. le *Menteur d'inclination*, ou l'*Incrédule*, ch. XXIV, et *pass.*; *Ménippe*, ou la *Nécyomancie, pass.*

authentique, et l'artifice du narrateur s'y fait assez sentir. Il est peu probable que Lucien, dans cet ouvrage, ait eu pour but uniquement de flétrir la mémoire d'un malheureux fanatique : un tel acharnement serait d'assez mauvais goût, et le rire serait bien mal placé à côté d'un bûcher récent. Nous aimons à croire que Lucien n'a pas été réellement spectateur de la scène tragique dont il a fait une comédie si plaisante. Son Pérégrinus paraît être, non pas un tableau original tracé d'après nature, mais le type du philosophe cynique, tel qu'il a plu à Lucien de le peindre : sur ce Pérégrinus de fantaisie sont accumulées toutes les accusations qui pesaient sur sa secte; et quelques-unes des railleries dont il est l'objet semblent détournées de son supplice volontaire sur le martyre chrétien. Nous n'irons pas jusqu'à dire, avec un critique allemand [1], que tout ce récit soit de l'invention de Lucien; Pérégrinus est un personnage historique, et si sa vie est peu connue, sa mort est aussi célèbre, aussi avérée que celle du Brachmane qui se brûla devant Alexandre [2].

Le chef-d'œuvre de Lucien, dans le genre du conte sceptique, c'est le dialogue intitulé le *Banquet ou les Lapithes :* un des interlocuteurs de ce dialogue raconte en grand détail, et avec une verve inépuisable, un repas de noces auquel ont été conviés des philosophes de sectes différentes, et où la

---

[1]. Tirschner, cité par Letronne, *Acad. des Inscript.*, nouvelle série, t. X; *Mém. sur Philostrate.*

[2]. V. Ritter, *Hist. de la philos. anc.*, liv. VIII, ch. III; Capperonnier, *Acad. des Inscript.*, XXXIII, p. 69 et suiv.

discussion s'est terminée par des coups et par du sang. Rien n'est plus divertissant que cette querelle ridicule, suivie d'une rixe qui ne l'est pas moins; Molière n'a pas surpassé Lucien dans la fameuse scène du *Bourgeois gentilhomme* entre le maître de philosophie, le maître d'armes et le maître à danser. Lucien est de tout point mieux inspiré que dans l'*Hermotime*, où il a présenté, dans un ordre peu différent, le tableau des contradictions et des disputes misérables des sectes grecques, mais dont la forme est moins saisissante et dont la conclusion est triste. On y voit Hermotime, désabusé par son interlocuteur Lycinus, qui n'est autre que Lucien lui-même, verser des larmes abondantes. C'est que l'impitoyable ironie de Lycinus vient de lui enlever ses illusions, sans mettre à leur place une croyance. Lucien nous fait sentir ici le vice de son système, si tant est qu'il ait un système : ce scepticisme radical est désolant. Qu'étaient pour Lucien les religions? des impostures. Et les philosophes? des charlatans et des hypocrites. « Ils ont inventé je ne sais
« combien de noms, dit-il : Stoïciens, Académiciens,
« Épicuriens, Péripatéticiens et autres dénomina-
« tions plus ridicules. Se drapant dans ce manteau
« respectable de la vertu, le sourcil relevé, la barbe
« longue, ils déguisent l'infamie de leurs mœurs
« sous un extérieur composé, semblables à ces com-
« parses de tragédie dont le masque et la robe do-
« rée, une fois enlevés, laissent à nu un chétif avor-
« ton loué sept drachmes pour la représentation. »
On trouverait dans Lucien vingt passages semblables

contre les philosophes ; il ne fait grâce à aucune secte. Mais à quoi aboutissent toutes ces ingénieuses réfutations, toutes ces épigrammes sanglantes, tous ces bons contes dont il les accable? Au doute universel, au rire sur toute chose, comme si l'humanité était composée de Luciens! comme si elle n'avait pas soif de croyances! comme si elle n'avait pas besoin d'espérances et même d'illusions! On fait tort à Voltaire quand on lui compare Lucien ; Voltaire a beaucoup douté, mais il a cru aussi, et s'il est grand, ce n'est point par son scepticisme, c'est par ses croyances. Lucien est, après Pyrrhon, le sceptique le plus complet qui ait existé; il ne nie rien parce que la négation est une des formes de la certitude, et il n'a de certitude sur rien ; mais s'il n'est sûr de rien, il ne veut être dupe de quoi que ce soit. Voilà pourquoi il prend le parti de rire de tout. Ce rire, qui fait mal aux âmes candides, fait sa joie et, si l'on peut dire, sa consolation.

Bien différent du sophiste de Samosate, l'empereur Julien avait une foi ; mais sa foi n'était pas heureusement placée. Spectateur de la merveilleuse rénovation des vieilles sociétés opérée par le Christianisme, Julien nia le Christianisme ; témoin du discrédit général de la mythologie, il affirma la mythologie: Esprit indépendant et dominateur, mais qui ne savait pas l'art de se ménager la domination, il prétendit conquérir les hommes par les fantaisies d'une imagination originale et bizarre, et brava l'opinion publique, qu'il voulait amener à lui ; pour combattre des doctrines en faveur, il se chargea du rôle le plus décrié; et, contempteur des apôtres chrétiens, il s'affubla du ridicule costume des philosophes cyniques. Puis, quand il se mêla d'écrire, qu'opposa-t-il aux Évangiles, aux Épîtres de saint Pierre et de saint Paul, aux ouvrages sincères et sérieux des Apologistes et des Pères? Des pamphlets, des œuvres railleuses qui s'adressaient à l'esprit et ne disaient rien au cœur. Deux de ces ouvrages représentent ce que l'on pourrait appeler le *roman cynique* et *antichrétien*.

Julien fait quelque part [1] la leçon à un de ses confrères en philosophie cynique, et lui reproche d'avoir composé une allégorie, ce qui ne convient pas à la gravité de leur secte; puis, comme il est permis à un prince de n'être pas conséquent, il se met à composer lui-même un conte allégorique. C'est, sous le voile de l'allégorie, une amère satire des règnes qui ont précédé celui de Julien. L'allégorie a été de tout temps le refuge des demi-hardiesses et des oppositions qui ont quelque intérêt à s'envelopper de réticences. Si la satire n'est guère voilée dans l'*Apocolokintose*, cette irrévérente parodie de l'apothéose de Claude, c'est que Sénèque pouvait être hardi sans danger : il savait que cette insulte à l'empereur mort ne serait pas mal reçue de l'empereur vivant. Pourquoi Julien prit-il plus de détours? Le conte allégorique qu'il adresse au cynique Héraclius n'est pas une œuvre de sa première jeunesse; il n'est pas du temps où Julien vivait enfermé dans la forteresse de Marcellum, ni de cette époque où, bien qu'adopté

---

[1]. V. *Discours VII*, init.

par son cousin, décoré du titre de César, et désigné à la succession impériale, il se voyait environné de périls et tenu en tutelle par un prince jaloux et ombrageux. Il le composa lorsque la mort de Constance lui eut permis de recueillir, sans avoir à le disputer, l'héritage de Constantin. On peut donc se demander par quel motif, au comble de la puissance humaine, Julien a pu employer l'allégorie, cet artifice d'esclave, comme il le dit lui-même, qu'il excuse dans un Ésope, mais qu'il interdit à un homme libre. C'est qu'il y a des lois qui s'imposent à tous, même aux souverains les plus absolus : et de ce nombre est la modestie, le respect des convenances. Or, dans toute cette allégorie, Julien ne fait que se répéter à lui-même : *Tu Marcellus eris*. Le moyen de le faire ouvertement et sans détour! Julien pouvait-il dire : « Je suis un rejeton du Soleil, envoyé par Jupiter « parmi les hommes pour rétablir l'empire et rele- « ver l'antique religion? » Assurément il ne le pouvait pas, tout prince qu'il était, tout philosophe cynique qu'il se disait. Mais ce qu'il n'eût osé exprimer ainsi, il ne craignit pas de le faire entendre par une allégorie du reste fort transparente.

Il y étend et développe une pensée qu'il avait déjà exprimée sous une autre image dans la *Lettre* à son ami Arsace. Il disait à cet ami avoir vu en songe deux arbres, dont l'un était vieux et penché vers la terre, l'autre jeune et sortant à peine des racines du premier : l'arbre qui tombe, c'est Constance; celui qui va grandir, c'est Julien. Que trouvons-nous dans le conte allégorique adressé au cynique Héraclius? Un homme opulent et avare, dont les fils outragent les dieux et se livrent des luttes fratricides. L'un d'eux devient seul possesseur d'un immense patrimoine et le laisse dépérir par sa mollesse et sa mauvaise administration; enfin, un jeune homme abandonné, neveu du père de famille, et rejeton de la race du Soleil, est choisi par les dieux pour régir ce riche héritage et en réparer les pertes. Qui ne reconnaît là d'abord Constantin, puis ses fils, Constantin II, Constant et Constance II, enfin Julien lui-même, qui préférait au nom de sa famille celui de *Fils du Soleil?* D'autres détails, où percent ses sympathies et ses haines, ne sont pas moins clairs : Minerve, qui préside à l'éducation du jeune orphelin, c'est la philosophie qu'il apprit aux écoles d'Athènes ; les *vieilles tombes*, dont il fait quelque part une mention dédaigneuse, ce sont les tombeaux des martyrs; et les *mariages illicites* auxquels il fait ailleurs allusion sont les mariages de Constantin et de Constance avec leurs nièces ou leurs cousines germaines : Julien, qui se croyait le droit de les censurer, oubliait donc que lui-même avait épousé une de ses cousines, la sœur de Constance?

Julien exprime son opinion sur ses prédécesseurs avec plus de franchise encore dans les *Césars*, dialogue des morts encadré dans un conte. Il ne fait pas seulement la satire de la famille de Constantin; il remonte jusqu'à Jules César et représente tous les empereurs qui, le jour des Saturnales et pendant un festin, comparaissent l'un après l'autre devant Jupiter et les dieux, et sont annoncés par Silène, chargé d'égayer tout l'Olympe à leurs dépens. Marc-Aurèle seul est épargné, moins peut-être comme philosophe que comme persécuteur des chrétiens. Les haines religieuses de Julien percent en effet dans cet ouvrage autant que ses sympathies philosophiques : il le termine par un trait contre Constantin et contre le christianisme. Constantin est représenté entre les bras de la Débauche, entouré de ses enfants, dont l'un s'écrie : « Corrupteurs de « femmes, homicides, sacriléges, scélérats de toute « espèce qui avez besoin d'expiation, approchez « avec confiance! avec un peu de cette eau, je vais « vous rendre purs. Et si l'un de vous retombe dans « ses méfaits, qu'il se frappe la poitrine, qu'il se « batte la tête, et le voilà de nouveau purifié. » Il est à regretter que le ressentiment des persécutions de Constance et la passion de Julien contre la religion nouvelle aient égaré jusqu'à la calomnie un jugement qui, dans le reste de la pièce, s'était montré assez ferme et vigoureux. Le livre des *Césars* est une œuvre d'une haute originalité. Frédéric II, ce Julien du dix-huitième siècle, écrivant dans sa jeunesse son *Anti-Machiavel* pour s'attirer les éloges des philosophes d'outre-Rhin, est loin d'offrir à l'esprit un spectacle aussi surprenant que cet empereur romain jugeant ainsi ses pairs, faisant chez eux la part du bien et du mal avec l'apparente impartialité d'un philosophe, et condamnant les mauvais princes avec la rigueur d'un citoyen qui aurait été nourri dans un État libre. Cependant, faut-il admirer autant qu'on l'a fait[1] cette censure si libre et si sévère des empereurs romains faite par leur héritier? N'y a-t-il pas plus d'orgueil que de fermeté, plus d'humeur que de justice dans cette réprobation générale de ses devanciers? Et quand on songe que le seul Marc-Aurèle est excepté, n'est-on pas amené à croire que Julien s'excepte à plus forte raison lui-même, et que, s'il fait ainsi le procès à ceux qui l'ont précédé, c'est pour se grandir à leurs dépens?

§ II. — BIOGRAPHIES FABULEUSES DE PHILOSOPHES CÉLÈBRES.

Vies fabuleuses de Platon. — Traces de romans sur les sept sages dans Diogène de Laërte (le *Trépied* d'Andron d'Éphèse; l'*Entretien des sept sages*, d'Archétime de Syracuse). — Plutarque (*Banquet des sept sages*; roman sur Lysis, Théanor et les pythagoriciens de Thèbes). — Dion Chrysostome (contes sur Diogène). — Vies fabuleuses de Pythagore avant Porphyre et Jamblique. — *Vies de Pythagore*, par Porphyre et Jamblique. — Philostrate (*Vie d'Apollonius de Tyane*). — Porphyre (*Vie de Plotin*). — Marinus (*Vie de Proclus*). — Eunape (*Vies des philosophes*). — Damascius (*Vie d'Isidore*).

S'il y avait un cadre qui s'offrît de lui-même au roman philosophique, c'était la vie des hommes qui s'étaient illustrés dans la philosophie. L'antiquité païenne a eu sa *Légende dorée* : chaque école de philosophie consacra la mémoire de ses sages par des récits où quelques traditions authentiques étaient mêlées à de nombreuses fictions. Ces biographies fabuleuses des anciens sages avaient pour but, en amusant le lecteur, de lui donner une haute opinion de leur génie et de leur vertu, et de lui faire goûter

1. V. Chateaubriand, *Ét. histor.*, étude deuxième.

leurs systèmes et leur genre de vie. On en peut juger par les fragments qui nous en sont restés dans la compilation de Diogène de Laërte, par les biographies fabuleuses qui nous sont parvenues sur Platon et quelques autres philosophes, surtout par les vies de Pythagore et d'Apollonius de Tyane.

Il n'est pas surprenant que l'antiquité ait entouré de fables le berceau d'un Platon, lorsque l'admiration universelle lui garde le surnom de divin, dû au moins autant à son talent d'écrivain qu'à son génie philosophique. L'imagination populaire a pu créer une partie de ces fables; mais un grand nombre aussi sont dues aux écrivains des époques postérieures. Ne sont-ce pas eux qui ont imaginé de présenter Platon comme fils d'un dieu, ainsi qu'ils l'ont fait pour Alexandre et Homère[1]? Ne sont-ce pas eux qui ont eu l'idée de le faire assister aux batailles de Tanagre, de Corinthe et de Délium[2], batailles qui se sont livrées alors que Platon pouvait avoir de quatre à six ans? Ne sont-ce pas eux qui ont cru devoir supposer un voyage de ce philosophe en Égypte pour répandre ainsi, par un fait matériel et sensible, l'opinion de l'influence exercée par la sagesse égyptienne sur la philosophie grecque[3]?

1. V. Diogène de Laërte, *Vie de Platon*. Il cite comme autorités Speusippe, Cléarque, Anaxilide. V. aussi Plutarque, *Banquet*, VIII, 1; Apulée, *Des doctrines de Platon*; Hesych., v. *Plat.*; Suidas, *ibid.*; Origen., *contra Cels.*, I. Saint Jérôme (*A Jovinien*, I) se fait de cette tradition un argument en faveur de l'origine surnaturelle de Jésus-Christ. « Nec principem philosophiæ ferunt nisi de partu Virginis editum. »—2. V. Diogène de Laërte, III, 8.—3. V. Diogène de Laërte, III, 6, et les biographies de Platon imprimées à la suite du Diogène de Laërte de la collection Didot.

Diogène de Laërte, qui a rapporté tant de fables sur les philosophes de la Grèce, n'est que l'écho d'anciens écrivains qui avaient mêlé bien des contes à l'histoire de ces philosophes. Il répète ces contes sans les réfuter, mais sans les garantir, et en ayant soin de prévenir qu'il est simple narrateur[1]. On ne saurait méconnaître le caractère romanesque de quelques-uns des écrits dans lesquels il va chercher des documents pour l'histoire. Tels sont, par exemple, le *Trépied*, d'Andron d'Éphèse, et l'*Entretien des sept sages*, publié sous le nom d'Archétime de Syracuse.

Peu de contes ont été aussi souvent reproduits chez les anciens que celui d'un trépied qui aurait été trouvé par un pêcheur, et qui, réservé par la Pythie au plus sage d'entre les hommes, aurait été décerné à Thalès, serait passé des mains de ce sage dans celles d'un autre, aurait été remis par celui-ci à un troisième, et qui, refusé de même par tous, serait retourné au dieu de Delphes. Il y avait sur ce conte une foule de variantes[2], et Andron d'Éphèse en avait fait le sujet d'un petit ouvrage intitulé *le Trépied*[3]. Son récit s'écartait un peu de la tradition la plus répandue : on y sent l'effort d'un auteur qui cherche à renouveler un sujet épuisé. D'après lui, ce sont les Grecs qui proposent le trépied au plus

---

1. Diogène de Laërte, IX, 103.
2. Diogène de Laërte en rapporte plusieurs, I, 1, 28 et suiv.; et ses commentateurs en signalent quelques autres. (V. les notes de Ménage.)
3. V. Diogène de Laërte, *ibid.*; Eusèbe, *Prép. Évang.*, X, 3; Clément d'Alexandrie, *Stromates*; Suidas.

sage d'entre eux comme une récompense due à la vertu, et c'est Aristodème de Sparte qui est jugé digne de le recevoir ; mais il n'accepte que pour le céder à Chilon.

L'ouvrage où l'entretien des sept sages chez Cypsélus était raconté par Archétime de Syracuse, l'un des témoins de cet entretien[1], était aussi fabuleux que le nom de l'auteur devait être imaginaire. Aussi quelques écrivains, comme Euphore ou Éphore, sans se soucier de l'autorité du faux Archétime, mettent chez Crésus cet entretien, que d'autres plaçaient au Panionium, ou à Delphes[2]. Il nous reste de Plutarque un petit ouvrage, moitié narratif, moitié dialogué, qui peut nous donner une idée de ce qu'était sans doute celui du faux Archétime. Comme ce dernier, Plutarque met à Corinthe la réunion des sages; seulement il leur donne pour hôte non Cypsélus, mais son fils Périandre[3].

Un jour il prit fantaisie à l'écrivain de Chéronée, entre une biographie et une dissertation morale, de composer un *Banquet* à la manière de Platon ou de Xénophon. Mais il n'avait ni l'art élégant et facile du premier, ni le naturel exquis du second; aussi ne nous a-t-il laissé qu'une ébauche d'apprenti, au lieu de l'œuvre d'un maître. Cependant nous ne voyons pas de raisons sérieuses pour retrancher à

---

1. V. Diogène de Laërte, I, 1, 40. — 2. V. Diogène de Laërte, *ibid*. — 3. C'est d'après cette tradition qu'est composée une lettre apocryphe que donne Diogène de Laërte (I, 7, 99), et dans laquelle Périandre prie les sages de le venir trouver, promettant de les recevoir d'une façon tout à fait familière.

Plutarque, comme le veulent quelques critiques, cet ouvrage qui se trouve sur la liste de ses écrits, dressée par son fils Lamprias[1]. Parce qu'un ouvrage est jugé indigne d'un auteur, il ne s'ensuit pas que cet ouvrage ne soit pas de lui. Plutarque s'empare donc de la tradition rapportée par le faux Archétime sur une réunion de sept sages; comme lui sans doute, il fait de cette réunion un banquet; comme lui, il met la relation de tout ce qui s'y était fait et dit dans la bouche des convives. Le narrateur, qui est un certain Dioclès, commence par relever quelques traditions erronées sur ce banquet. Que viennent faire ces scrupules de véracité dans une narration comme celle-ci? On y voit s'asseoir à la même table les sept sages, comme s'ils étaient tous contemporains; on y voit le Phrygien Ésope, député auprès de Périandre par Crésus, dont le règne est postérieur de quarante ans à celui de Périandre[2]; on y voit un envoyé du roi d'Égypte Omasis, qui a un nom grec, Niloxène, et dont la patrie est Naucrate, ville qui ne fut fondée qu'au temps d'Artaxerce[3]. Le cadre est ingénieux, mais assez mal rempli : il n'y a pas d'unité dans la narration de Dioclès, qui embrasse toute la journée du banquet. Mais il est inutile d'insister sur les défauts de cet ouvrage, considéré au point de vue littéraire; il n'est intéressant que par ses rapports avec l'histoire de la philosophie. Voilà les sources auxquelles puisait Diogène de Laërte! Voilà quels étaient

---

[1]. Les critiques les plus autorisés s'accordent pour restituer ce livre à Plutarque. V. Fabricius, *Bibl. gr.* Harles, t. v, p. 179. — [2]. V. Grauert, *De Æsopo*, p. 5. — [3]. V. Strabon, p. 1153.

alors les documents de l'histoire. Au lieu de peser les témoignages, on ne songeait qu'à entasser des faits.

Il n'est presque aucune des traditions romanesques relatives à Périandre qui ne soit touchée dans le morceau de Plutarque. Ici c'est sa passion pour Mélisse, fille du tyran d'Épidaure[1]; là c'est l'amour incestueux qu'avait conçu pour lui sa mère[2], et dont la honte, en semant autour de lui le mépris, aurait exaspéré ses instincts despotiques. Est-il besoin d'ajouter que Périandre, l'hôte des sages, et lui-même l'un d'entre eux, n'est pas ce tyran que l'histoire nous représente si détesté? C'est un prince que Thalès juge disposé à tempérer le mal héréditaire de la tyrannie par sa condescendance envers les hommes vertueux; toutefois il ne goûte que médiocrement les maximes austères que ses convives débitent sur la royauté, et estime qu'à ce prix personne ne voudrait régner. Ainsi Plutarque essaye de concilier la tradition qui fait de Périandre un sage avec l'histoire qui fait de lui un tyran.

Mais quelle est cette sagesse, ou, pour parler plus exactement, cette science qu'il attribue à ces hommes que l'imagination populaire connaissait sous le nom des sept sages? C'est une habileté de sophiste, et quelle habileté! Solon discute avec Dioclès sur la question de savoir si c'est un bien ou un mal pour l'homme d'avoir besoin de se nourrir; Bias devine des énigmes qui lui sont envoyées par Omasis; et

---

1. V. Athénée, *Banquet des sophistes*, XIII. — 2. Parthénius de Nicée, 17; Diogène de Laërte, I, 7.

Périandre, c'est-à-dire Plutarque, disserte sur l'antiquité de cet usage de proposer des énigmes. Le passage le plus sérieux est celui où chacun des sages vient à son tour débiter une maxime sur la tyrannie, puis sur la démocratie, enfin sur l'administration. Ce n'est là qu'un pastiche des sentences attribuées aux sages de la Grèce ; l'artifice y paraît trop : cependant, à tout prendre, ce pastiche vaut mieux encore que la suite de monologues moraux qu'ils prononcent dans le *Jeu des sept sages* d'Ausone.

Plutarque a composé un autre récit mêlé de dialogues, dont le cadre est à peu près le même, mais dont le sujet est bien plus intéressant. L'unité de l'ouvrage se trouve dans le développement d'un des épisodes les plus dramatiques de l'histoire de Thèbes, la délivrance de Thèbes par Pélopidas : les intervalles laissés entre les diverses phases de cet événement sont remplis par diverses discussions philosophiques, dont l'une, d'après un usage fréquent dans l'antiquité, a donné son nom à l'ouvrage *Du Démon de Socrate;* cette discussion n'occupe d'ailleurs pas plus de place et ne semble pas avoir, dans l'esprit de l'auteur, plus d'importance que les autres. Le héros de ce petit roman historique et philosophique, ce n'est pas Socrate ni son démon, c'est le pythagoricien Théanor. Simmias, Caphisias et quelques amis, qui méditent de chasser de la Cadmée la garnison lacédémonienne et de faire rentrer Pélopidas et les autres bannis, se réunissent sous prétexte de causer de philosophie. Épaminondas leur présente le Crotoniate Théanor, qui est venu à

Thèbes pour faire des libations au tombeau du pythagoricien Lysis : Théanor, après avoir rappelé à ces amis de la philosophie les persécutions exercées en Italie contre les Pythagoriciens, remercie Épaminondas de l'hospitalité qu'il a donnée à Lysis et des soins qu'il lui a prodigués dans sa vieillesse. Dans la suite de la conversation, un des interlocuteurs raconte une vision que vient d'avoir dans l'antre de Trophonius un jeune homme de Chéronée; le récit de cette vision n'est autre chose qu'un mythe pythagoricien, dont la métempsycose est le fondement et dont l'objet est de faire connaître les vicissitudes qu'éprouvent les âmes après cette vie. On conçoit que le patriotisme de Plutarque l'ait porté à composer un tableau dont la scène est Thèbes, dont les personnages sont les plus grands hommes de cette ville; on comprend aussi que son amour pour la philosophie lui ait fait rattacher aux grands souvenirs nationaux de la Béotie celui des pythagoriciens Lysis et Théanor : il a voulu sans doute représenter le *pythagorisme* à Thèbes comme Cicéron avait, sous la figure de Scipion Émilien, représenté le *platonisme* à Rome. Mais on n'a pas idée de conjurés assez maîtres d'eux-mêmes pour discuter des questions de pure philosophie quand il y va de leur vie et de la liberté de leur patrie.

Le personnage de Diogène semble plus propre qu'aucun autre aux récits fabuleux du genre philosophique[1]. C'était à la fois un nom populaire et une

1. V., sur la légende de Diogène, Boissonade, *Notices et extraits des manuscrits de la Bibl. imp.*, t. X, deuxième partie, p. 133 et suiv.

figure originale. Au souvenir de Diogène se rattachait plus d'une tradition piquante, et les traits de caprice qu'on lui attribuait étaient assez nombreux pour qu'on fût libre de lui en prêter un de plus. C'est ce que fit Dion Chrysostome, sophiste ingénieux et brillant, homme vertueux, courageux citoyen, à qui sa vie longtemps proscrite et vagabonde donnait quelque lointaine affinité avec Diogène. Ses malheurs nous expliquent sa prédilection pour le philosophe de Sinope. Au milieu de ses *déclamations* se trouvent insérés plusieurs morceaux narratifs, et Diogène est le héros de cinq d'entre eux. C'est d'abord l'entrevue d'Alexandre et du Cynique [1], sujet magnifique pour un déclamateur. Plutarque avait esquissé rapidement cette entrevue traditionnelle [2], Dion la développe. Il ne s'en tient pas au mot fameux : « Retire-toi de mon soleil. » Il établit tout un dialogue où Diogène se permet sur la naissance d'Alexandre des plaisanteries qui font rire le roi, fait peu vraisemblable, et lui adresse sur la royauté des leçons qu'Alexandre écoute tranquillement, fait moins vraisemblable encore. Il faut que l'élégance du style de Dion ait fait illusion à Sainte-Croix, car ce critique juge « le caractère des interlocuteurs très-bien rendu [3]. » Alexandre, qui ne pardonna pas de semblables libertés à Callisthène, son ami d'enfance, ne les aurait pas tolérées dans Diogène, ou du moins ne les aurait pas entendues jusqu'au bout. Il y a là, ce nous semble, une invrai-

---

1. *Discours IV.* — 2. *Vie d'Alexande.* — 3. *Historiens d'Alexandre*, p. 209.

semblance aussi choquante que l'anachronisme relevé par Sainte-Croix, c'est-à-dire l'allusion à Jupiter Ammon qu'Alexandre ne revendiqua pour père qu'après son voyage de Libye. Dion ne songeait guère à tracer des portraits historiques : témoin l'entretien qu'il suppose une autre fois entre Alexandre et Philippe, et dans lequel tous les deux dissertent en rhéteurs sur Homère et sur la royauté [1]. Ce n'est pas le vrai Diogène, ni même celui de la légende, c'est un Diogène de pure fantaisie que Dion nous montre encore dans d'autres récits, ici provoquant par des questions plaisantes ou par des réponses pleines d'une rude franchise les étrangers qu'attire autour de lui la curiosité [2]; là se moquant des athlètes vainqueurs aux jeux Olympiques et réduisant leur gloire à néant [3]; ailleurs interpellant un homme qui va consulter l'oracle pour apprendre où s'est caché son esclave fugitif, et le retenant fort longtemps pour lui prouver que ce qu'il faut surtout demander à l'oracle, c'est le moyen de se connaître soi-même [4].

Le philosophe de l'antiquité sur lequel il nous est resté le plus de récits fabuleux, c'est Pythagore. Il existait un grand nombre de biographies de Pythagore avant celles de Porphyre et de Jamblique. Nous n'avons pas assez de détails sur les *Vies de Pythagore* écrites par Dicéarque [5], par Hermippe et par Eubulide [6], pour juger ce qu'elles pouvaient être. Mais que penser de celle qui était répandue

---

1. *Discours II.* — 2. *Disc. VIII.* — 3. *Disc. IX.* — 4. *Disc. X.* —5. V. Porphyre, *Vie de Pythagore*, c. XVIII et LVI; C. Müller, *Hist. gr. fr.*, II, 225.—6. C, Müller, *Hist. gr. fr.*; III, 41 et 6.

chez les anciens sous le nom de Nicomaque[1], de ce pythagoricien dont l'âme, suivant le biographe de Proclus, passa depuis dans ce philosophe? Quant aux *Vies de Pythagore* qu'avait laissées un Néanthe, un Hippobotus, un Aristoxène, les emprunts qui leur sont faits par Porphyre et Jamblique nous éclairent suffisamment sur le degré de confiance dont ils étaient dignes. Jaloux de montrer la supériorité de la philosophie en lutte avec la tyrannie, de la sagesse opprimée par la force, ils brouillaient les dates et mêlaient diverses traditions pour présenter Pythagore ou ses disciples en face de quelque tyran.

Aristoxène se faisait raconter par Denys lui-même, devenu maître d'école à Corinthe, l'histoire de Damon et Phintias[2]; Hippobotus et Néanthe[3] montraient les femmes pythagoriciennes égalant en héroïsme leurs pères et leurs époux, et l'une d'entre elles, que Denys avait fait soumettre à la torture, crachant sa langue au visage du tyran plutôt que de lui révéler les secrets de sa secte. Un autre de ces biographes[4] réunissait Abaris, le sage des Massagètes, et Pythagore, le sage de Samos, et les représentait échappant tous les deux aux embûches du tyran Phalaris. La sagesse n'était pas toujours en

1. Porphyre, *Vie de Pyth.*, c. xx; Jamblique, § 251.
2. V. Porphyre, c. LX et suiv.; Jamblique, § 233 et suiv. V., sur Aristoxène, C. Müller, *Hist. gr. fr.*, II, 269.
3. V. Porphyre, c. LXI; Jamblique, § 180. V., sur Néanthe, C. Müller, *Hist. gr. fr.*, III, p. 5.
4. V. Jamblique, § 215 sqq. Il ne dit pas de qui il tient ce récit. Il cite ordinairement Néanthe et Aristoxène, v, § 233, 237, 251.

guerre ouverte avec la tyrannie : témoin le banquet des sept sages chez Périandre. Quelques-uns des biographes de Pythagore le montraient entretenant avec le tyran Polycrate un commerce amical. D'après Antiphon, c'était sur la recommandation de Polycrate que Pythagore avait obtenu d'Amasis, roi d'Égypte, une lettre pour engager les prêtres égyptiens à l'initier à leur mystérieuse sagesse[1]. Ici le roman de Pythagore se mêle à des fictions philosophiques fort anciennes sur un roi d'Égypte qu'Hérodote nomme Amasis, comme Antiphon, mais que Plutarque[2] appelle Omasis, et qu'il nous montre envoyant des énigmes à Bias chez le tyran Périandre. Hérodote nous offre la suite de ces fables sur Omasis ou Amasis : ce roi aurait donné au tyran de Samos, qui était le plus heureux des hommes, le conseil de sacrifier quelque chose de précieux pour conjurer la jalousie des dieux; Polycrate jeta son anneau, qui lui fut rapporté. Amasis, comprenant que cette ténacité de bonne fortune présageait quelque malheur, lui envoya dire qu'il renonçait à son amitié. La prévision d'Amasis se vérifia, et Polycrate mourut sur une croix[3]. Dans Diodore de Sicile[4] la moralité de ce conte est rendue plus apparente; ce n'est point parce que Polycrate est trop heureux qu'Amasis rompt avec lui, c'est parce que le tyran n'a pas voulu modifier, d'après les remontrances du roi, ses maximes de gouvernement. Le Cambyse de la *Cyropédie*, qui donne à son fils des préceptes si

---

1. V. Porphyre, c. VIII. — 2. *Banquet des sept sages*. — 3. Hérodote, III, 40 et suiv., 125. — 4. 1, 95.

modérés sur l'exercice du pouvoir royal, est effacé par l'Amasis du roman inconnu dont s'est servi Diodore.

La *Vie de Pythagore* par Apollodore[1] n'était sans doute, comme les autres ouvrages de ce grammairien, qu'une compilation des biographies antérieures de ce philosophe et des histoires où il pouvait avoir eu quelque place. La *Vie de Pythagore* par Porphyre n'est pas autre chose. Encore est-ce une compilation fort indigeste : à vrai dire, c'est moins une biographie qu'un recueil de notes mal disposées, où il n'y a guère d'autre ordre que celui des lectures faites par l'auteur, et où les mêmes faits se trouvent répétés à différentes places, parce qu'ils ont été lus à diverses reprises[2]. Il a du moins un mérite qui manque à Jamblique : il indique assez exactement les sources auxquelles il a puisé.

Rien n'égale le sérieux avec lequel ces deux écrivains recueillent tous les contes des précédents historiens de Pythagore, tous « fort anciens et fort graves, » suivant l'un et l'autre[3]. Porphyre surtout est d'une crédulité à toute épreuve. Il ne lui vient pas à l'esprit qu'on puisse révoquer en doute les fables qu'il rapporte; il trouve tout naturel l'hommage rendu à Pythagore par *le fleuve Caucase*, qui, au moment où il le passe avec ses disciples, lui crie : « Salut, Pythagore[4]. » Il admet sans difficulté que Pythagore ait été vu, le même jour et à la même heure, à Crotone et à Métaponte[5]. Il enregistre gra-

---

1. V. Porphyre, ch. II. — 2. V. Porphyre, ch. IX et XVI. —3. Porphyre, ch. XXIII; Jamblique, § 60. — 4. Ch. XXVII.— 5. Ch. XXVII-XXIX. V. Jamblique, § 91.

vement ses prophéties, toujours exactement vérifiées, et les guérisons qu'il obtenait par des enchantements[1]. Il ne voit rien d'invraisemblable à l'action qu'aurait exercée Pythagore jusque sur les bêtes : ainsi ce philosophe, d'après Porphyre, prit un jour à partie une ourse qui portait le ravage dans tous les environs, commença par étendre quelque temps les mains sur elle, puis lui donna un gâteau et des fruits, lui fit jurer qu'elle ne toucherait plus jamais à aucun être animé et la renvoya dans ses montagnes : depuis ce temps elle ne fit de mal à personne. Une autre fois, il dit quelques mots à l'oreille d'un bœuf et le décida à ne plus manger de fèves[2]. Voilà les inepties que répandait, sous le titre de *Vie de Pythagore*, un homme qui se disait philosophe et qui croyait continuer les traditions de Platon !

Nous avons déjà cité les fabuleuses biographies qui lui ont servi à composer la sienne. Il n'avait pas craint d'emprunter une partie, et peut-être la plus considérable de ses renseignements à un ouvrage manifestement imaginaire, au roman d'Antoine Diogène, *les Choses incroyables au delà de Thulé* : selon lui[3], tous les faits de la vie de Pythagore y étaient exposés avec soin. Or, Antoine Diogène disait, entre autres choses, que Pythagore voyagea en Égypte, en Arabie, en Assyrie et en Judée; que chez les Hébreux il se fit initier à l'art d'interpréter les songes et à la divination qui se fait avec l'encens; qu'en Égypte il vécut avec les prêtres, apprit leur langue et leur science, et connut leurs trois genres

---

1. Ch. XXV, XXVIII, XXX. — 2. Ch. XXIII et XXIV. — 3. Ch. X.

d'écriture, les lettres, les hiéroglyphes et les symboles[1]. Il disait encore qu'à Babylone Pythagore fréquenta les Chaldéens, et particulièrement Zabratus, qui l'aida à laver les souillures de sa première existence, lui recommanda certaines abstinences, et l'instruisit sur la nature et les principes de l'univers[2]. Selon le même auteur, Pythagore avait eu pour disciples Astrée et Zalmoxis, deux philosophes adorés depuis comme des dieux chez les Massagètes[3]. Antoine Diogène allait jusqu'à préciser l'ordre d'après lequel Pythagore réglait sa journée, commençant par l'étude, puis chantant sur la lyre de vieux péans de Thalès, récitant des vers d'Homère et d'Hésiode pour calmer son âme, exécutant des danses pour donner à son corps plus d'agilité, se promenant en compagnie d'un ou deux amis dans les lieux les plus tranquilles et les plus riants, déjeunant avec du miel, dînant avec du pain et des légumes, et ne mangeant de la viande que rarement, à la suite d'un sacrifice[4].

Il fallait être bien facile à tromper ou avoir bien envie de tromper ses lecteurs pour répéter, dans un ouvrage prétendu historique, les contes d'Antoine Diogène. A la différence de Porphyre, Jamblique a des velléités critiques [5]; son livre n'en est peut-être que plus ridicule. Porphyre, du moins, ne se contredit pas, tandis qu'il arrive plus d'une fois à Jamblique de raconter en son nom une fable qu'il a blâmée chez

---

1. Ch. XI. — 2. Ch. XII. — 3. Ch. XIII et XIV. V. sur Antoine Diogène le chapitre VI de cette troisième partie. — 4. Porphyre, ch. XXXII et suiv. — 5. V. § 5, 7, 138.

un autre. Il reproche à Épiménide, à Eudoxe, à Xénocrate d'avoir dit que Pythagore était fils d'Apollon, et il commence son histoire par une invocation aux dieux, en donnant cette raison, que Pythagore tirait des dieux son origine [1]. Il taxe de crédulité les pythagoriciens qui font de Pythagore un Dieu, et il fait dire à Pythagore lui-même, sans le démentir, qu'il est Apollon ; il ne paraît pas douter que son héros n'ait eu une cuisse d'or [2]. En revanche, l'ouvrage de Jamblique est un peu mieux composé et mieux écrit que celui de Porphyre ; il s'est donné la peine de fondre dans une narration, qui affecte quelquefois le ton oratoire, les détails empruntés par lui à divers écrivains. Ce n'est pas que les parties soient bien étroitement liées et qu'on n'y sente un travail précipité : quelquefois Jamblique copie presque littéralement Porphyre ou les écrivains copiés par Porphyre [3] ; le même fait se trouve répété jusqu'à six fois, et sous tant de formes différentes qu'on ne sait à quoi s'en tenir sur la véritable opinion de l'auteur [4].

En résumé, il est bien difficile de tirer quelques renseignements certains sur Pythagore de toutes ces biographies de Pythagore. Elles sont précieuses cependant pour les détails qu'elles donnent sur les doctrines de ce philosophe. Encore y a-t-il bien des restrictions à faire ; car les doctrines qu'exposent Porphyre et Jamblique ne sont pas celles du maître

---

1. V. § 1, 5, 7. — 2. § 92, 93, 138. — 3. V. Porphyre, ch. XXIV, XXV, XXVII ; Jamblique, § 60, 36, 134. — 4. Il s'agit de la divinité de Pythagore. V. § 30, 92, 133, 138, 140, 177.

lui-même, mais bien celles qui furent précisées et formulées plus tard dans son école : il y a une confusion perpétuelle entre l'ancien et le nouveau *pythagorisme*.

Cette confusion éclate au grand jour, si l'on compare à ces biographies de Pythagore celle d'un pythagoricien qui, vers la fin du premier siècle de l'ère chrétienne, entreprit de raviver l'enseignement et les règles de l'institut de Crotone.

C'est à peine s'il y a quelques différences entre les doctrines du philosophe de Samos, telles que les exposent Porphyre et Jamblique, et celles qu'embrassa et répandit Apollonius de Tyane, d'après son biographe Philostrate. L'identité des doctrines ne fut du reste pas le seul point commun entre le fondateur et le rénovateur du pythagorisme. Il semble que la destinée de ces deux hommes ait été la même ; tous les deux entreprirent de longs voyages, exercèrent autour d'eux une influence considérable et vécurent environnés de mystères qu'augmenta encore l'imagination de leurs adeptes ; tous les deux furent des héros d'histoires fabuleuses au milieu desquelles l'histoire véritable cherche, peut-être vainement, à démêler quelques faits certains.

La *Vie d'Apollonius de Tyane*, par Philostrate, ne fut sans doute ni la première, ni la dernière de ces histoires fabuleuses : mais c'est la seule qui nous soit parvenue. Un certain Damis avait été, selon Philostrate, le disciple, le compagnon de route et le premier biographe d'Apollonius [1]. Le scepticisme

---

1. *Vie d'Apollonius de Tyane*, I, 3 et 19.

de la critique allemande s'est attaqué à l'ouvrage comme à la personne de Damis [1]; il n'est, en effet, nullement prouvé que le personnage soit historique, et le caractère fabuleux de quelques-uns des récits que lui emprunte Philostrate peut laisser croire que l'ouvrage mis sous son nom était un ouvrage à la fois romanesque et apocryphe. Cet ouvrage était écrit en grec, bien que le prétendu Damis fût Assyrien, et il avait pour titre les *Reliefs* : « A la table des dieux, disait l'auteur, lorsque les immortels font un repas, il y a des serviteurs chargés de veiller à ce qu'il ne tombe aucune goutte d'ambroisie [2]. » Damis était ce serviteur : longtemps admis auprès d'Apollonius, il n'avait rien voulu laisser perdre de l'ambroisie de sa parole. Si l'auteur des *Reliefs* n'est pas imaginaire, ses récits l'étaient bien souvent. On voit dans Philostrate qu'il parle en témoin oculaire de monuments et de lieux qu'il ne pouvait avoir vus : il fait une pompeuse description de Babylone, qui de son temps n'existait plus [3], et du Memnon égyptien, qui était alors détruit et ne fut rétabli que sous Septime-Sévère [4]; il dit avoir vu à Memphis ce colosse, qui n'a jamais été qu'à Thèbes ; il se fait l'écho des contes répandus dans l'antiquité sur les cataractes du Nil, dont le bruit assourdissait les habitants du pays [5], et sur les Égyptiens *Macrobes* de Méroé [6]. Il conduit son héros dans les montagnes du Caucase pour avoir

---

[1]. Bohlen, *Das alte Indien*, I, p. 73, cité par Letronne, *Acad. des Inscript.*; nouvelle série, t. x, p. 771. — [2]. *Ibid.*, I, 19. — [3]. *Ibid.*, I, 25. V. Letronne, *Acad. des Inscript.*, nouvelle série, t. x, p. 277 et suiv. — [4]. *Ibid.*, vi, 4, et Letronne, *Mémoire cité*. — [5]. *Ibid.*, vi, 23; Cicéron, *Songe de Scipion*. — [6]. *Ibid.*, vi, 28.

occasion de rapporter l'histoire de Prométhée, et de dire qu'il a vu les chaînes du Titan encore suspendues au rocher ¹.

Outre les *Reliefs* de Damis, Philostrate dit avoir eu sous les yeux deux biographies d'Apollonius, composées l'une par Maxime d'Égées, l'autre par Méragène ². Il cite, soit par extrait, soit en entier, des *Lettres*, probablement apocryphes, adressées par ce philosophe à des rois, à des sophistes, aux Éléens, aux Delphiens, aux Égyptiens, aux Indiens ³; un *Testament* attribué au même Apollonius, et « témoignant de l'esprit divin qui présidait à sa philosophie ⁴; » enfin un discours apologétique assez étendu qui aurait été composé par lui pour être lu devant Domitien ⁵. Sur certains points, il s'en réfère à quelques ouvrages composés contre Apollonius, ou réfute les assertions contenues dans ces ouvrages; et s'élève particulièrement contre ce qu'il appelle « les calomnies » d'Euphrates ⁶. Il prétend avoir entrepris des voyages exprès pour recueillir sur Apollonius des témoignages oraux, soit dans les villes qui l'ont aimé, soit dans les temples dont il a remis en honneur le culte abandonné ⁷. Il ne faut pas se laisser éblouir par ce fastueux étalage d'autorités : les conteurs de fables ne sont jamais en reste sur ce point. Les sources auxquelles avait puisé Philostrate étaient pour la plupart fort suspectes, et il se pourrait qu'il en eût inventé quelques-unes. Plusieurs lettres qu'il

---

1. *Ibid.*, II, 3. — 2. *Ibid.*, I, 3, 2; I, 12, 2; III, 41, 1. — 3. I, 2, 29, 32. — 4. I, 3. — 5. VIII, 7. — 6. I, 13; VII, 35 et *pass.* — 7. I, 2.

cite comme étant d'Apollonius se retrouvent, il est vrai, dans le recueil des lettres publiées sous le nom de ce philosophe [1]. Mais ce recueil lui-même doit être classé, comme tant d'autres ouvrages du même genre, parmi les ouvrages apocryphes [2].

On fait bon marché des documents historiques de Philostrate, aussi bien des biographies de Maxime d'Égées et de Méragène que des mémoires de Damis, ou des lettres d'Apollonius, quand on songe à tous les contes que ces ouvrages lui ont fournis. Il ne s'est d'ailleurs pas fait faute d'ajouter quelques récits extraordinaires à ceux qu'il y pouvait puiser à pleines mains. Il écrivait dans un temps et dans un pays fort amis du merveilleux, et il se proposait de composer, non une histoire, mais un roman philosophique [3].

Philostrate était l'un des rhéteurs les plus habiles du deuxième siècle; mais ce n'était qu'un rhéteur, et quelques-uns de ses ouvrages ont un caractère tout fictif. Nous le verrons bientôt, dans son *Héroïque*, refaire, d'après divers ouvrages fabuleux, l'histoire de plusieurs héros de la guerre de Troie [4]; de plus on s'est demandé si la description qu'il

---

1. V. Fabricius, *Bibl. gr.*; Harles, I, 679, et les recueils épistolaires d'Alde et de Commelin. Olearius en parle longuement dans la préface de son édition de Philostrate.

2. V. Ritter, *Hist. de la Philos. anc.*, XII, ch. VII.

3. V. l'*Histoire d'Apollonius de Tyane, convaincu de fausseté et d'imposture*, par le sieur de Clairval (l'abbé Dupin), 1705, in-12. Voici le titre d'un des chapitres de ce livre : *Que Philostrate n'a point écrit une vraye histoire, mais un roman.*

4. V. le ch. V de la troisième partie.

donne de soixante-seize *Tableaux* est bien authentique, et si, au lieu d'avoir décoré, comme il le dit, un portique de Naples, ces tableaux ne sont pas l'ouvrage de son imagination[1].

Philostrate, jaloux de faire briller son talent, cherche surtout des occasions de décrire, et il ne décrit pas en historien, mais en rhéteur; il s'inquiète peu de l'exactitude, mais se préoccupe beaucoup de l'agrément et de la vivacité des images. C'est ainsi qu'il décrit le mont Nisa avec ses lauriers plantés par Bacchus, ses vignes qui s'entrelacent avec le lierre, sa statue de Bacchus placée dans le temple de la propre main du dieu[2]; ou bien les arcs de triomphe construits au delà de Taxila, et sur lesquels Porus est représenté s'inclinant devant Alexandre, et Alexandre saluant Porus[3]; ou bien encore le temple de Taxila, avec ses tableaux, dignes de Zeuxis et de Polygnote[4], qui fournissent à Damis et à Apollonius l'occasion d'une discussion sur la peinture, et qui rappellent trop les descriptions de tableaux du même Philostrate. Le rhéteur se reconnaît encore aux développements inattendus que prennent dans cette biographie d'un philosophe des digressions toutes littéraires. Philostrate ne manque aucune occasion de faire l'éloge des lettres et des hommes qui s'y livrent[5] : il décrit avec complaisance la foule studieuse qu'Apollonius, à son arrivée, voit se presser dans les rues d'Athènes[6]; il

---

1. V. Caylus, *Acad. des Inscrip.*, XXIX, p. 156. V. sur Philostrate deux excellents articles de M. Miller, *Journal des Savants*, 1849, p. 616 et 749. — 2. II, 8. — 3. II, 42. — 4. II, 22. — 5. Voir surtout IV, 7. — 6. IV, 17.

oppose la noble simplicité de la parole d'Apollonius à la diction fardée des sophistes de son temps [1]; il admire dans les discours de ce philosophe la forme autant que les pensées [2], et donne son style comme un modèle d'atticisme [3]; il lui prête une ingénieuse satire des *Éloges* ridicules qui étaient devenus à la mode, éloge de la goutte, de la cécité, de la surdité, etc. [4]; il donne quelque part une appréciation du talent de Dion Chrysostome [5], et il représente Apollonius et Démétrius le Cynique allant philosopher ensemble auprès de la villa de Cicéron, à l'ombre de ce platane que l'éloquent écrivain a célébré dans un de ses dialogues philosophiques [6].

Tout ce qui entourait le biographe d'Apollonius l'invitait à la fiction. Jamais le goût des récits merveilleux n'avait été plus général qu'à la fin du deuxième et au commencement du troisième siècle. Il semble qu'à mesure que les vieilles fables du polythéisme étaient battues en brèche par les philosophes et par les chrétiens, le monde païen s'enfonçât davantage dans la superstition. On ne croyait plus à Saturne, à Jupiter, à Pluton, mais on croyait aux mystères, à l'astrologie, à la magie, à la théurgie. De là le succès de tant de charlatans, de sorciers et de thaumaturges, qui prêtaient à rire à Lucien.

La philosophie elle-même, au lieu de défendre son domaine, le livrait aux sciences occultes. Apollonius de Tyane fut l'un des premiers représentants

---

1. VII, 6. — 2. IV, 31. — 3. I, 7. — 4. IV, 30. — 5. V, 37 et 40. — 6. VII, 10.

de ces pratiques dont abusèrent après lui les philosophes de l'école d'Alexandrie. Ces prestiges avaient surtout pour théâtre l'Asie Mineure et la Syrie. C'est de la Syrie que sortirent les principaux représentants du mysticisme oriental, mêlé aux spéculations de la philosophie grecque, les Apollonius de Tyane, les Porphyre, les Jamblique, les Proclus, les Plotin. Sans compter l'Assyrien Damis, c'est la Syrie qui produisit les autres biographes d'Apollonius, Maxime d'Égées (près de Tarse) et Philostrate; c'est pour une Syrienne, pour l'impératrice Julia Augusta, que ce dernier écrivit son ouvrage. Philostrate était, pour employer son expression[1], du *cercle* de cette femme d'une grande beauté, d'une vive imagination et d'un esprit remarquable, que Septime-Sévère avait reléguée loin de lui à cause de ses désordres, et qui affectait dans sa disgrâce de se livrer tout entière à la philosophie et aux lettres. Il n'y avait guère d'histoire sérieuse à attendre d'un rhéteur comme Philostrate, jeté dans une telle époque, mêlé à un tel monde et traitant un tel sujet. Il écrivit la vie d'Apollonius comme avaient été écrites la vie de Pythagore et celle d'Alexandre, et il semble même en quelques endroits se souvenir des biographies fabuleuses du sage de Samos et du roi de Macédoine. Lorsque Philostrate fait apparaître Apollonius au même jour et à la même heure à Rome et dans l'île de Calypso[2], ne songe-t-il pas à la double apparition de Pythagore à Crotone et à Métaponte? Ce qu'il dit de la résistance opposée par Apollonius à Néron

1. I, 3. — 2. VIII, 10-14.

et à Domitien[1] ne rappelle-t-il pas le récit sur Pythagore et Phalaris? Même opposition d'un sage et d'un tyran; même conviction de la part du sage que le roi veut tuer, mais qu'il ne le peut; même dénoûment dans la mort du tyran, qui précède celle du sage. Enfin les faits extraordinaires de la vie d'Alexandre, qui sont assez fréquemment rappelés dans la *Vie d'Apollonius*, ne sont-ils pas des allusions à quelques-unes des histoires fabuleuses qui ont précédé le faux Callisthène? Sainte-Croix[2] a signalé l'une de ces rencontres, qui ne sauraient être fortuites, entre les historiens d'Alexandre et Philostrate. Il s'agit de douze autels qui auraient été élevés par Alexandre sur les bords de l'Hyphase, en l'honneur de son père Ammon et de quelques autres dieux que, dans des inscriptions, il appelait *ses frères*. On pourrait citer d'autres passages de Philostrate relatifs à l'expédition d'Alexandre dans les Indes, qui ne sont pas plus historiques et qui doivent avoir la même origine[3]. Le récit de la naissance divine d'Apollonius semble se rattacher, d'une part, aux fables anciennes sur la naissance de Pythagore et d'Alexandre, d'autre part, au conte plus récent de Nectanébo. « Lorsque sa mère le portait encore
« dans son sein, dit Philostrate, un dieu égyptien
« lui apparut, Protée, le même qui, dans Homère,
« prend une foule de formes diverses. Elle ne se
« troubla point, et lui demanda qui elle allait enfanter. — Moi, répondit le dieu. — Et qui es-tu?

---

[1]. VII, 44; VIII, 6. — [2]. *Historiens d'Alexandre*, p. 399. — [3]. II, 9 et 10, 20 et 21.

« — Protée, dieu d'Égypte[1]. » Pour achever la ressemblance avec le roman d'Alexandre, un coup de tonnerre vient au moment de la délivrance annoncer la future grandeur du nouveau-né[2].

Le merveilleux tient, dans la *Vie d'Apollonius*, beaucoup plus de place que dans les *Vies de Pythagore* et d'*Alexandre* antérieures à l'ouvrage de Philostrate. Ce rhéteur ne cesse de semer sur la route d'Apollonius des faits étranges, des phénomènes extraordinaires, des apparitions d'hommes et d'animaux monstrueux, des *pygmées*, des *macrocéphales*, des *sciapodes*, des *marticoras*, des *dragons*, des *empuses*, des *griffons*, des *phénix*[3]. A propos d'une histoire de *satyres*, il a soin de réfuter les objections des incrédules, d'abord par les traditions anciennes, puis par son propre témoignage. Il a eu à Lemnos un camarade dont la mère passait pour visitée par un satyre[4]. Il fait du séjour des Brachmanes une description bien autrement fabuleuse que celle qu'en donnera plus tard Palladius. C'est un lieu rempli de prodiges ; c'est un jardin des *Mille et une Nuits*. Vient-on les attaquer? Jupiter envoie sa foudre[5]. Veulent-ils se purifier? ils se plongent dans un bassin plein de feu[6]. Exécutent-ils une danse sacrée? la terre s'enfle sous leurs pas comme les flots de la mer, et les élève de deux coudées au-dessus du sol[7]. Donnent-ils un festin à un roi? quatre trépieds s'avancent d'eux-mêmes, comme

---

1. I, 4. — 2. I, 5. — 3. I, 2, 4, 5, 6, 22; II, 2, 4, 12, 14; III, 3, 4, 6, 8, 45, 48, 49; V, 5; VI, 1, 25. — 4. VI, 27. — 5. II, 33. — 6. III, 14. — 7. III, 17.

dans Homère[1], soutenus par deux jeunes esclaves de bronze; la terre se couvre d'une herbe plus molle que des lits[2]; ils prennent en main la coupe de Tantale qui, contrairement au tonneau des Danaïdes, s'emplit d'elle-même à mesure qu'on la vide[3].

La liste serait longue des prodiges opérés par les Brachmanes[4]; celle des prodiges d'Apollonius le serait encore davantage. Nous ne l'entreprendrons pas[5]. Ce sont des démoniaques exorcisés, des malades guéris, des morts ressuscités, des ombres évoquées, des événements prédits plusieurs années à l'avance. Un seul exemple fera voir à quelle épreuve la biographie d'Apollonius met fréquemment la bonne foi de ses lecteurs. Le philosophe a prédit qu'une peste doit ravager Éphèse[6]; mais, la prédiction ayant été faite en termes assez obscurs, comme tous les oracles, les Éphésiens n'ont pas compris. Le mal venu, ils appellent à leur secours Apollonius. « Rassurez-vous, leur dit-il; dès
« aujourd'hui je vais arrêter le fléau. » Il dit, et
« mène la multitude au théâtre, à l'endroit où se
« trouve la statue d'Hercule Sauveur. Près de là se
« tenait un vieux mendiant : cet homme feignait
« de loucher, portait une besace remplie de mor-
« ceaux de pain, était vêtu de haillons, et avait le
« visage couvert de malpropreté. » « Entourez,
« s'écrie Apollonius, cet ennemi des dieux, ra-

---

1. *Iliad.*, XVI. — 2. III, 27. — 3. III, 32. — 4. III, 38, 39, 40. — 5. Voir I, 2; IV, 4, 6, 16, 20, 24, 25, 34, 44, 45, 48; V, 9; VI, 43; VII, 88. — 6. IV, 4.

« massez autant de pierres que vous en pourrez
« trouver, et jetez-les-lui. » Un tel ordre étonne les
« Éphésiens; ils jugent inique de tuer cet étranger,
« un homme dont la condition était si misérable, et
« qui par ses prières s'efforçait de provoquer leur
« commisération. Mais Apollonius insiste et presse
« les Éphésiens de ne pas le laisser aller. Quelques-
« uns se mettent à lui jeter des pierres de loin;
« alors cet homme, qui paraissait louche, fait voir
« des yeux étincelants et flamboyants. Les Éphé-
« siens reconnaissent un mauvais génie, et l'ense-
« velissent sous un monceau de pierres. Après un
« court espace de temps, Apollonius ordonne d'en-
« lever ces pierres, pour que tous voient le monstre
« qui vient d'être tué. On les écarte, et que voit-on ?
« Le mendiant a disparu, et en sa place est là gisant
« un énorme molosse, de la taille d'un fort lion,
« tout meurtri, et la gueule remplie d'écume[1]. »

Après de tels récits, on se demande ce que Philostrate a voulu faire d'Apollonius : un philosophe ou un magicien? et l'on est fort étonné de le voir repousser bien loin de son héros l'imputation de magie[2]. Les réserves qu'il fait semblent bien étranges; car il n'est nullement en reste de prodiges sur les Brachmanes, que Philostrate accuse de sor-

---
1. IV, 10.
2. V. lib., X, ch. 12. Sans doute les philosophes de l'école d'Alexandrie, et en général les philosophes qui se livraient à des pratiques mystérieuses, affectaient de se dire des *théurges* et de repousser le nom de *magiciens*. Mais les docteurs chrétiens refusaient de reconnaître ces distinctions, et confondaient dans une réprobation égale la *magie* et la *théurgie*. (V. saint Augustin, *Cité de Dieu*, VIII, 19; Maury, *la Magie et l'Astrologie dans l'antiquité*, etc., p. 109.

cellerie. « Voyant, dit-il, chez les Indiens, les trépieds et les serviteurs d'airain qui se mouvaient d'eux-mêmes, Apollonius ne demanda pas le secret de leur construction ; il loua l'artifice, mais ne voulut pas l'imiter. » Qu'y a-t-il donc de plus étrange, d'inventer des machines qui semblent se mouvoir d'elles-mêmes, ou d'évoquer les morts et de les ressusciter? Lorsque Philostrate fait l'esprit fort à l'endroit de la magie [1] se moque-t-il de son lecteur? On pourrait le croire; mais, qu'on y regarde de plus près, on verra qu'il peut avoir ses raisons de parler ainsi. Si Apollonius ne fait pas ses prodiges par le secours de la magie, il faut qu'une partie de la puissance divine lui ait été déléguée. Philostrate semble vouloir incliner son lecteur vers cette opinion [2]. Souvenons-nous qu'il a tout d'abord présenté son héros comme Protée, rajeuni et ramené parmi les hommes. Eunape ne pense pas autrement : pour lui, Apollonius n'est pas un homme; sa vie est « le voyage d'un dieu sur la terre [3]. »

Parce que Philostrate se plaît à multiplier ainsi les miracles, et à revêtir son héros d'un caractère surnaturel, quelques critiques [4] ont pensé que la *Vie d'Apollonius de Tyane* était une parodie des Évan-

1. V. encore VII, 39.
2. V. IV, 31; VII, 5 et *pass.* 7.
3. V. Eunap., t. I, éd. Boisson.
4. V. Huet, *Démonst. Evang.*, Propos. IX, c. 147; R. Jenkin, *Observ. ad Vit. Apoll.*, Act. erudit., ann. 1704, p. 36, sqq.; Artus Thomas, *notes à la trad. fr.* de Philostrate, par Blaise de Vigenère (1611); Prideaux, *note à la trad. angl.*; Trithem., *Epist.*, lib. II, p. 249; Fabricius, v, p. 542. Harles; Letronne, *Acad. des Inscript.*, nouvelle série, t. X, p. 301 et suiv., p. 771.

giles. Cette supposition, qui a valu à cet ouvrage une certaine vogue au dix-huitième siècle[1], est aujourd'hui abandonnée comme un paradoxe plus spécieux que solide[2]. Le merveilleux qu'on rencontre dans la *Vie d'Apollonius de Tyane* n'a rien de plus extraordinaire que le merveilleux qu'on trouve dans presque toutes les biographies fabuleuses des grands philosophes et des grands hommes de l'histoire composées à l'époque Romaine. Protée, qui reparaît en Apollonius, rappelle Apollon reparaissant en Pythagore, ou Nectanébo en Alexandre. Il n'est d'ailleurs pas impossible que du monde indien il se fût répandu dans le monde grec certaines traditions sur des dieux incarnés. Quant à la résurrection d'une jeune fille, opérée par Apollonius[3], fait qui a paru être une allusion à la résurrection de la fille de Jayr, ce n'est qu'une ressemblance fortuite; et Philostrate, en rappelant à ce propos Alceste rendu par Hercule à la tendresse de son époux, nous indique la véritable origine de ce récit.

1. V. la préface de la traduction française imprimée à Berlin en 1774. La traduction est de Castillon, et la préface de Frédéric II. La *Vie d'Apollonius de Tyane* a été écrite à nouveau, mais toujours d'après Philostrate, par Legrand d'Aussy (2 vol. in-8°, 1807. Publication posthume). Nous avons nous-même donné une traduction nouvelle de la *Vie d'Apollonius de Tyane* (1 vol. in-12. Didier, *Bibliothèque académique*, 1862).

2. V. Lardner, *Testimonies*, III, 252, 352; Gibbon, III, p. 241; Meiners, *Gesch. der Ursfr. und Verfalls der Wissensch.*, t. I, p. 258; Buhle, *Allgem. Encycl.*; Jacobs, *Philostr. übers.*; Neander, *Allg. gesch. der christ. relig.*, I, p. 179; Baur, *Apoll. und Christus*; Ritter, *Hist. de la phil. anc.*, liv. XII, ch. VII; Matter, dans le *Dictionn. des sciences philosophiques*.

3. IV, 45.

Si plus tard, sous Dioclétien, le sophiste Hiéroclès [1] entreprit de faire de ce livre une arme contre le christianisme, ce n'est pas à dire que tel eût été le dessein de Philostrate. Avant et même après que la Vie d'Apollonius eût reçu cette interprétation, elle comptait des admirateurs parmi les chrétiens aussi bien que parmi les païens. Sidoine Apollinaire [2] et Cassiodore [3] en faisaient le plus grand éloge. On n'a pas l'idée d'une satire aussi discrète, aussi dissimulée, qu'aurait été celle de Philostrate, surtout en un temps où nul intérêt ne prescrivait ces ménagements : la religion chrétienne n'était pas encore la religion de l'empire. C'est bien gratuitement qu'on a prêté au rhéteur Philostrate ou à l'impératrice Julia une intention de polémique antichrétienne. Les prodiges de Philostrate, a-t-on dit, sont opposés à dessein aux miracles des Évangiles. Mais les thaumaturges faisaient-ils donc défaut? Les *Actes des Apôtres* signalent Simon le Magicien, Lucien dénonce Alexandre le faux prophète : il est même remarquable que de secte à secte on ne se contestait guère les miracles, mais l'esprit dans lequel ils étaient faits. Les Evangélistes eux-mêmes admettent que les exorcismes étaient fréquents parmi les juifs ; les juifs reconnaissaient bien que Jésus-Christ chassait les démons, mais ils lui reprochaient de les chasser par Belzébuth [4]. Parce qu'Apollonius de Tyane est représenté comme le

---

1. V. Eusèbe et Lactance, qui réfutent son *Discours véritable.* — 2. *Lettres*, III, 3. — 3. *Chroniques.* — 4. V. Dom Calmet, *Dict. hist. de la Bible*, art. Exorcistes.

modèle idéal de l'ascétisme mystique, il n'y faut pas voir davantage une sorte de contre-épreuve du code moral des chrétiens : tel était le caractère que commençait à prendre la philosophie, et les chefs de l'école d'Alexandrie tiendront à honneur de s'appeler des *hiérophantes*.

Voir dans la *Vie d'Apollonius de Tyane* une œuvre de polémique, c'est s'abuser sur l'auteur et sur l'ouvrage. Philostrate n'est pas un sectaire ; il ne songe pas à opposer telle doctrine à telle autre, il ajoute aux exagérations d'une légende philosophique les embellissements de sa propre imagination. C'est une œuvre littéraire, encore plus qu'une œuvre philosophique, que lui avait demandée Julia Augusta : elle avait voulu qu'il refît l'ouvrage de Damis qu'elle trouvait trop négligé pour le style[1]. Un ancien traducteur français de Philostrate nous paraît avoir plus approché de la vérité que les critiques trop subtils dont nous croyons devoir nous séparer, lorsqu'il met la *Vie d'Apollonius* de pair avec les romans de *Huon de Bordeaux*, *Perseforest*, *Lancelot du Lac*, le *petit Saintré*, *Amadis des Gaules*[2], etc. C'est aussi, apparemment, ce qu'avait pensé Sotérichus de l'Oasis, lequel, au temps de Dioclétien, s'en était inspiré pour composer un poëme épique[3]. La *Vie d'Apollonius de Tyane* est

1. Voir livre I, 3 et 19.
2. Nous voulons parler de Th. Sibillet, avocat, qui a écrit vers 1560 une traduction demeurée manuscrite de l'ouvrage de Philostrate. V. l'extrait de sa *Préface* donné par M. Miller, *Journal des Savants*, 1849, p. 625.
3. V. Suidas.

la *Cyropédie* d'un siècle de rhéteurs et de sophistes. Julia Augusta dut être satisfaite : la narration de Philostrate ne manque pas d'agrément, et le style en a trop quelquefois; on y sent la recherche des antithèses, ce vice propre aux époques de décadence et si contraire au genre narratif. A tout prendre, c'est l'œuvre d'un écrivain ingénieux; et, s'il reste loin de Xénophon, il laisse encore plus loin derrière lui le faux Callisthène.

Irons-nous cependant jusqu'à retirer à la *Vie d'Apollonius de Tyane* toute signification philosophique? Ce serait une autre exagération. On trouve dans cet ouvrage un tableau embelli de la vie pythagoricienne, de l'ascétisme théurgique dont Apollonius fut l'un des premiers représentants et dont il est resté le type, grâce à son biographe. Autrefois l'idéal du philosophe, c'était Socrate : au temps de Philostrate, c'est Apollonius de Tyane. Caracalla lui consacra un *heroum*[1], Alexandre Sévère plaça son buste à côté de celui de Jésus-Christ[2], plusieurs villes lui élevèrent des autels[3], et Aurélien fit vœu de lui construire un temple[4]; l'historien Vopiscus, qui nous rapporte ce dernier fait, se proposait d'écrire la vie d'un sage qu'il regardait comme plus qu'un homme. La supériorité d'Apollonius sur Socrate, c'est-à-dire de la nouvelle philosophie sur l'ancienne, du mysticisme et de la théurgie sur la dialectique et la pure spéculation, est un point que touche souvent Philostrate; et l'on pourrait lui em-

---

1. Dion Cassius, LXXVII, 18. — 2. Lampride, *Alexandre Sévère*, 29, 31. — 3. Philostrate, I, 5. — 4. Vopiscus, *Aurélien*, 24.

prunter les traits d'un parallèle où le maître de Platon serait un peu sacrifié.

Selon Philostrate, l'enseignement de Socrate laissait les hommes sur la terre, celui d'Apollonius les en détachait[1]; Socrate savait bien des choses par l'entremise de son *démon*[2], Apollonius était un *démon*, un *génie;* lui-même se compare à Socrate et se donne l'avantage[3]; comme Socrate, il compose une Apologie, sauf à ne pas la prononcer; mais il a soin de représenter les dangers qu'il a courus comme bien plus grands et sa situation comme bien plus critique que celle du sage Athénien[4]. Enfin Apollonius fait des miracles, et Socrate en était incapable. Selon nous, c'est à Socrate que l'auteur de la *Vie d'Apollonius* oppose son héros, et non à Jésus-Christ.

Philostrate n'a fait qu'employer les agréments de son imagination et de son style à glorifier les tendances de la philosophie de son temps. Ce n'est pas un métaphysicien comme Porphyre ou Jamblique; et dans la réstauration des doctrines pythagoriciennes qu'il signale comme entreprise par Apollonius, la théorie des nombres a fort peu de part. Il ne s'attache qu'aux pratiques extérieures, à cette vie d'abstinence, de chasteté, de contemplation, qui passa du néo-pythagorisme dans le néo-platonisme, et dont les adeptes, au sein même du paganisme, semblèrent rivaliser en austérité avec les premiers chrétiens. Pour compléter le tableau de cette vie,

1. Philostrate, IV, 2. — 2. I, 2; VIII, 7. — 3. VII, 11. — 4. VIII, 7.

qu'il ne partageait sans doute nullement, mais dont il faisait l'apologie en rhéteur, Philostrate place à côté d'Apollonius quelques autres types d'ascétisme mystique, par exemple les *Brachmanes* de l'Inde[1] et les *Gymnosophistes* de l'Éthiopie[2]; car, d'après certaines traditions, il y avait des rapports assez fréquents entre l'Inde et l'Éthiopie, et c'est pour cela que Philostrate et plus tard Héliodore se sont crus autorisés à transporter en Éthiopie les gymnosophistes de l'Inde, qui ne sont autres que les Brachmanes. Philostrate met les Brachmanes bien au-dessus des Gymnosophistes, parce que ce sont eux qui sont allés le plus loin dans cette voie de renoncement aux choses de la terre, parce qu'ils sont moins hommes et resssemblent plus à des dieux : aussi leur donne-t-il, comme à leur hôte Apollonius, le don des miracles. C'est là, suivant Philostrate, la perfection dernière du philosophe.

En quittant les biographies de Pythagore et d'Apollonius de Tyane pour la *Vie de Plotin* par Porphyre, la *Vie de Proclus* par Marinus, et les *Vies des Sophistes*, par Eunape, il semblerait que nous dussions enfin trouver un terrain solide pour l'histoire. L'éloignement de l'époque où avaient vécu Pythagore et Apollonius, le mystère dont ils avaient aimé à s'entourer, les récits partout répandus de la légende, tout cela concourait à entourer leur nom de fables dont il était difficile que l'histoire sût se préserver. Pour Plotin, au contraire, pour Proclus et

---

1. II, 33 et suiv.; III, *pass.* — 2. VI, 6, etc.

pour les philosophes dont Eunape racontait la vie, les faits étaient de la veille, et rien ne pouvait les altérer que l'imagination ou la mauvaise foi des écrivains. Hâtons-nous de le dire, ils étaient dupes les premiers des mensonges qu'ils répétaient, ils étaient dupes de ceux-là mêmes qu'ils inventaient; car l'imagination, lorsqu'elle n'est pas contenue, impose bientôt son joug à la raison. Ces différentes biographies expliquent et excusent la *Vie d'Apollonius de Tyane*. Il eût fallu une raison bien ferme et un sens bien droit pour remplir le rôle d'historien exact et judicieux dans une époque affolée de superstition. Comment n'être pas indulgent pour les récits fabuleux de Philostrate, quand on lit ceux de Porphyre, de Marinus et d'Eunape? Un prêtre égyptien, voulant donner à Plotin une haute idée de sa science, l'invite à voir un démon qui lui rend souvent visite. L'évocation est faite, mais le démon ne paraît pas, et à sa place se présente un dieu : le prêtre égyptien félicite Plotin qui, plus heureux que lui, a pour familier un dieu, au lieu d'un simple démon[1]. Au moment où Plotin va expirer, un dragon glisse sur son lit, et va disparaître par une des fentes du plancher[2]. Marinus, en pythagoricien convaincu de la métempsycose, affirme que l'âme de Nicomaque est passée dans Proclus[3]. Jamblique, se trouvant devant deux statues, l'une d'Éros, l'autre d'Antéros, évoque en riant ces deux génies, et les voilà qui descendent de leur piédestal et viennent l'entourer de

---

1. Porphyre, *Vie de Plotin*, 10. — 2. *Ibid.*, 2. — 3. *Vie de Proclus*, 28.

leurs petits bras[1]. De telles citations font assez voir où était tombée l'histoire, en même temps que la philosophie : la fureur de la thaumaturgie avait perverti l'une et l'autre.

En faut-il un dernier exémple? Nous le trouvons à la limite de notre sujet, c'est-à-dire vers la fin du cinquième siècle et le commencement du sixième siècle[2], dans l'*Histoire philosophique* attribuée à Damascius. La *Vie d'Isidore*, dont Photius nous a laissé une analyse, est sans doute le même ouvrage sous un autre titre. C'est une singulière histoire, et assurément peu digne d'un philosophe, que cette *Histoire philosophique*.

Lorsque l'auteur d'une récente *Étude sur Damascius*[3] dit qu'elle renferme une foule de « détails historiques » sur divers philosophes du siècle de Justinien et des époques antérieures, il peut avoir raison ; mais il aurait dû ajouter que ces détails sont mêlés de bien des fables, et que le critique a fort à faire pour dégager de ces fables quelque renseignement sérieux.

Sommes-nous, par exemple, bien instruits sur

---

1. Eunape, *Vies des sophistes*, Boissonade, I, p. 15. V. Cousin, *Journal des Savants*, décembre 1826 et janvier 1827.

2. Un passage de l'extrait de la *Vie d'Isidore*, donné par Photius (§ 64, éd. Westermann, à la suite de Diogène de Laërte), nous fournit la date de cet ouvrage : on y voit qu'il a été composé sous Théodoric, de 493 à 526.

3. Ch. Em. Ruelle, 1861, in-8°. Extrait de la *Revue archéologique*. L'extrait de Photius a été publié par Westermann à la suite de Diogène de Laërte, dans la collection grecque-latine de Didot. — V., sur cette *Vie d'Isidore*, Fabricius, *Bibl. gr.*, t. X, p. 761, Harles.

Esculape, lorsque nous avons lu qu'il est fils de Sadycus, et frère des Dioscures et des Cabires, qu'il inspira une passion à la déesse Astronoé, qu'il se mutila pour se soustraire aux obsessions de cette divinité, et fut admis par elle au rang des dieux [1]? Le sommes-nous davantage au sujet des Brachmanes, quand on nous a dit que leurs prières avaient le don de faire la pluie et la sécheresse, de détourner la famine, la peste et tous les fléaux [2]? Qu'est-ce que ce philosophe Théosèbe, qui fit cadeau à sa femme d'un « anneau de chasteté, » et qui, « sans être magicien, sans connaître les exorcismes, » simplement en invoquant les rayons du soleil et le dieu des Hébreux, chasse un démon qui s'est emparé d'elle [3]? Qu'est-ce que cette Anthuse qui inventa la divination par les nuages, au temps de l'empereur Léon [4]? Qu'est-ce que ce philosophe Ammonien, « dont l'âne, » dit-on, « négligea souvent de prendre sa pitance pour entendre réciter des œuvres poétiques, tant il était épris de la poésie [5]? » Photius est bien bon de s'indigner en un endroit contre « l'impie Damascius, » au sujet de je ne sais quel philosophe qui, d'après l'*Histoire philosophique*, avait la tête grosse comme un pois chiche et une voix aussi forte que celle de mille hommes [6]. De tels récits, et tant d'autres qui les valent et qui remplissent ce livre, ne sont que ridicules; ils ne méritent pas qu'on s'en indigne. Mais si le livre est de Damascius, et tout porte à le croire, c'est une nouvelle preuve de l'union

---

1. *Vie d'Isidore*, § 302. — 2. *Ibid.*, § 67. — 3. *Ibid.*, § 56, 59. — 4. *Ibid.*, § 69. — 5. *Ibid.*, § 60. — 6. *Ibid.*, § 88.

qui peut s'établir entre la prétention aux spéculations les plus hautes et la crédulité la plus extravagante. C'est là un des caractères de l'école d'Alexandrie. N'est-ce pas une étrange époque que celle où un métaphysicien qui ne manque pas de profondeur, l'auteur des *Problèmes et solutions sur les principes des choses*, écrivait la *Vie d'Isidore?* Cependant cette singularité nous étonnera moins, si nous songeons que des phénomènes presque aussi étranges se produisent sous nos yeux, surtout en Allemagne et aux États-Unis, et nous sont dénoncés par des philosophes qu'alarment de telles tendances [1].

CHAPITRE III

LE ROMAN JUIF ET LE ROMAN CHRÉTIEN.

Comme les diverses écoles de la philosophie grecque, les sectes issues du judaïsme et de la religion chrétienne ont souvent, pour propager leurs doctrines, eu recours à des narrations fabuleuses. Nous allons voir les Juifs hellénistes annoncer par un grand nombre de fictions les contes merveilleux dont se grossira successivement le *Talmud* hébraïque; au sein du christianisme, l'hérésie multiplier les récits imaginaires, afin de donner du charme et de l'autorité à ses conceptions les plus aventureuses; l'orthodoxie

---

1. V. Th. H. Martin, *Examen d'un problème de théodicée*, p. 44 et suiv.

catholique elle-même ne pas dédaigner de répandre sous cette forme d'utiles enseignements.

Il y aurait un livre à faire sur cette littérature romanesque qui se développe à côté des saintes Écritures reconnues par la synagogue, ou enseignées par l'Église à ses fidèles : il ne nous appartient pas de l'entreprendre, nous essayerons seulement d'indiquer quelques-uns des points qui seraient à traiter. Notre seul but est de suivre l'influence des habitudes du merveilleux sur les livres non canoniques de la religion juive et de la religion chrétienne; il nous suffira de montrer les récits de l'Ancien et du Nouveau Testament enveloppés en quelque sorte d'un réseau de profanes fictions. Les Écritures, par leur caractère sacré, échappent à la critique historique; mais le caractère apocryphe de ces autres ouvrages laisse pleine carrière à un libre examen. Les canons de l'Église catholique déterminent les limites de nos études, qui s'arrêtent où ils commencent.

Le voisinage des livres apocryphes était un danger pour le dogme; et force fut d'abord à la Synagogue, puis à l'Église, de fixer un *canon* de leurs livres saints. C'était le seul moyen d'échapper à la confusion jetée dans les Ecritures par les fantaisies des différentes sectes, qui fabriquaient des livres apocryphes et en rejetaient d'authentiques [1]. Mais grandes furent les difficultés que rencontra dès les premiers temps la critique des docteurs juifs et

---

1. V. Dom Calmet, *Diction. hist. et crit. de la Bible*, au mot APOCRYPHES; l'abbé Glaire, *Introd. historique et critique aux livres de l'Ancien et du Nouveau Testament*, t. I, p. 116.

chrétiens, pour déterminer tous les livres qui pouvaient provenir de l'inspiration divine et tous ceux qui étaient au contraire d'invention humaine : la fraude était quelquefois si habile qu'elle échappait aux yeux des plus clairvoyants, et il était bien grave de déclarer œuvre d'homme un livre qui pouvait avoir été dicté par Dieu. De là, d'un côté comme de l'autre, bien des hésitations. Le canon juif paraît avoir été fixé vers l'époque d'Antiochus Épiphane; celui de l'Église catholique, après divers essais parmi lesquels on remarque le décret du concile de Rome, présidé en 494 par le pape Gélase[1], ne fut définitivement arrêté que par le concile de Trente. Aussi, dans le langage de la théologie, distingue-t-on les livres *proto-canoniques* et les livres *deutéro-canoniques :* les *proto-canoniques* sont les livres qui ont toujours passé pour canoniques dans toutes les Églises; les *deutéro-canoniques* sont ceux sur lesquels il y a eu d'abord quelques doutes, mais qui ont été enfin adoptés par l'Église[2]. Ainsi les livres de *Judith* et de *Tobie*, rangés autrefois par les juifs et aujourd'hui par les protestants au nombre des apocryphes, furent rejetés comme tels par saint Jérôme[3];

---

1. V. ce décret dans Fabricius, *Cod. Apocr. Nov. Test.*, p. 136. — Voir, sur ces désignations de livres apocryphes et de livres canoniques, Eusèbe, *Histoire de l'Église*, III, 25; VI, 12; Philostrate, *Hérésies*, LXXXVII.
2. V. Glaire, *ouvr. cité*, I, p. 5.
3. V. Sainte-Croix, *Éclaircissements sur le livre de Tobie*, Acad. des Inscript. XLVII (*Hist.*), p. 58; Schœll, *Hist. de la littér. gr.*, III, p. 414; Glaire, *ouvr. cité*, III, p. 314. — Les juifs et les protestants regardent également comme apocryphe et purement allégorique le récit sur Suzanne, dans le *Livre de Daniel;* un poëte by-

mais le concile de Trente les a déclarés canoniques : ils n'appartiennent plus à notre sujet.

§ I. — ROMAN JUIF.

Livres apocryphes en hébreu. — Livres apocryphes composés par les Juifs hellénistes. — Traces d'histoires apocryphes dans le livre de Josèphe *Contre Apion*. — *Vie d'Adam*, *Livre des douze patriarches*, *Livre d'Énoch*. — *Actes de Pilate*, etc.

Le nombre des livres apocryphes composés par des Juifs, et qui presque tous se rattachent à l'Ancien Testament, est assez considérable, mais tous ne doivent pas nous occuper. Nous ne parlerons pas de ceux qui ont leur source au sein de la littérature et de la langue nationales des Hébreux, par exemple du *Livre de la Sagesse*, de *Jésus, fils de Sirach*, de l'*Histoire de Bel et du dragon*, de la *Vie de Moïse*, de la *Mort de Moïse*, ni des divers livres où étaient répandues une foule de narrations fabuleuses sur Melchisédech, sur Loth, sur Joseph, sur Isaïe et les principaux personnages de la Bible ; nous parlerons moins encore du *Talmud*, qui a reçu bien des remaniements après le cinquième siècle de notre ère, terme fixé à nos études[1]. Nous devons nous renfermer dans le cercle des littératures grecque et latine. Nous nous bornerons donc à signaler quelle part les Juifs hellénistes ont prise à ces narrations

---

zantin en a fait le sujet d'un roman en vers imprimé à Venise en 1638. (V. éd. Duménil, *Introd.* au roman de *Flore et Blanceflore*, p. CVI.)

1. V., sur ces divers ouvrages, Fabricius, *Cod. pseudepigr. Veteris Testamenti*, t. I, p. 179, 311, 322, 428, 496, 825, etc.

fabuleuses, et par quelles raisons ils ont pu être déterminés à les composer.

Le peuple juif, qui s'est toujours cru un peuple élu entre tous, était trop fier de lui-même, trop dédaigneux des autres, pour se préoccuper de prosélytisme en religion. La plupart des Juifs, dans les temps anciens et durant tout le moyen âge, se sont obstinés à vivre comme des étrangers au milieu des nations dont ils subissaient le joug; de bonne heure cependant un certain nombre d'entre eux, moins intolérants ou moins fidèles, plus touchés des intérêts politiques que des considérations religieuses, se sont mêlés avec plus ou moins de réserve au mouvement des civilisations étrangères, ont étudié la littérature des autres peuples, et n'ont pas dédaigné de parler une autre langue que celle d'Israël. Déjà du temps de saint Luc [1] on distinguait chez les Juifs les *Hébraïsants* et les *Hellénistes;* et parmi ces derniers on ne comptait pas seulement quelques écrivains, qui, placés au milieu du monde grec, essayèrent de concilier dans leurs œuvres le génie grec et le génie hébraïque; des synagogues entières, par exemple, celle d'Alexandrie, admirent la langue grecque jusque dans les cérémonies du culte, et lurent solennellement la Bible des Septante, aussi bien que la Bible en hébreu. Il se forma même une sorte de nouveau dialecte, composé de mots grecs et de locutions chaldéennes, qu'on a appelé la *langue hellénistique* [2].

1. V. *Actes des apôtres,* ch. VI. — 2. V. Rich. Simon, *Histoire du texte du Nouveau Testament,* p. 220 et suiv.

Nous avons déjà vu combien l'histoire eut à souffrir des altérations qu'y apportèrent les Juifs hellénistes, dans un intérêt de vanité nationale[1]. Le livre de Josèphe *Contre Apion* a été signalé comme rempli de citations d'ouvrages historiques falsifiés ou supposés dans le but de satisfaire cette vanité. N'en peut-on pas dire autant des chronographes Castor et Thalès (ou Thallus), cités par J. Malalas? Et quand on songe au caractère tout fictif des récits que rapporte d'après eux le compilateur byzantin, n'est-on pas amené à se demander si ces prétendues histoires n'étaient pas de véritables romans composés dans le but de rehausser les Juifs dans l'opinion des Grecs? Qu'y voyons-nous en effet? Cyrus a succédé sur le trône de Perse au roi Astyage, dont il a épousé la veuve, Bardane. Provoqué à la guerre par Crésus, il est troublé au point de vouloir s'enfuir au fond de l'Inde. La reine lui dit alors qu'Astyage, son premier mari, n'entreprenait jamais de guerre sans consulter un des captifs d'Israël, le prophète Daniel, et que les conseils de cet homme divin l'avaient toujours rendu vainqueur. Cyrus fait mander Daniel, et lui demande s'il sera vainqueur ou vaincu. Comme le prophète tarde à répondre, le roi irrité le fait précipiter dans la fosse aux lions; puis, apprenant que les lions l'ont respecté, il le fait retirer, se jette à genoux, lui demande pardon, et renouvelle sa question en ces termes : « Pourrai-je supporter « l'assaut de cet avide et superbe Crésus, qui, « maître de la terre entière, n'est pas encore sa-

---

1. V. deuxième partie, ch. I; troisième partie, ch. I.

« tisfait? » Daniel, après avoir prié Dieu, répond à Cyrus qu'il sera vainqueur et fera son rival prisonnier; et il lui cite la prophétie d'Isaïe. Cyrus tombe de nouveau à ses pieds, et, en sa faveur, promet d'accorder aux Juifs la faculté de retourner librement à Jérusalem[1]. Ce récit, pour être différent de ceux de la *Cyropédie*, n'en est pas moins romanesque : c'est le roman de Cyrus écrit par un Juif à la gloire d'Israël. Il ne suffisait pas à la vanité juive d'avoir fait relever par Darius le temple de Jérusalem, d'avoir conduit Alexandre dans ce temple, et de l'avoir fait s'incliner devant la tiare du grand prêtre Jaddus[2], il fallait qu'elle prosternât aux pieds de Daniel le grand Cyrus, qui du reste justifie médiocrement dans ce récit sa réputation de valeur.

A côté de l'intérêt de vanité nationale perce encore, dans les récits des mêmes chronographes[3], sur l'histoire de Crésus et de son ambassade à Delphes, le simple désir d'amuser par des récits fictifs. C'est le caractère que présentent aussi plusieurs des livres apocryphes composés par des Juifs hellénistes sur des objets tirés de l'Ancien Testament, comme la *Vie d'Adam*, les *Jubilées*, le *Livre des douze patriarches*, le *troisième livre d'Esdras*[4]. Mais en général, les fictions qu'on ren-

---

1. V. J. Malalas, éd. Bonn, p. 153.
2. V. ci-dessus, deuxième partie, ch. I, le récit du faux Hécatée d'Abdère, et, troisième partie, ch. I, le récit du faux Esdras.
3. V. J. Malalas, *ibid.*
4. V. Fabricius, *Cod. pseudep. Vet. Testam.*, I, 12, 128, 849, 496 et *passim*; Leroux de Lincy, *le Livre des légendes*, p. 16 et

contre dans ces ouvrages ne se bornent pas à quelques incidents romanesques ajoutés au récit de la Bible : le merveilleux y est prodigué, comme dans les narrations talmudiques. Pour n'en citer qu'un exemple, le *Livre d'Enoch*, ouvrage qu'un Juif helléniste eut la fantaisie d'attribuer au septième homme après Adam, était une sorte d'épopée en prose sur les temps antérieurs au récit de la Genèse. Nous ne savons si les auteurs de la *Chute d'un ange* et d'*Eloa* ont connu ce produit de l'imagination juive, mais leurs poëmes procèdent de la même inspiration. Le *Livre d'Enoch* remonte à l'époque Alexandrine; car ses récits se trouvaient déjà à la fin de cette époque signalés par Alexandre *Polyhistor*[1]. C'était le développement poétique d'un verset de la Genèse[2], où il est dit : « Les enfants de « Dieu, ayant eu commerce avec les filles des « hommes, enfantèrent les Géants. » On sent comme un souffle épique jusque dans l'analyse qu'en a donnée Georges Syncelle. Mais on s'étonne de lire de tels récits dans une histoire.

L'influence de la littérature grecque apparaît quelquefois dans ces ouvrages apocryphes; il est

---

suiv. L'auteur de la *Vie d'Adam* semble être un Juif helléniste d'Alexandrie, car les noms de mois y sont mis tantôt en grec, tantôt en égyptien. — Nous avons parlé du 3e *livre d'Esdras*, ci-dessus, troisième partie, ch. I. Sur le *Testament des douze patriarches*, voir Saint-Marc Girardin, *Hist. apocr. de Joseph*, dans les *Essais de littérature et de morale*, t. II, et l'abbé Freppel, *les Pères apostoliques*, XIIIe leçon.

1. V. G. Syncelle, *édit. Bonn.*, p. 32; Fabricius, *Cod. Pseudep.*, I, p. 179.
2. Ch. VI.

impossible de la méconnaître dans le *Troisième livre des Macchabées*. Au milieu de toutes les fables qu'on y trouve et qui ont fort diverti Voltaire [1], on rencontre des harangues dans le goût des historiens grecs. On voit partout le Juif helléniste, vieilli dans quelque école de rhéteur à Alexandrie, qui fait effort pour inspirer, par des récits fabuleux ou hyberboliques, une haute idée de la constance des Juifs au milieu des persécutions de Ptolémée Philopator, et pour donner à son livre le double mérite de l'éloquence et de l'édification.

A ces divers ouvrages composés par des Juifs dans des vues de vanité nationale ou littéraire, nous devons en ajouter d'autres qui ont un caractère plus grave et dans lesquels la fraude était plus coupable. « Il faut, dit Origène [2], user de beaucoup de pré-
« caution pour ne pas recevoir tout ce qui nous est
« donné sous le nom des saints, et qui vient souvent
« des Juifs, lesquels, afin d'infirmer l'autorité de
« nos livres, en ont répandu d'autres contenant de
« fausses doctrines. » Les premiers Pères, les Apologistes, les historiens de l'Église [3] se plaignent beaucoup de livres répandus par les juifs et les païens dans le but de décrier la religion nouvelle. C'étaient de monstrueuses histoires de la naissance

---

1. V. *Bible expliquée*. Les plaisanteries de Voltaire portent à faux, puisque le livre est apocryphe et que le récit ne se rapporte même pas aux Macchabées, ni à leur temps, ni à la persécution des rois de Syrie. (V. les remarques de D. Calmet sur ce livre dans la *Bible de Vence*, t. XVIII, p. 581 et suiv. — 2. *Tractat. adv. Matth.*, ch. XXVI, cité par Fabricius, *Cod. apocr. Novi Testam.*, p. 343.—
3. Tertullien, *In Marcion.*, III, 23; saint Justin, *Tryphon*, p. 234; Eusèbe, *Hist. ecclés.*, IX, 5; Nicéphore, *Hist. ecclés.*, VII, 26.

et de la vie du Christ[1], qui ont disparu depuis, anéanties par le zèle pieux et par l'indignation des chrétiens. On cite de faux *Actes de Pilate*, qui se rattachaient au même système de guerre déloyale contre le christianisme. Eusèbe rapporte[2] que Maximin, par une clémence simulée, affecta de défendre qu'on persécutât les chrétiens. Mais il n'agissait ainsi que pour ménager les deux autres empereurs; du reste, à la persécution de la violence il se réservait de faire succéder celle de la ruse : encouragés par lui, des païens composèrent sous le nom d'*Actes de Pilate*, un livre rempli de blasphèmes qui fut, par ordre de l'empereur, répandu dans une partie de l'empire, affiché dans les villes et même enseigné dans les écoles; la défaite de Maximin par Licinius mit seule fin à ce nouveau genre de persécution, que n'a pas égalé depuis l'intolérance littéraire de Julien.

§ II. — ROMANS DES CHRÉTIENS HÉRÉTIQUES.

Évangiles apocryphes (*Évangile de l'enfance de Jésus*, *Évangile de la naissance de Marie*, *Protévangile de saint Jacques*, *Évangile de Nicodème*). — *Actes des apôtres* apocryphes. (*Actes des apôtres* du faux Abdias et du faux Craton. *Actes de saint Jean*.) — Saint Paul dans les *Actes des apôtres* apocryphes. — *Lettre* apocryphe *de saint Lin* sur la passion de saint Pierre et de saint Paul. — *Actes de Paul et de Thècle*. — Roman sur saint Pierre et saint Clément (*les Clémentines* ou *les Reconnaissances*) attribué au pape saint Clément.

Le plus grand des dangers contre lesquels eut à

---

1. V. Basnage. *Hist. des Juifs*, VI, 27 et 28; *Bible de Vence*, t. XIII, p. 302. — 2. *Hist. ecclés.*, IX, I; V. *ibid.*, I, 9 et 11. Il ne faut pas confondre ce livre avec les *Actes de Pilate* qui nous sont restés, et qui sont plus connus sous le nom d'*Évangile de Nicodème*.

lutter l'Église naissante, ce n'était pas la résistance violente et sanguinaire de quelques empereurs, c'était l'opposition des doctrines étrangères ou dissidentes : l'Église s'affermissait dans le sang des martyrs, mais il lui fallut être bien fermement assise pour se tenir ferme au milieu des erreurs qui l'assiégeaient et de l'hérésie qui se détachait d'elle. Non-seulement, comme Eusèbe[1] le fait observer avec raison, et comme il l'a prouvé par son propre exemple, la foi des adeptes était souvent mise en péril par ce débordement de systèmes, mais les théories émises sous le couvert de la doctrine chrétienne et les livres publiés sous le nom d'auteurs chrétiens, donnaient sujet aux infidèles de décrier la religion et de faire à tous les chrétiens des reproches qui ne convenaient qu'à quelques-uns. A combien de griefs contre le christianisme ne donnaient pas lieu les doctrines immorales de certaines sectes qui se disaient chrétiennes? Combien de fois ces doctrines n'ont-elles pas fourni un prétexte aux persécutions? Un des moyens les plus actifs dont usait l'hérésie pour propager ses doctrines, c'était la falsification des *Évangiles* et des *Actes des Apôtres*, c'était la supposition de prétendues histoires des apôtres et des temps apostoliques. Il était si facile d'appuyer des doctrines suspectes sur de récits nouveaux rattachés aux anciens avec plus ou moins d'art, et d'alléguer frauduleusement l'autorité de quelque nom vénéré ! La forme narrative était désignée à la préférence des écrivains hérétiques par les

---

1. *Hist. ecclés.*, IV, 7.

livres mêmes qui étaient pour tous les chrétiens les fondements du dogme et de la morale.

Pour apprécier l'importance du rôle qu'ont joué ces livres apocryphes dans l'histoire des hérésies, il suffit de parcourir les ouvrages de saint Épiphane et de Philastrius, *Sur les Hérésies*. Dès la fin du premier siècle de l'ère chrétienne, il est peu de sectes hérétiques qui n'aient leur évangile; et au quatrième siècle nous entendons saint Ambroise dire avec amertume : « L'Église n'a que quatre Évangiles, et cependant le monde entier regorge d'évangélistes[1]. » On distinguait l'*Évangile selon les Hébreux*, *selon les Nazaréens*, *selon les Égyptiens ;* les Ébionites appuyaient leurs erreurs sur le *Protévangile de saint Jacques*, les Marcosiens sur l'*Évangile de l'enfance de Jésus*, les Eucratites, les Apostoliques et les Origéniens sur les *Actes d'André, de Jean et de Thomas*. Il y avait une secte dite *Apocryphe*, parce qu'elle ne se servait que des Évangiles complétement apocryphes[2]. Les Manichéens sont signalés parmi les plus infatigables fabricateurs de faux Évangiles; mais les Gnostiques les ont peut-être encore surpassés dans ce genre d'industrie. Ils avaient, par exemple, répandu un livre qui, sous le nom d'*Apocalypse d'Adam*, de *Pénitence d'Adam*, ou de *Testament d'Adam*, paraît avoir eu une certaine célébrité, et, d'abord écrit en grec, a passé depuis dans

---

1. *Proœm. comm. in Luc.* (V. aussi saint Jérôme, *Proœm. comm. in Matthœ.* et *in Isaï.*, LXIV, 4; saint Augustin, *Contra Faust. Manich.*, XXIII, 9.

2. V. Philastrius, *Hœres.*, LXXXVIII.

la langue syriaque et dans la langue arabe[1]. On cite encore, parmi les principales publications apocryphes des Gnostiques, un *Évangile d'Ève*, et un *Livre de Noria, femme de Noé*, rhapsodies mensongères où les récits bibliques étaient étrangement défigurés. Philastrius[2] dénonce les « folles visions et les « songes délirants » de leur *Évangile de perfection*, et saint Épiphane[3] n'en parle qu'avec horreur : « Ce n'est pas un Évangile, s'écrie-t-il, c'est le « comble de l'abomination et de la désolation; « dans cette œuvre du diable se trouve contenue « toute l'amertume de la mort. » Le même saint Épiphane[4] cite d'eux un *Grand* et un *Petit interrogatoire de Marie*, tout plein d'ordures et d'infamies. Ce n'était peut-être rien encore auprès de l'*Evangile de Judas Ischariote*, œuvre des Caïnistes, qui, dans leur monstrueuse hérésie, ne craignaient pas de revendiquer comme leurs ancêtres Caïn, les Sodomites et Judas[5].

Les auteurs de ces Évangiles apocryphes dont les noms nous sont parvenus, sont tous des hérésiarques ou des sectaires importants. On n'en cite guère qu'un seul, Tatien, dont le nom soit resté attaché à son œuvre; mais le plus souvent la fraude, pour

---

1. Ce livre, signalé comme apocryphe par le pape Gélase, par conséquent antérieur au cinquième siècle, est cité par les chronographes byzantins Georges Syncelle (éd. Bonn., p. 10), et Georges Cédrénus (éd. Bonn., p. 7). M. Renan a publié une édition du texte syriaque, accompagnée d'une traduction et d'un commentaire qui montre que ce livre n'est pas sans intérêt pour l'histoire des hérésies (*Journal asiatique*, 1853).

2. *Hérésies*, XXXIII. — 3. *Ibid.*, XXVI, 2. — 4. *Ibid.*, XXVIII, 3. — 5. V. Fabricius, *Cod. apocr. Novi Testam.*, pass.

mieux en imposer, se couvrait des noms de quelque apôtre, ou même de quelque évangéliste. Il est vrai que l'Église, dont l'attention était sans cesse tenue en éveil, finissait toujours par arracher le masque à ces faussaires ; et alors, au lieu d'un saint Pierre, d'un saint Matthieu, d'un saint Marc ou d'un saint Jean, on reconnaissait le manichéen Séleucus, les philosophes Nexocharis et Léonides, le gnostique Basilide, l'Égyptien Hésychius, un certain Simon et un certain Cléobius, enfin Cérinthe, que saint Épiphane[1], jouant sur son nom, appelle *merinthe* ou *corde à potence,* et Lucius que le décret du pape Gélase déclare un « disciple du diable[2]. »

Le savant Fabricius a pris trop à la lettre les plaintes des Pères sur la multiplicité des Évangiles apocryphes : il en compte cinquante, qu'il réduit ensuite lui-même à quarante. Il serait facile de les réduire encore à un nombre plus limité : la plupart d'entre eux en effet ne différaient pas sensiblement; un même texte se transformait et se renouvelait de mille manières[3].

Quelquefois même le fond de ces livres apocryphes était quelqu'un des Évangiles canoniques, rendu presque méconnaissable à force de remaniements et d'interpolations. L'*Évangile de Tatien*, par exemple, et celui de Marcion n'étaient pas autre chose[4].

---

1. *Hérésies*, LI, 7. — 2. V. Fabricius, *ibid., pass.* — 3. V. l'Essai de réduction de l'abbé Glaire, *Introd. hist. et crit. aux livres de l'Anc. et du Nouv. Testament*, t. v, p. 230. — 4. Fabricius, *Cod. apocr.*, p. 377 ; Thilo, *Fabric. Cod. apocr. cum apparatu critico*,

Les Evangiles apocryphes qui étaient des œuvres complétement nouvelles, et qui semblent remonter aux quatre premiers siècles de l'ère chrétienne, peuvent se réduire à cinq. Ce sont : 1° l'*Évangile de la naissance de Marie*, attribué à saint Matthieu; 2° le *Protévangile de saint Jacques;* 3° l'*Histoire de Joseph le charpentier;* 4° l'*Evangile de l'enfance de Jésus*, attribué à saint Thomas; 5° l'*Evangile de Nicodème*[1]. Il est à remarquer qu'aucun de ces Evangiles ne se rapporte à la vie publique de Jésus, à celle qui est racontée par les Evangiles apocryphes; tous prétendent compléter le récit de ces Evangiles, et portent ou bien sur ses parents, ou sur son enfance, ou sur sa passion et sa résurrection. Ceux qui traitaient de la vie publique de Jésus, et dans lesquels cette vie était défigurée, ont disparu[2], supprimés par l'Eglise. Lorsque, au quinzième siècle, dans leurs grandes compositions dramatiques, les Arnoul Gresban et les Jean Michel entreprendront de retracer toute l'histoire de Jésus et de la sainte famille, ils emprunteront aux Evangiles canoniques tous les

---

2 vol. Leipsig, 1832; Harting, *De Marcione Lucani Evangelii adulteratore*. Traj. ad Rhen., 1849.

1. A ces cinq Évangiles apocryphes, M. Tischendorf, dans sa collection, en ajoute cinq autres, qui sont évidemment postérieurs : *la Relation de Pilate, la Trahison de Pilate, la Mort de Pilate, la Narration de Joseph d'Arimathie, la Vengeance du Sauveur*. Peut-être faudrait-il mettre au nombre de ces ouvrages, qui appartiennent à l'époque Byzantine et au moyen âge, l'*Histoire de Joseph le charpentier*, que M. Tischendorf croit pouvoir rapporter au quatrième siècle. (V. *Prolegom.*, p. XXXIV.)

2. Il en reste cependant un exemple, mais un seul, l'*Évangile de Marcion*, qui n'est autre que l'*Évangile de saint Luc* mutilé et corrompu. Il a été publié par Thilo.

faits de la vie publique de Jésus, et aux Evangiles apocryphes les traditions sur ses parents ou sur les circonstances qui ont suivi sa mort.

Ce qui, pour l'Eglise, faisait la différence des ouvrages canoniques et des apocryphes, c'étaient surtout les propositions hérétiques dont les seconds étaient remplis. Ainsi elle reprochait à l'*Évangile des Égyptiens* de ne pas distinguer trois personnes dans la Trinité [1], aux *Actes de Thomas* de prétendre que cet apôtre ne baptisait que par l'huile [2], aux *Actes de Paul et de Thécla* d'appuyer l'opinion qu'il était permis aux femmes d'enseigner et de baptiser [3]. Nous ne nous engagerons pas dans ces questions de pure théologie; nous ne considérerons les *Evangiles* et les *Actes des Apôtres* apocryphes qu'au point de vue littéraire et au point de vue historique [4].

Tout d'abord il y a entre les Evangiles canoniques et les Evangiles apocryphes une différence considérable pour le caractère général de la narration. Si le pur rationalisme révoque en doute les miracles de Jésus-Christ, il ne peut s'empêcher de

---

1. V. saint Épiphane, *Hæres.*, LXII.
2. Turib. Asturic. Episc., chez Fabricius, *Cod. apocryph.*, p. 755.
3. V. Tertullien, *De baptism.*, ch. XVII; saint Jérôme, *De script. eccles.*, 7.
4. V., sur les *Evangiles* et les *Actes* apocryphes, Fabricius et Thilo, recueils cités déjà; Tischendorf, *Evang. apocr.*, in-8°. Lips. 1853; *Act. apostol. apocr.*, in-8°. Lips. 1851; *De Evangeliorum apocryphorum origine et usu, Hayæ comitum,* 1851; Burigny, art. sur les ouvr. apocr. des premiers siècles de l'Égl. chrét., *Acad. des Inscript.,* XXVII, p. 88; Hase, art. sur le recueil de Thilo, *Journal des Savants,* 1833; Saint-Marc Girardin, *Essais de littér. et de morale,* t. II; Leroux de Lincy, *le Livre des légendes,* p. 21 et suiv.

reconnaître que, la part du surnaturel une fois faite, la narration de saint Matthieu, de saint Marc, de saint Luc et de saint Jean est toujours simple, sobre, pleine de naïveté à la fois et de grandeur. Il n'en est pas de même des Evangiles apocryphes : ceux-là ne sont pas des œuvres de l'époque primitive, ils ne sont pas contemporains du Christ; ils portent la trace des accroissements successifs de la légende, et, ce qui est plus regrettable, on y sent les procédés d'une composition artificielle. Venues en quelque sorte dans l'arrière-saison, de telles œuvres n'ont pas la pureté, la fraîcheur, la vérité des premières écloses; elles rappellent à un critique [1] ces épopées factices des âges de décadence, où le merveilleux des vieux poëtes n'est plus qu'un lieu commun littéraire et un sujet d'amplifications obligées; heureuses encore celles de ces épopées qui rencontrent, pour les mettre en œuvre, des Quintus de Smyrne! Mais elles ne trouvent le plus souvent que des Tzetzès. Pour un ouvrage remarquable que l'on peut citer parmi ces Evangiles apocryphes, l'*Evangile de Nicodème*, combien de productions bizarres et sans génie s'offrent à nous!

Rien ne contraste plus avec l'austère simplicité et l'esprit pratique des premiers Evangiles que l'exagération, l'enflure et la puérilité de la plupart des Evangiles fabriqués dans la suite. Peu de goût, peu de bon sens; imitation maladroite des Ecritures; récits plats et ampoulés; abus insipide du merveilleux : tels en sont les principaux carac-

---

1. E. Renan, *Etudes d'histoire religieuse*, p. 173.

tères. La plus mauvaise de ces compositions romanesques (elle réunit en une seule les défauts de toutes), c'est l'*Evangile de l'enfance de Jésus*, tissu de fables dont le moindre tort est d'être le plus souvent ridicules, mais qui ont en outre celui d'être parfois injurieuses pour le Christ. Le maladroit auteur de ce livre, qui a joui d'une grande vogue, et dont il existe plusieurs rédactions en grec et une en arabe[1], veut montrer dans le fils de Joseph la toute-puissance du Dieu : il n'imagine rien de mieux que de le représenter comme un enfant incommode, fâcheux, vindicatif, la terreur de ses camarades et l'ennui de son père. Un autre enfant s'amuse-t-il à faire écouler l'eau que Jésus avait rassemblée par de petites digues, Jésus lui crie : Dessèche-toi comme ce ruisseau, et l'enfant devient sec aussitôt, comme le figuier des Evangiles canoniques. Un autre de ses camarades l'a-t-il heurté en jouant, par mégarde ou par malice, Jésus ordonne qu'il meure sur-le-champ, et l'enfant tombe mort. Les témoins de ce dernier fait murmurent-ils, Jésus les frappe de cécité; Joseph, pour corriger son fils, lui pince-t-il l'oreille, Jésus gourmande son père.

L'*Evangile de la naissance de Marie*, tel qu'il nous a été conservé, n'est en général qu'un abrégé sec et incolore. On y trouve cependant quelques assez beaux passages : le début offre un agréable pastiche de la couleur biblique; la prière d'Anne demandant à Dieu une postérité est une assez touchante élégie, si l'on peut se servir du nom d'un

---

1. V. Fabricius, *Cod. apocr. Nov. Test.*

genre littéraire de la Grèce pour désigner un morceau d'inspiration tout hébraïque ; enfin, parmi les récits des miracles qui signalent la fuite de la sainte Famille en Egypte, on en distingue un qui ne manque ni de naïveté ni de grâce; c'est la légende du palmier. Marie, dans le désert, se trouve pressée par la soif, et voyant un palmier, soupire après les dattes qui en couvrent la cime. Mais comment y atteindre? L'âge ne permet plus à Joseph d'y monter, et ne le permet pas encore à Jésus. Du sein de sa mère, auquel il est suspendu, l'enfant divin ordonne à l'arbre de s'incliner, et l'arbre s'incline; Joseph et Marie en cueillent les fruits, et le palmier ne se redresse que sur un nouvel ordre de Jésus. C'est encore une gracieuse légende que celle du *Protévangile de saint Jacques* sur Marie, dont l'enfance se serait passée dans le temple, et qui s'y serait vue nourrie par des anges; légende poétique et digne d'être reproduite, comme elle le fut plus tard, dans un poëme, dans le drame sur la *Passion du Christ*, attribué faussement à saint Grégoire de Naziance.

Parmi les Évangiles apocryphes, le seul ouvrage remarquable, nous l'avons dit, c'est l'Évangile attribué à Nicodème[1], et qui, dans quelques manuscrits, porte le nom d'*Actes de Pilate*. Ce dernier titre ne se rapporte qu'au début, et ne convient nullement à la fin. Mais la fin et le début appartiennent-ils bien

---

[1]. D'après une indication qui se trouve à la fin de l'ouvrage, il aurait été composé en hébreu par Nicodème, et trouvé par Théodose le Grand dans les archives publiques de Jérusalem. Cette fable ne mérite pas une réfutation.

au même ouvrage? C'est une question pour quelques critiques, ce n'en est pas une pour M. Tischendorf, et il nous semble avoir raison de voir dans l'*Évangile de Nicodème* deux ouvrages distincts, les *Actes de Pilate* et une *Descente aux Enfers*. Ces deux ouvrages, qu'on trouve le plus souvent séparés, n'ont sans doute été qu'assez tard réunis en un seul, et l'on ne trouve pas d'exemple de ce titre d'*Évangile de Nicodème* avant Vincent de Beauvais[1], c'est-à-dire avant le treizième siècle.

Ces deux ouvrages diffèrent et par le sujet et par la couleur générale de la composition. Le sujet des *Actes de Pilate*, c'est le procès, la condamnation, la mort et la résurrection de Jésus-Christ : sur les points essentiels, le récit concorde avec celui des Évangiles canoniques, mais on y voit dans le détail plus d'un embellissement légendaire. Les étendards de Pilate se courbent d'eux-mêmes devant Jésus, comme, dans l'histoire de Sozomène[2], un grand arbre s'inclina devant le Christ enfant, comme, dans le faux Callisthène, la mer de Pamphylie se retira devant Alexandre. Joseph d'Arimathie, jeté en prison par les Juifs, est miraculeusement délivré; c'est un souvenir d'un miracle raconté dans les *Actes des Apôtres*, mais dont, suivant le récit de saint Luc[3],

---

1. Sur douze manuscrits connus, deux ou trois seulement donnent la deuxième partie à la suite de la première; la traduction Copte ne la donne pas. Cinq manuscrits grecs et la traduction Copte terminent *les Actes de Pilate* par une formule indiquant que l'ouvrage se termine là. (V. Tischendorf, *Evang. apocr.*, Prolegom., p. LV et suiv.)

2. *Hist. eccl.*, V, 21. — 3. *Actes des apôtres*, ch. V, 5, 18 et 23.

les apôtres seuls reçurent le bienfait. Dans la scène du prétoire, on remarque l'intéressant épisode des témoins à décharge, qui a été reproduit depuis dans le *Mystère de la Passion*. Un autre épisode de ce même *Mystère* se trouve en germe dans les *Actes de Pilate*, c'est celui du soldat Longin. Saint Jean[1] parle d'un soldat romain qui, de sa lance, frappa au côté Jésus attaché à la croix ; et il ajoute que ce coup fit jaillir du sang et de l'eau : la légende fit bientôt de cette lance le nom du personnage[2], mais elle ne s'arrêta pas là. Plus tard on dit que ce Longin était un soldat aveugle, dont il avait fallu guider le bras ; on ajouta que, frappé à la paupière par le jet du sang et de l'eau qui s'échappèrent du sein du Sauveur, il recouvra aussitôt la lumière[3].

Le second des ouvrages qui composent l'*Évangile de Nicodème* est un morceau plus neuf et plus original que le précédent. La descente du Christ aux enfers y est racontée par deux hommes miraculeusement rappelés à la vie pour toujours, Charin et Lenthius, fils de Siméon. L'idée première en est puisée dans les *Epîtres* de saint Paul et de saint Pierre[4] ; mais cette tradition, qu'autorisent les livres canoniques, est singulièrement amplifiée : elle a

---

1. *Evangile*, XIX, 34. — 2. Λόγχη, Λογγῖνος.
3. V., sur les sources de la légende de Longin, Tillemont, *Mém. pour servir à l'Hist. ecclés.*, t. I, p. 453 et suiv.
4. Saint Paul, *Épître aux Éphésiens*, IV, 9 : « Et pourquoi est-« il dit qu'il est monté, sinon parce qu'il était descendu aupara-« vant dans les parties les plus basses de la terre ? » Saint Pierre, *Première Ep. à Timothée*, III, 19 : « Il alla prêcher aux esprits qui « étaient retenus en prison. »

produit une foule de fictions d'un genre tout profane. La *Descente du Christ aux Enfers* est un fragment épique qui ne manque pas de grandeur, et qui peut soutenir la comparaison avec les épisodes de ce genre qu'on trouve chez les poëtes de l'antiquité classique.

Le récit commence à peu près comme celui de Virgile :

Di quibus imperium est animarum, umbræque silentes,
. . . .
Sit mihi fas audita loqui. . . . .

« Seigneur Jésus et Dieu le Père, résurrection et
« vie des morts, permettez-nous de révéler vos mys-
« tères... Car vous avez défendu à vos serviteurs de
« dire les secrets de votre divine Majesté. » Les fils de Siméon étaient dans le plus profond des abîmes de l'enfer quand ils se virent éclairés par une lumière rougeâtre. L'apparition de cette lumière fit tressaillir de joie Adam, les patriarches et les prophètes, qui se dirent : « C'est la lumière du Père et du Fils de
« Dieu. » Bientôt un ermite s'avance ; c'est Jean-Baptiste, le précurseur du Christ aux Enfers comme sur la terre. Un dialogue s'établit entre Satan, prince de la Mort, et Belzébuth, prince des Enfers : Satan veut s'emparer du Christ, mais Belzébuth, moins confiant, craint quelque atteinte à sa puissance. Tout à coup retentit, comme un éclat de tonnerre, une voix qui fait entendre ces paroles du psalmiste :
« Portes éternelles, ouvrez-vous ! laissez entrer le
« roi de gloire ! — Quel est ce roi de gloire ? de-

« mande le prince des Enfers. — C'est celui que j'ai
« prophétisé! » répond David. Tandis que toutes les
puissances infernales se préparent à la résistance, le
Christ paraît, les portes de l'enfer s'ouvrent d'elles-
mêmes. A cette vue, tous tremblent et reculent.
Puis, on entend Belzébuth et ses ministres repro-
cher à Satan de leur avoir attiré ces maux en faisant
monter sur la croix le roi de gloire ; et l'on voit le
Seigneur attirer à sa clarté Adam et tous les justes,
qui sortent de l'enfer en chantant ses louanges, et
sont introduits dans le paradis par l'archange Michel.

Ne sent-on pas dans ces fictions comme un premier souffle de la poésie des Milton et des Klopstock?
C'est la première fois que le merveilleux chrétien
prend place dans la littérature à côté du merveilleux
païen : il n'aura pas toujours la même élévation
simple et vraie. Cette *Descente du Christ aux Enfers*
n'est du reste que le développement épique d'une
foule de figures, d'allégories, de prosopopées, qu'on
rencontre dans les œuvres des Pères jusqu'au quatrième siècle, et qui transforment d'une manière
oratoire et poétique les textes de saint Pierre et de
saint Paul. Avec quelques fragments épars des *Caté-
chèses* de saint Cyrille, des *Homélies* de saint Jean
Chrysostome, des *Hymnes* de Synésius, des *Sermons*
de saint Ephrem et d'Eusèbe d'Alexandrie, il serait
possible, comme on l'a fait observer judicieusement,
de reconstruire presque tout ce morceau épique, qui
a pour objet de célébrer le triomphe du Christ sur la
mort [1]. C'est un tableau dont il avait été fait de nom-

---

[1]. Voir les textes cités par M. A. Maury, qui s'en appuie pour

breuses esquisses. Il n'est pas rare que des figures oratoires ou poétiques soient ainsi converties en réalités par l'imagination de quelque écrivain. Au quatorzième et au quinzième siècle, les auteurs dramatiques s'empareront de même de ce verset d'un psaume [1] : « La Miséricorde et la Vérité allèrent au « devant l'une de l'autre, la Justice et la Paix s'em- « brassèrent. » Ils en feront le sujet de plusieurs scènes connues sous le nom de *Procès de Paradis* [2], et même de tout un *Mystère* [3].

Selon toutes les apparences, c'est en grec que fut composé le texte primitif des deux ouvrages apocryphes qui composent l'*Evangile de Nicodème*. Sans doute, il s'y trouve quelques hébraïsmes, mais ils s'expliquent par cette hypothèse assez vraisemblable que l'auteur était quelque juif helléniste, converti au christianisme ; ou quelque chrétien imbu des croyances judaïques et gnostiques [4]. Au surplus, ne l'ou-

---

placer au commencement du cinquième siècle, de 405 à 420, la composition de cette *Descente aux Enfers* (*Nouvelles recherches sur l'époque à laquelle a été composé l'ouvrage connu sous le titre d'Évangile de Nicodème*, t. xx des *Mém. de la Société des Antiq. de France.*) — La démonstration du savant académicien, bien que fort probante, n'a pas convaincu M. Tischendorf, qui, sans argument décisif, assigne pour date à cet ouvrage le deuxième siècle de l'ère chrétienne. (*Evangelia apocr.*, *Prolegom.*, p. LXVI et suiv.) — M. E. Renan, sans se prononcer, incline vers l'opinion de M. Maury (*Etudes d'hist. relig.*, p. 177).

1. *Psalm.* 84. — 2. V. toutes les versions du *Mystère de la Passion*. — 3. *Le Procès qui a faict Miséricorde contre Justice pour la rédemption humaine, lequel nous démontre le mystère de l'Annuntiation de Jésus-Christ*, in-8° goth. (2,000 vers environ). — V. les frères Parfaict, *Hist. du th; fr.*, t. II, p. 302. — 4. M. Maury et M. Tischendorf s'accordent sur ce point (*ouvr. cités*).

blions pas, bien que la plupart des Évangiles apocryphes aient été publiés en grec, ils ne sont pas d'inspiration grecque. L'esprit qui les a dictés est tout oriental, tout hébraïque : ce sont des pastiches, mais des pastiches de l'Ancien et du Nouveau Testament. Ils appartiennent à cette littérature chrétienne qui se développa aussitôt après celle des Apôtres, et qui nous apparaît encore exempte de toute influence profane. Le goût grec commence à paraître dans les *Actes des Apôtres* apocryphes, qui semblent un peu moins anciens que les faux Évangiles : il était naturel que la légende ne se portât sur les disciples qu'après s'être attachée au maître. Or, quand la légende vint jeter ses fleurs sur la vie des apôtres, la littérature chrétienne commençait à se sentir de l'influence hellénique. Déjà, dans l'époque primitive, l'hellénisme avait atteint, sinon pénétré, l'esprit de saint Luc, l'âme et le génie de saint Paul. Les apologistes du deuxième siècle, les Méliton, les Athénagore, les saint Justin étaient versés dans la langue et dans la philosophie de la Grèce ; et plus d'un écrivain, dont s'honora l'Église, avait passé de longues années à déclamer ou à disserter dans quelque école de rhéteur ou de philosophe grec. A mesure que la religion chrétienne surgissait des basses régions de la société antique, où elle se fait gloire de s'être recrutée d'abord[1], et où le regard d'un Tacite ne la distinguait pas du judaïsme et des superstitions orientales ; à mesure qu'elle montait des artisans et

---

1. *Ecclesia non de Academiâ, sed de vili plebeculâ orta est.* (Saint Jérôme.)

des esclaves aux classes aristocratiques et lettrées, ses docteurs n'affectaient plus, comme au temps de saint Paul, de dédaigner « les persuasions du langage humain ; » ils s'en emparaient au contraire, afin de mieux combattre les païens et les hérétiques, et, pour emprunter une de leurs images, ils apportaient dans Israël les armes dérobées à l'Égypte.

Saint Paul disait aux Corinthiens[1] : « les Juifs demandent des miracles et les Gentils cherchent la science. » Aussi n'y a-t-il guère que des miracles dans les Évangiles aprocryphes dont l'inspiration est tout hébraïque ; au contraire, dans les *Actes des Apôtres* apocryphes, à côté des miracles qui ne sont pas ménagés, il y a une part faite à la science des Gentils, c'est-à-dire aux raisonnements sophistiques : le génie grec s'y mêle au génie chrétien. De ce mélange nous allons voir sortir une œuvre supérieure pour l'intérêt et l'originalité, sinon pour le style, au chef-d'œuvre du roman philosophique des Gentils sous l'époque romaine, à la *Vie d'Apollonius de Tyane;* nous voulons parler des *Clémentines* ou des *Reconnaissances* attribuées au pape saint Clément.

Jetons d'abord un regard sur les œuvres d'un mérite moindre et d'une moindre portée. Les *Actes des Apôtres* apocryphes ne sont pas aussi connus que les Évangiles non canoniques. Ils ont été moins souvent édités et traduits[2]. Ils sont cependant loin d'être dépourvus d'intérêt, car tout est intéressant dans l'histoire de la propagation du christianisme. Qu'im-

1. *Epître aux Corinthiens*, I, 1, 22.
2. V. Tischendorf, *Act. apost. apocr.*, *Proleyom.*

porte que la légende y domine? C'est la loi de tous les grands faits qui remuent l'humanité, de laisser après eux dans les esprits un long ébranlement, et de provoquer l'imagination à répandre et à croire les traditions merveilleuses. Si les conquêtes d'un Alexandre enfantèrent tant de récits où la vérité fut étouffée sous la fiction, les conquêtes bien plus étonnantes encore et bien plus fécondes que remportèrent les apôtres pouvaient-elles ne pas éveiller à leur tour le goût des récits extraordinaires, produit spontané d'une naïve admiration? Et ces récits, quelques embellissements qu'y ait pu apporter l'imagination populaire, quelques fables qu'aient pu y laisser la crédulité des auteurs qui, les premiers, recueillirent les traditions orales des temps apostoliques, ces récits n'ont-ils pas au fond une grande vérité? Ce n'étaient pas de vrais monuments historiques que les relations d'Hégésippe, suivies par Eusèbe[1], et que celles de Papias, pour lesquelles le même Eusèbe[2] manifesta quelque défiance. Cependant, n'est-il pas vrai que leur perte est bien regrettable, et que l'histoire aurait eu beaucoup à y prendre pour tracer le tableau de la primitive Église? Il en est de même des *Actes des Apôtres* apocryphes : le détail des faits a beau être quelquefois imaginaire, la peinture des mœurs du temps n'en est pas moins tracée au vif, et le mouvement des idées de l'époque ne s'y trouve pas moins fidèlement reproduit.

Les *Actes des Apôtres* apocryphes paraissent avoir été encore plus nombreux que les Évangiles suppo-

---

1. V. ci-dessus, ch. I. — 2. *Hist. ecclés.*, III, 39.

sés. La vie de chaque apôtre fut l'objet de récits légendaires, puis vint le tour des principaux disciples des apôtres ; il y eut aussi des livres apocryphes composés sur différents points de la vie de chaque apôtre ; enfin, il se forma comme un *cycle apostolique*, où furent rassemblées les traditions historiques ou légendaires sur tous les apôtres et leurs successeurs immédiats. Ce cycle apocryphe est aussi différent des *Actes des Apôtres* composés par saint Luc que les Évangiles apocryphes diffèrent des Évangiles canoniques. Il est loin d'avoir la gravité, la simplicité, le bon sens pratique qui distinguent les récits du *Nouveau Testament*. De plus, comme les Évangiles apocryphes, il est entaché d'hérésie : il y avait des Actes des Apôtres selon les *Apostoliques* ou *Apotactiques*, selon les *Ebionites*, selon les *Encratites*, selon les *Manichéens*, selon les *Origéniens*, etc.[1].

Il reste en grec quelques-uns des livres apocryphes écrits dans les quatre ou cinq premiers siècles de l'ère chrétienne sur chacun des apôtres[2], et nous avons en latin dix livres d'*Actes des Apôtres* mis sous le nom d'Abdias, premier évêque de Babylone. Cet ouvrage est une sorte de rhapsodie de tous les *Actes* apocryphes des divers apôtres ; il est assez facile d'en détacher partie par partie les éléments qui la composent : car chacun des dix livres de ces *Actes* est consacré à un ou deux apôtres. Cette misérable com-

1. V. Fabricius, *Cod. apocr.*, p. 759 et suiv.
2. *Actes de Pierre et de Paul, de Paul et de Thècle, de Barnabé, de Philippe, d'André, de Matthieu, de Thomas, de Barthélemy, de Thaddée, de Jean.* Ils ont été publiés, quelques-uns pour la première fois, par M. Tischendorf, *Acta Apostol. apocr.*

15.

pilation ne remonte pas à une très-haute antiquité. Assurément, personne ne croira que ce soit l'ouvrage de l'évêque Abdias, qui l'aurait écrit en hébreu au temps même des apôtres; croira-t-on davantage que ce livre ait été traduit en grec par Eutrope, disciple d'Abdias, et en latin par Jules l'Africain [1]? Ce n'est que dans une époque d'ignorance qu'un faussaire a cru pouvoir impunément alléguer de tels mensonges. Il est à remarquer que Jules l'Africain est encore cité par le faux Abdias [2] comme le traducteur d'un autre livre sur les *Actes des Apôtres*, dont l'auteur se serait nommé Craton [3], et qui aurait été beaucoup plus développé que le livre d'Abdias. Or, Jules l'Africain était un historiographe grec, et il est douteux qu'il sût parler, encore plus qu'il sût écrire en latin. Comment expliquer tant de bévues? Lorsqu'on songe au caractère fabuleux de plus d'une narration de Jules l'Africain [4], on est tenté de supposer que la plupart des récits du faux Craton et du faux Abdias étaient composés d'après quelque traduction latine de Jules l'Africain, qui, lui-même, les avait empruntés aux *Actes* grecs dont nous avons parlé. Comme le nom de Jules l'Africain était assez populaire, les auteurs de ces livres crurent en assurer la fortune en les lui attribuant : leur ignorance fit le reste. La la-

---

1. V. Pseudo-Abdias, dans Fabricius, *Cod. apocr.*, p. 390.
2. V. Fabric., *Cod. apocr.*, p. 388.
3. L'auteur du *Philopatris*, ouvrage attribué à Lucien, parle d'un chrétien nommé Craton. On pourrait lui attribuer cet ouvrage, si l'on ne savait combien il faut ajouter peu de foi à toutes les allégations des faussaires.
4. V. ch. I de cette troisième partie.

tinité est, du reste, quelquefois barbare¹, et seule elle permettrait d'affirmer que l'ouvrage a dû être écrit après le quatrième siècle de l'ère chrétienne. Mais c'est un fait démontré; car on a remarqué que l'auteur se sert de la traduction latine de la Vulgate, et qu'il cite Hégésippe d'après la version d'Eusèbe par Rufin². Peut-être est-il sorti de quelque abbaye longtemps après les premières invasions, vers l'époque de Grégoire de Tours, comme certains *Actes de saint Matthieu*, également apocryphes, également supposés d'origine hébraïque, également écrits en latin, et qui sont précédés d'une dédicace à l'abbé de saint Euchère à Trèves³.

L'invention romanesque qui dans les Évangiles non canoniques était restée assez timide, et s'était bornée à des récits isolés, s'enhardit dans les *Actes des Apôtres* apocryphes. Avec eux commence véritablement le roman dévot. Ce ne sont plus seulement quelques relations de miracles : c'est là sans doute pour le narrateur une ressource inépuisable, mais ce n'est pas la seule. Il se préoccupe surtout d'imaginer une fable intéressante, de ménager des surprises, d'amener des péripéties, et, par une concession plus grande encore faite à la faiblesse humaine, il ne dédaigne pas de séduire le lecteur par la peinture de la passion la plus propre à émouvoir, par la peinture de l'amour. On croit avoir sous les yeux des *fables milé-*

---

1. Ex : Certus quod, — ostendit qualiter, — diversis illusionibus dæmonum, — subjectiones gentium, — sciscitabantur si esset aliquis, — à longè, — confundebat Judæos. — lapidare (*passim*).
2. V. Fabricius, *Cod. apocr.*, p. 389.
3. V. Fabricius, *Cod. apocr.*, p. 782.

siennes arrangées à l'usage des chrétiens, lorsqu'on lit certaines histoires d'amour empruntées aux *Actes de saint Jean*.

En voici une qu'Eusèbe raconte[1] d'après ces actes : il n'ose la considérer comme fabuleuse, et il se peut, en effet, qu'elle ne le soit pas, mais il la déclare lui-même singulière. L'apôtre Jean avait confié à un évêque d'Asie Mineure un jeune homme beau, vif, ardent, pour l'élever dans les maximes chrétiennes. Ce jeune homme devient un débauché et finit par se faire chef de voleurs. Saint Jean revient quelque temps après et demande à l'évêque ce qu'il a fait de son élève : ayant appris la triste nouvelle, il va droit à la montagne où les brigands avaient établi leur repaire. Il est pris par quelques-uns d'entre eux et demande à parler au chef. A sa vue, le jeune homme est déconcerté, il veut fuir; mais Jean le poursuit, l'atteint, lui fait de paternels reproches et le décide à faire pénitence. On lisait dans les mêmes *Actes* un récit bien plus romanesque encore. Saint Jean, évêque à Éphèse, convertit une belle païenne, Drusilla, qui, dans l'ardeur de son zèle, quitta son mari et se cacha au fond d'un tombeau. Un jeune homme, nommé Callimaque, follement épris de cette femme, la suivit dans cette retraite et la pressa de céder à ses désirs. Drusilla, pour se soustraire aux instances de son mari et de Callimaque, souhaita la mort et Dieu l'exauça. L'amour de Callimaque n'en fut que plus furieux et le porta aux derniers actes de brutalité sur le corps inanimé de Drusilla : mais il fut

---

1. *Histoire ecclésiastique*, III, 23.

puni, car un serpent sortit de la tombe et mordit Callimaque et son domestique qui moururent sur-le-champ. Bientôt un ange descend du ciel et rend la vie à Callimaque, en lui annonçant qu'il va renaître chrétien. En effet, il est baptisé par saint Jean, qui demande à l'envoyé du ciel de rappeler aussi à la vie Drusilla et le domestique de Callimaque : mais ce dernier aima mieux mourir une seconde fois que de mener la vie d'un chrétien.

Citons encore une narration romanesque, tirée comme les précédentes des *Actes de saint Jean*. C'est une légende qui a été de la part de saint Augustin [1] le sujet de quelques discrètes plaisanteries : mais nous n'en rirons pas, car elle est vraiment poétique, et offre quelque rapport avec une légende allemande sur Barberousse. D'après ces *Actes*, l'apôtre Jean n'a pas, comme les autres hommes, subi la loi de la mort. Accablé d'années, il se fit creuser une tombe et s'y coucha comme dans un lit; il n'est pas mort, disaient les Éphésiens, mais il dort en attendant la venue de Jésus-Christ; et la preuve qu'il n'a pas cessé de vivre, c'est qu'on voit son haleine soulever de temps en temps la poussière du tombeau.

Il était naturel que les principaux héros de ces romans pieux fussent les principaux représentants de l'apostolat chrétien. Nous avons parlé de saint Jean; mais saint Paul et saint Pierre y jouent un plus grand rôle encore. En comparant le carac-

---

1. *Tractat.*, 124, *In Johann.* (V. *Acta Johann.*, ch. XX-XXII, dans le recueil de Tischendorf; Pseudo-Abdias, v, 23, dans Fabricius, *Cod. apocr.*)

tère de ces deux apôtres tel qu'il est tracé dans les *Actes des apôtres* de saint Luc et dans ces romans dévots, on pourra juger de ce que sont le saint Paul et le saint Pierre de la tradition catholique et ce qu'en ont fait des légendes plus ou moins orthodoxes.

Le saint Paul des *Actes des apôtres* canoniques est bien connu. Est-il une plus grande et plus noble figure que celle de ce citoyen de Tarse qui, d'abord israélite zélé et persécuteur de la religion chrétienne, devint ensuite l'adepte et tout aussitôt le défenseur de la doctrine nouvelle, lui consacra sa parole pendant de longues années, prêcha Jésus crucifié aux Gentils de l'Asie Mineure, de la Grèce et de Rome, fit partout de nombreux prosélytes, et, par l'ardeur de sa foi, la fermeté de son courage et la vigueur de son éloquence, étonna ceux même qu'il ne put amener à son Dieu? La légende s'est attachée aux différentes époques de cette belle vie et l'a quelquefois défigurée. Dans les *Actes des apôtres* des Ébionites, la conversion de l'apôtre était attribuée à un dépit d'amour : saint Paul, d'après les Ébionites, était, non pas juif, mais païen de père et de mère; étant devenu amoureux de la fille du grand prêtre de Jérusalem, il se fit circoncire, dans l'espoir d'obtenir la main de cette fille; trompé dans son attente, il écrivit contre la circoncision, le sabbat et la Loi. On voit l'artifice de ces hérétiques : restés fidèles à la circoncision, ils prétendaient par ce récit mensonger infirmer l'autorité de saint Paul, qui s'était déclaré contre cette pratique[1]. D'autres faus-

---

1. V. Fabricius, *Codex apocryph.*, p. 763.

saires, qu'on suppose avoir appartenu à la secte Manichéenne, ont profité de ce que l'ouvrage de saint Luc ne mène pas saint Paul jusqu'à son martyre, mais s'arrête à ses premières prédications dans la ville des Césars : ils ont mis sous le nom du pape saint Lin, successeur de saint Pierre, une lettre sur la *Passion de saint Pierre et de saint Paul*, qui est pleine de fables relatives aux dernières prédications et à la mort du second de ces apôtres : on l'y voit, non-seulement entretenir des rapports avec le philosophe Sénèque, mais condamner les doctrines d'Arius : lorsque le bourreau fait tomber sa tête, il en jaillit un sang mêlé de lait [1].

Il est question dans les *Actes des apôtres* canoniques [2] et dans une des *Épîtres* de saint Paul [3] de persécutions éprouvées par cet apôtre à Icone et à Antioche; mais il n'en est dit que quelques mots. L'auteur du roman des *Actes de saint Paul et de Thècle* s'empare de cette tradition, et entreprend de la développer au gré de son imagination et dans l'intérêt de ses doctrines. C'était un prêtre d'Asie qui voulait à la fois célébrer la gloire de saint Paul et appuyer de ce nom vénéré une opinion hérétique. D'après ce prêtre, qui paraît avoir appartenu au deuxième siècle de l'ère chrétienne, et qui fut interdit pour ce livre [4], il était permis aux femmes de baptiser et d'enseigner; pour autoriser cette doc-

---

1. V. Fabricius, p. 775. Aubertin, *Etude critique sur les rapports supposés entre Sénèque et saint Paul*, p. 27. — 2. Ch. XIV, V, I. — 3. Epist. ad Timoth., II, 1, 15. — 4. V. Tertullien, *De Baptismo*, 17; saint Jérôme, *De Script. eccles.*, 7.

trine, il racontait de prétendus hauts faits d'une vierge, d'une sainte, d'une martyre.

Thècle est fiancée à un jeune homme, lorsque Paul arrive à Icone : gagnée par l'apôtre au christianisme et à la virginité, elle éconduit son fiancé, qui traduit l'apôtre devant le gouverneur, et l'accuse de détourner les jeunes filles du mariage. Paul est mis en prison et Thècle vient l'y visiter. Le jeune homme se plaint au gouverneur, et la mère même de Thècle demande qu'elle soit brûlée. Le bûcher s'allume; déjà la vierge croit toucher à ses derniers moments et cherche Paul du regard : Jésus lui apparaît sous la figure de Paul, un orage éclate, le feu s'éteint, la terre s'entr'ouvre, et un grand nombre de spectateurs sont engloutis. Thècle se retrouve libre avec Paul : tous deux célèbrent des agapes avec leurs frères d'Icone, et s'enfuient à Antioche. Un riche habitant de cette ville devient amoureux de Thècle; rebuté, il la fait condamner aux bêtes, mais les monstres les plus féroces viennent lécher les pieds de la sainte. Thècle revient à Icone et va trouver sa mère, qui refuse de la recevoir : elle se retire dans une grotte et y vit saintement jusqu'à quatre-vingt-dix ans, prêchant les Gentils, catéchisant les jeunes filles et guérissant les malades [1].

A vrai dire, l'intérêt de cette légende ou de ce roman porte tout entier sur Thècle, et non sur Paul.

---

1. Voir le texte grec des *Actes de saint Paul et de Thècle* dans les *Acta Apostol. apocr.* de Tischendorf, et la traduction latine dans le *Spicileg. Patrum* de Grabe, t. I, p. 95 sq. (Voir, sur cet ouvrage, Saint-Marc Girardin, *Essais de litt. et de morale*, t. II; l'abbé Freppel, *Les Pères apostoliques*, XIe leçon.)

De la figure de Paul, nous ne trouvons ici qu'un seul trait, c'est son éloquence entraînante et persuasive : ce livre ne présente du reste que le tableau des vicissitudes ordinaires de la prédication des apôtres. La scène la plus frappante est celle de l'interrogatoire que fait subir à Paul le gouverneur d'Icone. Ce gouverneur est tracé sur le modèle de Pilate : ignorant de toute doctrine, il écoute, ne comprend pas, et voudrait bien ne pas sévir, mais comme il tient à garder sa place, il fait battre de verges l'accusé, pour satisfaire les passions populaires. La vraie originalité de ce livre est dans le caractère de Thècle et dans la peinture de la femme, ou pour mieux dire, de la vierge chrétienne. Le culte de la virginité n'était pas nouveau dans le monde : même chez les anciens la virginité avait eu son héros, Hippolyte, ses prêtresses, les Vestales, et sa divinité, Diane. Mais cette vertu avait toujours été chose rare dans l'antiquité ; elle reçut du christianisme un puissant essor. Recommandée d'abord, puis imposée aux ministres du culte, elle créa pour la femme une sorte d'émancipation morale, qui préparait le sexe entier à l'émancipation sociale, et l'en rendait digne : trop souvent en effet les anciens n'avaient vu dans la femme qu'un être d'une nature inférieure, né pour le plaisir de l'homme ou pour son tourment. Quelle distance en effet entre les figures de femmes qu'aimait à retracer l'art païen et celles qu'on trouve dans les premiers monuments de l'art chrétien ! D'un côté Hélène, Médée, Phèdre, c'est-à-dire la beauté et la passion ; de l'autre Thècle et la femme que nous verrons bientôt apparaître dans les rêves d'Hermas. Tandis que le christianisme régénérait l'humanité, la littérature chrétienne se plaisait à ces peintures de la femme relevée par le sentiment profond de sa dignité, et préludant à l'égalité des droits civils par un droit égal au respect. Toutefois l'auteur des *Actes de Paul et de Thècle* dépassait le but, lorsqu'il prêtait à cette sainte une sorte d'apostolat de la parole; et il était tout à fait infidèle à la vérité historique, lorsqu'il rendait responsable de cette hardiesse l'apôtre saint Paul, qui avait dit au contraire des femmes : « Elles n'ont pas la parole dans l'É-« glise *(taceant in Ecclesiâ)*. » Peut-être cet auteur voulait-il par là indiquer la grande part que prirent les femmes à la propagation de la foi : mais c'est dans le sein de la famille, par des entretiens familiers, que devait s'exercer l'influence de la femme chrétienne; ce n'est pas au dehors, par la prédication.

Nous arrivons au livre le plus considérable de cette littérature apocryphe, aux *Clémentines* ou *Reconnaissances*, ouvrage remarquable, qui reproduit avec beaucoup de fidélité et de vivacité tout le mouvement doctrinal des deux premiers siècles de l'ère chrétienne[1]. Ce livre est attribué au pape saint Clément, qui est supposé raconter, pour l'instruction des païens et pour l'édification des fidèles, l'histoire

---

1. *Clementis Romani quæ feruntur homiliæ viginti, nunc primum integræ Græcè*, éd. Alb. Dressel, Gœtting. 1853, in-8°; *Clementis Romani Recognitiones, latinè versæ a Rufino*, éd. Gersdorf, 1837, in-8°. Voir, sur les *Clémentines*, de remarquables articles de M. Rigault *(Journal des Débats,* août et septembre 1858) reproduits dans ses *OEuvres*.

de sa conversion au christianisme et les commencements de son apostolat. Il reste sur saint Clément de Rome peu de détails vraiment historiques. C'est une question de savoir s'il fut le premier ou le troisième des successeurs de saint Pierre[1], et s'il subit ou non le martyre[2]. Mais si sa biographie est incertaine, son nom est un des plus célèbres de la primitive Église, et sa longue influence est attestée par les nombreux ouvrages qui lui ont été attribués.

De ces ouvrages, un seul paraît lui appartenir, c'est la première des deux *Lettres de l'Eglise de Rome à l'Eglise de Corinthe*, qui est, au jugement de Tillemont et de Fleury, un des plus beaux monuments de la religion chrétienne après l'Écriture sainte. Les autres sont évidemment apocryphes : ce sont les *Constitutions apostoliques*, prétendues ordonnances des apôtres sur le culte et sur la discipline de l'Église, des *Décrétales*, ou règles sur les devoirs des prêtres chrétiens, enfin les *Homélies* ou les *Reconnaissances*.

Que l'on suppose, si l'on veut, avec Origène, saint Épiphane et Rufin[3], que ce dernier ouvrage fut composé par saint Clément, mais altéré plus tard par des

---

1. La tradition place avant saint Clément, d'après le témoignage de saint Irénée (*in Hæres.*, III, 3), et de saint Jérôme (*Script. eccles.*), les papes saint Lin et saint Anaclet. Tertullien, *De præscr.*, XXXII, le dit institué directement par saint Pierre.

2. Il est cité comme martyr par Grégoire de Tours, *De gloria martyrum*, ch. XXXV; mais saint Irénée, qui a donné le premier la liste des pontifes de Rome après saint Pierre, ne signale parmi eux comme martyr que le pape Télesphore.

3. V. Origène, *In genes.*, 22; *In Matth.*, 6; saint Épiphane, *Hæres.*, XXX, 15; Rufin, *Recognit.*, *Præfat.*

hérétiques. Il est certain que, sous la forme où ce livre nous est parvenu, il ne saurait être l'œuvre de ce pontife; car personne ne croira qu'un successeur de saint Pierre ait pu, comme le fait l'auteur des *Clémentines*[1], attribuer à l'évêque de Jérusalem la prééminence sur les autres évêques. D'un autre côté, la mention qu'Origène fait de cet ouvrage ne permet pas d'en placer après la fin du deuxième siècle la composition première. Mais depuis il a souffert toute sorte de remaniements et d'interpolations : on peut en juger par les différences sensibles qu'on remarque entre les deux textes qui nous en sont restés, le texte grec et la traduction latine de Rufin. Rufin lui-même le déclare, et, dans sa lettre à Gaudence, il dit n'avoir pas trouvé dans l'exemplaire qui a servi à sa traduction le récit de certains prestiges opérés par Simon le Magicien[2]. Le premier auteur des *Clémentines* fut-il un catholique ou un hérétique? on l'ignore; mais il est constant que plus d'un hérétique s'était emparé de cet ouvrage pour le tourner à ses vues. Dans le texte grec qui nous est parvenu, l'Ébionitisme éclate à chaque page[3]; c'est d'après les Ébionites, par

---

1. *Homil.*, I, 20. Parmi les *Lettres* mises sous le nom de saint Clément, il y en a une, adressée à saint Jacques, évêque de Jérusalem, où la suprématie de cet évêque est également reconnue. La source de ces deux ouvrages apocryphes est évidemment la même.

2. *Homil.*, XX, 12; *Recognit.*, X, 72.

3. Nous empruntons cette appréciation à M. l'abbé Freppel, qui a consacré deux leçons aux *Clémentines* dans son cours d'éloquence sacrée, l'un des plus remarquables de la Faculté de théologie de Paris. (Voir le premier volume de ce cours : *Les Pères apostoliques*, 1859.)

exemple, qu'est attribuée au siége épiscopal de Jérusalem la suprématie sur les autres siéges ; Jérusalem resta toujours à leurs yeux la métropole du christianisme comme du judaïsme. Le théâtre de l'action nous indique d'ailleurs la vraie patrie des *Clémentines*, qui est la Palestine ou la Syrie.

Le texte grec porte le titre d'*Homélies*, le texte latin celui de *Reconnaissances*. La différence de ces deux titres n'est pas l'effet du hasard ni du caprice : l'élément doctrinal domine dans les *Homélies*, l'élément romanesque dans les *Reconnaissances*. Les deux textes se complètent l'un l'autre, et les deux titres laissent voir tout d'abord qu'il y a dans l'ouvrage la part de l'instruction et la part de l'agrément. Nous l'avons dit, c'est un roman ; mais c'est un roman d'un genre particulier : il nous représente le *roman théologique*, et, pour le désigner avec plus de précision encore, le *roman apologétique*. Il rappelle et surpasse les dialogues mêlés de récits fictifs que nous ont laissés saint Justin et Minutius Félix.

Tous les procédés du roman, dans l'antiquité, se retrouvent dans les *Clémentines :* ce sont des épisodes d'amour, des récits de voyages, des naufrages qui réduisent à la misère des personnes opulentes et les livrent aux mains des pirates, enfin des reconnaissances entre parents séparés par une longue suite d'aventures extraordinaires. C'est dans la famille de Clément lui-même qu'ont lieu ces reconnaissances. Sa mère, Mattidie, unie à Faustus, l'un des premiers citoyens de Rome, avait été l'objet des poursuites criminelles du frère de son mari. Pour sauver sa vertu et dissimuler la trahison d'un frère, elle avait feint un songe qui l'avertissait de quitter Rome avec ses deux fils aînés, et de s'en tenir éloignée pendant dix ans, sous peine des plus grands malheurs; Faustus lui avait permis de partir et d'emmener avec elle, pour les faire instruire à Athènes, Faustin et Faustinien. Au bout de quatre ans, ne recevant pas de leurs nouvelles, il s'était embarqué avec son troisième fils, Clément, pour aller à la recherche du reste de sa famille. Mère, époux, fils, frères, tous avaient été dispersés; tous se retrouvaient successivement et finissaient par se réunir.

Nous n'insisterons pas sur la partie romanesque des *Clémentines*. Disons seulement que cet ouvrage n'offre pas la peinture vague ou banale des mœurs de l'ancienne société, telle que nous la trouverons dans les Achille Tatius et les Xénophon d'Éphèse; les mœurs qui y sont retracées sont celles de la société nouvelle, de la société chrétienne. Les divers membres de la famille de Clément ne sont pas d'abord chrétiens, mais ils sont en quelque sorte prédestinés au christianisme, et avant de lui appartenir par la foi, ils lui appartiennent déjà par la vertu. Ainsi, après avoir vu dans Thècle la vierge chrétienne, nous voyons ici l'épouse et la mère chrétienne dans Mattidie. Remarquons encore que les peintures de la souffrance, qui ne sont pour les romanciers païens que des occasions de tracer des scènes dramatiques, prennent dans les *Clémentines* plus d'intérêt et surtout de moralité. Fidèle à l'esprit de la religion chrétienne, qui s'inquiète surtout des malheureux et des affligés, l'auteur se plaît à présenter souvent le tableau de l'infortune ; il montre Mattidie éprouvée jusqu'à se laisser aller un instant au désespoir et à la pensée du suicide [1], Faustus malheureux jusqu'à en devenir misanthrope [2]; mais il a soin de relever ses personnages par la pureté d'une bonne conscience, et de faire voir la Providence qui veille sur eux, parle à leurs défaillances, et donne à leurs vertus la plus grande des récompenses, la foi.

Quelque talent qu'il y ait dans la partie romanesque des *Clémentines*, et il y en a beaucoup (un juge délicat en matière de goût l'a prouvé [3]), le véritable intérêt de ce livre n'est pas là; il est tout entier dans la peinture saisissante de cette grande lutte que le christianisme soutint pendant plusieurs siècles contre les religions et les philosophies anciennes, contre les superstitions stupides, les hypothèses hasardées et les audacieuses négations. Ce n'est pas un ouvrage étudié, officiel, comme les *Apologies* des saint Justin et des Athénagore, c'est un livre simple et naïf, qui reproduit au vif l'éclat des esprits à cette époque, et peint avec une remarquable précision de traits cette société tout entière adonnée aux controverses religieuses et philosophiques. Qu'importe que Clément soit présenté comme un disciple de saint Pierre, tandis que la

---

1. *Homélie XII.* — 2. *Homélie XIII.* — 3. V. les articles de M. Rigault.

tradition et l'analogie de leurs écrits le désignent plutôt comme un disciple de saint Paul [1]? Qu'importe que l'on puisse signaler un anachronisme dans le rapprochement de la prédication de Jésus-Christ en Judée et de celle de saint Paul à Rome [2], ou relever bien des erreurs, bien des fictions de détail? Au fond, rien n'est plus vrai, et, dans un certain sens rien n'est plus historique que le récit des *Clémentines*. La vérité dont nous parlons n'est pas celle de quelques faits, par exemple l'antagonisme de saint Pierre et de Simon le Magicien [3], le séjour de saint Pierre à Antioche [4], etc.; c'est la vérité qui ressort de l'exposition générale des faits. Si l'on désire se faire une idée juste de la prédication populaire des premiers siècles, il faut lire les *Clémentines* après les *Actes des Apôtres*. Si l'on veut se représenter le conflit des opinions, les querelles des hommes, l'ardeur des controverses, les emportements de la polémique, l'attitude de la foule en face des sophistes et des apôtres; si l'on veut connaître l'état général des principales villes de Syrie dans ces premiers siècles chrétiens, il n'y a pas de livre à lire avant les *Clémentines*.

Cet ouvrage est, si l'on peut s'exprimer ainsi, une apologie du christianisme mise en action. Comme dans les *Dialogues* de Platon, les idées prennent un

---

1. V. l'*Épître* de saint Clément *aux Corinthiens* et l'*Épître aux Hébreux*.
2. *Homélie I.* Saint Paul n'est pas nommé, mais il est assez clairement désigné.
3. V. *Actes des apôtres*, ch. VIII. V. Josèphe, saint Justin.
4. V. l'*Épître* de saint Paul *aux Galates*.

corps et sont représentées par des hommes ; ce n'est point une froide et languissante allégorie, ce sont des personnifications pleines de chaleur et de vie. D'un côté, il y a Simon le Magicien et ses disciples, Appion et Annubion. Simon représente l'imposture qui prolonge à dessein la superstition ; Appion la mythologie savante ; Annubion l'erreur qui n'est pas opiniâtre et qui doit aboutir au baptême. De l'autre côté, il y a Pierre et Barnabé qui figurent l'apostolat chrétien, Clément et sa famille, types de ces âmes sincères et candides, qui ne doivent pas se tenir au paganisme et que leur vertu prépare à la foi chrétienne. Chacun des champions du mensonge a pour le combattre un apôtre : à Simon le Magicien est opposé Pierre, et Appion a pour antagoniste Clément. Les questions de métaphysique se débattent entre Simon le Magicien et saint Pierre, les questions de morale entre Clément et Appion. Arrêtons-nous à considérer ces quatre grandes figures qui se détachent du tableau et en donnent la signification.

L'apologie chrétienne devait avoir facilement raison du paganisme sur le terrain de la morale, et voilà pourquoi cette partie de la lutte est confiée à un néophyte, à Clément. Clément est venu à un moment où le fléau du scepticisme a gagné tous les esprits, et où les âmes généreuses, se sentant atteintes elles-mêmes, ont commencé à se diriger vers les sources salutaires qu'a fait jaillir le christianisme. Inquiet d'abord et mécontent de toutes les écoles de philosophie, auxquelles il est allé demander la science, il est prêt, en désespoir de cause, à recourir à la nécromancie : soudain l'écho de la bonne nouvelle apportée par le Christ retentit à ses oreilles. Tout d'abord Clément se sent ému, renonce à la nécromancie et veut s'instruire dans la nouvelle doctrine : déjà il est chrétien d'aspiration avant de l'être de fait. Ce qui le préoccupe surtout dans ses doutes, c'est le côté pratique de la philosophie, c'est l'énigme de la destinée humaine, c'est la question de l'immortalité de l'âme, des récompenses et des peines de l'autre vie. Comme la nouvelle doctrine lui fournit une solution claire et précise de ces problèmes, il n'hésite pas à l'embrasser et tout aussitôt à la propager et à la défendre.

A peine converti, il est pris à partie par le sophiste Appion, dont le nom rappelle sans doute à dessein cet ennemi si acharné des Juifs, contre lequel Josèphe a écrit. Appion tente d'arracher au christianisme ce précieux auxiliaire; mais le disciple endurci de Simon le Magicien sera battu par l'élève novice de Pierre et de Barnabé. Le débat s'engage sur la règle morale qui peut sortir du polythéisme. Clément ne nie pas que le polythéisme ait pu rendre, comme toute religion, quelques services à l'humanité, mais il n'a pas de peine à démontrer qu'il n'est pas sur la terre un vice ni un crime qui ne puisse s'autoriser d'un exemple donné par l'Olympe antique. Appion déclare qu'il ne se porte pas le défenseur des dieux du vulgaire, créations quelquefois brillantes, souvent monstrueuses de l'imagination du peuple et des poëtes; mais il essaye de substituer à toutes ces fables des symboles et des allégories, dont il explique le sens à Clément, et dont il veut lui faire admirer la profondeur. Clément, sans contester ce qu'il y a de savant et d'ingénieux dans ces interprétations de la mythologie, s'attache à prouver que les vieux mythes, tels que la poésie les a faits, sont devenus un écueil pour les mœurs et un perpétuel sujet de scandale [1].

Appion juge prudent de déserter cette discussion; il se promet sans doute d'avoir sa revanche. Mais Clément ne la lui laisse pas prendre, et quand il le revoit, il oppose aux raisonnements d'Appion l'autorité d'Appion lui-même. Ce sophiste avait fait un séjour à Rome et avait été l'hôte du père de Clément. Remarquant chez ce jeune homme de la tristesse et un penchant à la rêverie, Appion en avait conclu qu'il était amoureux et lui avait offert de le servir dans son amour. Au conseil d'employer la magie, Clément, encore païen, avait répondu qu'il voulait persuader la personne aimée, et non la contraindre. Mais comment persuader une dame mariée et vertueuse? Appion qui, en sa qualité de sophiste, ne doutait jamais de rien, se fit fort d'emporter son consentement par des arguments sans réplique; et il composa pour cette dame une lettre où il représentait l'amour comme un sentiment fatal, envoyé par les dieux, auquel il est impie de résister, et qui est au-dessus de toutes les considérations de mariage et de fidélité conjugale. Le récit de la vie de Jupiter venait clore et compléter l'argumentation. Clément, devenu chrétien, avait beau jeu de

---

1. *Homélie IV.*

rappeler cette lettre à la mémoire d'Appion; que va faire celui-ci ? Affectera-t-il d'avoir oublié? Soutiendra-t-il ses anciennes maximes? Il y aurait eu de l'imprudence à prendre le premier parti, et le second n'avait pas grande chance de succès. Appion se tira de ce mauvais pas en disant qu'il n'avait autrefois eu qu'un but : guérir l'âme du fils de son hôte; puis il revint à son système d'interprétations symboliques de la mythologie. Mais que lui resta-t-il à répondre, lorsque Clément lui apprit que son amour n'avait été qu'une feinte, et que, indécis encore entre le polythéisme et la doctrine nouvelle, il avait voulu éprouver le philosophe et juger par lui-même des ressources qu'offraient les anciennes croyances pour la guérison des passions[1]? C'est ainsi qu'une histoire d'amour, mise sous forme de discussion, tournait, dans les *Clémentines*, au profit de l'apologie chrétienne.

Mais le fort de la lutte est entre Simon le Magicien et saint Pierre : c'est un long duel, plusieurs fois interrompu, toujours repris avec acharnement, et dans lequel saint Pierre ne dédaigne pas de retourner contre Simon ses propres armes, la magie[2]. L'auteur des *Clémentines* aime à donner le spectacle des divers épisodes de cette lutte opiniâtre que soutiennent les uns contre les autres les sophistes païens et les apôtres chrétiens, et qui devait se terminer par le triomphe de ces derniers. Il montre les sophistes employant d'abord contre leurs adversaires

---

1. *Homélie V.*
2. *Homélie XX.*

le ridicule[1], puis essayant de la controverse, enfin ayant recours à la violence, et, pour soulever contre les apôtres la colère des populations, semant contre eux la calomnie[2].

Le trait le plus piquant de ce tableau, c'est que les champions du paganisme sont le plus souvent représentés comme évitant ou désertant la discussion : déjà nous avons vu Appion, dans sa conférence avec Clément, prendre un prétexte pour interrompre un débat qui ne tourne pas à son avantage; Simon tient encore bien moins devant saint Pierre. L'auteur se plaît à nous le faire voir confiant et audacieux au milieu des masses populaires, timide et embarrassé en face de l'apôtre, fuyant presque toujours devant saint Pierre, qui le poursuit de ville en ville pour le convaincre et tenter de le convertir.

Simon est l'expression de toutes les fausses doctrines, de toutes les erreurs, de tous les mensonges qui dans les deux premiers siècles de l'ère chrétienne s'efforçaient de séduire les âmes : il soutient le polythéisme, il nie l'immortalité de l'âme[3], il fait de la magie. C'est un fait qui semble extraordinaire, et qui cependant a été plusieurs fois remarqué dans l'histoire de l'humanité, que, lorsque les esprits se

---

1. Voir la scène entre les philosophes d'Alexandrie et Barnabé, *Homélie I*.

2. Simon attribue aux sortilèges de saint Pierre un tremblement de terre qui vient de dévaster Béryte (*Homélie VI*). Il vomit également contre saint Pierre tant de calomnies à Antioche, que les habitants menacent de lapider l'apôtre, s'il se présente dans leur ville. (*Homélie XX*.)

3. V. sa discussion avec saint Pierre à Césarée, *Homélie II*.

16.

détachent des croyances raisonnables, ils inclinent aux croyances les plus contraires à la raison. Les hommes qui ne croient pas à Dieu ne sont pas toujours éloignés de croire aux puissances occultes. Lorsque le monde ancien fut désabusé des dieux de l'Olympe, et jusqu'à ce qu'il en connût un autre, il eut une foi entière dans la magie et la nécromancie. De là, le succès de Simon le Magicien et de bien d'autres imposteurs. Comme les *Actes des apôtres*[1], les *Clémentines* ne nous montrent Simon qu'en Palestine et en Syrie : elles ne nous le représentent pas à Rome comme saint Justin[2], le faux Abdias[3] et la *Relation* apocryphe de *Marcel*[4] ; elles ne disent rien de la profonde impression qu'auraient faite ses prestiges sur le peuple, sur le sénat et sur les empereurs Claude et Néron. Cet ouvrage n'est d'ailleurs nullement en reste de prodiges, et c'est, avec la *Relation* du faux Marcel, la principale source de la légende de ce magicien qui changeait les pierres en pain, faisait mouvoir sans y toucher les statues et les meubles, prenait toute sorte de formes, comme Protée, et volait dans les airs, comme Dédale.

Le vrai héros des *Clémentines*, c'est saint Pierre; et l'on trouve dans ce livre tant de détails sur saint Pierre, sa famille, ses disciples et son apostolat à travers la Palestine et la Syrie, qu'on l'a quelquefois appelé l'*Itinéraire de saint Pierre*[5]. Ces détails, s'ils

---

1. V. *Actes des apôtres*, ch. VIII. — 2. V. Eusèbe, *Hist. ecclés.*, II, 1 et 13.—3. V. Pseudo-Abd., I, 6, dans Fabricius, *Cod. apocr.*
4. V. Fabricius, *Cod. apocr.*, p. 632.
5. C'est sous ce titre qu'il est désigné par Fabricius, *Cod. apocr.*, p. 759.

ne sont pas tous bien authentiques, viennent néanmoins fort à propos compléter les renseignements insuffisants fournis sur saint Pierre par les *Actes des apôtres* de saint Luc, qui parlent bien plus de saint Paul que de saint Pierre. Nul doute que saint Pierre ne soit un peu grandi dans les *Clémentines* : aux traits qu'il offre dans le Nouveau Testament, c'est-à-dire à la bonté et à l'autorité, il joint ici l'éloquence et l'ardeur de la controverse, qui caractérisait saint Paul. A tout prendre, le saint Pierre de la légende et du roman ne diffère pas trop de celui de l'histoire. Seulement on ne le voit pas appeler la colère de son Dieu sur un Ananie ou sur une Saphire[1], toutes ses paroles sont pleines de douceur, tous ses actes sont empreints de la plus grande mansuétude; et s'il poursuit sans relâche Simon, ce n'est que pour discuter avec lui, c'est parce qu'il ne désespère pas de sa conversion.

Il y a dans ce roman plus de controverse que d'événements. C'est saint Pierre qui préside à toutes les discussions difficiles, c'est lui qui développe et soutient contre les contradicteurs toutes les grandes questions que soulève et résout la doctrine nouvelle : la supériorité de la révélation sur la raison, la nature et les attributs de Dieu, les rapports de la Providence avec la création et les créatures, la nécessité du mal comme condition d'épreuve et de mérite pour les hommes[2]. Pour l'auteur des *Clé-*

---

1. V. *Actes des apôtres*, ch. v.
2. V. *Homélie II*, son entretien avec Clément, et *Homélies III et XVI*, ses deux discussions avec Simon le Magicien.

mentines, saint Pierre n'est pas seulement un chrétien plein de foi, un homme d'une ardente charité, un maître qui a pour ses disciples une affection paternelle, c'est un philosophe, un docteur, un éminent controversiste, un Père de l'Église plutôt qu'un apôtre.

§ III. — ROMANS DES CHRÉTIENS ORTHODOXES.

Hermas (*le Pasteur*). — Palladius (*les Brachmanes*). — Synésius (*Récit égyptien*, ou *De la Providence*). — Origines de la *Légende dorée*.

L'édification l'emportait sur l'hérésie dans la plupart des *Évangiles* et des *Actes des apôtres* apocryphés. « Comment, s'écrie l'un des plus vifs adver-
« saires de ces ouvrages mensongers, Léon le
« Grand, comment les simples auraient-ils pu se
« laisser séduire, si les bords du vase envenimé
« n'eussent été enduits de miel[1] ? » Même avant la détermination des Écritures canoniques, l'Église a toujours poursuivi de sa colère les ouvrages apocryphes, lorsqu'ils étaient entachés d'hérésie. Mais elle s'est toujours montrée pleine d'indulgence pour ceux qu'elle jugeait sans danger pour le dogme. Parmi les livres qu'elle n'a pas admis dans ses canons, il y en a qui sont sur la limite des canoniques et des apocryphes, et dont elle n'a pas craint plus d'une fois de recommander la lecture aux fidèles[2].

---

1. V. *Epist.*, 93, cité par Fabricius, *Cod. apocr.*, 757.
2. V. Glaire, *Introd. hist. et crit. aux livres de l'Anc. et du Nouv. Testament*, t. I, p. 139. Il donne la liste des apocryphes qui peuvent « être lus avec fruit. »

Cette indulgence n'a sans doute pas peu contribué à augmenter le nombre des ouvrages de ce genre.

Les catholiques eux-mêmes ont cherché à épurer le roman en se l'appropriant; et, comme ils firent au quatrième siècle pour le théâtre et la poésie[1], ils ont essayé à différentes époques d'unir, dans des narrations fabuleuses, l'amusement à l'édification. Aussi le roman dévot, dont nous étudions ici les origines, s'est-il perpétué à travers le moyen âge[2], jusqu'aux temps modernes, où il compte parmi ses représentants des évêques et des cardinaux[3].

Les chrétiens orthodoxes s'attachèrent d'abord à corriger, de manière à en retrancher toute doctrine hérétique, les nombreux ouvrages apocryphes composés par leurs adversaires. On trouve la trace d'une main chrétienne dans le *Testament des douze patriarches*, qui, sans aucun doute, a été primitivement écrit par un Juif[4]. Le livre du faux Abdias, tel qu'il nous est présenté, paraît avoir été l'objet de semblables remaniements : en un endroit l'auteur s'excuse de rapporter tout ce qu'on lit ailleurs sur les voyages de saint Thomas dans l'Inde, et

---

1 V. l'Essai dramatique d'Apollinaire (*la Passion du Christ*) et les poésies lyriques de saint Grégoire de Naziance.

2. V. l'article de M. J. Leclerc sur les contes dévots du treizième siècle, *Hist. litt. de Fr.*, t. XXIII, p. 117 et suiv.

3. V. les romans de Camus, évêque de Belley (*Dorothée, Alexis, Aristandre, Spiridion, Palombe*, etc. 1620-1644); le *Phénix*, ouvrage posthume du cardinal Bona, imprimé en 1847 en latin, traduit en français par Julien Travers, 1858; la *Fabiola* du docteur Wisemann; les romans de M. L. Veuillot, et la *Bibliothèque catholique de voyages et de romans*, publiée par l'abbé Domenech, etc.

4. V. Fabricius, *Cod. pseudep. Vet. Test.*, I, p. 496 et suiv.

ajoute qu'il rapportera seulement les faits certains
« et qui sont de nature à affermir l'Église[1]. » C'est
en général sous leur dernière forme, après la révision des chrétiens orthodoxes, que les ouvrages
apocryphes de l'Ancien et du Nouveau Testament
nous sont parvenus[2]. Les fidèles des premiers siècles
ne virent ensuite eux-mêmes qu'une fraude pieuse,
justifiée par l'honnêteté des intentions, dans la fabrication de faux *Évangiles* et de faux *Actes des
apôtres;* pourvu que ces romans ne continssent pas
de propositions hérétiques, ils paraissaient innocents.

Ce qui l'était davantage, assurément, c'étaient les
romans allégoriques et moraux qu'à la même époque un zèle pieux dictait souvent à des écrivains
orthodoxes. Au premier rang de ces sortes d'ouvrages figure le *Pasteur*, livre qui paraît être d'Hermas, l'un des disciples des apôtres, contemporain de saint Paul. La plupart des critiques anciens
et modernes s'accordent à le lui attribuer[3]. C'est

---

1. Pseudo-Abd., IX, 1; Fabricius, *Cod. apocr. Nov. Test.*
2. V. Tischendorf, *Act. apost. apocr.*, *Proleg.*, p. X et XLIII; *De Evang. apocr. orig. et usu*, p. 15.
3. C'est l'opinion d'Origène, d'Eusèbe, de saint Jérôme, de Fleury, de Tillemont, de Tischendorf (édition du *Pasteur*, dans la collection des *Patres apostolici* de Dressel, 1857, in-8°), de Rigault (article du *Journal des Débats*, 1857, réimprimé dans ses Œuvres), et de M. l'abbé Freppel (*Les Pères apostoliques*). Le texte original de cet ouvrage, qui fut écrit d'abord en grec, ne nous est pas parvenu. Parmi les prétendues découvertes du Grec Simonides, était un texte grec d'Hermas, d'après un manuscrit du mont Athos; M. Tischendorf a démontré que ce manuscrit ne remonte pas au delà du quatorzième siècle, et n'est qu'une traduction faite sur le latin. Le texte latin, qui nous était seul resté jusque-là, remonte certainement à une plus haute antiquité.

vainement que l'on a prétendu que l'auteur était un autre Hermas, frère du pape Pie Ier : la célébrité et la faveur qui ont entouré ce livre dès le deuxième siècle rendent cette dernière opinion peu probable. Non-seulement, en effet, plusieurs Pères du deuxième siècle ont donné au *Pasteur* les plus grands éloges, mais quelques-uns l'ont cru écrit sous l'inspiration divine. Le décret du pape Gélase le renvoya au nombre des livres apocryphes; mais s'il cessa depuis ce jour d'être vénéré comme un ouvrage canonique, il continua de jouir parmi les chrétiens d'une estime méritée.

Ce livre a pour titre le *Pasteur*, parce que dans la deuxième et dans la troisième partie, l'ange gardien d'Hermas lui apparaît sous la figure d'un pâtre. C'est, sous forme de révélation et d'apocalypse, le premier essai de théologie morale fait dans l'Église : les règles de la morale chrétienne y sont dictées à Hermas par deux personnages allégoriques, une femme qui représente l'Église, et un pasteur qui est un envoyé de Dieu.

Comme tous les monuments primitifs de la littérature chrétienne, cet ouvrage se sent fort peu de l'influence profane : son inspiration presque unique, c'est l'Ancien et le Nouveau Testament. Par sa forme allégorique et symbolique, il se rattache aux livres d'Ézéchiel et de saint Jean [1] : c'était une forme fréquente dans l'Ancien Testament, rare dans le Nou-

---

1. On peut comparer la *Jérusalem* d'Ézéchiel, la *Jérusalem nouvelle* de saint Jean et l'édifice allégorique de l'Église dans le *Pasteur* (1re partie).

veau. L'*Apocalypse* de saint Jean produisit du reste, comme les Évangiles, plus d'une imitation : on lut dans quelques églises des *Apocalypses de saint Pierre*, de *saint Paul*, de *saint Thomas*, etc.[1] ; la littérature et l'art des chrétiens se sont plus d'une fois complu à cacher un enseignement profond sous de poétiques symboles et de riantes allégories[2]. Hermas devance le Dante, et il y a comme une parenté lointaine entre son roman didactique et la grande épopée catholique du treizième siècle. Hermas a lui aussi sa *Béatrix*, figure à la fois allégorique et réelle, qui représente l'amour détaché des sens, et qui rappelle à l'âme émue de l'écrivain une femme aimée[3].

Le fond de l'ouvrage d'Hermas est aussi riche que la forme en est originale : c'est un manuel à peu près complet de morale chrétienne, qu'il serait curieux de comparer avec le *Manuel* de morale stoïcienne, composé vers la même époque par Épictète. Dans le *Pasteur*, l'enseignement est souvent voilé, comme l'indique la division, du reste assez moderne, de l'ouvrage en *Visions*, *Préceptes* et *Similitudes*. Le livre d'Épictète, au contraire, est tout didactique; et cependant, si l'on se demande lequel devait avoir

1. V. Fabricius, *Cod. apocr.*, *pass.*
2. V. Ozanam, *Civilis. au cinquième siècle*, t. II, p. 265.
3. V. Saint-Marc Girardin, *Cours de litt. dramat.*, t. II, au sujet de l'*amour platonique*. M. Rigault (art. cité) se trompe lorsque, dans sa comparaison de Béatrix et de la jeune fille d'Hermas, il signale en celle-ci une personnification de l'Église. L'Église, dans l'ouvrage d'Hermas, est personnifiée par une autre figure, par celle d'une vieille femme.

le plus d'action sur les âmes, il n'y a pas de doute possible, c'est celui d'Hermas. Dans cette comparaison éclate la supériorité qu'avait la religion chrétienne sur le stoïcisme pour le gouvernement des âmes. D'un côté, l'on voit des aspirations ambitieuses, de l'autre, des préoccupations toutes pratiques. Tandis que le stoïcien Épictète s'évertue à faire de l'homme plus qu'un homme, le chrétien Hermas, développant les maximes de l'Evangile, se contente de prêcher la pureté intérieure, la discipline domestique, la réforme de l'individu, de la famille et de la société par la pénitence.

Du *Pasteur* d'Hermas au livre de Palladius sur les *Brachmanes*, qui est aussi un roman moral, il y a une distance de trois siècles. Qui croira que cet intervalle n'ait pas été rempli par quelques ouvrages de ce genre? Pendant ces trois siècles, la littérature chrétienne avait pris un développement considérable, et elle commençait à lutter pour la fécondité avec les littératures profanes. Palladius, évêque d'Hélénopolis en Bithynie, disciple et panégyriste de saint Jean Chrysostome[1], appartient à cette classe de vaillants athlètes du christianisme, qu'une généreuse rivalité poussait dans le quatrième siècle à disputer aux païens le prix de l'éloquence et la gloire littéraire. Moins heureusement doué que les Basile, les Grégoire et les Chrysostome, il n'atteignit pas leur renommée, mais son nom est digne d'être cité

---

1. V. saint Jean Chrysostome, édit. des Bénédictins, t. XIII, et *Préface* de ce volume. Fabricius, éd. Harles, X, 108; C. Müller, dans son édition du *Faux Callisthène*, où est inséré cet ouvrage, p. 102 et suiv. (à la suite d'Arrien, coll. Didot).

un peu après le leur pour son *Histoire Lausiaque* ou *Vie des saints du désert*, et surtout pour son roman sur les *Brachmanes*.

L'ouvrage de Palladius, à ne considérer que la forme littéraire, ressemble plus aux productions d'Iambule et d'Antoine Diogène qu'au livre d'Hermas : ce n'est pas un récit apocalyptique, c'est un tableau d'une société de sages. Au premier abord, il peut sembler étonnant qu'un évêque, après avoir célébré les vertus des solitaires chrétiens, se mette à exalter des solitaires étrangers au christianisme. Mais qu'on y prenne garde. C'est encore une apologie, mais cette fois une apologie détournée de la vie monastique. Ce genre de vie était alors, de la part des païens et même de la part de quelques chrétiens, en butte à des attaques aveugles ou calomnieuses. Qu'on ne cherche donc pas dans le livre de Palladius une fidèle peinture de la vie des sages indiens; qu'on ne croie pas, malgré toutes les autorités alléguées, qu'il y ait rien d'historique dans la scène où paraît Alexandre, et dans laquelle le chef des Brachmanes, Dandamis, dénonce au roi de Macédoine l'ambition et la vanité du transfuge Calanus; qu'on ne soit pas surpris de trouver sur les bords du Gange un homme fort instruit des choses de la Grèce, qui fait avec connaissance de cause la satire des platoniciens, des stoïciens et des épicuriens. Ce tableau de la sagesse indienne n'est qu'un leurre ; reconnaissons ici la rhétorique grecque et l'inspiration chrétienne.

La peinture de la vie des Brachmanes n'était pour Palladius qu'un lieu commun, prêtant à des développements moraux; c'est ce qu'elle avait toujours été depuis les premières histoires d'Alexandre jusqu'à la vie d'*Apollonius de Tyane*, aux *Clémentines*, et à l'ouvrage du faux Callisthène, qui se grossira du roman de l'évêque d'Hélénopolis. Palladius a tort d'invoquer Arrien, « ce disciple d'Epictète qui, par « la générosité de sa nature, s'éleva jusqu'à la philo- « sophie. » Il y a bien dans Arrien [1] quelques mots sur les gymnosophistes, sur Dandamis et sur Calanus; mais on n'y trouve pas trace du petit drame qu'imagine Palladius et qui est une évidente réminiscence du morceau de Dion Chrysostome, où ce rhéteur raconte à sa manière l'entrevue d'Alexandre et de Diogène. Qu'on songe à la vie de Palladius, qui fut l'ami fidèle de saint Jean Chrysostome et qui partagea les persécutions exercées contre l'archevêque de Constantinople; on verra dans le contraste établi entre Dandamis, ce philosophe si détaché des biens de ce monde, et Calanus, ce faux sage, ce contempteur d'une vie qu'il a délaissée, autre chose que des portraits fort inexacts des sages indiens. Ces protestations si vives et plus d'une fois renouvelées contre certaines calomnies [2], nous disent assez que nous avons sous les yeux non-seulement un roman moral, mais une œuvre de polémique. Ce ne sont pas les Brachmanes qui sont en cause, ce sont les moines ou les prêtres chrétiens. Peut-être Palladius désigne-t-il quelqu'un d'entre eux qui, rentrant avec éclat dans le monde, se serait porté l'accusateur de ceux qu'il avait aban-

---

1. *Anabase*, VII, 1.
2. V. dans le *Pseudo-Callisth.* publié par C. Muller, III, 12 et 16.

donnés. Voyez en quels termes Dandamis parle de son adversaire : « Pour nous, Alexandre, Calanus
« est un homme méprisable. Il a quelque temps
« imité notre vie; mais comme *il n'aimait pas Dieu*,
« il nous a laissés pour s'enfuir chez les Grecs; et
« comme il avait vécu dans notre société, et *qu'il*
« *avait été témoin de nos mystères*, il est allé les
« afficher au milieu des nations profanes, puis *il*
« *s'est précipité dans le feu éternel*[1]. » N'y a-t-il pas
dans cette cruelle allusion au bûcher de Calanus
comme une menace des feux de l'enfer qui attendent
le renégat?

Le livre de Palladius paraît donc avoir été, comme celui d'Hermas, une allégorie. L'allégorie étant l'arme naturelle des faibles et des opprimés, les chrétiens durent l'employer plus d'une fois. Un autre écrivain du quatrième siècle, qui devint aussi un évêque, Synésius, nous a laissé un ouvrage qui est à la fois un roman philosophique, une démonstration de la Providence, et un tableau allégorique de quelques événements contemporains qui servent de prétextes et d'arguments à cette démonstration. Il a pour titre *Récit égyptien* ou *De la Providence*.

Synésius lui-même, dans un morceau qui sert soit de préface, soit d'épilogue à son roman, avertit le lecteur du double sens, à la fois historique et figuré, que présente sa narration. « Cet écrit, » dit-il, « contient « l'histoire du temps présent. » Vers l'an 399[2], onze ans avant que Synésius eût accepté la chaire épisco-

---

1. V. dans le *Pseudo-Callisth.*, III, 16. — 2. V. Clausen, *De Synesio philosopho*, Hafniæ, 1831, in-12, p. 25.

pale de Ptolémaïs, il avait été chargé par ses compatriotes d'aller à Constantinople y présenter leurs doléances. Il s'était acquitté de sa mission avec autant d'habileté que de courage ; et, bien qu'il n'eût pas craint de faire entendre à l'empereur Arcadius de sévères leçons [1], il sut quelque temps se maintenir sans disgrâce dans une cour livrée aux intrigues de l'eunuque Eutrope et à l'ambition du Goth Gaïnas. On suppose que c'est vers cette époque que Synésius composa son *Récit égyptien*, ainsi nommé parce que la scène est placée en Égypte et que les noms des personnages sont empruntés à la mythologie de cette contrée.

Ce roman a souvent exercé la sagacité de la critique, qui n'a pas encore réussi à interpréter dans tous leurs détails les allégories dont il se compose. Un érudit du seizième siècle a vainement essayé de les préciser dans une dissertation spéciale [2] ; le père Pétau [3], J. Godefroy [4] et Lebeau [5] pensent qu'il y est fait allusion à quelque sédition des Goths. Fabricius [6] suppose que Synésius désigne sous le nom de *Typhon* et sous celui d'*Osiris* le préfet du prétoire Aurélien. Néander [7] a prouvé qu'il ne pouvait avoir été fait allusion à Gaïnas, mais qu'il s'agit de quelque autre chef d'une faction politique. Clausen adopte l'opinion de Fabricius, modifiée par Néander.

Il est probable, en effet, que Synésius, durant son

1. V. son *Discours sur la royauté*. — 2. E. Rudinger, *De Ægyptiaco Synesii*, Basil. 1556, in-8°.— 3. Édition de Synésius, p. 34, n. — 4. V. *Cod. Theod.*, t. III, p. 106, n. — 5. *Hist. du Bas-Emp.*, liv. XXVII, ch. XII.—6. *Bibl. gr.*, Harles, t. IX, p. 194. —7. *Der heiliger Chrysostomus und sein Zeitalter*, Theil II, n. 33.

séjour de quelques années à Constantinople, se joignit au parti de plus en plus faible des hommes de cœur qui supportaient avec impatience la tyrannie insolente des Goths. A la tête de ce parti était Aurélien, qui dut subir un exil de quelques années et céder aux intrigues d'un rival soutenu par les Barbares. C'est ce rival, quel qu'il soit, qui est désigné sous le nom de *Typhon ;* les Goths deviennent des *Scythes* dans l'ouvrage de Synésius, qui ne les appelle pas autrement dans son discours adressé à l'empereur Arcadius ; quant à Synésius, il semble s'être peint lui-même sous les traits d'un fidèle ami d'Osiris, à l'âme noble, au caractère rude et encore aigri par la disgrâce de son bienfaiteur. Comment, en effet, ne pas le reconnaître dans cet étranger qui ose prendre devant Typhon la défense d'Osiris, dans ce philosophe qui ne sait pas se faire aux mœurs de la cour, dans ce poëte « qui chante ses vers sur le « mode dorien, seul propre, selon lui, à exprimer « les sentiments graves ; qui ne prodigue pas ses vers « à la foule, mais qui ne daigne les confier qu'aux « oreilles capables de comprendre de mâles accents, « ennemies des fadeurs et fatiguées des molles har- « monies[1] ? »

Pour lever tous les voiles dont est couvert ce prétendu mythe égyptien, pour substituer des faits précis à toutes les réticences dont l'auteur enveloppe sa

---

[1]. Voir le passage entier à la fin du premier livre, et rapprocher de ce portrait de poëte l'*Hymne I* de Synésius, dont M. Villemain a donné une traduction dans son *Tableau de l'éloq. chrét. au quatrième siècle*.

pensée, sous prétexte de respect pour les mystères, il faudrait étudier dans tous ses détails l'histoire des intrigues dont la cour d'Arcadius fut le théâtre et qui, par leur multiplicité, ont lassé la plume des historiens du Bas-Empire. Qu'il nous suffise de signaler dans l'ouvrage de Synésius un tableau animé de l'empire d'Orient en proie tout ensemble aux révolutions de palais et à l'occupation injurieuse et menaçante des Barbares. Le fond même de l'allégorie atteste le profond abaissement où était tombée l'autorité souveraine, et le peu de place que l'empereur tenait dans l'empire : Arcadius n'est pas représenté dans cette fable, et ce sont deux courtisans rivaux qui sont figurés sous les noms de deux rois d'Égypte. L'exil et le retour d'Osiris, ce n'est autre chose que la proscription et le rappel d'un préfet du prétoire.

Un autre trait qui, non moins que celui-là, est un indice frappant de l'époque, c'est cette démonstration de la Providence entreprise à l'occasion d'un tel récit. Il y a des moments dans la vie de l'humanité où, par suite de grandes émotions, il semble que la pensée de Dieu se retire, que la notion d'un Être suprême, d'une Providence veillant sur le monde, s'obscurcit aux yeux du vulgaire : alors les hommes que leur intelligence fait les guides de leurs contemporains sentent le besoin de raffermir dans les âmes ces croyances ébranlées, et ils ne manquent aucune occasion de placer en quelque sorte cette démonstration salutaire. Jamais époque ne fut plus assaillie de doutes sur l'intervention de la Divinité dans les choses de ce monde que la fin du quatrième siècle et le commencement du cinquième siècle de l'ère chrétienne. Et en effet, fut-il jamais une époque plus bouleversée, plus ouverte au désespoir et au découragement? Les Barbares se ruaient de tous côtés sur l'empire, les antiques dieux semblaient abandonner leurs temples déserts, et l'on voyait avec étonnement surgir un Dieu inconnu; chacun se sentait menacé dans ce qu'il avait de plus cher, les anciennes croyances s'écroulaient, la foi nouvelle n'était pas encore assise. C'est alors que Paul Orose, pour confondre les païens et les incrédules, montrait partout le doigt de Dieu dans l'histoire; c'est alors que saint Augustin, dans sa *Cité de Dieu*, exposait les conseils de la divine Providence et en suivait les applications dans les destinées de l'Église. Tandis que ces grands esprits donnaient de si larges développements à cette importante question, Synésius l'envisageait de moins haut : la chute d'un favori, l'élévation d'un autre lui expliquaient la Providence. C'est ainsi que le châtiment de Rufin forçait Claudien d'absoudre les dieux.

La partie philosophique de ce livre est assurément la plus faible : d'abord c'est une assez mauvaise démonstration de la Providence que celle qui s'applique ainsi à un fait spécial, et il y a une témérité peu digne d'un philosophe à prendre un argument dans le triomphe d'un homme vertueux : le triomphe du méchant est assez fréquent pour compromettre la démonstration. Nous n'aimons pas davantage cette peinture idéale de deux types contraires et absolus faite sous les noms d'Osiris et de Typhon : il y a peu d'hommes parfaitement bons, il n'y en a pas d'absolument mauvais. Aux types que Synésius s'est proposé d'esquisser, nous ferons l'objection qu'ont faite les critiques à la peinture du *Méchant*, tracée par un auteur comique du dix-huitième siècle : ce n'est pas un caractère réel, c'est une abstraction.

Ce défaut nuit un peu à la fable de Synésius; mais ce que l'esprit de système du philosophe enlève de réalité au récit, l'impression toute présente du citoyen le lui rend. Les portraits sont chargés, mais ils sont vivants : on voit qu'ils sont peints d'après nature. Celui de Typhon surtout se fait remarquer par son relief. Tandis que l'auteur indique en termes un peu vagues et généraux les qualités d'Osiris, il s'arrête à énumérer tous les défauts de Typhon : c'est un prince aussi cruel qu'il est lâche et efféminé, qui ne sort de son indolence que pour entrer dans des accès de fureur, qui ne se plaît que dans la société des hommes sans foi et sans mœurs, qui passe des plus vaines subtilités de l'esprit à un engourdissement semblable à une véritable léthargie. L'ambitieuse compagne de Typhon n'est pas moins fermement crayonnée; et, parmi les récits romanesques de cette époque, il en est peu dont les héros offrent des traits aussi arrêtés. Tout cela forme une peinture de mœurs vraiment saisissante : l'imagination qui crée des figures et des personnes a pris la place de la raison qui compose des allégories et des abstractions. La part qui est faite à la mythologie, au symbole, aux considérations méta-

17.

physiques, ne nuit en rien au caractère tout humain du récit de Synésius : le philosophe cède toujours au narrateur, et si la dissertation se mêle quelquefois à l'exposition des faits, elle s'y rattache toujours avec assez d'art, sans empiéter sur elle ni la déborder. C'est ainsi que la doctrine sur la Providence est en grande partie mise dans la bouche du père d'Osiris, qui instruit son fils des choses qu'il importe le plus à un roi de connaître et de méditer.

En esquissant le tableau des vicissitudes de l'histoire profane et sacrée jusqu'au cinquième siècle, nous avons indiqué[1] une dernière source du roman dévot : c'est la légende des saints, surtout celle des saints du désert. On peut le dire sans irrévérence, les légendes des saints ont tenu dans la société chrétienne la place qu'avaient tenue dans l'antiquité les récits mythologiques. De même que l'imagination païenne avait brodé autour des vieux mythes de poétiques narrations, de même l'imagination chrétienne se plut à mêler à l'histoire des héros de la foi et de l'abstinence toute sorte d'embellissements romanesques. Tout concourait, comme l'a fait remarquer un historien dont l'autorité n'est pas suspecte[2], à ces pieuses et souvent involontaires altérations de la vérité : l'éloignement du désert, la distance des temps, le peu de sûreté des traditions orales. De là sont venus tant de récits édifiants pour les âmes simples, mais qui offrent tant de prises à la critique

---

1. V. troisième partie, ch. I.
2. Ozanam, *Civilisation au cinquième siècle*, t. II, p. 199.

historique[1]. Ces récits, qui, sous le nom de *Légende dorée*, formèrent une partie si importante de la littérature du moyen âge[2], et qui, vers le huitième siècle, mêlés au souvenir de fables indiennes, produisirent le roman de *Barlaam et Josaphat*[3], ces récits charmèrent dès le quatrième siècle de l'ère chrétienne les âmes candides et naïves. C'est pour elles qu'ils furent composés : les auteurs ne se sont guère souciés de fournir des matériaux à l'histoire ni d'éviter les objections de la critique. Ils n'avaient qu'un but, l'édification des fidèles. Saint Jérôme, par exemple, cherchait-il autre chose lorsqu'il ra-

1. V. Tillemont, *Mém. pour servir à l'hist. ecclés.*, t. I, *Avertissement;* Mabillon, *OEuvres posth.*, t. II, p. 367.

2. V. A. Maury, *Essai sur les légendes pieuses du moyen âge*, Paris, 1843; J.-V. Leclerc, dans l'*Hist. litt. de Fr.*, t. XXIII, p. 116.

3. Cet ouvrage est inspiré tout entier par la vie des Pères du désert. L'un des héros de ce roman dévot est un fils de roi qui, grâce aux bons conseils d'un pieux ermite, dompte toutes les séductions de la jeunesse, de la fortune et du pouvoir. Il finit par aller retrouver son maître au désert ; il meurt auprès de lui, après avoir eu, dans une vision, un avant-goût des délices du céleste séjour. Les corps des deux ermites sont, après leur mort, entourés de vénération. L'intérêt dramatique du récit vient surtout de la résistance opposée par le père à la passion de son fils pour la vie ascétique; mais, à la fin, il se trouve que le père lui-même est gagné : la grâce vient le toucher à son tour, et s'il ne meurt pas ermite, il meurt chrétien fervent. — Ce n'est pas sans raison que cet ouvrage a été attribué à saint Jean Damascène, à ce gouverneur de Damas, qui avait été choisi pour ce poste par les califes de Bagdad, quoique chrétien, et qui le quitta pour se vouer à la vie monastique. — Le texte grec de la *Vie de Barlaam et Josaphat* a été publié par Boissonnade, *Anecdota græca*, t. IV; on en trouve une analyse dans le *Miroir historial* de Vincent de Beauvais, liv. XV, ch. I et suiv. C'est le sujet du *Mystère du Roy advenir* (quinzième siècle).

contait les *Vies*, si pleines de merveilleux, *de saint Paul l'Hermite, de Malchus* et *de saint Hilarion?* Il ne songeait guère, et il n'est pas venu davantage à l'esprit de tous les narrateurs de légendes pieuses au moyen âge, qu'un jour on contesterait toutes ces apparitions d'anges, toutes ces histoires de lions qui respectent les hommes saints ou d'animaux sauvages qui les servent comme les animaux domestiques servent les autres hommes.

Peut-être y aurait-il quelque indiscrétion de la part de la critique à venir, en quelque sorte de gaieté de cœur, discuter ces récits qui font le charme de certaines âmes. Mais la critique, en même temps qu'elle respecte le véritable domaine de la foi, a le droit de défendre l'histoire contre les empiétements de tous les récits fabuleux dont le voisinage est dangereux pour la science ; elle a droit de protester contre les exagérations inintelligentes qui réclameraient pour de pieuses fictions l'inviolabilité des choses de la foi. Malgré toutes les fables dont sont remplis les *Evangiles* apocryphes, les *Actes des apôtres* apocryphes et les *Vies des saints du désert*, combien n'y a-t-il pas de ces narrations qui se sont glissées dans l'histoire ou qui ont usurpé la considération de documents historiques! L'influence de ces récits fabuleux propagée à travers les siècles par la tradition populaire, consacrée par une foule d'œuvres d'art [1], subsiste encore aujourd'hui et se trahit

---

[1]. V. Ayala, *Pictor christianus eruditus*, Matriti, 1703; Ph. Rohr, *Diss. de pictore errante in hist. sacrâ*, Lips., 1679; P.-C. Hilscher, *Disputat. de erroribus pictorum circa nativ. Christi*; Molanus, *Hist.*

dans plus d'un livre contemporain destiné à l'édification des fidèles.

CHAPITRE IV

ROMANS SUR LA VIE DES HOMMES CÉLÈBRES. — SECOND AGE DU ROMAN D'ALEXANDRE.

Lettres apocryphes des hommes célèbres. — Biographies fabuleuses d'Ésope avant celle de Planude. — *Vie d'Homère*, faussement attribuée à Hérodote, et autres Vies fabuleuses d'Homère. — *Vie de Virgile*, attribuée à Donat. — Biographies d'Hippocrate. — Roman d'Alexandre. — Quinte-Curce. — Le faux Callisthène.

Il est peu de noms célèbres dans l'antiquité qui n'aient éveillé l'imagination des rhéteurs : l'époque Romaine a été féconde en narrations fabuleuses sur la vie des grands hommes de guerre, des grands philosophes, des grands poëtes, des hommes illustres en tout genre. Sans doute les hommes de guerre, dont la renommée est plus retentissante que celle de tous les autres, s'imposaient d'abord à l'imagination, et de là, les romans sur Cyrus, sur Alexandre, sur les héros de la guerre de Troie. Mais comment les rhéteurs eussent-ils négligé les autres célébrités ? Était-il des sujets plus ouverts à la fiction que ces existences d'hommes sur lesquels l'histoire se tait d'ordinaire, et dont le nom cependant n'est prononcé qu'avec enthousiasme ou respect ? Qu'on parcoure les biographies des grands hommes que l'anti-

sanctar. imaginum, Lovanii, 1574, in-8°; Hase, *Journ. des Savants*, 1833.

quité nous a laissées, il en est peu qu'on ne trouve pleines de fables, et qui ne réunissent aux récits de la légende des inventions propres à l'écrivain qui l'a recueillie.

Combien y a-t-il de détails vraiment historiques dans toutes ces biographies? Combien n'y rencontre-t-on pas de récits romanesques forgés à plaisir pour amuser l'imagination et entretenir une admiration crédule? Nous avons quelque peine à nous représenter l'auteur des *Philippiques* s'enfermant dans un souterrain, et, pour s'obliger lui-même à demeurer dans sa retraite pendant plusieurs mois, se faisant raser à demi la tête et le visage; ou bien, pour corriger divers défauts de prononciation et de gestes, s'exerçant à parler sur les bords de la mer, la bouche embarrassée de cailloux, et déclamant avec une épée suspendue au-dessus de ses épaules. Nous n'admettons pas non plus sans réserve tout ce qui a été raconté sur Archiloque, l'irréconciliable ennemi de Lycambe, sur Sapho, le beau Phaon et les Lesbiennes, sur Ibycus et ses grues, sur Arion et son dauphin, sur tant d'autres poëtes dont la biographie ne nous est parvenue qu'entourée d'une foule de circonstances extraordinaires.

La vie des grands hommes ne pouvait que devenir fabuleuse entre les mains des rhéteurs, qui en faisaient le sujet de leurs exercices de déclamation. Lorsque Dion et Lucien composaient leurs Dialogues, l'un sur Diogène, l'autre sur Démosthène ou sur Anacharsis et Solon, la vérité historique était, à coup sûr, le moindre de leurs soucis. Elle n'inquiétait pas davantage tous les sophistes qui, soit pour exercer leurs élèves, soit pour abuser des lecteurs crédules, répandirent en si grand nombre, durant l'époque Romaine, des *Lettres* apocryphes sous les noms des hommes les plus célèbres de l'antiquité. Ce fut là un des écueils les plus dangereux de l'histoire : ces *Lettres*, qui ont trop souvent été considérées comme des documents authentiques, ne sont en réalité qu'une des variétés du roman dans les temps anciens. Elles abondent en circonstances fabuleuses dont la critique a fait justice [1] ; mais, parmi ces *romans par lettres*, quelques-uns ne sont dépourvus ni d'intérêt ni de talent : dans ce nombre, on distingue les *Lettres* mises sous le nom de Chion d'Héraclée, contemporain de Xénophon, et qui ont été composées sans doute par quelque néo-platonicien du quatrième siècle de l'ère chrétienne [2].

La plupart des biographies d'hommes célèbres n'ont formé que sous l'époque Byzantine un corps de narrations romanesques. Mais dès l'époque Romaine, et même dès l'époque Alexandrine, les éléments de ces narrations se rencontrent soit dans des biographies plus sérieuses, quoique déjà mêlées de fables, soit dans les écrits des grammairiens et des commentateurs. Ainsi, longtemps avant que le moine Planude composât son roman sur Ésope, la vie du

1. V. Bentley, *Diss. philol.* Sur les lettres attribuées à Diogène et à Cratès, V. Boissonnade, dans les *Notices et extraits des manuscrits de la Bibl. royale*, t. X, deuxième partie, p. 130; t. XI, deuxième partie, p. 1.

2. V. Schœll, *Litt. gr.*, II, 281; Fabricius, *Bibl. gr.*, t. III, p. 168, Harles.

fabuliste s'était chargée d'une foule de légendes étranges, de contes imaginés à plaisir. Il y a bien loin de l'homme qu'Athènes honorait d'une statue à l'homme que nous dépeint Planude : le sentiment de la beauté était trop puissant chez les Athéniens pour qu'ils aient jamais pu élever sur une de leurs places publiques une statue à un homme contrefait, eût-il été un des sept sages. C'est plus tard qu'il a paru ingénieux de présenter dans la personne d'Ésope l'extrême difformité du corps et l'extrême finesse de l'esprit. Le type plaisant et spirituel du Phrygien, inventé par quelque grammairien ou quelque rhéteur pour l'amusement des enfants qui apprenaient ses fables, se grava profondément dans l'imagination ; et dès lors chaque rhéteur se plut à entourer cette figure populaire de toutes les circonstances qui pouvaient la rendre plus piquante et plus originale [1].

Par un privilége du sujet (le talent de l'auteur n'y était pour rien), la popularité était assurée à cette littérature de sophistes. Rien n'est en effet aussi populaire, après le culte de la Divinité et celui de la patrie, que le culte des grands hommes. Mais les ouvrages qui obtenaient ainsi la bonne fortune de se répandre vite n'avaient pas l'avantage de l'inviolabilité, que le génie donne seul. Tandis que les chefs-d'œuvre d'Homère, de Virgile, de Démosthène, de Cicéron, étaient protégés par l'admiration des

---

[1]. V. sur la vie d'Ésope les jugements de Camérarius, Bachet de Méziriac, Jacobs, Coray, Bentley, Tyrwhitt, etc., contrôlés et complétés par Grauert, *De Æsopo*, p. 21 et suiv.

hommes éclairés[1], la littérature populaire était aussi mobile que les goûts du public à qui elle s'adressait. Elle changeait pour ainsi dire de génération en génération : et comme son principal objet était de consacrer la gloire des grands capitaines, des grands écrivains, des grands artistes, des grands savants, la vie de ces hommes illustres se renouvelait en quelque sorte à chaque siècle, les traits primitifs de ces grandes figures s'effaçaient peu à peu, et il ne restait plus à la fin que des portraits de fantaisie décorés de noms historiques. Dans la vie d'Alexandre, par exemple, chaque époque a laissé son empreinte ; il n'est pas possible d'assigner une date à l'ouvrage entier, parce que les différentes parties dont il se compose ne sont pas du même temps, mais un œil exercé peut distinguer à quel âge remonte chacune de ces parties. C'est un caractère propre à la littérature populaire de tous les temps, d'être ainsi soumise à de perpétuels remaniements ; et le moyen âge, comme l'antiquité, nous offre de ce fait une preuve bien frappante. Par combien de formes, en effet, n'ont point passé les romans de *France*, de *Bretaigne* et de *Rome la Grant* depuis les premières *chansons de geste* jusqu'aux versions en prose du quinzième siècle ! Les manuscrits mêmes du treizième siècle portent la trace de plus d'un remaniement antérieur, dans ces diverses leçons d'un même

---

1. Les chefs-d'œuvre eux-mêmes n'étaient pas toujours respectés, témoin l'*Aululuria* de Plaute, qui, remanié vers le quatrième siècle, devint le *Querolus*. L'*Amphitryon* et le *Miles gloriosus* n'ont plus gardé au moyen âge que leurs titres. (V. sur ces ouvrages J.-V. Leclerc, dans l'*Hist. litt. de Fr.*, XXII, 41 et suiv.)

passage, qui souvent sont mises à la suite les unes des autres, et surprennent le lecteur qui n'est pas averti de l'origine de ces variantes.

Il y a longtemps que la critique a fait justice de la fraude qui attribuait à Hérodote le roman connu sous le titre de *Vie d'Homère*[1]. Dans une récente dissertation sur cet ouvrage[2], on s'est attaché à montrer que le dialecte dans lequel il est écrit, la grammaire dont il suit les règles, et le lexique dont il fait usage ne sont ni le dialecte, ni la grammaire, ni le lexique du vieil Hérodote ; la démonstration est complète. On a même fait observer que certaines expressions ne sont pas entrées dans la langue grecque avant l'époque de Dion Chrysostome et de Lucien, que d'autres trahissent la plus basse grécité, et n'ont guère pu passer dans l'usage avant le onzième ou le douzième siècle[3]; mais cela ne suffit pas. Il ne faut pas croire que nous ayons dans cette *Vie d'Homère* un ouvrage homogène, auquel la critique puisse assigner telle ou telle date. A côté des traces d'une origine assez moderne, on rencontre des indices d'une composition beaucoup plus ancienne. Certain conte sur une énigme qui aurait été posée à Homère par de petits pêcheurs, et qu'il n'aurait pu résoudre[4], se trouve dans un contemporain d'Auguste, dans Valère Maxime[5], avec une cir-

1. V. Fabricius, *Bibl. gr.*, Harles, t. II, p. 320.
2. Meunier, *De Homeri vitâ quæ sub Herodoti nomine circumfertur*, 1857, in-8°.
3. Meunier, *ouvr. cité*, p. 38 et 42.
4. Pseudo-Hérodote, *Vie d'Homère*, ch. XXXV.
5. IX, 12, *ext.* 3.

constance de plus : c'est qu'Homère fut tellement sensible à cette humiliation qu'il en mourut de chagrin.

Rien ne prouve que les premiers linéaments de cette biographie n'aient pas été tracés au temps, sinon de la main de l'historien d'Halicarnasse. Mais depuis, combien de grammairiens n'y ont-ils pas touché ! Combien n'a-t-elle pas changé, en passant d'école en école ! On peut dire que c'est l'œuvre collective de tous les grammairiens grecs depuis l'époque Attique jusqu'aux derniers temps de l'époque Byzantine. Tous ont eu à cœur de présenter le portrait le plus accompli du poëte dont les œuvres faisaient le fond de leur enseignement ; et ils n'ont pas cru pouvoir rien faire de mieux que de le peindre à leur image.

Qu'est-ce, à leurs yeux, que le chantre de l'*Iliade* et de l'*Odyssée?* Un grammairien de génie, un Callimaque grandi et idéalisé. Il est adopté par un certain Phémius, maître de grammaire et de musique à Smyrne, qui lui lègue ses biens, son art et son école. Ruiné par des voyages et frappé de cécité, il est recueilli par un hôte perfide, le grammairien Thestoridès, qui écrit sous sa dictée la *Petite Iliade* et se l'attribue. Plus tard, il devient précepteur des enfants d'un riche citoyen de Chio, puis établit une école dans cette île, et se fait comme grammairien une aisance à laquelle il n'avait pu parvenir comme poëte. Tel est le roman scolastique où se complurent les grammairiens de diverses époques ; ils se croyaient, dans leur naïve vanité, intéressés à revendiquer comme une des gloires de leur art le plus grand nom de la littérature grecque.

Les cinq autres *Vies d'Homère*, qui nous sont restées, ne sont pas beaucoup plus historiques que la précédente. Il y en avait d'autres encore qui ne nous sont pas parvenues. Dans quelqu'une de ces dernières apparaissait le patriotisme mal entendu des Egyptiens, réclamant pour leur patrie l'honneur d'avoir fourni à la Grèce ses plus grands hommes. La fable de Nectanébo, dans le faux Callisthène, est renouvelée pour Homère à quelques différences près. La femme d'un grand prêtre d'Egypte, s'étant endormie dans le temple, fut visitée par un dieu qui la rendit mère : l'enfant, qui avait été le fruit de ce commerce, garda un signe de sa naissance merveilleuse [1]. Le grand prêtre, moins flatté qu'Amphitryon d'un partage avec le dieu, ne voulut pas reconnaître l'enfant et le chassa loin de lui. Homère, à la fois sans famille et sans patrie, erra toute sa vie loin de l'Egypte, cachant à tous son origine. Ce conte, rapporté par Héliodore, n'était pas de l'invention de ce romancier : la tradition qui faisait Homère Égyptien était déjà fort répandue au temps de saint Clément d'Alexandrie [2], et Lucien ne l'a pas oubliée dans son *Histoire véritable* [3]. D'après une légende dont l'inspiration est la même, Homère aurait fait un voyage en Egypte pour

---

1. Il avait les cuisses couvertes de poils épais. De là, selon le biographe, son surnom d'Homère (ὁ μηρός, la cuisse). V. ce récit dans Héliodore, *Théagène et Chariclée*, III, 14; et sur cette légende, Casaubon, *Notes à Athénée*, IV, 14; Fabricius, *Bibl. gr.*, Harles, I, p. 327, et Coray, *Notes à Héliodore*, t. II, p. 128.

2. V. *Stromat.*, dans Bourdelot, n. à Héliod., *loc. cit.* — 3. II, 20.

connaître la religion de ce pays[1]. C'est par de prétendus voyages en Egypte qu'on expliquait et qu'on exagérait l'obscure, mais incontestable diffusion des doctrines orientales en Occident. On supposait également un voyage en Egypte d'Orphée, de Musée, de Mélampe, de Lycurgue, de Solon, de Platon, de Pythagore, de Démocrite, du mathématicien Eudoxe, des sculpteurs Dédale, Téléclès et Théodore[2]. Ces fables, une fois inventées, se répétaient dans les diverses biographies des hommes célèbres.

La *Vie de Virgile*, qui nous est parvenue sous le nom de Donat, n'est assurément pas du célèbre grammairien qui fut le maître de saint Jérôme : sa latinité n'est pas celle du quatrième siècle, mais trahit une décadence déjà plus avancée[3]. On a supposé qu'elle pouvait être de quelque grammairien du cinquième siècle, qui aurait aussi porté le nom de Donat. Il est probable que la rédaction que nous en avons est d'une époque encore plus récente; et peut-être le nom de Donat n'est-il qu'un nom d'emprunt qui indique seulement l'origine de cet ouvrage, c'est-à-dire quelque école de grammairien. Cette *Vie de Virgile* n'est autre chose qu'une compilation fastidieuse, où sont réunies la plupart des notions de biographie, d'histoire littéraire et de critique que les grammairiens donnaient à leurs élèves en leur commentant les vers du poëte. On y trouve, mêlés à des anecdotes sur

---

1. V. Diodore, I, 12, 96 et 97. — 2. V. Diodore, I, 12, 23, 96, 98.

3. On y trouve des mots comme « *agricolatio*, ch. I; *ad felicitandos homines*, ch. IV; *involare* (dérober) *quædam Virgilio...*, etc. »

l'homme, des détails sans intérêt et sans portée sur les genres littéraires, des dissertations grammaticales et critiques, des indications minutieuses sur chaque ouvrage. Il est permis de croire qu'on a sous les yeux des pièces de rapport qui sont venues successivement s'ajouter au texte primitif. Cette biographie, sans cesse retouchée et remaniée, n'est pas l'œuvre d'un grammairien, c'est l'œuvre de tous les grammairiens de la décadence : il y en a peu qui n'y aient mis la main. Les *Vies des poëtes* qui nous restent sous le nom de Suétone sont loin d'être des ouvrages remarquables, mais on voit du moins qu'elles ont été fondues d'un seul jet, et qu'elles n'ont qu'un seul auteur.

Parmi les traditions que rapporte le faux Donat, il y en a qui sont des fables évidentes, il en est d'autres qui ont pu être discutées par la critique. Au nombre de ces dernières est l'anecdote fameuse sur une lecture faite par Virgile devant Auguste et Octavie. En vain, la critique [1] s'est efforcée de mettre à néant un fait dont ne parlent ni Tacite, ni Dion, ni Suétone, ni Velléius Paterculus, ni Plutarque, et que semble réfuter un témoignage de Sénèque [2]; l'imagination, plus forte que la critique, retient cette fable, la mémoire des hommes de goût la protége, et la peinture en perpétue le souvenir. Mais toutes les fictions que présente cette *Vie de Virgile* sont loin

---

1. V, Mongez, *Acad. des Inscript.*, nouvelle série, VII, p. 64.
2. V. *Consol. ad Marciam* : « Nullam imaginem filii carissimi « voluit (Octavia), *nullam sibi fieri de illo mentionem, carmina cele-* « *brandæ Marcelli memoriæ composita, aliosque studiorum honores* « rejecit. »

d'être aussi ingénieuses. On fait encore grâce volontiers aux légendes populaires qui entourent la naissance de Virgile, comme celle de tous les hommes extraordinaires, d'une foule de circonstances merveilleuses; mais comment goûter les fables où se trahit l'imagination pesante des grammairiens? Comment aimer par exemple l'artifice qui transporte dans la vie du poëte et transforme en actes quelques-uns des préceptes des *Géorgiques*? Qui se figure Virgile, peu après son arrivée à Rome, soignant les chevaux d'Auguste, recevant pour cela un salaire et se faisant remarquer du chef des écuries impériales (*magister stabuli*) par sa rare perspicacité dans l'art du vétérinaire[1]? On s'étonnera moins de voir l'auteur de l'*Eglogue à Pollion*, représenté comme un habile devin et consulté comme tel par Auguste[2]; car on sait que Virgile ainsi que la sibylle de Cumes a été considéré par tout le moyen âge comme un prophète égaré chez les païens[3].

Que la vie des poëtes soit remplie de fables, cela s'accepte aisément; mais on aimerait à posséder une biographie authentique d'un bienfaiteur de l'humanité tel qu'Hippocrate. Or nous n'avons sur la vie du savant médecin, comme sur la vie de Virgile et d'Homère, que des narrations fabuleuses du milieu desquelles on dégage à grand'peine un petit nombre de faits certains[4]. Le reste appartient à la légende,

---

1. V. ch. III. — 2. V. ch. IV. — 3. V. le livre intitulé *l'Image du monde*. (*Hist. litt. de Fr.*, XXIII, 318; Buchon, *Chron. nat. fr.* t. XXVII, p. CXXIX.)

4. V. *Vita Hippocratis*, dans le recueil de Westermann (*Vitæ script. græc. minores*); Littré, *OEuvres complètes d'Hippocrate*, t. I,

par exemple le récit qui représente Hippocrate se dévouant, pendant la guerre du Péloponèse, pour la ville d'Athènes, où il n'est peut-être jamais allé, et refusant les offres magnifiques d'Artaxerce, pure fable qui réduit à néant le silence de Thucydide, ou plutôt son témoignage contradictoire. Ce conte et bien d'autres se retrouvent dans les trois *Vies d'Hippocrate* parvenues jusqu'à nous, et qui toutes les trois se reproduisent et se répètent. Il est aisé d'y voir comment la légende populaire d'un grand homme peut être remaniée de siècle en siècle, et se renouveler en restant la même. Celle qui paraît la plus ancienne, ou plutôt la moins récente, n'est qu'un remaniement d'une biographie antérieure écrite par un certain Soranus. Nous ne rechercherons pas, après quelques érudits, s'il s'agit d'un Soranus d'Éphèse, contemporain de Trajan, ou de quelque autre Soranus; car il est évident que cet écrivain, quel qu'il soit, n'avait fait lui-même qu'arranger des biographies ou compiler des parties de biographies composées avant lui. Cela se voit aux nombreuses autorités qu'allègue cette *Vie d'Hippocrate selon Soranus*. Pour trouver l'auteur premier de cette *Vie*, il faudrait remonter plus haut encore que les écrivains cités par Soranus, les Histomaque, les Arius de Tarse, les André de Caryste, les Ératosthène, les Phérécyde, les Apollodore, etc.

Introd., ch. II; Ch. Daremberg, *OEuvres choisies d'Hippocrate*, *Introd.*, p. XX et suiv. Le scepticisme radical d'un certain Boulet, *De Hippocratis vitâ, patriâ, genealogiâ forsan mythologicis*, 1804, n'est plus considéré que comme un paradoxe sans valeur.

Il n'est pas un nom célèbre dans l'antiquité qui ait sollicité l'imagination des rhéteurs avec plus d'énergie que celui d'Alexandre. Il y avait à cela plusieurs raisons : c'était un conquérant, sa conquête avait un caractère grandiose, et lui-même il avait, soit par politique, soit par vanité, encouragé certaines fictions sur sa naissance et sur les liens qui l'attachaient à Jupiter Ammon. Nous avons déjà vu comment de son vivant même, en plein âge de critique, à côté d'Aristote, la fiction légendaire ou romanesque s'était emparée de son nom, et comment le fils de Philippe était devenu le héros de véritables épopées en prose.

Quinte-Curce, que nous rencontrons tout d'abord dans cette revue des narrations fabuleuses sur Alexandre à l'époque Romaine, Quinte-Curce n'a fait ni une histoire comme Arrien, ni un roman comme Onésicrite, Clitarque ou Callisthène. Son ouvrage est un mélange de l'un et de l'autre genre. Quinte-Curce n'est pas un écrivain dépourvu de critique : il sait de combien de fables a été entourée l'histoire d'Alexandre; mais il ne veut pas écarter toutes ces fables, de peur de retrancher à son livre ses principaux agréments. Il se préoccupe surtout de plaire, et il est d'une époque où l'histoire plaisait d'autant plus qu'elle ressemblait moins à l'histoire.

Il suffit à Quinte-Curce, pour mettre en paix sa conscience d'historien, d'avoir prévenu qu'il ne croit pas tout ce qu'il rapporte, et que s'il conte des fables, il ne les prend pas pour des vérités [1]. Ne lui demandez

---

1. IX, 1 et 5.

pas de discuter des traditions, de préciser des dates, de peser des témoignages : ce n'est pas un historien qui se pique d'exactitude, c'est un rhéteur qui désire de beaux sujets pour exercer son éloquence ; il s'empare de tout ce qu'il peut embellir, et rejette le reste. De l'histoire il ne prend que les parties brillantes, celles qui confinent à la rhétorique : il s'attache à peindre les mœurs, à tracer des caractères, à faire sortir une leçon des événements.

Ce qu'il ambitionne le plus, après la gloire d'avoir bien dit, c'est le mérite d'avoir dit des choses utiles aux mœurs. Mais ici encore apparaît le rhéteur. Il ne développe que des lieux communs de morale, comme ceux qu'aimaient à traiter les élèves de Cestius Pius et de Porcius Latro [1]. Toutes les occasions lui sont bonnes pour placer quelqu'un de ces développements. Il les met aussi bien dans la bouche de Darius, de Porus ou des députés Scythes que dans la bouche du sage Philotas. Cependant cette préoccupation morale élève le talent de Quinte-Curce : elle fait que son ouvrage échappe à la banalité et à la monotonie du panégyrique : elle donne à son récit une sorte d'enchaînement et de progression. On a judicieusement remarqué [2] que Quinte-Curce a fort bien suivi les progrès que fait la corruption dans le cœur d'un prince enivré par le succès. Il montre Alexandre, après la victoire d'Arbelles, cédant à la volupté, subjugué par les vices des vaincus, et pervertissant à son tour les Macédoniens. Il

---

1. Voir les *Déclamations* de Sénèque le rhéteur, *pass.*
2. Sainte-Croix, *Historiens d'Alexandre*, p. 344.

le représente, après la mort de Darius, se livrant sans contrainte et publiquement à tous les caprices de ses passions. Il décrit la marche bachique du vainqueur des Indes, et achève le tableau par ce trait, qui est digne d'un maître : « A sa suite marchait un bourreau..... Tant il est vrai que la recherche du plaisir n'exclut pas la cruauté [1]. » Enfin, comme pour justifier cette remarque, il fait voir les crimes d'Alexandre mêlés à ses débauches, jusqu'au moment où le maître de l'Asie distribue les couronnes et fait tomber les têtes au gré de l'infâme Bagoas [2]. Après avoir lu Quinte-Curce, on ne s'étonne pas de voir le héros s'éteindre à trente-deux ans à la suite d'une orgie.

La part une fois faite à l'historien et au moraliste, il convient de faire la sienne au romancier [3]. Quinte-Curce lui-même nous y a autorisés, mais en même temps il nous a prévenus qu'il se borne à reproduire certains récits fabuleux, et ne les invente pas lui-même. Qu'il n'ait rien ajouté à ces récits, c'est ce que nous n'oserions affirmer; mais les sources de la plupart d'entre eux nous étant connues, il nous est permis de croire que son ouvrage n'est en effet qu'un élégant résumé, un choix discrètement fait des histoires fabuleuses d'Alexandre, qui avaient paru jusque-là, surtout de celle de Clitarque [4].

La plupart des récits fabuleux que nous avons

---

1. IX, 10. — 2. X, 1.

3. V. N.-E. Lemaire, *Quae Curtio habenda fides*, dans le troisième volume de son édition de *Quinte-Curce*.

4. Sainte-Croix, p. 102; C. Müller, *Script. rer. Alex.*, p. 74 sq.

déjà signalés chez les historiens d'Alexandre[1] s'y retrouvent, par exemple, sur les Amazones et sur Thalestris leur reine[2], sur Thaïs et l'incendie de Persépolis[3], etc. Au conte sur une ambassade que les Romains auraient envoyée à Alexandre[4], en correspond un autre sur une députation des Carthaginois aux Tyriens[5]. Les prodiges et les présages sont très-nombreux[6] : dans toutes les batailles, le nombre des pertes éprouvées par les Perses est fort exagéré, et tout à fait hors de proportion avec les pertes des Macédoniens[7]. L'habitude de l'hyperbole donne un air de fausseté à plus d'une description[8]. Enfin certains noms de personnages paraissent forgés à plaisir[9].

Parmi tant d'anecdotes que Quinte-Curce aime à raconter, et qu'il raconte avec talent, combien n'y en a-t-il pas qui ne sont autre chose que des épisodes inventés à plaisir pour intéresser et captiver le lecteur! Assurément il n'y a aucune raison pour révoquer en doute, comme on l'a fait[10], la magnanime confiance qu'Alexandre aurait montrée dans une circonstance critique à son médecin Philippe; mais il est permis de ne pas admettre comme historiques toutes les circonstances du récit que présente

---

1. V. deuxième partie, ch. II. — 2. VI, 5, 25. — 3. V, 7. — 4. VII, 95. — 5. IV, 3. — 6. IV, 2, 6 et 7 et *pass*. — 7. IV, 1, 14 et 16; VI, *init.*, etc. — 8. VI, 4; IV, 2 et 16; V, 4, etc. — 9. V. N.-E. Lem., *Quæ Curtio habenda fides*, p. 253.

10. V. Daunou, *Cours d'ét. hist.*, XII, p. 625. — Pour toutes les traditions qui concernent Alexandre, Daunou est d'une sévérité qui dépasse peut-être les bornes d'une sage critique. Sainte-Croix, plus réservé, nous semble plus judicieux.

Quinte-Curce[1]. Arrien[2] raconte que les Massagètes, craignant la colère d'Alexandre, égorgèrent le satrape Spitamène, dont ils envoyèrent la tête au roi de Macédoine. Le récit de Quinte-Curce est bien plus dramatique; il tourne au romanesque. Spitamène a une femme dont il est éperdument amoureux, mais l'ambition l'emporte sur l'amour. En vain sa femme le presse d'implorer la clémence du vainqueur : il prend ses conseils pour une trahison, et lève sur elle son cimeterre. Sa femme n'est sauvée que par l'intervention de ses frères. Quelques jours après, à la suite d'un festin, sa femme lui coupe la tête et va, toute couverte de sang, la porter elle-même à Alexandre[3].

Comment ne pas rejeter parmi les fables la députation envoyée au roi, selon Quinte-Curce, par des brigands qui, retranchés dans leurs montagnes inaccessibles, tenaient en échec l'armée macédonienne? Alexandre a été blessé par une de leurs flèches, et les Macédoniens consternés l'ont reporté dans le camp : les brigands s'en aperçoivent. Aussitôt ils envoient dire au roi que les Macédoniens ne sont pas plus affligés qu'eux-mêmes de sa blessure; que s'ils en connaissaient l'auteur, ils le livreraient; « car il « n'appartient qu'à des sacriléges de combattre les « dieux; » qu'enfin, subjugués par son courage, ils se remettent à sa discrétion[4]. Voilà certes des bri-

---

1. III, 6. Sainte-Croix relève sur ce point les divergences de Quinte-Curce, de Plutarque (*Vie d'Alex.*), d'Arrien, II, 4; de Justin, XI, 8; de Valère Maxime, III, 8, 6, extr. — 2. *Anabase*, IV, 17. — 3. *Hist. d'Alexandre*, VIII, 3. — 4. *Ibid.*, VII, 6.

gands bien civils, et qui entendaient mieux la flatterie que tous les courtisans d'Alexandre. Que dire de la guérison miraculeuse de Ptolémée par le roi lui-même? Alexandre est accouru auprès de son ami, grièvement blessé : mais, succombant à la fatigue, il s'endort. Lorsqu'il s'éveille, il annonce avoir vu en songe un dragon qui tenait dans sa gueule une plante, et la lui a présentée comme un remède souverain pour la blessure de son ami : il décrit la plante, et en indique la couleur; à force de recherches, on la découvre, on l'applique sur la plaie, et Ptolémée est guéri [1].

S'il est une narration populaire entre toutes celles de Quinte-Curce, c'est l'histoire d'Abdalonyme [2]. Mais Abdalonyme est-il bien un personnage historique? Il n'est pas même nommé chez Arrien, ni chez Plutarque, du moins dans la *Vie d'Alexandre* : qu'après cela il soit cité dans les *OEuvres morales* de l'écrivain de Chéronée, cela ne prouve rien pour l'histoire; car l'ouvrage qui contient cette mention, le *Deuxième Discours sur la fortune d'Alexandre*, est une déclamation sans autorité, et il n'est pas même certain qu'elle soit de Plutarque. Les écrivains qui se sont plu à rappeler l'intéressante histoire de l'avénement d'Abdalonyme ne s'accordent ni sur le nom ni sur la ville qui aurait été le théâtre de cet éclatant exemple de la vertu récompensée. Il est appelé Ballonyme par Diodore [3], et Alynome par l'auteur des *Discours sur la fortune d'Alexandre*. Ce dernier le fait régner à Paphos,

1. *Hist. d'Alex.*, IX, 8. — 2. *Ibid.*, IV, 1. — 3. XVII, 47.

Justin[1] et Quinte-Curce à Sidon, Diodore à Tyr. Il est certain que, s'il régna jamais, ce ne fut pas à Tyr : car cette ville, d'après le témoignage précis d'Arrien[2], conserva son roi Azelmicus, auquel Alexandre accorda un généreux pardon. Au surplus, il est probable qu'Abdalonyme ne doit sa couronne qu'à l'imagination de Clitarque ou de quelque autre devancier de Quinte-Curce : notre historien rhéteur n'a eu garde de rejeter un récit qui convenait si bien à son but moral, et qui prêtait tant aux hyperboles et aux antithèses.

La chute est grande de Quinte-Curce au faux Callisthène. L'ouvrage qui nous est parvenu sous le nom de Callisthène[3] nous représente le second âge des narrations fabuleuses sur Alexandre, et nous transporte en pleine décadence. Cet ouvrage n'est assurément pas plus de Callisthène que d'Aristote, de Ptolémée ou d'Ésope, auxquels l'attribuent éga-

---

1. XI, 10. — 2. *Anabase*, II, 24.

3. L'ouvrage du faux Callisthène était encore enfoui dans les Bibliothèques, et il n'en avait été publié que de très-courts fragments (V. Fabricius, *Bibl. gr.*, X, p. 319; Sainte-Croix, *Examen des hist. d'Alex.*, p. 163), lorsque M. Berger de Xivrey publia dans les *Notices et extraits des manus. de la Bibl. royale*, t. XIII, deuxième partie, p. 162-305, une ample *Notice de la plupart des manuscrits grecs, latins et en vieux français contenant l'histoire fabuleuse d'Alexandre le Grand, connue sous le nom de Pseudo-Callisthène, avec extraits*. Il en donne encore plusieurs extraits dans ses *Traditions tératologiques de l'antiquité*, p. 350 et suiv. M. C. Müller a rendu un véritable service aux lettres en publiant en entier le texte grec, à la suite d'Arrien, dans la collection des *Classiques grecs* de MM. Didot : il a collationné trois manuscrits dont il donne les variantes, et il a fait précéder son édition d'une savante Introduction, où il résume et complète les observations de la critique sur cet ouvrage.

lement quelques manuscrits[1]. Ce serait une vaine entreprise que de chercher aujourd'hui à reconstruire, avec l'ouvrage du faux Callisthène, le texte primitif de l'historien contemporain d'Alexandre. Il n'y a pas d'exemple plus frappant de ce que peuvent les interpolations et les remaniements pour rendre un ouvrage méconnaissable : qu'on rapproche les fragments authentiques qui nous ont été conservés de Callisthène des passages correspondants de l'ouvrage falsifié, on ne trouvera pas entre eux le moindre rapport. Faut-il s'en étonner? Pouvait-il en être autrement d'une histoire qui, pendant plusieurs siècles, fut une sorte de thème sans cesse repris et retravaillé par les rhéteurs, sans cesse renouvelé au gré de l'imagination populaire?

Les histoires d'Alexandre se multiplièrent à mesure que les conquêtes des Romains rouvrirent à l'Europe le monde oriental. L'ouvrage de Callisthène est celui qui obtint le plus de popularité, à cause de l'intérêt qui s'attachait au nom de l'auteur, et des ornements d'emprunt dont il fut de bonne heure embelli par d'habiles faussaires. La plupart des autres histoires se fondirent dans les remaniements de celle de Callisthène. Cependant quelques-unes demeurèrent distinctes, et il resta toujours des différences entre le fond des récits de Callisthène et ceux qui émanaient de Clitarque ou de tel autre histo-

---

1. M. Berger de Xivrey, *Notices et extraits des manus. de la Bibl. royale*, t. XIII, p. 190, a proposé une explication assez plausible de cette erreur singulière qui transforme Ésope en un historien d'Alexandre : c'est que cette histoire du roi de Macédoine se trouve dans plusieurs manuscrits à la suite des fables d'Ésope.

rien. Il y a, par exemple, dans Quinte-Curce, l'imitateur de Clitarque, des narrations fabuleuses qui ne se retrouvent pas dans le faux Callisthène ; il y en a dans ce dernier un bien plus grand nombre qu'on chercherait vainement dans Quinte-Curce.

Le faux Callisthène ne parle ni d'Abdalonyme, ni de la courtisane Thaïs, ni même de la guérison merveilleuse de Ptolémée, ou des corbeaux qui conduisent Alexandre au temple de Jupiter Ammon ; mais, en revanche, il accumule une foule de contes absurdes sur des personnages tels que Nectanébo, Candace, Sésonchis. Il est vrai qu'il est plus que douteux qu'il suive ici le véritable Callisthène. On sent que l'élégante inspiration des historiens du temps d'Alexandre a fait place à la fantaisie de rhéteurs sans goût. Quand ils se souviennent des anciens auteurs de l'histoire fabuleuse d'Alexandre, c'est pour pousser leurs récits au dernier degré de l'exagération et de l'invraisemblance.

Ce n'était pas assez qu'on eût supposé une ambassade envoyée par les Romains au roi de Macédoine ; le faux Callisthène [1] invente une expédition ou plutôt un voyage triomphal de ce prince en Italie et dans tout l'Occident. Ce n'est rien que de faire courber sous les vaisseaux d'Alexandre une mer orageuse, comme l'avait imaginé Callisthène ; le faussaire qui se substitue à cet écrivain représente la mer de Pamphylie se séparant pour laisser passer avec toute son armée Alexandre qui manque de vaisseaux [2] ;

---

1. I, 27, 30.
2. I, 28.

réminiscence assez profane du passage de la mer Rouge par Moïse.

Il nous est resté une de ces histoires de l'expédition d'Alexandre, distincte du faux Callisthène et postérieure à l'ouvrage de Quinte-Curce, c'est l'*Itinéraire d'Alexandre*, opuscule latin anonyme, dont l'origine est probablement grecque, et qui ne fait qu'amplifier les récits d'une *Lettre* apocryphe d'*Alexandre à Aristote*. La date en est donnée par le premier chapitre, espèce de dédicace adressée à Constance, fils de Constantin. Quelques narrations fabuleuses communes au faux Callisthène et à l'*Itinéraire d'Alexandre* [1], prouvent que ces narrations étaient populaires dès le quatrième siècle, et que, malgré l'autorité du premier éditeur de cet opuscule [2], il y a quelques réserves à faire sur sa véracité. Il y a plusieurs degrés parmi les diverses histoires fabuleuses d'Alexandre : entre l'ouvrage de Quinte-Curce et celui du faux Callisthène se place l'*Itinéraire d'Alexandre*. Comparez avec Arrien la description que donne Quinte-Curce de l'entrée d'Alexandre dans l'océan Indien, vous croirez déjà lire un romancier. Dans l'*Itinéraire d'Alexandre*, tout cela est grandi, et l'on voit à l'entrée de cet océan une île rendue inabordable par des enchantements magiques; le faux Callisthène enchérira encore, et, dans son récit, l'île sera peuplée de monstres.

---

1. V. C. Müller, *Introd.* à son éd. du faux Callisthène, p. XVIII.
2. L'*Itinéraire d'Alexandre*, publié pour la première fois par le cardinal A. Maï, a été réimprimé avec quelques corrections par C. Müller, à la suite du faux Callisthène.

Aux nombreuses histoires fabuleuses d'Alexandre, auxquelles le faux Callisthène a pu faire des emprunts, il faut ajouter les poëmes et les exercices d'école dont Alexandre a fourni le sujet. Ce sont là autant d'éléments divers qui, à diverses époques, sont entrées dans sa composition, et y ont occupé plus ou moins de place. On trouve dans la traduction latine du faux Callisthène, par un certain Julius Valerius[1], un fragment d'une *Alexandréide* inconnue[2]; mais plus d'un poëte avait chanté Alexandre. Après les contemporains de ce prince, Chérilus et Agis, dont Quinte-Curce[3] parle comme Virgile de Bavius et de Mévius, après Anaximène de Lampsaque, qui n'a peut-être que prêté son nom à un faussaire[4], les anciens citaient un Arrien, contemporain des Attales, un Nestor de Larande, un Soterichus, l'empereur Adrien qui avait écrit une *Alexandréide* en huit chants[5], enfin un certain Clément, contemporain d'Apulée[6]. Peu de noms avaient, on le pense bien, retenti dans les écoles des rhéteurs autant que celui d'Alexandre; y en avait-il un seul qui fût aussi capable de prêter aux développements oratoires, et « de plaire aux enfants, » comme Juvénal le dit d'Annibal? Y en avait-il un seul qui eût fourni autant de sujets de lettres imaginaires et de déclamations[7]? Quelques-unes de ces lettres imaginaires

---

1. Cette traduction a été, pour la première fois, publiée par C. Müller, dans son édition du faux Callisthène. — 2. V. Jul. Valer., I, 42. — 3. VIII, 5. — 4. V. Pausanias, X, 18, 5. — 5. V. C. Müller, *Introd.*, p. XXIV. — 6. V. Apulée, *Florides*, VII. — 7. V. Sainte-Croix, *Hist. d'Alex.*, p. 51. Il cite des décla-

semblent être passées dans le faux Callisthène, ou du moins elles y ont laissé des traces. Quant aux déclamations, leur influence se fait sentir dans tout l'ouvrage. L'éloge ou la satire d'Alexandre était devenu un lieu commun pour les rhéteurs et pour les poëtes élevés à leur école. Pour les uns, comme Sénèque, Lucain, Juvénal, Alexandre était un prince pour ainsi dire fou d'ambition, un fléau de l'humanité. Pour les autres, c'était un sage en même temps qu'un héros, et il n'avait combattu que pour faire régner partout la justice, pour répandre partout ses bienfaits : c'est la pensée qui a dicté les deux *Discours sur la fortune d'Alexandre* attribués à Plutarque; elle se retrouve à toutes les pages du faux Callisthène.

Il s'en faut que les éléments divers dont se compose cet ouvrage soient unis de manière à former un tout harmonieux. Il est au contraire composé de pièces de rapport qui se détachent aisément, accusent leur diverse origine, et trahissent des remaniements successifs. Ces remaniements rendent fort difficile à déterminer la date de la composition primitive du faux Callisthène. Il ne faut pas arguer de quelques passages pour rejeter cet ouvrage au dixième siècle, comme Sainte-Croix [1], ni pour le faire remonter tout au plus au huitième ou au septième siècle, comme Letronne [2]. Tout d'abord, il est impossible de reculer jusqu'au Bas-Empire la rédac-

---

mations de Dion Chrysostome, de Sénèque le père, du Sophiste Ptolémée, de Plutarque, d'Himérius, de Libanius.

1. *Histor. d'Alex.*, p. 163.—2. *Journ. des Sav.*, 1818, p. 620.

tion du faux Callisthène : car on en connaît des imitations qui sont très-probablement antérieures à cette époque.

L'une de ces imitations est en langue arménienne, et les orientalistes lui assignent pour date le cinquième siècle de l'ère chrétienne [1]. L'autre est en latin, et l'auteur se nomme Julius Valérius. Le cardinal A. Maï, qui l'a publiée le premier, la croyait du troisième ou du quatrième siècle. Il a fallu tout le plaisir de la découverte pour faire illusion à un savant aussi éminent : la latinité de Valérius accuse une époque postérieure [2]. Ce n'est pas une raison cependant pour voir dans cet ouvrage une production du moyen âge, comme l'a fait M. Letronne [3]. La seule raison de ce savant pour en juger ainsi, c'est qu'il a commencé par rejeter au huitième siècle l'original grec. La vérité est sans doute entre les deux extrêmes, et le dernier éditeur de Valérius [4] a pu avec toute espèce de vraisemblance lui assigner pour date le cinquième siècle. En effet, si le style de Valérius offre bien des taches, un bon nombre de ces taches doit être attribué à la négligence des copistes, et les autres sont compensées par une élégance, par un sentiment littéraire qu'on ne trouverait guère au même degré dans un ouvrage du moyen âge.

1. V. Geier, *Script. Alex.*, p. 230; C. Müller, *Introd.* au faux Callisthène, p. x. — 2. V. la Préface de son édition (1817, in-8°, Mediolan.) dans la réimpression de Lemaire (3ᵉ volume du Quinte-Curce de la *Bibl. class. lat.*). — 3. *Journal des Savants*, 1818, p. 620. — 4. C. Müller, qui l'a publié avec le faux Callisthène, V. son *Introd.*, p. XXVI.

Qu'on ne dise pas que le mauvais goût et la puérilité d'un grand nombre de récits dont se compose le faux Callisthène trahissent une époque de décadence assez avancée. L'*Histoire véritable* de Lucien, qui est, comme l'auteur nous en avertit, la satire de certains ouvrages prétendus historiques, prouve assez que l'époque Byzantine n'est pas la seule qui vit naître et se développer de semblables récits. L'un des plus singuliers, celui qui concerne le roi magicien Nectanébo et ses relations avec Olympias, est répété par un historien arménien du cinquième siècle, Moïse de Korène [1]; peut-être se rencontrait-il déjà chez Jules l'Africain, chronographe du troisième siècle; du moins on le trouve chez Malalas [2] et G. Syncelle [3], qui tous les deux ont puisé dans Jules l'Africain les détails de leurs relations des expéditions d'Alexandre [4]. Un autre de ces récits, l'épisode de la reine Candace, est rapporté, au sixième siècle, par le même Malalas d'après un écrivain antérieur, le chronographe Bottius [5].

Faut-il compléter cette démonstration par un de ces arguments empruntés à l'exacte chronologie, auxquels était surtout sensible M. Letronne? Un des manuscrits qui paraissent contenir la plus ancienne version du faux Callisthène parle du temple de Sérapis et du tombeau d'Alexandre comme de monuments encore subsistants au moment où écrit l'auteur [6]; or on sait que le temple de Sérapis fut détruit

---

1. II, 12. — 2. P. 242. — 3. P. 252. — 4. V. Sainte-Croix, *Hist. d'Alex.*, p. 163. — 5. V. Sainte-Croix, *ibid.*, p. 157.

6. V. *Pseudo-Callisth.*, I, 33, manuscrit noté A par C. Mül-

en 387 par ordre de Théodose, et saint Jérôme dit que le tombeau d'Alexandre n'existait plus de son temps[1].

Qu'on ne cite donc plus, pour combattre l'antiquité du faux Callisthène, certains passages qui ont en effet une date assez récente. Ces passages ont été ajoutés après coup, et ce qui le prouve, c'est qu'ils ne se retrouvent pas dans tous les manuscrits, et qu'ils n'ont même pas toujours été fondus dans le corps de l'ouvrage, mais y sont simplement juxtaposés. Ainsi l'on trouve transcrits tout au long, dans un de ces manuscrits, le petit roman de Palladius sur les Brachmanes, des lambeaux de chants magiques, et un fragment du poëme de Sotérichus sur la ruine de Thèbes[2]. Dans un autre on lit un passage du sophiste Favorinus sur les ancêtres d'Alexandre, et un morceau de quelque *Alexandréide*[3]. C'est dans un troisième, apparemment l'un des plus récents, qu'il est question des Turcs[4]. Que prouve ce passage du dernier manuscrit? C'est que le roman du faux Callisthène, commencé dans Alexandrie, s'est achevé à Byzance. C'est un point qui ne sera contesté par personne.

Il suffit de jeter un coup d'œil sur les divers manuscrits pour avoir une idée des nombreuses et profondes différences qu'y produisent les divers rema-

---

ler. — Le manuscrit C, au contraire, supprime les mots μέχρι τοῦ νῦν κείμενον.

1. Saint Jérôme, *Homil. XXVI in Epist. II ad Corinth.*, t. X, p. 625; C. Müller, *Introd.*, p. XXVI.
2. Manuscrit A, III, 7-16; I, 12; I, 46. — 3. J. Valer., I, 13 et 42. — 4. Manuscrit B, III, 29.

niements subis par ce roman. Le fond reste le même, mais la forme est souvent différente, et quelquefois les détails ne se ressemblent pas. Le récent éditeur du faux Callisthène s'est donné beaucoup de peine pour établir la concordance des trois manuscrits qu'il a consultés[1]; au lieu de chercher à les ramener à un texte unique, il eût mieux fait, selon nous, de s'en tenir au texte d'un seul de ces manuscrits, de celui qui lui paraissait le plus ancien[2], et de donner en note les variantes des autres. En effet, ce ne sont pas trois copies du même ouvrage, mais bien trois versions d'une même histoire, composées à différentes époques. De là tous ces retranchements, toutes ces transpositions qui ont dû mettre à une rude épreuve la patience de l'éditeur.

Chaque siècle a laissé son empreinte sur le faux Callisthène; chacun des peuples qui s'en sont emparés n'a pas manqué de l'approprier à son génie et à ses passions.

Les Égyptiens, par exemple, ont imaginé une liaison adultère qui, lui donnant des droits au trône de leurs rois, fait d'Alexandre un des souverains légitimes de l'Égypte : de même, dans le *Shah Nameh* de Ferdousi, Alexandre est frère naturel de Darius, et sa conquête n'humilie pas la Perse. Quand la main des grammairiens d'Alexandrie ne paraîtrait pas tout d'abord dans la falsification de l'histoire de Callisthène, elle se trahirait par plusieurs morceaux où éclate le patriotisme de l'Égyptien et de l'Alexan-

---

1. V. ●. Müller, *Introd.*, p. IX et suiv. — 2. C'est le manuscrit qu'il appelle manuscrit A, *Bibl. imp.*, n° 1711.

drin. C'est à l'Égypte qu'est rapportée la gloire d'Alexandre : les vaincus revendiquent le vainqueur, et lui donnent pour père un de leurs rois, Nectanébo, comme ils avaient donné à Cambyse une mère égyptienne [1].

La conquête d'Alexandre n'est plus que le retour d'une dynastie, et il est salué à son entrée par ce cri : « L'Égypte commande encore une fois [2]. » La fondation d'Alexandrie est non-seulement célébrée avec une prédilection toute particulière, mais elle est entourée de circonstances merveilleuses. Elle est prédite par un oracle d'Ammon [3]. Sésonchis (Sésostris) apparaît à Alexandre, et lui dit : « Après avoir conquis le « monde entier et subjugué tant de nations, j'ai vu « mon nom périr : le tien vivra, si tu fondes en « Égypte la ville d'Alexandrie, objet de tant de dé- « sirs [4]. » Et Sésonchis lui annonce la future grandeur de cette ville : il lui dit qu'elle sera « glorieuse entre toutes les villes, qu'elle deviendra la mère nourricière du monde entier, et qu'en vain plusieurs rois s'armeront pour la renverser [5]. » Le livre lui-même semble signé d'Alexandrie : les mois sont quelquefois désignés par des noms égyptiens [6]. Alexandre, parlant de jeux à établir chez les Perses, à l'instar des jeux grecs, se souvient bien de Pella, mais plus encore de *sa chère Alexandrie*, et c'est de cette ville qu'il fait venir les directeurs de ces jeux [7]. Enfin le traducteur latin, interprète évidemment exact d'un

---

1. Hérodote, III, 2. — 2. II, 27. — 3. I, 30-33. — 4. III, 21, manuscrit C; III, 24, manuscrit A et B. — 5. III, 21. — 6. I, 32; III, 35, manuscrit A. — 7. II, 21, manuscrit A, et Valérius.

passage grec qui ne nous est pas resté, rappelle un usage égyptien, et ajoute : « Il s'est conservé *parmi nous* jusqu'à ce jour [1]. »

Nous avons parlé ailleurs des efforts que firent les Juifs hellénistes et des falsifications d'ouvrages auxquelles ils eurent recours pour combattre les préventions dont le peuple hébreu était l'objet dans le monde grec. Quelques parties du faux Callisthène portent la trace de remaniements dont les auteurs se sont proposé de créer pour les Juifs des titres imaginaires au respect de la Grèce et de Rome, faute de pouvoir faire valoir les titres véritables. Il est difficile en effet de ne pas reconnaître la main des Juifs hellénistes dans le passage sur l'entrée d'Alexandre à Jérusalem [2] et sur sa visite au temple. On le voit s'agenouiller devant Jéhova, et on l'entend dire aux prêtres : « Vos pompes ont quelque
« chose de divin. Jamais, dans les solennités de notre
« religion, je n'ai vu d'aussi belles cérémonies...
« Allez en paix, vous êtes les prêtres du vrai Dieu,
« et votre Dieu sera le mien. » Suivons le récit des Juifs hellénistes. Alexandre arrive en Égypte, il fonde Alexandrie. Quel culte va-t-il y établir? Le culte du vrai Dieu. « Il monte sur une tour, déclare
« tous les dieux de l'ancien monde anéantis, et pro-
« clame un seul vrai Dieu, invisible, incorporel,

---

1. 1, 31. Le texte grec du même passage s'exprime à peu près de même : « Sur *ce* sol, » est-il dit d'Alexandrie.
2. II, 24. — Voir plus haut, deuxième partie, ch. I, ce que nous avons dit du passage correspondant de Josèphe (xi, 1), et de la source de tous ces récits, le livre d'Hécatée d'Abdère.

« porté sur les ailes des séraphins et glorifié du
« nom de trois fois saint[1]. » Cela n'empêche pas
qu'ailleurs[2] le même Alexandre ne veuille se faire
passer pour le fils d'Ammon. Mais y a-t-il rien de
plus instructif que cette contradiction ? N'est-il pas
facile de reconnaître dans ces divers passages du
faux Callisthène divers auteurs et diverses époques?
Que si nulle part nous ne voyons Alexandre se convertir au christianisme, quelle plus grande preuve
peut-on donner de l'ancienneté de la rédaction primitive?

L'influence qui domine dans le faux Callisthène,
ce n'est ni l'influence de l'époque Alexandrine, ni
celle des temps Byzantins : c'est plutôt celle de l'époque Romaine. Alexandre n'est plus le héros de la
Macédoine : sa gloire, comme l'empire romain, embrasse tout l'univers connu des anciens ; c'est, suivant la tradition romaine, l'homme du monde entier.
Les Byzantins iront plus loin, et, pour montrer que
la puissance de ce conquérant idéal ne connaît pas
de limite, ils imagineront de le faire descendre dans
l'Océan dans une cage à plongeur, de le faire monter au ciel enlevé par deux aigles[3].

Il y a dans le faux Callisthène un indice qui nous
semble surtout trahir l'époque Romaine : c'est qu'en
plus d'un endroit on y sent comme le contre-coup
des premières invasions. Parmi les hordes sauvages
qui fondirent les premières sur l'ancien monde et y
jetèrent l'épouvante, on remarque les Alains. Un
auteur du deuxième siècle, Jamblique le Syrien,

---

1. II, 28. — 2. I, 30. — 3. V. la fin du faux Callisthène.

veut-il désigner un peuple barbare, il cite les Alains[1].
Ce sont les Alains, selon le faux Callisthène[2], qui
chassent d'Égypte le roi Nectanébo : ils sont au
nombre des *peuples impurs* auxquels Alexandre impose une barrière, et ils y sont en compagnie des
Pharisiens[3]; car l'auteur ne distingue pas des Barbares les sectes mauvaises. Chaque remaniement
ajoutait un nouveau peuple à la liste de ces *peuples
impurs*, dont le faux Callisthène ne parle qu'avec
horreur, parce qu'il n'y songe qu'avec effroi. C'est
ainsi qu'au quinzième siècle on mit dans cette liste
les Turcs [4]; mais plus anciennement on y avait ajouté
les Goths et les Sarmates [5].

Qu'on lise le passage du faux Callisthène sur les
peuples impurs, on sera frappé de la profonde émotion qu'il respire :

« Alexandre poursuivit les Belsyres jusqu'aux
« deux grandes montagnes qui forment les limites
« d'un monde inconnu, et qu'on nomme les *Ma-*
« *melles de Borée*. Là il cessa de les poursuivre, et
« voyant que ces deux montagnes étaient propres à
« mettre obstacle aux incursions de ces peuples, il
« s'arrêta en ce lieu, et demanda au Ciel que ces
« deux montagnes se joignissent afin d'opposer une
« barrière à l'invasion de ces barbares. Debout, au

---

1. *Babyloniques*, ch. XXI, dans les *Erotici gr.* d'Hirschig, coll. des *Classiques grecs* de MM. Didot.

2. Manuscrit A, I, 2, et Valérius.

3. Dans les manuscrits B, III, 26. V. ci-dessus et C, III, 29.

4. Le manuscrit B qui les cite a été écrit en 1469, seize ans après la prise de Constantinople. (V. C. Müller, p. X.)

5. V. dans le passage cité ci-dessous du manuscrit B.

« milieu de son armée, il prononça cette prière :
« O Dieu des dieux, maître de toute la création !
« par ta parole tu as élevé l'édifice de l'univers,
« du ciel, de la mer et de la terre; rien ne t'est im-
« possible; car tout est soumis, tout cède à tes or-
« dres; tu parles, et le monde est créé; tu com-
« mandes, et la vie anime les différents êtres; seul,
« ô Dieu ! tu es éternel, sans commencement, sans
« fin; moi-même, je n'ai rien fait qu'en ton nom et
« d'après ta volonté, et tu as mis dans ma main le
« monde entier. J'invoque donc ton nom vénéré.
« Puisses-tu encore exaucer la prière que je t'adresse
« aujourd'hui ! Puisses-tu ne pas dédaigner celui
« qui, dans sa faiblesse, met en toi sa confiance! »
« Et aussitôt les deux montagnes, assez éloignées
« jusque-là l'une de l'autre, se rapprochèrent à la
« distance de dix coudées. Alexandre, frappé d'ad-
« miration, glorifia Dieu, et fit construire des portes
« d'airain avec lesquelles il barra le faible intervalle
« laissé entre les deux montagnes, et qu'il recou-
« vrit d'un enduit à l'épreuve du feu et du fer... Il
« enferma vingt-deux rois derrière ces montagnes,
« dans les régions de Borée, et il appela ces portes
« les *Portes Caspiennes*. » Suivent les noms d'une
foule de peuplades dont la plupart sont imaginaires
ou bizarrement altérées : *Goths, Magoths, Anuges,
Egiens, Exenach, Diphar, Photinéens, Pharisiens,
Sarmantiens, Chaloniens, Agrimardes, Acuphages,
Tharbéens, Saltariens, Alains*, etc. « Telles étaient,
« continue le faux Callisthène, les peuplades
« qu'Alexandre enferma ainsi, à cause de leur im-

« pureté : ces Barbares ne se nourrissaient que d'a-
« liments sales et fétides, de chiens, de rats, de ser-
« pents, d'animaux morts, d'embryons et de fœtus ;
« ils mangeaient leurs morts. C'est après avoir été
« témoin de ces faits, et dans la crainte que ces peu-
« plades n'envahissent un jour la terre, qu'Alexandre
« prit le parti de leur opposer une barrière infran-
« chissable [1]. »

Le miracle que le faux Callisthène fait accomplir, à la prière d'Alexandre, est celui que l'auteur lui-même appelait de tous ses vœux ; et cette prière, si pleine d'élan et de ferveur, qui est mise dans la bouche du roi, semble jaillir du cœur de l'écrivain. Sans doute elle a dû être reprise et retouchée à diverses époques, et la version que nous en avons est

---

[1]. Nous avons traduit ce passage d'après le manuscrit C (III, 26). Le manuscrit B (III, 29) offre quelques leçons différentes sur les noms des peuples impurs. Il cite les *Magog*, les *Cynocéphales*, les Νοῦνοι (*Huns?*), les *Phonocérates*, les *Ioniens*, les *Samandres*, les *Turcs*, les *Arméniens*, etc. — M. C. Müller défie les plus habiles de corriger tous les noms altérés dans ces deux textes ; ce n'est pas nous qui l'entreprendrons. Remarquons seulement, au sujet des *Magog*, que c'est un souvenir des géants Gog et Magog fort célèbres en Orient (V. d'Herbelot, *Bibl. orient.*, p. 157). Ce nom de Gog et de Magog est appliqué par Ézéchiel (ch. XXVIII) aux peuples du Septentrion, par l'*Apocalypse* (ch. XX) à tous les peuples barbares, par les Oracles Sibyllins (*Orac. Sibyll.*, III, 319) aux Éthiopiens, enfin aux Tartares par les livres arabes et persans, qui disent, comme le faux Callisthène, que les constructions cyclopéennes que l'on croit apercevoir dans les chaînes du Caucase sont l'œuvre d'Alexandre le Grand, et qu'il les éleva pour arrêter les invasions des descendants de Gog et de Magog. (V. Sainte-Croix, *Historiens d'Alexandre*, p. 182 ; d'Anville, *Du rempart de Gog et de Magog*, *Acad. des Inscript.*, XXXI, *Hist.*, p. 210 ; Reinaud, *Description des monuments musulmans de M. de Blacas*, t. I, p. 174 ; Leroux de Lincy, le *Livre des légendes*, p. 151).

assez récente : mais, sauf la mention des Turcs, qui ne se trouve que dans un manuscrit, n'est-il pas digne de remarque que tous les peuples cités comme *impurs* sont ou des barbares de la première invasion, ou des peuplades dont les noms imaginaires indiquent des races encore inconnues et des hordes confuses ?

Il est difficile d'envisager d'ensemble une œuvre où l'on reconnaît la trace évidente de plusieurs mains. Si cependant, sans considérer la diversité des auteurs et des époques, nous nous arrêtons à examiner l'ouvrage lui-même, que trouvons-nous ? Un perpétuel travestissement de l'histoire : le roman a envahi toute la vie d'Alexandre. Les grandes divisions de cette vie subsistent, mais la géographie est inexacte, la chronologie confuse, la plupart des faits altérés ou inventés. On a le spectacle des misérables efforts d'une imagination impuissante, qui veut atteindre le grand et n'en saisit que l'ombre. La véritable histoire d'Alexandre est plus surprenante que toutes les fables du faux Callisthène : il est impossible de ne pas admirer la vigueur de caractère et l'élévation de génie que le roi de Macédoine dut déployer pour mener à fin une entreprise gigantesque comme la sienne ; mais on n'éprouve que de la pitié ou du dégoût pour les ridicules fictions entassées dans cette fabuleuse biographie.

Pour grandir son héros et pour grandir en même temps l'Égypte, le faux Callisthène fait Alexandre fils du roi d'Égypte Nectanébo. Il donne sans hésitation un démenti à tous les historiens qui ont dit qu'Alexandre était fils de Philippe[1], et il leur oppose le témoignage des plus savants Égyptiens. Ce Nectanébo était un grand magicien auquel tous les éléments étaient soumis. Des ennemis venaient-ils l'attaquer? il ne se mettait pas en peine de lever des troupes, de rassembler des armes, de préparer des machines de guerre, il entrait dans son palais, prenait une cuvette, la remplissait d'eau, faisait avec de la cire des petites figures de vaisseaux et d'hommes, les mettait dans la cuvette, et prononçait des paroles magiques en agitant sa baguette d'ébène. Aussitôt les figures étaient englouties; au même instant la mer engloutissait les véritables vaisseaux et les véritables ennemis[2]. Le temps vint cependant où sa magie devait échouer contre une coalition formidable : il le prévit et s'enfuit. Il alla s'établir à Pella, où il se fit une réputation comme médecin et comme astrologue. Bientôt la reine Olympias, menacée d'être répudiée si elle restait stérile, lui demanda le secours de son art. Il lui promit que le dieu Ammon viendrait la visiter sous la forme d'un dragon et la rendrait mère; lui-même se chargea de l'office du dieu Ammon, et neuf mois après Alexandre naquit[3]. Il y eut bien quelques difficultés soulevées par Philippe, qui était alors absent; mais, le dieu s'étant manifesté de nouveau par l'apparition d'un dragon formidable au milieu de Philippe et de ses amis, toute la Macédoine crut Alexandre fils du dieu Ammon[4]. Alexandre seul connut la vérité, mais trop tard pour éviter un parricide : un jour que Nectanébo observait avec lui les

---

1. I, 1. — 2. I, 1. — 3. I, 1-7. — 4. I, 10.

astres, le malheureux astrologue se sentit poussé par derrière dans une fosse qu'il n'avait pas aperçue, et dans laquelle il trouva la mort. C'était une espièglerie de son royal élève, qui fut bien puni en apprenant de Nectanébo expirant le secret de sa naissance [1].

Ainsi toutes les traditions fabuleuses sur la naissance d'Alexandre [2] aboutirent au conte sur Nectanébo, sur ce roi magicien qui ne ressemble guère au Nectanébo de Diodore [3], mais qu'on retrouve dans Moïse de Khorène [4], écrivain du cinquième siècle, comme dans la plupart des chronographes byzantins [5], et qui joue un grand rôle dans la *Vie d'Ésope* par Planude.

Par cette fable, on peut juger des autres; et le reste de l'ouvrage répond au début. A chaque pas, l'on rencontre quelque incident romanesque ou quelque aventure merveilleuse. C'est, par exemple, la statue de Nectanébo proclamant Alexandre son fils à son entrée à Memphis, lui posant sur la tête une couronne, et lui mettant dans les mains un globe, emblème du monde entier qu'il doit parcourir. C'est l'histoire de la reine indienne Candace [6] et de son fils Candaule, dont la femme a été enlevée

---

1. I, 14. — 2. V. Freinshemius, *Suppléments à Quinte-Curce*, I, 1; Sainte-Croix, p. 163 et suiv.; C. Müller, p. XIX.

3. Diodore, XVI, 51; Sainte-Croix, *ibid.*; C. Müller, p. XX.

4. II, 12. — 5. V. ci-dessous, ch. VIII.

6. Dans Strabon (XVII) et dans Dion Cassius (LIV, 5), Candace est une reine d'Éthiopie contemporaine d'Auguste. Son nom, qui était devenu populaire, se retrouve dans les *Actes apocryphes de saint Matthieu*; on y voit ce saint aller en Éthiopie et ressusciter le fils de la reine Candace. (V. *Act. apostol. apocr.*, Tischendorf.)

par le roi des Bébryces. Alexandre, déguisé sous le nom d'Antiochus, rend à Candaule sa femme chaste et pure, puis se laisse emmener par lui dans le palais de Candace, qui, grande admiratrice d'Alexandre et en possession d'un portrait de ce roi, le reconnaît dans son envoyé, et le congédie chargé de présents [1]. C'est encore tout ce qui touche à Bucéphale; l'histoire [2], traitant Alexandre en héros d'épopée, n'avait pas dédaigné de parler de son cheval : comment ce cheval n'eût-il pas joué son personnage dans le roman? Il était d'abord féroce, se nourrissait de chair humaine, rugissait comme un lion, et ne se laissait approcher par personne : mais, dès qu'il voit Alexandre, il s'adoucit au point de venir lui lécher les mains [3]. Il meurt auprès du lit de son maître mourant, après avoir déchiré et mis en pièces l'esclave perfide qui lui a servi le poison [4]. Ce sont enfin les nombreux prodiges qui reviennent presque à chaque page, songes, visions, oracles, opérations magiques, êtres monstrueux, objets extraordinaires, contrées merveilleuses, apparitions de divinités [5].

1. III, 18-23. — 2. Charès, dans A. Gell., v, 2; Pline, *Hist. nat.*, VIII, 64; Onésicrite, dans Plutarque, *Alexandre*, 61; Arrien, v, 19; Diodore, XVIII, 95; Strabon, xv, p. 698; Quinte-Curce, IX, 4; Justin, XII, 8. — 3. I, 7. — 4. III, 34.

5. V. I, 28; II, 13, etc. Le faux Callisthène donne surtout carrière à ce goût pour le merveilleux dans deux passages (II, 29-44, III, 17), où il reproduit en les amplifiant tous les *récits incroyables* (παράδοξα) des voyageurs et des historiens de l'Inde. Il fait passer devant les yeux d'Alexandre des femmes « velues comme des sangliers, » qui ont les ongles longs d'une coudée et la taille haute comme celle de trois hommes très-grands; des fourmis énormes qui enlèvent chevaux et cavaliers; des hommes d'une coudée et demie,

Un seul passage résume presque tous les genres de fables employés dans le faux Callisthène. C'est le récit du voyage d'Alexandre dans le pays de la reine Candace, sur les limites de l'Inde [1] : « Chemin faisant, il admire les montagnes qui perdent dans les nues leurs cimes couvertes de neiges, les arbres chargés d'un épais feuillage, et leurs fruits merveilleux : ce sont des pommes dont la couleur est celle de l'or, et dont la grosseur égale celle des citrons de la Grèce ; ce sont des noix qui ont la dimension de melons ; ce sont des grappes de raisin dont on ne saurait avaler à la fois qu'un seul grain. Tous ces fruits sont gardés par des singes grands comme des ours.

— « Ces lieux sont appelés, dit Candaule, les de-
« meures des dieux : souvent, au milieu de ces
« grottes, les dieux viennent s'asseoir sur un lit, à
« l'appel d'un roi. Si donc tu le désires, offre-leur
« des libations, fais-leur des sacrifices, et ils t'appa-
« raîtront. »

« Alexandre s'empresse de faire le sacrifice prescrit. Bientôt il voit s'élancer comme une vapeur lumineuse et brillante, il voit apparaître des formes fantastiques, et se sent frappé de terreur. Il aperçoit un foyer auprès duquel se tiennent des fantômes dont les yeux lancent des éclairs étincelants. L'un d'eux

---

d'autres de vingt-quatre coudées; des hommes munis de six mains et de six pieds; des cynocéphales, des acéphales, des imantopodes, etc.; des oiseaux qui parlent, et qui parlent grec; des oiseaux énormes, avec lesquels Alexandre s'enlève dans les airs, etc., etc., et une foule d'autres merveilles dignes de l'*Histoire véritable* de Lucien, ou de *Gulliver* et des *Mille et une Nuits*.

1. III, 21-24.

lui dit : « Salut, Alexandre; sais-tu qui je suis? —
« Non, maître. — Je suis le roi Ochus, le maître
« du monde, qui enflé par ma puissance me suis fait
« appeler Dieu. J'ai voulu monter au ciel, et gravir
« les hauteurs où réside la Divinité. Je suis arrivé
« dans un passage habité par des hommes sauvages
« qui ont fondu en foule sur moi, qui ont anéanti
« mon armée, et m'ont poursuivi jusqu'en des lieux
« où ne parvient pas la lumière du jour... Je suis
« mort de découragement. J'ai été envoyé ici pour
« errer enchaîné dans ces déserts. Ici, en effet, sont
« les hommes qui se sont fait passer pour des dieux,
« et qui subissent le châtiment dû à leurs crimes.
« Mais, moi, j'ai été moins heureux que toi. Je me
« nommais aussi Sésonchis. J'ai soumis le monde
« entier, et mon nom s'est perdu; le tien vivra,
« parce que tu as fondé en Égypte la ville fortunée
« d'Alexandrie. Mais entre ici, tu verras notre chef. »
Alexandre entre en effet, et voit assis sur un trône
celui qu'il avait autrefois adoré chez les mortels,
Sérapis. Il lui demande combien de temps il doit
vivre encore. « Il vaut mieux, lui dit Sérapis, igno-
« rer l'heure de son trépas. » Ici la vision s'éva-
nouit.

C'est au milieu de ce cortége de fables qu'apparaît,
dans le faux Callisthène, la figure d'Alexandre. Il est
temps de la dégager de tout cet attirail étranger,
pour l'examiner elle-même. Ce n'est plus l'Alexandre
de l'histoire, un homme d'un génie extraordinaire,
d'une âme noble et généreuse, mais hautaine et em-
portée, mélange inouï de qualités héroïques et de pas-

sions violentes, capable de vertu et de crime. Le faux Callisthène a peint un Alexandre de fantaisie, qui peut être plus régulier, mais qui est moins vivant que celui d'Arrien et de Plutarque. C'est le portrait idéal d'un prince vertueux. Alexandre enfant donne, il est vrai, une rude leçon à Nectanébo, qui s'avise d'observer ce qui se passe au ciel, quand il ne voit pas ce qui est à ses pieds. Mais il n'a voulu que plaisanter, et ce n'est pas sa faute si les jeux de prince sont quelquefois mortels. Il a du reste, et de bonne heure, toutes les qualités et toutes les vertus. Dans un âge encore tendre, il fait à son maître Aristote des réponses dignes des sept sages de la Grèce [1], et il se signale par une libéralité qui fait contraste avec la parcimonie de Philippe [2]; à quinze ans, il remporte un prix aux jeux Olympiques [3]. En bon fils, il prend contre Philippe, qui n'est son père que de nom, le parti de sa mère Olympias [4]; il fait mieux, il les réconcilie [5]; il donne à Philippe mourant la consolation de tuer de ses mains son meurtrier Pausanias [6].

Aussi sage que courageux et intrépide, il ne se lance pas dans la guerre contre les Perses avec la témérité d'un héros de dix-huit ans, il a soin de s'associer les conseillers de son père : « Nous avons be« soin les uns des autres, leur dit-il, vous des bras « de la jeunesse, nous de l'expérience de l'âge « mûr [7]; » c'est Télémaque allant au-devant des conseils de Mentor. Loyal envers ses ennemis, il repousse le secours des traîtres [8], et ne veut devoir

---

1. I, 16. — 2. I, 16, dans Valerius. — 3. I, 18. — 4. I, 20.
— 5. I, 22. — 6. I, 24. — 7. I, 25. — 8. I, 37; II, 10.

son triomphe qu'à sa valeur; il ne dédaigne pas cependant d'arriver au succès par l'habileté; mais il n'emploie que les ruses permises à la guerre, et qu'on appelle des stratagèmes [1].

Toujours maître de lui, au milieu même du combat, il respecte chez les ennemis le courage qu'il désire trouver chez ses soldats. Dans une bataille, il se sent frappé par un satrape perse couvert d'une armure macédonienne, mais son casque a détourné le coup; il renvoie sain et sauf l'audacieux qui en voulait à sa vie, et se tournant vers les siens, il s'écrie : « Macédoniens, c'est ainsi que doivent être des « soldats [2]. » Modéré après la victoire, il traite les vaincus avec tous les égards dus à leur fortune présente et à leur ancien rang [3], et si les vaincus ne lui savent pas gré de sa clémence, il se soucie peu de les trouver reconnaissants ou ingrats : car ce n'est pas pour eux qu'il agit, *« c'est pour l'amour de l'humanité* [4]. » Il est vrai qu'il détruit les villes de Tyr [5] et de Thèbes [6]; mais s'il sévit contre Tyr, c'est pour punir un outrage commis par les Tyriens envers ses ambassadeurs; s'il met Thèbes à feu et à sang, c'est qu'il a été poussé à cette violence par les provoca-

---

1. Il y en a un grand nombre dans le faux Callisthène (II, 13; III, 3 et 18). Arrien nous dit cependant (III, 10), et Quinte-Curce émet la même assertion (IV, 13), qu'Alexandre usait peu de stratagèmes. Mais les récits de stratagèmes étaient très-répandus et très-goûtés, comme l'atteste le livre de Polyen, auquel Sainte-Croix (p. 128) reproche de réduire en stratagèmes toutes les actions d'Alexandre et de donner ainsi à un Alexandre le caractère d'un Iphicrate. — 2. II, 9. — 3. I, 23-41, 43; II, 21.

4. II, 10, Valer. : « Non Dario se illud, sed communi humani« tati præstare. » — 5. I, 35. — 6. I, 46.

tions insensées des Thébains; et bientôt il donne l'ordre de rebâtir ces deux villes. Il a horreur du sang versé, et il s'empresse de réparer après la victoire les maux de la guerre. Voici comment il parle aux peuples dont il est devenu le maître par la défaite et la mort de Darius[1] : « J'aurais voulu ne pas « faire périr tant de milliers d'hommes; mais puisque « la fortune m'a donné la victoire sur les Perses, « je rends grâces à la Providence... Gardez vos cou- « tumes, vos fêtes, vos cérémonies et votre culte, « comme au temps de Darius... Je veux que ces « contrées soient prospères, que les routes de la « Perse s'ouvrent avec toute facilité aux affaires et « au commerce, afin que les Grecs viennent trafi- « quer avec vous : à partir de l'Euphrate et du Tigre, « j'établirai des routes avec des écriteaux indiquant « où elles conduisent. » Le véritable Alexandre a pu concevoir ces grandes idées de fusion entre les peuples; mais il y a loin de là à cette sollicitude toute paternelle qu'attribue le faux Callisthène à son conquérant philanthrope.

Les ombres manquent à ce tableau. On cherche vainement dans le faux Callisthène la mention de ces colères violentes qui furent plus d'une fois funestes aux amis d'Alexandre. C'est à peine s'il dit en passant un mot sur Parménion, qui, coupable d'avoir faussement accusé le médecin Philippe, est mis à mort comme calomniateur et comme traître[2]. Il va jusqu'à lui créer des amis que l'histoire ne cite pas, comme Philon, qui porte l'affection jusqu'au

1. II, 21. — 2. II, 8.

dévouement et au sacrifice de sa vie [1]. Enfin, pour couronner tant de vertus, il y ajoute la piété. Il semble en quelques endroits qu'Alexandre soit moins un prince païen qu'un roi juif ou chrétien, un David ou un Constantin : aussi, à sa prière, comme à la prière de Josué, Dieu daigne-t-il renverser l'ordre de la nature; le soleil ne s'arrête pas, mais deux montagnes se déplacent.

Le grand défaut des rhéteurs est de faire les héros à leur image. Il y a du rhéteur dans l'Alexandre, comme aussi dans le Darius, et même dans le Porus du faux Callisthène. Tous les trois parlent beaucoup, écrivent plus encore. Alexandre et Darius, Porus et Alexandre s'envoient des lettres, où ils semblent faire assaut de bel esprit [2]. Il y a toute une correspondance entre les Athéniens et le roi de Macédoine, où ce ne sont pas les Athéniens qui se préoccupent le plus d'être attiques [3]; il y en a une autre entre les Amazones et ce prince, où ce n'est pas celui-ci qui est le plus disert [4]. Il écrit à Aristote [5] pour lui faire part des faits merveilleux qu'il a observés; mais les observations de l'élève sont de nature à faire rougir le maître.

Le caractère de Darius forme avec celui d'Alexandre un contraste que le faux Callisthène fait presque violent; comme s'il était besoin de rendre Darius ridicule pour faire paraître Alexandre grand, et comme s'il était adroit, pour grandir un héros, de trop rabaisser son adversaire. Dans ce roman, le

---

1. II, 35; III, 13. — 2. I, 36, 38, 40; II, 10; III, 2. — 3. II, 1, 2, 5. — 4. III, 25. — 5. III, 17.

malheureux roi des Perses n'est pas seulement un prince faible, c'est un insensé dont la forfanterie n'a d'égale que la mollesse, et fait rire le lecteur, comme Alexandre[1]. On peut dire qu'il essuie défaite sur défaite, mais écrit lettre sur lettre. Après la prise de Tyr, il traite Alexandre comme un enfant, et le renvoie à sa mère[2]; puis il lui offre son pardon s'il consent à s'amender[3]; plus tard il menace[4]; il finit par lui céder son royaume et ses richesses, non sans développer quelques lieux communs sur les vicissitudes des choses humaines[5]. Ces lieux communs nuisent à l'émotion que pourrait causer le tableau de son affliction après sa dernière défaite : « Darius
« fugitif rentre dans son palais : là, il se jette sur le
« plancher, il éclate en larmes et en gémissements,
« il se désole sur la perte de tant de soldats, qui
« fait de la Perse un désert. Accablé sous le poids
« de son malheur, il s'écrie : Le voilà donc, ce grand
« roi, ce Darius, qui tenait tant de peuples sous son
« empire, qui dictait sa volonté à tant de villes, qui
« siégeait l'égal des dieux, et qui rayonnait sem-
« blable au soleil; le voilà maintenant fugitif, aban-
« donné! Il est bien vrai que nul ne peut se confier
« à l'avenir. Il suffit d'un léger mouvement de la
« fortune pour élever les humbles au-dessus des
« nuages et précipiter les puissants dans l'abîme. »
Ainsi Darius gisait solitaire, lui qui avait commandé à tant de milliers d'hommes[6].

Est-ce là un tableau vrai et vivant? Et que penser

1. II, 10. — 2. I, 36. — 3. I, 40. — 4. II, 10. — 5. II, 17. —
6. II, 16.

de ce monologue dans le goût de Sénèque? Ce n'est pas ainsi que Tacite nous dépeint la fuite de Vitellius, et sa course inquiète à travers les vastes salles de son palais désert. Certes, en lisant le récit de l'historien, le premier sentiment que l'on éprouve, c'est le mépris pour un prince avili, qui ne sait pas même mourir; mais si sa lâcheté nous indispose, ses angoisses nous émeuvent : car on voit souffrir un homme, et l'on n'entend pas déclamer un rhéteur.

L'ouvrage du faux Callisthène est l'*Iliade* d'une époque de décadence. C'est le dernier terme de ces histoires embellies par des rhéteurs dont a plaisanté Cicéron et que Lucien a si vivement critiquées. A l'emphase qui dépare la narration, aux déclamations d'école et aux arguties sophistiques qui la dénaturent, viennent à chaque instant se mêler des subtilités grammaticales. Lorsque le dieu Sérapis se fait connaître d'Alexandre, il lui apprend son nom en chiffres. Alexandre rêve qu'il écrase un fromage (τυρός), c'est une prédiction de la ruine de Tyr. Cet ouvrage est plein de puérilités de ce genre. Il y avait longtemps que l'histoire chez les Grecs avait perdu son véritable caractère, et que l'on faisait moins de cas d'une narration sérieuse et vraie que d'une exposition romanesque et des plus misérables agréments du langage.

CHAPITRE V

ROMAN ÉPIQUE.

Traces de romans sur la guerre de Troie dans l'*Héroïque* de Philostrate. — Histoire de la guerre de Troie par le faux Darès et le faux Dictys. — Principales fictions du roman épique; en quoi elles diffèrent des fictions homériques. — De quelques auteurs de romans épiques aujourd'hui perdus.

Le lecteur qui aborde l'*Héroïque*[1] de Philostrate, la mémoire encore remplie des traditions homériques, ressemble à un voyageur qui croirait entrer dans une terre déjà explorée par lui, et se trouverait en pays inconnu; il ne voit rien de ce qu'il s'attendait à rencontrer, et ce qu'il découvre est tout différent de ce qui est resté dans son souvenir. Est-ce donc que Philostrate a, de son autorité privée, changé toute l'histoire de la guerre de Troie? Ce sophiste peut être à bon droit soupçonné d'invention; mais c'est plutôt un habile arrangeur qu'un inventeur fécond. Déjà sa *Vie d'Apollonius de Tyane* nous a paru composée sur d'anciens mémoires : l'*Héroïque* ne semble pas être autre chose que la mise en œuvre d'une foule de romans sur la guerre de Troie, antérieurs à Philostrate.

Ce que nous avons vu du roman épique dans l'époque Alexandrine[2] ne laisse aucun doute à ce sujet. Longtemps avant l'*Héroïque*, la guerre de Troie avait fourni matière à plus d'un roman décoré

---

1. Dialogue sur les héros, ou plutôt les génies des anciens héros.
2. V. deuxième partie, ch. III.

du nom d'histoire. La plupart de ces auteurs de narrations fabuleuses dont les sujets étaient empruntés à l'épopée affectaient l'air sérieux et les préoccupations critiques de l'histoire, mais ils démentaient ces prétentions par leur amour du merveilleux. Ils furent obligés, pour piquer la curiosité, de chercher le nouveau; ils voulurent faire autrement que les anciens poëtes, mais il ne leur fut pas donné de faire mieux. C'était déjà une nécessité malheureuse que cette recherche de la nouveauté dans des sujets si anciens, et qu'avaient marqués de leur empreinte Homère, les cycliques et les tragiques. Que trouver en de pareils sujets? Toutes les beautés simples et naturelles étaient enlevées, il ne restait que ce qui avait été dédaigné. Lorsque ce genre des narrations fabuleuses en prose fut le plus en faveur, le temps était passé des inspirations naïves et sincères : aux Homère et aux Sophocle avait succédé une littérature de rhéteurs et de sophistes. Les souvenirs de la guerre de Troie ne servaient plus qu'à exercer le bel esprit; on écrivait l'éloge d'Hélène [1], de Palamède [2] ou de Thersite [3], comme l'éloge de la goutte ou de la calvitie; ou bien on démontrait qu'il n'y avait jamais eu de guerre de Troie, et que les héros d'Homère étaient des personnages de pure imagination [4], sauf à célébrer une autre fois la guerre de Troie et les héros d'Homère.

1. V. Isocrate (*OEuvres*); Gorgias (V. *Hist. gr. fr.*, II, p. 20 et 59). — 2. Gorgias. C'est sans doute pour ses éloges d'Hélène et de Palamède que saint Clément d'Alexandrie l'appelle *historien*. (*Stromat.*, VI, p. 267). — 3. Favorinus, V. A. Gell., XVII, 12. — 4. Dion Chrysostome, *Disc.* XI.

Signaler dans les récits sur la guerre de Troie de nombreuses fables mêlées à quelques faits réels, il n'y avait pas là grande hardiesse, et c'était une tâche à laquelle les historiens sérieux n'avaient pas failli depuis Thucydide. Mais prétendre, après tant de siècles, refaire toute cette histoire, année par année, et presque jour par jour, et en faire revivre les principaux personnages, non pas seulement avec leurs caractères traditionnels, mais avec les détails les plus minutieux sur leurs personnes, c'était une idée qui ne pouvait venir qu'à des conteurs fabuleux, à des romanciers de profession. C'est ce qu'entreprirent Philostrate et deux écrivains qui pensèrent donner le change à leurs lecteurs, en se cachant sous les pseudonymes de Darès de Crète et de Dictys de Phrygie.

Mais il ne faut pas s'y méprendre : quand on lit l'*Héroïque* de Philostrate et les histoires du faux Darès et du faux Dictys, de même que lorsqu'on lit Apollodore, Hygin, Parthénius de Nicée ou Conon, on n'a sous les yeux qu'un remaniement plus ou moins libre d'ouvrages antérieurs. Dans l'*Héroïque*, ce qui appartient en propre à Philostrate, c'est le cadre dans lequel il place ses narrations sur la guerre de Troie : il suppose un dialogue entre un navigateur phénicien et un vigneron d'Éléonte, fréquemment honoré de la visite et de l'entretien de l'ombre de Protésilas. C'est encore la fiction qu'il imagine pour opposer une autorité à celle d'Homère et des cycliques : l'auteur de la *Vie d'Apollonius de Tyane*, qui n'est jamais en reste de moyens surnaturels, imagine une sorte de révélation faite par l'ombre de Protésilas au vigneron d'Éléonte. Ce qui fait la seule nouveauté et l'originalité propre de l'*Héroïque*, c'est ce merveilleux d'un nouveau genre, ce sont ces récits sur les ombres des héros, qui viennent se mêler aux remaniements des vieux récits épiques. Quant à ces remaniements eux-mêmes, ils ont dû être empruntés par Philostrate à des romans épiques composés avant le sien.

Ce n'est pas lui, par exemple, qui avait imaginé le conte fantastique sur l'ombre d'Achille, son séjour dans une île du Pont-Euxin, ses amours avec l'ombre d'Hélène. D'après l'auteur inconnu de ce conte, rapporté par Philostrate, le héros thessalien et la belle Lacédémonienne, qui ne s'étaient jamais vus de leur vivant, seraient devenus amoureux l'un de l'autre après leur mort, et se seraient fixés dans l'île *Leucé* (l'île Blanche) que Neptune forma pour eux, sur la demande de Thétis, avec le limon du Thermodon, de l'Ister et du Borysthène. Cette île est pour les navigateurs un lieu de refuge : ils peuvent venir au temple d'Achille et d'Hélène, et trouvent devant l'autel une victime toute prête pour le sacrifice; mais il leur est interdit de passer la nuit dans l'île : tout au plus leur est-il permis d'attacher le soir leur navire au rivage et d'y attendre le lever du jour. Pendant la nuit ils entendent des bruits étranges : c'est Hélène et Achille qui célèbrent leur amour dans les festins et dans les chants. Un jour Achille apparut à un navigateur venu dans son île, et lui ordonna d'aller acheter et de ramener avec lui une esclave troyenne, qu'il lui désigna comme le dernier rejeton de la race d'Hector. Quand le navigateur fut de retour, Achille lui témoigna sa reconnaissance : il le fit dîner avec Hélène et lui ; il lui donna beaucoup d'or, lui promit des vents favorables, et le congédia après lui avoir recommandé de laisser la jeune fille sur le rivage. A peine le navire s'était-il éloigné d'un stade en mer, que le navigateur entendit des cris perçants; et, se retournant du côté de l'île Leucé, il vit Achille déchirer la jeune fille et s'acharner sur ses membres palpitants.

L'île Leucé fut encore le théâtre d'un acte de vengeance, plus digne d'Achille que le précédent. Un jour les Amazones, ses anciennes ennemies, viennent des rives du Thermodon pour ravager cette île. Elles veulent en faire arracher les arbres, mais les arbres se retournent contre les ouvriers et les tuent. L'ombre d'Achille apparaît elle-même : à sa vue les chevaux des Amazones se cabrent d'effroi, les renversent et les foulent aux pieds, puis ils les dévorent, et se jettent eux-mêmes dans la mer, croyant encore courir dans la plaine [1].

Toute cette légende sur l'île Leucé se retrouve dans un contemporain de Philostrate, Maxime de Tyr [2]; on peut affirmer sans témérité qu'elle était plus ancienne que l'un et que l'autre.

Le dialogue de Philostrate est rempli de semblables fictions, dont la source ne nous est pas connue, mais qu'on ne saurait attribuer à ce sophiste. Son navigateur phénicien déclare que les récits du

---

1. *Héroïque*, p. 745 sqq., éd. Olear. — 2. *Diss.*, XV, 7.

vigneron d'Éléonte lui semblent *divins*[1]. Quelque faible idée qu'on se fasse de la modestie d'un sophiste, comment croire qu'il eût ainsi parlé de narrations forgées par lui? S'il les donne comme « nouvelles et rares[2], » cela veut dire seulement qu'elles sont moins anciennes et moins répandues que celles d'Homère. Il y avait déjà longtemps qu'il avait paru piquant aux auteurs d'*Histoires Troyennes* de s'inscrire en faux contre l'*Iliade* et l'*Odyssée*. Strabon reproche à Hellanicus d'avoir suivi une tradition d'après laquelle Troie n'aurait jamais été détruite par les Grecs : il est plus que probable que ce paradoxe historique se trouvait dans un ouvrage apocryphe mis sous le nom d'Hellanicus, et composé par quelque Alexandrin; mais il est important de remarquer que cet ouvrage avait déjà cours longtemps avant Strabon[3]. Ce qui était alors un paradoxe n'était plus qu'un lieu commun au temps de Dion Chrysostome. Dans sa *Déclamation Troyenne*[4], il ne se contentait pas de réfuter Homère, et de soutenir que Troie n'avait jamais été prise; il racontait, sans doute d'après le faux Hellanius, comment avait dû se terminer la guerre et donnait ainsi l'une des versions du roman de Troie.

Les histoires fabuleuses que suit Philostrate ne contredisaient pas d'une manière aussi violente les récits homériques; mais Homère n'y était pas ménagé. Sans doute on distinguait le poëte et l'histo-

---

1. *Héroïque*, p. 752, éd. Olear. — 2. *Héroïque*, p. 686. Ibid. — 3. V. Strabon, XII, p. 600; C. Müller, *Hist. gr. fr.*, I, p. XXXIII et 65. — 4. *Disc.* XI.

rien : était-il possible à un Grec, à moins qu'il ne fût un Zoïle, de parler d'Homère sans rendre hommage au père de la poésie grecque? Mais l'historien était sévèrement traité. On avouait bien qu'il avait dû savoir la vérité sur la guerre de Troie; mais on prétendait qu'il n'avait pas voulu la dire pour orner son récit de fictions poétiques [1]. Philostrate lui reproche « d'avoir mêlé les dieux aux hommes, d'avoir grandi « les hommes, d'avoir amoindri et en quelque sorte « avili les dieux; d'avoir conduit Hélène à Troie, « bien qu'il sût fort bien que les vents l'avaient « poussée en Égypte avec Pâris [2]; » et encore d'avoir fait combattre Achille avec le fleuve Scamandre, contre toute vraisemblance [3].

C'est surtout l'*Odyssée* qu'il critique : « Pour in« téresser à son Ulysse, dit-il, Homère imagine la « race des Cyclopes, qui n'a jamais existé nulle « part; il décrit les Lestrygons, que personne n'a « jamais vus; il représente Circé, l'habile magi« cienne, et d'autres déesses éprises de cet Ulysse, « qui commençait à n'être plus qu'un vieillard; il « le montre couvert d'une chevelure noire comme « l'hyacinthe, qui a fleuri pour lui auprès de Nau« sicaa. C'est là un pur badinage... Quant à ses mal« heurs sur mer, purs badinages également. Il est « faux qu'à cause de Polyphème la colère de Nep« tune ait privé Ulysse de tous ses vaisseaux, et ait « fait périr ses compagnons. D'abord Ulysse n'a« borda jamais chez aucun monstre de cette nature,

---

[1]. *Héroïque*, p. 702 et 717, éd. Olear. — [2]. *Héroïque*, p. 693, éd. Olear; *Vie d'Apollonius*, IV, 16. — [3]. *Ibid.*, p. 735.

« et quand Neptune aurait eu pour fils un Cyclope,
« jamais il n'aurait pris si chaudement le parti
« d'un tel fils, qui, avec la férocité d'un lion, se re-
« paissait de chair humaine. C'est à cause de son
« neveu Palamède que la colère de Neptune rendait
« si difficile la navigation d'Ulysse... Ce n'est pas
« non plus au sujet de la fille de Chrysès qu'Achille
« conçut du ressentiment contre les Grecs, c'est au
« sujet de Palamède, son ami ... [1] »

Voilà une réfutation dans les règles : encore n'avons-nous pas tout cité. Il est certain que les récits d'Homère sur les Cyclopes, sur les Lestrygons, sur Circé, Calypso et Nausicaa, ne sont pas tout à fait historiques. Mais ceux que Philostrate met dans la bouche du vigneron d'Éléonte le sont-ils davantage? Aux fables d'Homère il substitue des contes de revenants. Selon lui, une des raisons pour lesquelles le chantre de l'Iliade a dit tant de mensonges, c'est qu'il a voulu complaire à l'ombre d'Ulysse. Il faut savoir qu'Homère avait évoqué cette ombre à Ithaque, pour apprendre d'elle tout ce qui concernait la guerre de Troie ; mais Ulysse avait exigé d'Homère le serment de ne rien dire qu'à sa gloire, et de ne pas parler de Palamède, son ennemi [2]. Philostrate nous apprend encore que les anciens héros fréquentent, même après leur mort, les lieux qui leur furent chers autrefois. Heureuses les contrées dont ils aiment ainsi à faire leur séjour ! Heureux les hommes qui se sentent du respect et de l'affection pour un

---

1. *Héroïque*, p. 694, 695, éd. Olear. — 2. *Héroïque*, p. 728, éd. Olear.

de ces héros! Heureuses les femmes (car il s'en rencontre) qui se prennent d'amour pour quelqu'un d'entre eux[1]! Mais malheur à quiconque ose les braver! Ils sont plus terribles encore que pendant leur vie. Témoin Hector qui, « l'année précédente, » s'est jeté sur un jeune homme coupable d'avoir insulté à sa mémoire, et l'a massacré; témoin Achille, dont l'implacable ressentiment contre la race de Priam survit, nous l'avons vu, à la mort d'Hector[2].

Aussi bien ce n'est pas sans dessein que Philostrate juge si sévèrement Homère. C'était un moyen d'accréditer ses récits, et ce moyen, qu'emploieront le faux Darès et le faux Dictys, n'était sans doute pas nouveau à l'époque de Philostrate. Dans son dialogue, ce jugement est porté par Protésilas, qui sans doute ne pardonnait pas à Homère de l'avoir presque oublié[3]. Ceux qui ne connaissent l'histoire de la guerre de Troie que par Homère et les cycliques connaissent en effet médiocrement Protésilas : c'est cependant, selon l'*Héroïque*, l'un des principaux héros de cette guerre; lui-même l'affirme, un héros ne saurait mentir.

Celui de ces chefs grecs qui est le plus vanté par

1. *Héroïque*, p. 681, 685, 686, éd. Olear.
2. Dans la *Vie d'Apollonius de Tyane*, IV, 12 et 16, l'ombre d'Achille joue aussi un certain rôle, et instruit le philosophe de diverses questions sur la guerre de Troie, mais exige en retour qu'Apollonius rejette du nombre de ses disciples un certain Antisthène de Paros, parce qu'il est de race troyenne.
3. Il n'est question de ce héros que dans un endroit de l'*Iliade*, II, v. 698.

Protésilas, c'est Palamède, le héros de Philostrate et des sophistes de son temps, qui avaient cru découvrir dans ce guerrier un de leurs ancêtres. En toute occasion, dans la *Vie d'Apollonius de Tyane* comme dans l'*Héroïque* [1], on rencontre l'éloge de sa sagesse mêlé à celui de son courage. Il s'instruit sans maître, il devient plus savant que Chiron, le maître d'Achille. C'est lui qui invente les dés, qui détermine la succession des mois et des heures, qui note l'argent, qui fixe les poids et les mesures. Il est le rival d'Ulysse, et montre bien plus d'esprit et de prudence que le roi d'Ithaque; mais par ses railleries il se fait un irréconciliable ennemi de cet homme astucieux et perfide. Il ne lui sert de rien d'être le plus sage des Grecs et l'ami d'Achille et d'Ajax, il tombe sous le coup d'une accusation de trahison, et meurt lapidé. Mort honteuse dont il fait une mort glorieuse : car il la souffre comme un sage, sans se plaindre, sans essayer de fléchir ses juges, et en disant : « Je te plains, ô vérité! car tu es morte avant moi [2]. » Qu'on s'étonne après cela si Palamède a gardé des admirateurs enthousiastes, et si, par exemple, un vigneron d'Ilion lui a voué un culte passionné, au point de nourrir un chien et de l'appeler Ulysse exprès pour battre Ulysse sur le dos de ce chien [3].

Nous ne relèverons pas tout ce qui est dit dans l'*Héroïque* sur Ulysse, sur Achille, sur Diomède,

---

1. *Vie d'Apollon. de Tyane*, IV, 16; VI, 21; III, 22, etc.; *Héroïque*, p. 690, 709-716 et *pass.* — 2. V. cette narration reproduite par Tzetzès (*Homerica*, v. 385 et suiv.). — 3. *Héroïque*, p. 685.

sur Ajax, sur Hector, sur Énée et les autres combattants de la Grèce et de Troie. Remarquons toutefois que la plupart des détails que nous trouvons dans Philostrate s'écartent des traditions reçues par les poëtes[1]. Mais ce qu'il importe surtout de noter, ce sont les portraits qui sont tracés de tous ou de presque tous les héros[2]. On les retrouve presque les mêmes dans le faux Darès; dans le misérable abrégé qui nous reste sous son nom, ils forment en quelque sorte une galerie qui remplit deux chapitres[3]. Cette rencontre ne saurait être fortuite. Il est fort douteux que le faux Darès soit allé puiser ses renseignements dans l'*Héroïque*, ouvrage qui n'est lui-même qu'un abrégé, et qui, en certains endroits, semble n'être qu'un recueil de questions et de réponses sur la guerre de Troie. Il est bien plus probable que les deux auteurs ont puisé à des sources communes, c'est-à-dire ont emprunté leurs portraits et leurs narrations à d'anciens romans, aujourd'hui perdus, sur la guerre de Troie. A l'importance que Philostrate et le faux Darès paraissent attacher à ces portraits, aux développements qu'ils leur donnent, on reconnaît que c'étaient là, pour eux comme pour les romanciers qui les avaient précédés, un des principaux ornements de leurs narrations. Dans ces

---

1. V. sur Philoctète, *Héroïque*, p. 702; sur Achille, p. 731; sur Ajax le Locrien, p. 706; sur Idoménée, p. 705.
2. V. les portraits de Protésilas, p. 674; d'Hector, p. 682; de Nestor et d'Antiloque, p. 698; de Sthénélus et de Diomède, p. 701 et 702; d'Ajax le Locrien, p. 705; de Palamède, p. 715; d'Ulysse, p. 717; d'Énée, p. 723; de Pàris, p. 723; d'Achille, p. 733, de Patrocle, p. 736, etc., etc. — 3. Ch. XII et XIII.

sortes d'*hypotyposes*, l'auteur de l'*Héroïque* ne craint pas d'afficher l'intention de faire voir, en quelque sorte, les personnages qu'il décrit : « Ne puis-je pas « voir Palamède, demande le navigateur phénicien, « comme j'ai vu Nestor, Diomède et Sthénélus [1] ? » C'était le temps où la description des tableaux et des statues était devenue un genre littéraire [2].

Philostrate n'avait fait que peindre quelques figures et quelques scènes isolées de la guerre de Troie, d'après les histoires fabuleuses qu'il avait sous les yeux. C'est le cours entier de cette guerre que prétendirent retracer les faussaires qui ont décoré leurs œuvres de deux noms empruntés au cycle épique. Leurs ouvrages peuvent donner une idée de ces fabuleuses histoires. Les fraudes les plus grossières étaient souvent mises en œuvre pour donner crédit à de tels ouvrages. Qu'on en juge. Darès et Dictys sont deux héros de la guerre de Troie, l'un Grec, l'autre Troyen, qui sortent pour ainsi dire de leurs tombeaux pour rapporter ce qu'ils ont vu. L'histoire du Phrygien Darès et le *Journal* du Crétois Dictys se sont tout d'un coup retrouvés, l'un à l'époque d'Auguste, l'autre au temps de Néron. Le livre de Darès a été trouvé et traduit par Cornélius Népos, qui fait hommage de sa traduction à son ami Salluste, sans dire dans quelle langue était l'original. Quant à l'ouvrage de Dictys, sa découverte est tout un roman. Un tremblement de terre, sous Néron, entr'ouvre un tombeau près de Gnosse ; dans ce tom-

---

1. *Héroïque*, p. 715. — 2. V. les *Tableaux* des deux Philostrate, les *Statues* de Callistrate.

beau des bergers voient une boîte de plomb; dans cette boîte ils trouvent un manuscrit en caractères phéniciens; dans ce manuscrit des savants découvrent le *Journal du siége de Troie*, écrit par Dictys. L'empereur charge aussitôt un certain Eupraxidas de traduire en grec le précieux manuscrit, et L. Septimius traduit en latin la version d'Eupraxidas. Quel échafaudage de mensonges pour construire un édifice fabuleux! Mais nous savons combien est audacieuse l'industrie des falsificateurs, et quel amas de documents controuvés sait accumuler au besoin l'imagination des faux érudits. Il ne leur coûte rien de supposer des manuscrits ou des inscriptions [1]. Nous aimons mieux, pour notre part, l'artifice de Philostrate, et son histoire des apparitions merveilleuses de Protésilas, que tous ces contes pédantesques sur des manuscrits sortis de dessous terre. Écartez ces fables sur Darès et Dictys, vous êtes en face de deux misérables rhéteurs qui, en attribuant à leurs œuvres une illustre origine, ont voulu leur donner une célébrité qu'ils n'espéraient point pour leur nom.

On ignore à quelle époque ont paru pour la première fois ces deux prétendues histoires. Des faits avancés dans leurs préfaces, les seuls qui paraissent vrais, c'est que ces ouvrages sont en effet des traductions. Les Grecs étaient plus que les Latins portés

---

1. V. l'*Histoire sacrée* d'Évhémère, les récits d'Hécatée d'Abdère sur les Hyperboréens, les relations du platonicien Crantor sur l'Atlantide de Platon, et le roman d'Antoine Diogène *Sur les choses incroyables au delà de Thulé*, etc.

vers ce genre de fraudes, et s'entendaient mieux à composer des livres fabuleux. L'ouvrage attribué à Darès est cité par des écrivains grecs [1] qui certainement ne l'ont pas connu par la version en latin qui nous en est restée. Cette version porte le nom de Cornélius Népos; mais il suffit de lire l'épître dédicatoire de ce Cornélius à Salluste pour voir qu'il y a là une supercherie de plus : la latinité de ce morceau nous reporte bien loin de Cornélius Népos et de Salluste; ce n'est pas celle du siècle d'Auguste, mais bien plutôt celle du temps d'Odoacre ou de Théodoric.

Non-seulement cette détestable version appartient à la décadence de la langue latine; mais il est probable que c'est moins une traduction qu'une analyse. On reconnaît à différents indices la main d'un abréviateur. D'abord l'écrivain latin, oubliant qu'il se donne comme simple traducteur de Darès, parle en son nom à deux reprises et cite l'autorité de ce même Darès [2]. Puis ces nombreux portraits, que nous avons déjà signalés, et dont l'étendue [3] forme un si étrange contraste avec la sécheresse habituelle de la narration, ne permettent-ils pas de croire que cette narration a été abrégée, et que les portraits ont été copiés en entier? Ce n'est pas tout. L'ouvrage de Darès, tel qu'il nous est parvenu, n'offre qu'un récit sec et décharné; c'est une espèce de résumé chronologique qui remonte aux Argonautes et s'arrête à

---

1. Élien, *Hist. variée*, XI, 2; Ptolémée Héphestion, lib. I *Historiarum ad var. erudit. pertin.* (Ap. Phot. cod. 190.) — 2. Ch. XII et XLIV. — 3. Ch. XII et XIII.

la mort de Polyxène, sans s'animer, sans se parer du moindre ornement. Voici comment l'auteur rapporte l'expédition des Argonautes : « Ils s'embar-« quèrent, partirent pour Colchos, enlevèrent la « toison d'or et revinrent en Grèce [1]. » Tel est le caractère général du récit : on croirait lire des têtes de chapitres.

Cependant deux passages offrent des développements inusités, et leur disproportion est telle qu'il semble impossible de l'attribuer aux inégalités de la composition : elle s'explique plutôt par un caprice de l'abréviateur, qui s'est laissé aller à reproduire avec plus de détail deux scènes dramatiques. C'est la dernière entrevue entre Hector et Andromaque, et la mort d'Achille, victime de sa passion pour Polyxène [2]. Ce dernier récit est la partie la plus intéressante de l'ouvrage du faux Darès. Le faux Dictys, dont la narration est en général plus étendue, rapporte à peu près les mêmes traditions, mais cette fois avec beaucoup moins de détails [3]. N'est-il pas évident que nous avons ici, dans le faux Darès, un fragment du texte primitif? D'ailleurs, si l'on ajoute foi au témoignage de Gui de Colonne, qui arrangea en latin pour le treizième siècle les récits de la guerre de Troie, il serait resté jusqu'à cette époque deux textes du faux Darès, le texte original et l'abrégé [4].

1. Ch. II. — 2. Ch. XXIV, XXXIV. — 3. III, 2 et 3; IV, 11. — 4. Il reproche à l'abréviateur d'avoir trop résumé, et il cite, d'après le texte le plus étendu, une description tellement magnifique de la chambre où couchait Hector, que lui-même refuse d'y croire.

L'ouvrage attribué au faux Dictys, sans être d'une latinité aussi barbare que celle du faux Darès, n'accuse pas une origine beaucoup plus ancienne [1]. Si la narration en est moins aride, l'ouvrage ne paraît pas moins que l'autre avoir subi les mutilations d'un abréviateur. Peut-être ces deux ouvrages, comme celui du faux Callisthène, ont-ils été l'objet de plusieurs remaniements, et peut-être les traductions latines elles-mêmes étaient-elles plutôt des remaniements que des traductions. Tzetzès qui rapporte [2], d'après Dictys, la mort d'Œnone, première femme de Pâris, la raconte autrement que Septimius, le prétendu traducteur de Dictys [3] : dans le texte grec elle se pendait après avoir appris la mort de son époux ; dans le texte latin, elle meurt subitement en apprenant cette nouvelle. Jean Malalas déclare [4] raconter la guerre de Troie d'après Dictys. Or, il se trouve dans sa narration divers détails qui ne se rencontrent pas dans la traduction latine. C'est, par exemple, le récit développé d'un repas qui eut lieu après la guerre de Troie entre Pyrrhus et Teucer, et dans lequel Teucer instruisit le fils d'Achille de tout ce qui précéda et de tout ce qui suivit la mort d'Hector [5]. Ce sont encore les portraits des héros et des héroïnes de la guerre de Troie [6]. Et

---

1. Vossius (*Hist. lat.*, IV, 2) et Olaüs Borrichius (*De variis lat. ling. ætatibus*, p. 12) le placent vers l'époque de Constantin. Scioppius est plus indulgent et, jugeant avec assez de faveur la latinité de l'ouvrage, le place vers l'époque de Velléius Paterculus et de Quinte-Curce (*Parad. litt.*, v). — 2. *Posthomerica*, 598. — 3. IV, 21. — 4. Éd. Bonn., p. 107. — 5. *Ibid.*, p. 122. — 6. *Ibid.*, p. 103.

que l'on ne pense pas que ce soit un emprunt fait en passant à Darès : les portraits que nous trouvons dans le faux Darès ne ressemblent nullement à ceux que Malalas donne d'après Dictys.

Ces portraits, par lesquels le faux Darès et le faux Dictys prétendaient faire connaître la taille, les traits et le caractère de leurs personnages ne rendent que plus ridicule la gravité historique qu'ils affectaient [1]. Que dire de la prétention qu'ils ont de déterminer l'exacte durée de la guerre et le nombre précis des combattants de chaque parti? Selon le faux Darès (ch. 44), la guerre de Troie dura dix ans, six mois et douze jours; l'armée des Grecs comptait 886,000 hommes et celle des Troyens 676,000. Plus ils cherchent à se donner l'apparence de témoins bien informés, plus leur imposture éclate et se trahit.

Le faux Darès s'éloigne plus que le faux Dictys des légendes grecques sur la guerre de Troie, et cela n'a rien d'étonnant : chacun de ces ouvrages est la contre-partie de l'autre : d'un côté c'est le Grec qui parle, de l'autre c'est le Troyen. D'après le faux Darès, ce qui a provoqué la guerre de Troie, ce n'est pas l'enlèvement d'Hélène, qui n'était qu'un acte de représailles, c'est le rapt d'Hésione par Télamon; l'enlèvement d'Hélène est d'ailleurs présenté sous les couleurs les plus favorables : ce n'est pas à Lacédémone, dans la maison de son hôte, que Pâris la séduit pour l'entraîner ensuite, c'est dans le temple de Cythère, où tous les deux sont venus par hasard

---

1. V. J.-V. Leclerc, dans l'*Hist. litt. de la France*, t. XXI, p. 226, à l'occasion du *Roman de Troie*.

offrir un sacrifice à Vénus [1]. Énée et Anténor sont représentés comme des traîtres [2]; opinion du reste assez répandue dans l'antiquité, et que, suivant Servius [3], Virgile avait pris à tâche de détruire par son *Énéide*. Dans Dictys, Énée et Anténor sont traités moins défavorablement; au contraire, l'enlèvement d'Hélène y reprend son caractère odieux, et l'on y voit Pâris violer doublement les devoirs de l'hospitalité, par le rapt et par le pillage [4]. On y retrouve Achille et sa colère [5], le sacrifice d'Iphigénie [6], Chryséis et sa fille [7], Philoctète et sa funeste maladie [8], Palamède et ses querelles avec Ulysse [9], Polydore et sa fin malheureuse [10], enfin le cheval de bois et l'enlèvement du Palladium [11].

En général, cependant, le récit du faux Dictys, comme celui du faux Darès, diffère de celui d'Homère. On dirait qu'ils ont pris à tâche l'un et l'autre de faire autrement que lui : même sur les points où ils se rencontrent avec le chantre de l'Iliade, ils n'ont garde de l'imiter. Veut-on savoir ce qu'est devenu entre les mains du faux Darès le touchant tableau des adieux d'Andromaque et d'Hector [12]? Au lieu de la situation si noble et si pathétique que le poëte avait peinte, le rhéteur a imaginé une scène vulgaire. Andromaque, effrayée par un songe, ne veut pas laisser Hector s'éloigner; pour l'émouvoir, elle met son fils à ses pieds, et comme Hector ne se laisse

---

1. Ch. IX et X. — 2. Ch. XXXIX et suiv. — 3. Ad Æn., 1, 242, 647. — 4. I, 3 et 5. — 5. II, 28 et 33. — 6. I, 21. — 7. II, 28. — 8. II, 14. — 9. II, 15. — 10. II, 18, 20, 27. Il y a du reste quelques différences avec la tradition suivie par Euripide dans *Hécube*. — 11. V, 11-14. — 12. *Iliade*, VI.

pas fléchir, elle lui fait donner par Priam l'ordre de ne pas franchir les murailles ce jour-là [1].

Dictys n'imite pas davantage Homère dans le récit de l'entrevue entre Achille et Priam ; il semble nous dire : « Et moi aussi, je suis peintre. » Or voici son tableau. Priam vient au camp des Grecs avec Andromaque et Astyanax. « A cette vue, un silence sou-
« dain s'établit, causé par l'étonnement ; les rois,
« désireux de connaître la cause de l'arrivée de
« Priam, s'avancent au-devant de lui. Dès que
« Priam s'aperçoit qu'on se dirige de son côté, il se
« précipite le visage contre terre, il se couvre la
« tête de poussière, et il prie les chefs de prendre en
« pitié son infortune, et de venir avec lui implorer
« la compassion d'Achille. » Quelques-uns se laissent toucher et l'accompagnent. Mais Ulysse le poursuit de ses invectives. Achille est prévenu de la démarche du vieux roi : « Il ordonne à Automédon de l'intro-
« duire ; lui-même prend entre ses bras l'urne qui
« contient les os de Patrocle. » Priam alors, se jetant aux genoux d'Achille, lui assure qu'il ne s'en prend point à lui de ses malheurs, qu'il n'accuse que quelque divinité jalouse : il lui offre sa tête, puis le prie d'avoir pitié d'un père malheureux, et de lui rendre son fils, moyennant une rançon ; il finit par où commence le Priam de l'*Iliade* : « Achille, sou-
« viens-toi de ton père ! » Achille ne répond pas. Priam alors se relève, se déchire les cheveux, et s'écrie : « Où donc est-elle, cette vertu si fort en

---

1. *Pseudo-Darès*, XXIV.

honneur chez les Grecs, la miséricorde? S'arrête-t-elle au seul Priam? »

Achille reproche à Priam sa faiblesse envers ses fils, et l'accuse d'avoir convoité les richesses d'Atrée et de Pélops : « Le voilà puni, et c'est justice. D'ail-
« leurs, Hector n'a-t-il pas insulté au cadavre de Pa-
« trocle? Aussi bien il ne faut pas croire que l'en-
« lèvement d'Hélène soit la vraie cause de cette
« guerre : on a voulu voir à qui appartiendrait
« l'empire, aux Grecs ou aux Barbares. » Il menace Priam de le faire mourir; puis il délibère avec les chefs, qui lui conseillent d'accepter la rançon et de rendre le cadavre d'Hector. En ce moment Polyxène, qui est aimée d'Achille, entre dans la tente et se jette aux pieds du héros, offrant le sacrifice de sa liberté pour racheter le corps de son frère. Achille, ému jusqu'aux larmes, relève Polyxène, et engage Priam à secouer la poussière qui le couvre; Priam refuse de le faire, tant qu'on ne lui aura pas rendu son fils. Achille déclare que Priam n'aura son fils qu'après avoir pris un repas avec lui. Priam est obligé de céder. Pendant le repas, nouveau discours d'Achille : « Pourquoi n'a-t-on pas rendu Hélène?
« C'est cette femme qui a porté la mauvaise fortune
« aux Troyens. » Priam rappelle les mauvais présages qui ont accompagné la naissance de Pâris, et reconnaît qu'une implacable fatalité pesait sur Troie : il regrette de survivre à Hector. Achille accepte une partie des présents de Priam, donne le reste à Polyxène, et livre enfin le corps d'Hector. Priam, soit par reconnaissance, soit pour soustraire sa fille aux

malheurs qui menacent encore la ville de Troie, prie Achille de garder avec lui Polyxène; mais Achille refuse de la recevoir, et Priam la ramène avec Andromaque [1].

Quelle différence entre le récit d'Homère, si simple et si grand, et cette narration qui vise à l'effet théâtral, et qui est toute surchargée de circonstances oiseuses, de personnages inutiles, de déclamations d'école! Rien ne fait mieux sentir la perfection des poëmes d'Homère que la comparaison de quelques-uns de leurs épisodes avec des épisodes semblables développés par des écrivains tels que le faux Darès et le faux Dictys. En lisant ces ouvrages prétentieux, obscurs et confus, on se dit que l'on n'a sous les yeux ni une histoire ni une composition poétique. Qu'est-ce donc, sinon un informe tissu de fables qui contredisent Homère, et ne le font que plus regretter?

La variété des traditions sur la guerre de Troie mettait à l'aise les auteurs d'histoires fabuleuses. Mais parmi ces traditions, il y en a de plus ou de moins anciennes : il y a celles qui ont dominé chez les cycliques, celles qu'ont préférées les tragiques, enfin celles qui paraissent avoir fleuri surtout dans les romans épiques sur la guerre de Troie. Nous avons déjà distingué, parmi celles-ci, les épisodes de Pâris et d'Œnone, d'Achille et d'Hélène; il nous reste à signaler quelques-unes des fictions romanesques les plus modernes.

Au premier rang de ces fables il faut placer l'épi-

---

1. *Pseudo-Dictys*, III, 21-27.

sode de la passion d'Achille pour Polyxène. Ce roman, devenu si populaire au moyen âge [1], que la renommée de Polyxène sembla effacer celle de la belle Hélène [2], paraît un fruit assez tardif de l'imagination grecque [3]. Qu'on lise les fragments des cycliques [4], les tragiques [5], Quintus de Smyrne, qui a suivi avec assez d'exactitude les traditions du vieux cycle Troyen [6] : que trouvera-t-on? Rien de plus que le sacrifice de Polyxène, sanglante expiation imposée à la famille de Priam, et qui était conforme aux mœurs antiques : les dieux aimaient le sang, surtout celui des jeunes filles [7], et Achille après sa mort était un demi-dieu.

Dès la fin de l'époque Alexandrine, l'épisode des amours d'Achille et de Polyxène s'est introduit dans les *Histoires Troyennes*. On lit dans Hygin [8] : « Les

---

1. V. le *Roman de Troie* (treizième siècle) et la tragédie d'Albertino Mussato, *Achilleis* (quatorzième siècle), dont nous avons donné une analyse dans notre étude sur les *Essais dramatiques imités de l'antiquité aux quatorzième et quinzième siècles*.

2. Déjà c'est à peine s'il est question d'Hélène dans le faux Darès et le faux Dictys. Ce dernier, dont le récit est plus étendu, n'en parle qu'en deux endroits (I, 3 et 10). Il raconte son enlèvement et dit que, le choix lui ayant été donné par Priam de retourner à Sparte ou de rester à Troie, elle préféra rester à Troie.

3. V. Grote, *Hist. of Græce*, I, 413; Heyne, *Excurs. ad Æneid.*, III; Dederich, *ad Pseudo-Dictyn*, III, 2; Servius, *ad Æn.*, III, 322.

4. Lesches, dans *Pausan.*, X, 25, 9; Arctinus, *Fragm.*, à la suite de l'Homère Didot, p. 584.

5. Eurip., *Hecub.*, 38-114; *Troad.*, 716; Senec. trag., *Troad.*, passim.

6. Quintus de Smyrne adopte si peu ce roman d'un amour d'Achille et de Polyxène, qu'il fait de cette jeune fille la fiancée du Troyen Eurymaque, XIV, 179 et 214.

7. V. Euripide, *Iphigénie en Aulide*. — 8. *Fable*, 110.

« Grecs immolèrent près du tombeau d'Achille Po-
« lyxène, fille de Priam, qui avait été cause de la
« mort de ce héros : Achille s'était épris de sa beauté,
« et, comme il était venu à une entrevue pour la
« demander, il fut tué par Déiphobe et Pâris. » Telle
est la légende dont s'emparèrent, pour la développer
à leur gré, les auteurs de romans épiques sur la
guerre de Troie. Dans ces auteurs, qu'ont suivis
Philostrate [1], le faux Darès [2], le faux Dictys [3], et
Tzetzès [4], la mort d'Achille n'est racontée que d'une
manière : il a été victime d'un piége tendu à son
amour, tandis que dans les anciens poëtes il mou-
rait en combattant, frappé d'une flèche par Apollon [5].

Sur la mort de Polyxène, au contraire, il y a eu
quelque variétés de récit, parce que les romanciers
ont cherché à renouveler le dénoûment de cette histoire d'amour, pour le rendre plus touchant et plus
dramatique. D'après l'*Héroïque* de Philostrate [6],
Polyxène était aussi éprise d'Achille qu'Achille de
Polyxène. Profitant du désordre qui suivit le meurtre
de son fiancé, elle s'enfuit dans le camp des Grecs;
après le troisième jour, elle se rend de nuit au tombeau d'Achille, embrasse son corps inanimé, et se
perce d'une épée en poussant des cris lamentables,
et en conjurant l'ombre du héros de rester fidèle dans
les Enfers à leur mutuel amour. Lisons maintenant

1. *Héroïque*, p. 737, éd. Olear. — 2. Ch. XXXIV. — 3. III, 21-
27; IV, 11. — 4. *Homeric.*, v. 381-398. *Posthomer.*, 389 et suiv.
— 5. V. Arctinus, *Fragm.*, à la fin de l'Homère Didot, p. 583;
Homère, *Iliad.*, XIX, 427; XXII, 357; Quint. Smyrn., III, 24, sqq.;
Tzetzès, *ad Lycophr.* 774; Hygin., *Fab.*, 107; Sophocle, *Philoct.*,
334; Virg., *Æn.*, VI, 56. — 6. P. 737, Olear.

les *Posthomériques* de Tzetzès[1] : « Après le troi-
« sième jour qui suivit la mort d'Achille, Polyxène
« sortit de nuit, abandonnant ses chers parents, et
« alla verser d'abondantes larmes sur le tombeau du
« fils de Pélée. La belle jeune fille reposa près de
« son noble fiancé, et sur un lit dressé par elle-
« même, dormit d'un sommeil d'airain. Tel est le
« récit de Flavius, qui diffère de celui d'Euripide. »
Ce Flavius était sans doute auteur de quelque roman
épique sur la guerre de Troie; il ne nous est connu
que par la mention de Tzetzès.

Les exploits et la mort des divers héros oubliés
ou à peine signalés par Homère avaient encore
fourni matière à plus d'une narration romanesque,
surtout les exploits et la mort de Palamède. Nous
avons déjà vu quel rôle considérable joue Palamède
dans l'*Héroïque*, et comment il mourut victime
d'une accusation calomnieuse. Mais cette légende,
rapportée par Hygin[2], suivie par Tzetzès[3], rappelée
par Virgile[4] et par Ovide[5], n'a pas paru assez dramatique aux auteurs d'*Histoires Troyennes*, ou bien
elle leur aura semblé trop injurieuse pour les Grecs[6].
Ils lui en ont substitué une autre qui fait retomber
sur deux rivaux de Palamède le crime de tous les
Grecs. Déjà l'auteur des *Chants Cypriens* avait raconté que Palamède, étant allé à la pêche, avait été
noyé par Diomède et Ulysse[7]. D'après le faux Dictys,

---

1. v, 496. — 2. *Fab.*, 105. — 3. *Homeric.*, v. 385. —
4. *Æneid.*, II, 83.—5. *Métam.*, XIII, 56.—6. Tzetzès explique par
cette raison le silence d'Homère sur Palamède, *Homeric.*, v. 228.
— 7. V. Cycl., *Fragm.*, à la fin de l'Homère Didot, p. 594.

il aurait été attiré par eux dans un piége : ils l'auraient leurré de l'espoir de partager avec eux un trésor, l'auraient fait descendre dans un puits, puis l'auraient tué à coups de pierre [1]. Quant au faux Darès, il imagine de justifier tout à fait les Grecs, et représente Palamède, au milieu d'un combat, frappé d'une flèche lancée par Pâris [2].

Comme Palamède, Troïle doit aux romans épiques la célébrité dont il a joui au moyen âge. Il n'est nommé qu'une fois par Homère [3], et, dans les *Chants Cypriens* [4], il meurt tout au commencement de la guerre. Les auteurs d'*Histoires Troyennes*, touchés sans doute par sa jeunesse, sa beauté et sa mort prématurée, lui rendent la vie et le font survivre à Hector, dont il égale la gloire [5]. C'est surtout dans le faux Darès qu'on voit se dessiner ce personnage intéressant et gracieux. Au début de la guerre, il est l'un des princes troyens qui repoussent les conseils timides d'Hélénus [6] ; dans tous les combats, il se fait remarquer parmi les principaux défenseurs de Troie ; il se mesure avec avantage contre Ménélas, Diomède et Agamemnon [7] ; il blesse Achille lui-même, et ne tombe frappé de la main du héros grec que par suite d'un faux pas de son cheval [8].

Un caractère commun à presque tous les romans épiques et qui éclate dans les auteurs qui s'en sont inspirés, depuis Philostrate et Dion jusqu'à Tzetzès, c'est

---

1. II, 15. — 2. Ch. XXVIII. — 3. *Iliade*, XXIV, 252.
4. V. Cycl., *Fragm.*, à la suite de l'Homère Didot, p, 582.
5. V. *Pseudo-Dictys*, IV, 9; Tzetzès, *Posthom.*, 359 et suiv.
6. Ch. VII. — 7. Ch. XXXI. — 8. Ch. XXXIII.

le parti pris de contredire Homère, et l'affectation qui est mise à faire remarquer ces contradictions. Il s'était formé comme une coalition de romanciers et de faux érudits contre les traditions chantées par Homère. Un des actes de cette coalition, ce fut le *Poëme anti-homérique* (Ἀνθόμηρος) de Ptolémée Chennus, grammairien du siècle d'Adrien. Cet ouvrage est perdu, mais on peut en juger par une autre compilation du même auteur, dont Photius nous a laissé des fragments[1]. Elle était intitulée : *Nouvelles recherches d'érudition*, et contenait un grand nombre de narrations dans le genre de celles de Conon, quelques-unes entre autres sur la guerre de Troie. On y remarque un récit de la mort de Protésilas, le héros du dialogue de Philostrate[2]. Qu'avait pu vouloir ce grammairien, dans sa rhapsodie anti-homérique en vingt-quatre chants, sinon opposer aux traditions chantées par Homère les récits de quelques-uns des romanciers qui, avant et après Dion, Philostrate, le faux Darès et le faux Dictys, prétendirent refaire l'histoire véridique de la guerre de Troie?

Il en était de cette coalition contre Homère comme de toutes les coalitions : unis pour l'attaque, les ennemis d'Homère se séparaient ensuite pour défendre chacun leur cause. De même qu'il y avait bien des versions différentes de la guerre de Troie chez Homère et les cycliques, il y eut bien des variétés du

---

1. V. Phot., *Cod.*, 190; Fabric., *Bibl. gr.*
2. V. Ptolem. Hephœstionis, *Novarum historiarum ad variam eruditionem pertinentium excerpta a Photio*, éd. Roulez, in-8°, 1834; Μυθογράφοι de Westermann, etc.

roman de Troie. Les narrations du faux Dictys ne sont pas celles du faux Darès ; les unes et les autres diffèrent souvent du récit de Philostrate. Il y avait bien d'autres différences, parce qu'il y avait bien d'autres sources du roman de Troie. Eusèbe, dans sa *Chronique* [1], rapporte une tradition que l'on chercherait vainement dans les diverses histoires de la guerre de Troie qui nous sont parvenues : d'après cette tradition, les fils d'Hector, avec l'aide d'Hélène, auraient chassé de Troie les fils d'Anténor, et la race de Priam serait ainsi remontée sur le trône de ses pères. Cette fable se trouvait dans un ouvrage antérieur au quatrième siècle, temps où écrivait l'évêque de Césarée. En voici une autre qui n'est guère moins ancienne (car elle est citée par Servius [2]) : après le départ des Grecs, Astyanax aurait été proclamé roi, puis détrôné par Anténor, enfin rétabli par Énée. Cette tradition se trouvait rapportée dans les *Histoires Troyennes* d'Abas [3].

Ainsi il dut y avoir, chez les anciens, bien d'autres branches du roman de Troie que celles qui nous sont restées. Les ouvrages du faux Darès et du faux Dictys n'étaient pas même les seuls exemples d'histoires apocryphes attribuées à des contemporains de la guerre de Troie. Le chroniqueur byzantin J. Malalas [4], après avoir donné un récit assez romanesque d'un repas entre Pyrrhus et Teucer, ajoute : « Ce « fait a été raconté par Sisyphe de Cos, qui fut avec « Teucer un des héros de la guerre de Troie : c'est

---

1. A l'année 862. — 2. *Ad Æneid.*, IX, 264. — 3. V. C. Müller, *Hist. gr. fr.*, IV, 278. — 4. Éd. Bonn, p. 132.

« d'après son histoire que plus tard Homère com-
« posa son *Iliade*, et Virgile son *Énéide*. Dictys a
« consacré le souvenir des mêmes événements. »
Nous croyons volontiers que le faux Dictys a précédé le faux Sisyphe de Cos, qui nous paraît appartenir à l'époque Byzantine, comme un certain Lysias
que cite Tzetzès [1], au sujet de Penthésilée et des
Amazones, et dont il oppose l'autorité à celle de
Quintus de Smyrne. Nous sommes plus indécis sur
l'époque d'un certain Flavius, d'après lequel le
même Tzetzès rapporte une légende sur Polyxène;
nous avons rapproché cette légende d'un récit de
Philostrate, et il se peut que l'ouvrage de ce Flavius
soit une des sources auxquelles a puisé l'auteur de
l'*Héroïque*.

Que conclure de tous ces détails, sinon que le
roman de Troie, comme le roman d'Alexandre,
comme tous les ouvrages populaires, n'a cessé d'être
remanié depuis l'époque Alexandrine? Un coup d'œil
jeté [2], à la fin de ces études, sur la littérature du
moyen âge, nous fournira sur ce fait des inductions
nouvelles, et achèvera de le démontrer.

1. *Posthomer.*, v. 14.
2. V. ci-dessous, ch. VIII.

CHAPITRE VI

ROMANS SUR LA GÉOGRAPHIE.

Dion (*Discours Borysthénique*). — Élien (la *Vallée de Tempé*). — *Itinéraire d'Alexandre*. — *Itinéraire plaisant à travers les villes de la Grèce*, etc. — Voyages imaginaires : Lucien (*Histoire véritable*), Antoine Diogène (les *Choses incroyables au delà de Thulé*). *Cosmographie* d'Éthicus.

L'époque Attique et l'époque Alexandrine nous ont offert de nombreux exemples de relations de voyages exagérées et embellies dans le but d'amuser le lecteur, ou de terres fabuleuses imaginées par les philosophes pour servir à l'exposition de leurs systèmes. Dans l'époque Romaine, la fantaisie des rhéteurs et des philosophes prend avec la géographie des libertés encore plus grandes. C'est alors que se développe et que grandit un genre illustré depuis par les auteurs de *Gulliver* et de *Robinson;* nous voulons parler des *voyages imaginaires*.

L'antiquité n'a jamais manqué de descriptions de pays, où des écrivains rhéteurs se sont proposé plutôt de donner carrière à leur imagination que de fournir à l'histoire des renseignements exacts. Tel est le *Discours Borysthénique*[1] de Dion Chrysostome, où ce sophiste fait le récit de son voyage et de son séjour chez les Gètes pendant son exil. Ou Dion arrange un peu les choses, ou la Sarmatie avait fait depuis Ovide bien des progrès dans la civilisation. Plus heureux que le poëte, Dion ne put pas dire :

Barbarus hic ego sum, quia non intelligor illis.

---

1. *Discours XXXI*.

Il put déclamer devant les Borysthénites comme devant les habitants d'Antioche ou de Milet. Sans doute il se trouvait dans une colonie grecque; mais on se figure difficilement une assemblée d'hommes en armes et vêtus de peaux de bêtes, écoutant, comme Dion nous les représente, de longues dissertations sur Homère et Phocylide. La description de la *Vallée de Tempé*, que nous lisons dans Élien [1], est plutôt une élégante amplification de rhéteur qu'une véritable étude topographique : l'artifice du narrateur éclate dans l'agréable peinture d'une *théorie* qui cueille les branches du rameau sacré et dont la présence anime tout ce paysage [2]. Nous avons parlé ailleurs [3] de l'*Itinéraire d'Alexandre;* le *Voyage* d'Horace *à Brindes*, et l'*Itinéraire* de Rutilius Numatianus appartiennent à la poésie; mais ici trouve sa place un ouvrage du même genre, assez mal à propos attribué au péripatéticien Dicéarque, et qui semble plutôt l'œuvre de quelque grammairien de l'époque Romaine. Il est intitulé : *Itinéraire plaisant à travers les villes de la Grèce.* L'auteur s'efforce de divertir son lecteur, et quelquefois il y réussit; mais il cherche trop l'esprit, et le dernier éditeur de cet *Itinéraire* le compare à nos modernes *feuilletons* de voyages [4], qui ne se recommandent pas toujours par l'exactitude des détails, ni par la simplicité du style.

L'auteur de l'*Héroïque* [5] place à Memphis le co-

---

1. *Hist. Var.*, III, 1. — 2. V. Humboldt, *Cosmos,* trad., t. II, p. 13. — 3. Troisième partie, ch. IV. — 4. V. C. Müller, *Geogr. minor.*, I, p. LIII. — 5. P. 699, Olear.

losse de Memnon ; en relevant l'erreur de Philostrate, un critique [1] a fait remarquer avec beaucoup de justesse et d'à-propos que c'est « un échantillon « des contes que débitaient sur Memnon et sa statue « certains auteurs de récits merveilleux et de voyages « imaginaires. » Nous n'avons plus aucune de ces compositions romanesques, dont les monuments de l'Égypte faisaient en grande partie les frais; mais nous savons combien de fois la description de l'Égypte a fourni d'aliment aux romanciers de l'antiquité, par la grandeur imposante de ses monuments, par la renommée de sagesse acquise à ses colléges sacerdotaux, par les prodiges de sa terre et de son fleuve, par ses monstres ou par ses pirates : il est peu d'entre les romans de l'antiquité où l'Égypte n'ait quelque part. Et peut-être dans ce nombre faut-il compter un ouvrage d'un grammairien d'Alexandrie, Ptolémée Chennus, contemporain d'Adrien ; ouvrage qui nous est signalé par Suidas comme un roman historique [2], et qui était intitulé LE SPHINX.

Les hardiesses des auteurs de voyages imagi-

1. M. Letronne, *Mémoire sur la statue de Memnon* (Acad. des Inscript., nouvelle série, t. x).
2. Nous ne craignons pas, en effet, de traduire ainsi le mot de Suidas, δρᾶμα ἱστορικόν. (V. Suid., *Lexic.*; V. δρᾶμα.) On voit par le *Lexique* de Suidas lui-même que le mot δρᾶμα n'avait pas ordinairement chez les Grecs le sens d'action dramatique, mais celui de récit. Photius ne se sert jamais d'une autre expression lorsqu'il parle des ouvrages d'Héliodore et d'Achille Tatius. Un roman historique semble du reste en rapport avec les autres écrits de Ptolémée Chennus (*Poëme anti-homérique; Nouvelles recherches d'érudition*). V. ci-dessus, troisième partie, ch. v, p. 372.

naires ne se bornaient pas à déplacer le colosse de
Memnon. On peut en juger par l'*Histoire véritable*
de Lucien. Ce livre, qui est un des modèles du genre,
est à la fois très-plaisant et très-instructif. Assurément on n'y trouve pas la haute portée morale de
Robinson, ni la signification politique ou sociale de
Gulliver; mais ce n'est pas non plus un ouvrage
frivole comme le *Voyage dans la lune* de Cyrano de
Bergerac : c'est une satire littéraire, et comme une
revanche prise par la critique des mensonges de
l'histoire. Lucien lui-même prévient son lecteur
que parmi tous ses récits il n'en est pas un qui,
indirectement, ne fasse allusion à des fictions publiées sur un ton sérieux par des poëtes, des philosophes ou des historiens ; et il cite les contes d'Ulysse
chez Alcinoüs, dans Homère, ceux d'Iambule sur
l'Océan, enfin ceux de Ctésias sur l'Inde [1]. L'*Histoire véritable* est donc le complément du traité *sur
la manière d'écrire l'histoire :* après avoir soumis
à une sévère censure les mensonges de l'histoire,
Lucien fait une agréable parodie des fictions de la
géographie. Quand on lit ce conte fantastique, digne
de figurer à côté des *Oiseaux* d'Aristophane, on
s'étonne que Lucien ait cru devoir donner un démenti à son titre en avertissant dès le début qu'il
ne prétend pas présenter son récit comme vrai. Pour
qu'un homme d'esprit comme Lucien ait cru nécessaire une telle précaution, il fallait qu'il se méfiât
bien du bon sens de ses lecteurs. Apparemment il
craignait que quelque futur Diodore ne se crût obligé

---

1. *Histoire véritable*, I, 2.

de parler des îles habitées par les *Hippogypes* et par les *Hippomurmèques*, de *Lampadopolis*, d'*Oniropolis*, des *Phellopodes*, des *Onoscèles* et des *Colocynthopirates*.

Quand nous n'aurions que l'*Histoire véritable* pour nous avertir de la popularité des *Voyages imaginaires* à l'époque Romaine, cela suffirait : car Lucien n'était pas homme à aiguiser ses épigrammes contre un genre tombé en désuétude. Mais nous ne sommes pas réduits à des suppositions. Il nous est resté au moins le souvenir d'un monument de ce genre de littérature, qui appartient à cette époque, et qui, par la hardiesse des fictions et la singularité des détails, dépasse même le roman d'Iambule. Nous ne nous arrêterons pas à rechercher si l'ouvrage d'Antoine Diogène, qui nous est connu seulement par une analyse de Photius[1], était antérieur à Lucien, comme l'a dit le savant patriarche, ou bien au contraire postérieur, comme le pense un critique allemand[2]. Cette dernière opinion s'appuie du silence de Lucien sur Antoine Diogène, et de quelques passages cités par Photius, qui semblent empruntés à Nicomaque de Gérase, philosophe pythagoricien du deuxième siècle. Mais le silence de Lucien ne peut être une preuve, puisqu'il n'énumère pas tous les écrivains fabuleux, et qu'il ne cite que trois exemples. Les ressemblances qui peuvent exister entre certains fragments d'Antoine Diogène et de Nicomaque de

---

1. Cod. 166.
2. Meiners, *Hist. de l'origine, des progrès et de la décadence des sciences dans la Grèce et à Rome*, trad. Laveaux, t. I. p. 276.

Gérase, et qui portent sur quelques traits de la légende de Pythagore, ne prouvent pas davantage, puisqu'ils peuvent avoir les uns et les autres une source commune. Il n'en paraît pas moins résulter de ces ressemblances que l'ouvrage d'Antoine Diogène porte la trace des spéculations pythagoriciennes, qui reprirent faveur du deuxième au quatrième siècle de l'ère chrétienne; et si l'auteur est venu après Lucien, il a du moins précédé Porphyre, qui dans sa *Vie de Pythagore*, cite Antoine Diogène comme une autorité d'un certain poids.

Lorsque Porphyre fait tant d'honneur à Antoine Diogène, il s'en fait peu à lui-même. Le narrateur des *Choses merveilleuses au delà de Thulé* n'était rien moins qu'un homme grave. Il parle, il est vrai, beaucoup de Pythagore et de la doctrine pythagoricienne; mais il ne dit à ce sujet que des inepties ou des frivolités, et son ouvrage n'est au fond qu'un voyage imaginaire mêlé de quelques épisodes d'amour. Le caractère de ce livre est du reste multiple et indécis. On ne peut rien imaginer de plus complexe et de plus embarrassé que la narration d'Antoine Diogène : qu'on se figure trois relations de voyages encadrées l'une dans l'autre, et trois intrigues qui se relient et s'agencent entre elles comme elles peuvent, c'est-à-dire fort mal. Tel est ce livre.

Les relations faites par l'Arcadien Dinias, par la Phénicienne Dercyllis et son frère Mantinias ressemblent à des récits de voyages faits par des gens qui ne seraient pas sortis de leur ville natale. Il est difficile, après avoir suivi dans l'analyse de Photius leurs courses capricieuses, de bien savoir quelle terre ils désignent du nom de Thulé. Est-ce l'Islande? Est-ce quelque autre île du nord de l'Europe? On ne sait. « Dinias s'est embarqué sur le Pont-« Euxin, il a traversé la mer Caspienne et la mer « Hyrcanienne, il est arrivé aux monts Rhiphées et « aux bouches du Tanaïs; chassé de ces parages par « la rigueur du climat, il s'est détourné vers l'Océan « Scythique, est entré dans l'Océan oriental, et « s'est avancé jusqu'aux lieux où se lève le soleil. « Partant de là, il a fait le tour de la mer Extérieure, « ce qui lui a coûté beaucoup de temps et de peine. « Enfin, il a pris terre à l'île de Thulé. » Voilà, dira-t-on peut-être, un itinéraire de l'invention d'Antoine Diogène. Sans doute, mais ce qu'il importe de remarquer pour l'histoire de la géographie, c'est que cet itinéraire fictif pouvait s'autoriser des descriptions topographiques d'Ératosthène, d'Hipparque et de Strabon[1]. Il n'en est pas de même de celui de Dercyllis, qui avait fait, avant d'arriver à Thulé, un chemin bien plus étrange : elle avait passé par les Enfers, qu'elle avait trouvés sur sa route dans le pays des Cimmériens.

D'après de tels récits, on peut juger de l'exactitude des détails que devaient donner les trois voyageurs sur les terres qu'ils avaient visitées. Dinias répète des traditions confuses sur les Lapons, lorsqu'il dit avoir vu au delà de Thulé des peuples qui ont des

---

1. V. les cartes de Gosselin, au premier volume de la traduction de Strabon, *Impr. impér.*, in-4°, 1805, et *Geographi minores*.

nuits d'un mois, de six mois et même d'un an; mais il prétendait s'être approché de la lune assez pour voir tout ce qui s'y passait, et il le rapportait aux hommes curieux de s'instruire. Pourquoi ne pas les transporter aussi bien, comme Aristophane et Lucien, dans la ville aérienne de *Néphélococcygie*? Dercyllis avait vu, chez les Thraces, des chevaux qui changeaient de couleur comme les caméléons, et en Ibérie une ville dont les habitants étaient privés de la vue pendant le jour, et la recouvraient pendant la nuit. Il est probable que Mantinias, qui faisait son récit le dernier, enchérissait sur les précédentes relations; Photius nous dit seulement qu'il avait raconté « tout « ce que les hommes, les animaux, le soleil, la lune, « les plantes, les iles lui avaient offert d'extraordi- « naire et de prodigieux. » Cette énumération nous fait deviner ce que nous avons perdu.

On sait maintenant que penser de l'ouvrage d'Antoine Diogène comme relation de voyage : disons quelques mots du roman. Le personnage principal, c'est Dercyllis. La belle Phénicienne a eu bien des aventures avant de devenir à Thulé la maîtresse de Dinias, et de se retrouver avec lui à Tyr. Tous ses malheurs viennent du prêtre égyptien Paapis qui, après avoir reçu à Tyr, chez les parents de Dercyllis, une hospitalité généreuse, a eu la scélératesse de plonger ses hôtes dans une profonde léthargie. Dercyllis et Mantinias, complices involontaires de ce crime, ont été forcés de s'expatrier pour en éviter les suites. Après bien des courses aventureuses, au milieu desquelles elle a perdu son frère, Dercyllis retombe en Sicile à la merci de son ennemi, le traître Paapis, devenu le favori du tyran de Léontium ; mais bientôt elle retrouve son frère, et ensemble ils s'enfuient emportant la besace de Paapis, qui contient ses livres de magie et son herbier. Ils se dirigent vers Thulé, où doit se terminer, comme un oracle le leur a prédit, l'expiation de leur crime involontaire. Paapis, parti à leur poursuite, les atteint dans cette île, et par ses artifices magiques, les assujettit à ne vivre que la nuit, et à rester en léthargie pendant le jour. Un des habitants de Thulé, Thruscan, amoureux de Dercyllis, la croit morte, et la venge en tuant Paapis, puis il se tue lui-même auprès d'elle. Enfin un des compagnons de son amant Dinias, instruit par les livres de Paapis de ses recettes magiques, lève le charme qui pesait sur la Phénicienne et son frère, et leur indique le moyen de rendre à la vie leurs parents.

Ce qui avait recommandé l'ouvrage d'Antoine Diogène à l'estime de Porphyre, c'étaient deux épisodes de ce roman, où figuraient deux philosophes, Astrée et Zamolxis, et sur lesquels nous trouvons des détails, non plus chez Photius, mais chez l'auteur de la *Vie de Pythagore*[1]. Or voici, selon Antoine Diogène, la légende d'Astrée, personnage mythique, qui personnifiait chez les anciens l'astronomie[2]. Le père de Pythagore, Mnésarque, dans le cours de ses longs voyages, rencontra un jeune enfant couché sur

---

1. Porphyre, *Vie de Pythagore*, ch. XIII.
2. V. Aratus, *Phénomènes*, v, 98 ; Achille Tatius, *Isag. in Arat.*, ch. I ; Fabric., *Bibl. gr.*, Harles, IV, 6.

le dos et regardant fixement le soleil sans être ébloui ; cet enfant tenait dans sa bouche, en guise de flûte, un léger chalumeau. Mnésarque s'approcha de lui, l'interrogea, et apprit qu'il se nourrissait d'une rosée distillée par un peuplier; voyant en lui quelque chose de divin, il le recueillit et le mit entre les mains de Pythagore, qui l'instruisit dans sa philosophie. Plus tard, Astrée s'établit chez les Cimmériens : c'est là qu'il fut rencontré par Dercyllis, et qu'il lui apprit tout ce qu'il savait de Mnésarque et de Pythagore, c'est-à-dire toutes les fables qui avaient cours du temps d'Antoine Diogène sur ce philosophe et sur son père. Il passa de là chez les Ibériens, dont il mit en fuite les ennemis avec sa flûte; puis chez les Celtes, peuple moins sensible à l'harmonie, et qu'il fut obligé de fuir lui-même. Il rendit aux Aquitains un service signalé, et tel qu'il pouvait seul le leur rendre : ses yeux, croissant et décroissant avec la lune, indiquaient par leurs phases le moment précis où chacun des deux rois, selon une convention faite entre eux, devait monter alternativement sur le trône; Astrée termina ainsi de longues discordes.

Vers la fin du roman, Astrée était en grand honneur chez les Massagètes, auprès de son ami Zamolxis. Ce second personnage, moitié historique, moitié mythique, est plus connu qu'Astrée. C'est un sage qui est devenu un Dieu chez les Gètes, comme Abaris chez les Scythes. Antoine Diogène avait imaginé d'en faire un disciple de Pythagore. La chronologie était traitée par lui aussi librement que la géographie. Plus hardi qu'Évhémère, il ajoutait que, de son vivant même, Zamolxis était déjà adoré comme un dieu.

Il ne tient pas à Antoine Diogène, pas plus qu'à Évhémère, que son roman ne soit considéré comme une histoire. Lui aussi prétend appuyer ses inventions sur des documents épigraphiques; il y a dans sa Dédicace à sa sœur Isidore, « personne passionnée pour l'érudition, » tout un conte sur des tablettes de cyprès sur lesquelles était écrite cette histoire, et qui auraient été découvertes du temps d'Alexandre et d'Antipater. Il faut que le bon Photius ait pris cette histoire au sérieux, pour qu'il ait avancé qu'Antoine Diogène a dû vivre dans un temps peu éloigné de celui d'Alexandre.

Si nous avons tant insisté sur un ouvrage dont il ne nous reste qu'une analyse, et dont l'analyse ne justifie nullement les éloges que lui donne Photius, c'est que cette composition confuse et indigeste réunit en elle seule les caractères de plusieurs des narrations fabuleuses de l'antiquité. Qu'est-ce en effet que ce roman fantastique, qui va chercher aux quatre coins du monde les éléments d'une grossière fiction, sinon la suite des voyages imaginaires comme l'*Histoire véritable*, et des *Recueils de faits extraordinaires et merveilleux*, si répandus dans l'antiquité? Par les nombreux détails qu'il donnait sur Astrée et Zamolxis, cet ouvrage se rattachait aux vies fabuleuses des philosophes, et rappelait celle d'Apollonius de Tyane. Enfin, par ces intrigues d'amour mêlées à des récits de voyage, par ces courses aventureuses d'amants et d'amantes qui se cherchent et se retrouvent à travers les mers, par tous ces incidents singuliers, étranges, en dehors de la vie commune, il annonçait et préparait le genre de romans que cultivèrent depuis les Héliodore, les Achille Tatius, les Xénophon d'Éphèse.

Les spéculations philosophiques paraissent n'avoir occupé qu'une faible part dans l'ouvrage d'Antoine Diogène, avant tout destiné à l'amusement. Il n'en est pas de même de la *Cosmographie* d'un sophiste du quatrième siècle, Éthicus l'Istriote [1]. Ce livre, qui est à la fois un roman et une compilation géographique où l'imagination joue un grand rôle, a eu dans le moyen âge presque autant de succès que l'ouvrage du faux Callisthène, et n'a pas subi moins de ramaniements. Aussi, dans l'un comme dans l'autre ouvrage, est-il malaisé de déterminer le texte primitif et les additions successives. La version qui nous est restée, traduite ou abrégée par saint Jérôme, donne dans cette description du monde une place au Paradis et à l'Enfer, aux anges et au diable. Éthicus s'y représente comme un philosophe voyageur, un Pythagore ou un Apollonius de Tyane, parcourant avec quelques disciples la terre entière, depuis Thulé jusqu'à l'Inde, proposant des questions énigmatiques aux sages des différents pays, et se donnant le plaisir d'en confondre quelques-uns.

---

1. V. *Liber Ethici, philosophico editus oraculo, et a domino Hieronymo presbytero in latinum delatus ex Cosmographia, id est mundi scriptura*, publié en 1852 par M. d'Avezac; réédité en 1854 par M. Wuttke; *Ethicus et les ouvrages cosmographiques intitulés de ce nom*, mémoire lu à l'Académie des Inscriptions en 1852, par M. d'Avezac.

Entre les fables d'Éthicus et celles de Platon, d'Hécatée d'Abdère, d'Évhémère et d'Iambule, il y a cette différence, que les siennes demeurent, pour ainsi parler, à la surface, et ne pénètrent pas, comme les précédentes, au cœur même de la géographie : Éthicus n'invente aucune terre, mais aux terres connues ou supposées avant lui, il se contente de rattacher des fictions qu'il invente ou qu'il renouvelle dans des vues philosophiques.

CHAPITRE VII

ROMAN D'AMOUR ET D'AVENTURES.

Causes du développement tardif du roman d'amour. — Influence de l'Orient. — Contes primitifs (contes oraux). — Fables *Sybaritiques* et *Milésiennes*. — *Luciade* (Lucius de Patras. Lucien. *Métamorphoses* d'Apulée). — Pétrone (*Satyricon*).— Dion (*Histoire Eubéenne*). — Lucien (le *Toxaris*. — Contes grecs et orientaux). — Jamblique le Syrien (les *Babyloniques*). — Héliodore (*Théagène et Chariclée*). — Longus (*Daphnis et Chloé*). — Achille Tatius (*Leucippe et Clitophon*). — Xénophon d'Éphèse (*Abrocome et Anthia*). — *Apollonius de Tyr*. — Considérations générales sur les romans grecs antérieurs à l'époque Byzantine. — Roman épistolaire : *Lettres* d'Alciphron, d'Aristénète.

Ce n'est pas dans la littérature primitive de la Grèce et de Rome qu'il faut chercher le roman d'amour et d'aventures. On peut apercevoir les lointaines origines de ce genre dans l'époque Attique, on peut en suivre l'obscur développement dans l'époque Alexandrine, mais ce n'est qu'à l'époque Romaine qu'on le voit croître et fleurir.

Qu'on ne s'étonne pas de la tardive faveur dont a joui chez les anciens un genre chez nous si populaire, genre distinct de l'histoire par le mélange de la fiction et par le peu d'importance des événements, distinct de la poésie par l'emploi de la prose et par la peinture des mœurs intimes substituée au tableau presque toujours idéal de la vie. Ce fait s'explique par la différence des mœurs et des sociétés.

Chez les peuples modernes, les progrès des sciences et des études abstraites ont un peu tari les sources des fables poétiques, et la constitution politique des grands États de l'Europe, même de ceux où la plus grande part est laissée à l'action de chaque citoyen, ne permet pas à la vie publique d'absorber en quelque sorte la vie privée. Dans la Grèce et à Rome, au contraire, l'imagination ne fut que très-tard rassasiée du merveilleux des fables épiques; et tant que la turbulente liberté des petites républiques grecques et de la cité romaine consuma dans l'Agora et le Forum l'existence de presque tous les citoyens, le tableau des circonstances ordinaires de la vie privée fut peu capable d'attirer, et impuissant à retenir les esprits. On préféra les spectacles héroïques de la tragédie, et la comédie elle-même n'emprunta dans l'origine son intérêt qu'aux passions politiques. Ce n'est qu'au temps de Ménandre, c'est-à-dire à l'époque de la conquête Macédonienne, que la comédie pacifiée, avec toute la société grecque, devint un tableau des mœurs privées; c'est alors aussi que le roman put se répandre. Sans doute les *Fables Milésiennes* paraissent remonter à une plus haute antiquité : mais elles ne furent d'abord que de simples récits oraux, comme les *Fables Phrygiennes*, ou l'apologue Ésopique, et elles naquirent au sein d'une société bien différente de celle des autres populations grecques, d'une société où les jouissances de la vie privée faisaient oublier les intérêts de la vie publique.

Dans la société grecque, avant la conquête Macédonienne, et dans la société Romaine, avant l'Empire, tout concourait à retarder le développement de ces tableaux de la vie familière. En effet, dans les beaux temps de leurs républiques, les Grecs et les Romains n'avaient guère le temps de faire des lectures destinées au pur amusement : leur vie tout entière était prise par les affaires publiques et privées; la littérature elle-même était une littérature active et en quelque sorte vivante, qui s'adressait moins à des lecteurs qu'à des auditeurs, et qui remplissait les temples, les théâtres, les jeux, les festins, la tribune, les écoles.

A mesure que s'éteignit en Grèce et à Rome l'activité de la vie publique, le goût des tableaux de mœurs dut se répandre. Déjà dans Euripide on voit la tragédie s'écarter des traditions héroïques et manifester le goût des peintures bourgeoises et romanesques; avec la *Fleur* d'Agathon, la tragédie n'est plus qu'un roman. La comédie nouvelle naît sous les successeurs d'Alexandre ; il faut remarquer que, dans les pièces de Ménandre, d'Alexis et de Philémon, le sanctuaire de la famille n'est pas encore ouvert, et que ces poëtes se bornent à peindre des

22.

courtisanes, des jeunes gens, des pères et des esclaves. On peut croire que vers le même temps se propagèrent de l'Ionie en Grèce les *Fables Milésiennes*, dont les auteurs, plus hardis, jetaient sans doute un regard indiscret sur l'intérieur de la famille ; mais ces fables n'étaient que de courts récits, et elles étaient fort différentes des narrations étendues auxquelles donna naissance l'époque Romaine. C'est alors seulement qu'apparaissent les Pétrone, les Lucien, les Apulée, les Jamblique, les Héliodore et les Achille Tatius. C'est qu'aussi une ère nouvelle a commencé pour l'ancien monde : avec l'Empire, c'en est fait des mœurs républicaines et de la vie publique ; les excès de la liberté ont tué la liberté ; il n'y a plus de citoyens, les particuliers ont de longs loisirs qu'ils peuvent remplir par des lectures frivoles, et les rhéteurs profitent du désœuvrement de la classe opulente pour lancer au milieu d'elle d'interminables romans d'amour et d'aventures.

L'Orient est la véritable patrie de ces sortes de récits, parce que l'Orient a été de tout temps la terre de la servitude politique et de la vie privée. C'est en Orient qu'on trouve les plus anciens exemples de ce genre de compositions ; c'est dans les pays grecs les plus ouverts au contact de la civilisation orientale, c'est-à-dire en Asie Mineure, qu'apparaissent les premiers essais de la littérature romanesque des Grecs ; c'est là que plus tard ils se développent surtout. L'Ionie a fourni les *Fables Milésiennes ;* l'auteur des *Babyloniques*, Jamblique, est né en Syrie comme Lucien, l'auteur de la *Luciade* et de l'*His-*

toire véritable; Héliodore est d'Emèse en Phénicie, Achille Tatius d'Alexandrie; Cypre, Antioche, Éphèse ont donné naissance à trois romanciers du nom de Xénophon.

Que l'influence du goût oriental ait porté certaines imaginations vers le merveilleux et l'extraordinaire, et ainsi ait favorisé en Grèce le développement des compositions romanesques, c'est ce qu'il n'est pas possible de nier; mais ce qu'il est plus difficile d'admettre, c'est que le roman grec procède directement des contes orientaux, comme l'a prétendu le savant Huet[1]. Le caractère des contes orientaux et des romans grecs n'est en général pas le même. Malgré bien des peintures peu naturelles et peu vraisemblables, tout est grec dans ceux-ci, jusqu'aux tableaux du monde oriental. Le merveilleux, qui occupe une certaine place dans quelques-unes de ces narrations fabuleuses, n'a jamais l'ampleur et la franchise du merveilleux qui s'épanouit dans les contes de l'Orient. Le goût du roman a passé de l'Orient en Grèce, mais le roman s'est transformé dans cette contrée. On sait avec quelle facilité la race grecque s'assimila et marqua du sceau de son génie les emprunts qu'elle fit aux civilisations étrangères. Les Grecs étaient naturellement conteurs; avant que les narrations fabuleuses ne devinssent, entre les mains des rhéteurs, un genre littéraire, que de contes oraux n'avaient-ils pas faits, où l'influence orientale avait pu se perdre et s'effacer! C'étaient les contes

---

1. *Lettre à Segrais sur l'origine des romans.* — Cette opinion a déjà été réfutée par M. Villemain (*Essai sur les romans grecs*).

des mères et des nourrices à leurs enfants [1]; c'étaient ceux des oisifs dans les boutiques de barbiers [2]; c'étaient ceux des parasites ou des convives dans les repas [3]. Il y avait même dans les carrefours d'Athènes des charlatans qui faisaient métier d'amuser les passants par leurs contes, comme le *Philepsius* d'Aristophane [4].

Ces contes oraux étaient de plusieurs sortes. Il y avait d'abord des contes moraux, dans le genre de l'apologue Ésopique, et de la *Fable Libyque*, puis des contes satiriques et plaisants auxquels avaient donné naissance les *Fables Sybaritiques*. Dans l'origine, ces fables, qu'on appela quelquefois des *Apophthegmes Sybaritiques* [5], étaient moins un récit que la relation d'un bon mot, et c'est le caractère qu'offrent plusieurs de ces petits contes que l'auteur des *Guêpes* met dans la bouche de Philocléon. Mais il est douteux que les *Fables Sybaritiques* aient toujours gardé leur simplicité primitive, et l'étroite alliance de Sybaris et de Milet semble à la longue avoir confondu ces récits avec les *Fables Milé-*

---

1. V. Plutarque, *Vie de Thésée*, 23; Maxime de Tyr, X, 3; Philostrate, *Héroïque*, p. 668; *Tableaux*, I, 15; Dion Chrysostome, *Discours IV*, éd. Reiske, I, p. 168; Julien, *Discours VII*, éd. Petau, p. 227.
2. V. Lucien, *Sur la manière d'écrire l'histoire*.
3. V. Xénophon, *Cyropédie*, II, 2; Horace, *Satires*, II, 6, 77; II, 8, 83; Plutarque, *Banquet des sept sages*, Propos de table, I, p. 613; Pétrone, *Satiricon*, 61; Apulée, *Métamorphoses*, II; Héliodore, p. 228, éd. Bourdelot; Achille Tatius, VIII, 4; Longus, III; Eumathe, VIII, 11; X, 17; XI, 2, etc.
4. V. Aristoph., *Plutus*, v. 177.
5. V. Scholies d'Aristophane, *Paix*, 344; Suidas, Hésychius.

siennes[1]. Nous venons de nommer les contes qui ont eu chez les anciens le plus de vogue, et lorsqu'ils n'étaient encore que transmis de bouche en bouche, et lorsque plus tard ils furent recueillis, remaniés ou imités par des écrivains. Mais il y avait loin de ces courts et fugitifs récits aux longs romans composés plus tard par les rhéteurs.

Avant de nous arrêter à ces romans, il est nécessaire de jeter un rapide coup d'œil sur les récits qui leur ont donné naissance.

Il était naturel que l'élégante et molle Ionie fût un foyer de contes érotiques. Le nom seul des Ioniens rappelle le peuple le plus heureusement doué d'entre les Hellènes, le peuple au sein duquel se développèrent de meilleure heure la poésie, la philosophie, la musique, l'architecture, toutes les élégances et toutes les délicatesses de la civilisation; mais aussi le peuple le plus porté vers les raffinements de la volupté. Tour à tour soumis à la domination des Lydiens et des Perses[2], ils avaient toujours été plus soucieux de bien-être que de liberté;

---

1. V. Coray, *Préf.* de son édition d'Héliodore. — Ovide cite, à côté des *Milésiennes* d'Aristide de Milet, une *Sybaritide* composée récemment, et qui avait le même caractère de lubricité (*Tristes*, II, 417); et peut-être est-ce à des contes de cette sorte que Lucien (*A un ignorant,* — *le Menteur*) et Martial (*Épigramme*, XII, 96) font allusion, quand ils parlent de l'obscénité des *livres Sybaritiques*; peut-être aussi les *Sybaritiques* d'un certain Clitonyme étaient-ils un recueil de contes de ce genre, plutôt qu'une histoire de Sybaris. Du moins trouvons-nous dans Plutarque (*Parallela minora*, dans C. Müller, *Hist. gr. fr.*, IV, p. 366) un récit extrait de ce livre, qui est un vrai *Conte Milésien*.

2. Hérodote, I, 6 et 141.

et peut-être la liberté n'était-elle pour eux que l'absence de toute contrainte dans les plaisirs. « Je n'ai trouvé dans mes voyages qu'une ville libre, disait un Sybarite, c'est Milet [1]. » Milet, la patrie d'Aspasie et de tant de courtisanes, aussi fameuses que celles de Corinthe, était en effet le modèle de ce genre d'indépendance qui lui valut l'admiration des habitants de Sybaris, et qui établit entre les deux cités des rapports d'amitié. De Milet, comme de Sybaris, sortirent une foule de contes agréables, mais le plus souvent licencieux, qui répandirent dans toute la Grèce, avec la réputation de ces deux villes, le goût de leurs mœurs voluptueuses.

En vain Milet fut désolée par la guerre Médique, en vain Sybaris fut détruite, les *Contes Milésiens* et *Sybaritiques* succédèrent à la prospérité de l'une et de l'autre. Ces contes firent les délices de Rome dégénérée. Après la défaite de Carrhes, on trouva dans les bagages d'un officier romain un recueil de ces sortes de contes, et le *surena* lut ce livre au sénat de Séleucie, pour faire juger des mœurs de ce peuple arrogant qui prétendait asservir les Parthes [2]. Le rival de Septime Sévère, Albinus, qui fut quelque temps empereur, occupait les loisirs que lui laissait son ambition à lire Apulée et à composer des contes Milésiens, que ses courtisans trouvaient excellents, mais pour lesquels son historien ne témoigne qu'une médiocre estime [3].

1. V. Diodore, *Fragments,* liv. VIII.
2. Plutarque, *Vie de Crassus,* ch. XXXII.
3. V. *Histoire Auguste* : Capitolin, *Albinus,* 11 et 12.

Le plus fameux recueil de *Contes Milésiens* était celui que composa, on ne sait à quelle époque, un certain Aristide de Milet, et que traduisit en latin L. Corn. Sisenna : il est cité deux fois par Ovide, qui semble dire que l'ouvrage d'Aristide était présenté comme historique [1]. C'était probablement un livre qui, après une courte histoire de Milet, donnait de nombreuses anecdotes sur la vie milésienne. Ces anecdotes n'étaient autres que des contes Milésiens. Des ouvrages du même genre avaient été composés par un certain Hégésippe et quelques autres écrivains, auxquels Parthénius de Nicée fait allusion sans les nommer. Dans le recueil de récits d'amour que nous a laissés ce grammairien, on trouve plusieurs contes Milésiens : car il faut sans doute considérer comme tels, non-seulement ceux que Parthénius emprunte à Hégésippe ou à quelque autre auteur d'*Histoires Milésiennes* [2], mais ceux dont la scène est placée à Milet, et qui ont presque tous pour sujet l'incontinence des femmes de cette ville [3]. Le souvenir de ces contes se retrouve dans tous les récits érotiques de l'antiquité, surtout dans les plus anciens. Un des interlocuteurs du dialogue de Lucien intitulé *les Amours* [4], parlant de semblables récits qu'il vient

---

1. *Tristes*, II, 443 :

> Vertit Aristidem Sisenna, nec obfuit illi
> Historiæ turpes inseruisse jocos.

Voir encore *Tristes*, II, 412. — Peut-être Aristide de Milet est-il le même qui avait composé une *Histoire de Sicile* et une *Histoire de Perse*. (V. C. Müller, *Hist. gr. fr.*, IV, 320.)

2. *Narration XIV et XVI*. — 3. *Narration VIII, IX, XI, XVIII*. — 4. Ch. I.

d'entendre, ne les appelle pas autrement que *Contes Milésiens*. Apulée ne fit que réunir plusieurs récits du genre des *Contes Milésiens*, parmi lesquels on remarque l'histoire d'une belle-mère amoureuse comme Phèdre [1], et un certain *Conte du Cuvier* [2], dont La Fontaine a fait son profit [3].

Nous doutons qu'il faille y joindre la fable de *Psyché*, bien que des fictions de pure fantaisie en effacent un peu le caractère primitivement allégorique. Les contes Milésiens donnaient plus de place aux sens qu'au sentiment; tout au plus s'y mêlait-il quelque leçon morale, comme dans un des récits de Parthénius [4], ou quelque intention satirique, comme dans la *Matrone d'Éphèse*. Ce dernier conte, l'un des récits épisodiques de Pétrone, lui venait aussi, sans doute, de l'Ionie [5].

Éphèse eut peut-être, comme Milet, sa littérature érotique : elle produisit en Xénophon d'Éphèse son Aristide de Milet. Comme Milet du moins, elle était célèbre par sa vie voluptueuse, et c'est ordinairement dans l'une de ces deux villes que les romanciers grecs plaçaient la scène de leurs récits [6].

Les contes Milésiens nous offrent l'image de la première forme des récits érotiques dans l'antiquité.

---

1. *Métamorphoses*, liv. x. — 2. *Ibid.*, ix. — 3. *Contes*, iv 14. — 4. *Narration VIII*.

5. Nous ne parlons que des sources où put puiser directement Pétrone, et nous n'ignorons pas que la même histoire se trouve dans l'un des contes chinois traduits par Abel de Rémusat. (V., sur ce conte, Dacier, *Acad. des Inscript.*, XLI, p. 523.)

6. V. les *Éphésiaques* de Xénophon d'Éphèse (*Abrocome et Anthia*) et le roman de Chariton d'Aphrodisias (*Chéréas et Callirrhoé*).

C'étaient de légères et rapides esquisses dans le genre des *Fabliaux* du moyen âge, moins la versification, et des *Nouvelles* qui composent le *Décaméron* de Boccace ou l'*Heptaméron* de Marguerite de Navarre. Destinées uniquement à divertir et à chatouiller les imaginations sensuelles, elles n'avaient d'abord aucune prétention littéraire, et n'en étaient que plus agréables, étant plus naturelles. Peut-être n'avaient-elles pas généralement plus d'étendue que les récits du même genre, que Parthénius de Nicée a extraits de divers historiens pour fournir des sujets d'élégie à son ami Cornélius Gallus, et dont la brièveté est exempte de sécheresse [1]. On voit par l'ouvrage de Parthénius, par un recueil semblable de Plutarque [2], par quelques-unes des *Narrations* de Conon et des *Histoires variées* d'Élien [3], que l'influence des contes Milésiens s'était fait sentir jusque dans l'histoire : il y avait introduit un certain nombre d'épisodes érotiques, la plupart imaginaires.

Tels étaient les contes sur la courtisane Rhodopis : selon les uns, elle aurait élevé une des pyramides d'Égypte en invitant ses amants à venir y porter chacun une pierre [4]; selon les autres, elle serait

---

1. V. sur Parthénius de Nicée, et les auteurs auxquels il a emprunté des narrations, Lebeau Cadet, *Acad. des Inscrip.*, XXXIV, p. 63.

2. *OEuvres morales, Narrations amoureuses*. Julien (*Discours VII*) nous avertit que ces narrations étaient purement fictives.

3. *Histoires variées*, XII, 1; XIII, 1.

4. V. Hérodote, II, 134; Diodore de Sicile, I, 64; Athénée, XIII, p. 396.

devenue reine d'Égypte grâce à la perte de sa pantoufle [1]; c'est l'histoire de *Cendrillon*. Le nom de Rhodopis restera cher aux romanciers grecs comme celui d'Hélène aux poëtes : dans *Théagène et Chariclée* [2], les séductions d'une autre Rhodopis triompheront presque de l'austérité d'un grand prêtre de Memphis; et dans *Leucippe et Clitophon* [3], on voit encore une Rhodopis, mais cette fois vertueuse et pure, au point de provoquer par ses dédains la vengeance de Vénus. Plutarque, dans ses *OEuvres morales* [4], cite, avec la *Panthée* de Xénophon, la *Timoclée* d'Aristobule et la *Thébé* de Théopompe. Ce sont les noms de quelques-unes de ces héroïnes de contes érotiques mêlés à l'histoire. On pourrait grossir cette liste avec les récits de ce genre qui ont été extraits de l'histoire par Conon, Parthénius et Plutarque; on aurait pu le faire également avec un livre aujourd'hui perdu, et qui était faussement attribué au logographe Cadmus de Milet; il portait le même titre que celui de Parthénius : *Récits de passions amoureuses* [5].

De l'histoire, le conte-Milésien passa dans les écrits des philosophes. On en voit la trace dans le *Banquet* de Xénophon, dans le *Traité sur l'amour* de Cléarque de Soli [6], dans quelques ouvrages sem-

---

1. V. Strabon, XXII, 808; Élien, *Histoire variée*, XIII, 33.
2. Héliodore, *Théag. et Charicl.*, II.
3. Achille Tatius, *Leuc. et Clit.*, VII.
4. *Qu'on ne peut vivre agréablement d'après la doctrine d'Épicure*, ch. X.
5. V. C. Müller, *Hist. gr. fr.*, II, p. 2 et suiv.
6. V. *Hist. gr. fr.*, de C. Müller, II, p. 313 et suiv.

blables de Théophraste, d'Ariston d'Iulis, de Sphodrius le Cynique, de Favorinus d'Arles [1], enfin dans quelques-uns des dialogues mêlés de récits que nous a laissés Plutarque [2].

Ce n'est qu'assez tard, et peut-être peu avant Pétrone, que les récits d'amour, si brefs dans les *Fables Milésiennes*, si rapides lorsqu'ils se mêlaient à l'histoire et aux romans historiques ou philosophiques, comme ceux dont nous avons parlé jusqu'ici, prirent une grande étendue et de larges développements. Les anciens récits du genre milésien se conservèrent parfois, sous forme d'épisodes, dans les longs romans que virent éclore l'époque Romaine et l'époque Byzantine; mais, en général, ils se perdirent dans des narrations beaucoup plus amples, qui embrassèrent un plus grand espace de temps, et qui entourèrent l'action principale et les principaux personnages d'un assez grand nombre de circonstances et de figures secondaires. La transition du conte au roman ne s'accomplit pas sans effort. Il suffit de comparer la *Luciade* et les *Métamorphoses* d'Apulée pour voir combien était le plus souvent artificiel ce procédé qui mêlait une foule de contes épisodiques à la fable du roman, et combien la soudure était facile à voir.

Peu de contes ont eu dans l'antiquité autant de succès que celui de Lucius métamorphosé en âne par un onguent magique, puis revenu à la forme humaine en mangeant des roses. Ce n'était pas seu-

---

1. V. Stobée, *Florileg.*, *pass*.
2. Voir surtout le dialogue qui a pour titre : *De l'amour*.

lement un récit érotique, c'était un conte du genre fantastique, genre qui fut aussi fort cultivé dans l'antiquité. Tandis que les poëtes repaissaient l'imagination populaire de récits sur les dieux et les déesses de l'Olympe, la superstition n'avait cessé de multiplier les contes sur des êtres surnaturels et des faits merveilleux. De même que, pour exhorter au bien les enfants, on leur racontait des fables agréables, comme celles d'Ésope; on les entretenait, pour les détourner du mal, de fables terribles comme celles de *Lamies*, de *Gorgones*, d'*Éphialte*, de *Mormolyce*, d'*Empuses*, de *Manducus* [1]. C'étaient les *ogres* et les *ogresses* de l'antiquité. Puis, comme l'empire de la crédulité ne se borne pas à l'enfance, tous les âges se laissaient effrayer par des contes sur des démons, des génies malfaisants dont l'air était peuplé, sur des fantômes et des revenants [2].

Lorsque, vers le premier siècle de l'ère chrétienne, la fureur de la magie s'empara de tout le monde païen, ce genre de merveilleux ouvrit un champ illimité à la fantaisie des narrateurs. Nous en avons déjà vu un indice dans l'*Héroïque* de Philostrate [3]. Les romans d'amour empruntèrent au conte fantastique plusieurs de leurs épisodes ; il n'en est pas un seul qui se prive de ce genre d'agrément,

---

1. V. Strabon, I, p. 19; Théocr., XV, 40; Aristophane, *Chevaliers*, 329; Philostrate, *Vie d'Apollonius*, IV, 25.

2. Pollux, *Onomasticon*, V, 26, 131; Aristophane, *Oiseaux*, 1490; Alciphron, III, 58; Élien, *Hist. variée*, VIII, 18; Pausanias, VI, 2, 6; Creuzer, *Symbolique*, III, 15 et suiv.; Ménandre, le *Fantôme* (fragments); Plaute, *Mostellaria*.

3. V. le chapitre V de cette troisième partie.

sûr moyen de succès auprès des lecteurs de leur temps¹. Comment s'en étonner, lorsque l'histoire elle-même ne s'en faisait pas faute, témoin le génie que Plutarque fait apparaître à Brutus avant la bataille de Philippes? Les compilations qui nous restent d'Apollonius et de Phlégon de Tralles, sous le titre d'*Histoires merveilleuses*, contiennent plusieurs récits de ce genre, et dans quelques-uns on démêle l'artifice d'une fiction ingénieuse². Lucien, dans un dialogue intitulé *le Menteur*, nous donne toute une série de contes fantastiques qui avaient cours de son temps, et dont l'un a fourni à Gœthe son conte de l'*Élève sorcier*. Mais si le philosophe persiflait les croyances superstitieuses de son temps, l'homme d'esprit ne dédaignait pas de s'en servir à son tour pour en faire le sujet d'un badinage élégant. On le croit du moins l'auteur de la *Luciade* : il put l'écrire en se jouant, comme son contemporain, le platonicien Apulée, s'égaya dans les *Métamorphoses*.

L'ouvrage qui nous est resté sous le titre de *Luciade* est-il bien de Lucien? Et, comme il est constant³ que le sujet produisit au moins deux ouvrages

---

1. V. Jamblique, *Babyloniques* (*Erotici græci* de la collection Didot); Héliodore, *Théagène et Chariclée*, liv. VI et XIX; Achille Tatius, *Leucippe et Clitophon*, V, 16; Xénophon d'Éphèse, *Abrocome et Anthia*, V, 7, etc., etc.

2. V. *Histoires merveilleuses* d'Apollonius (1-3), de Phlégon de Tralles (1-3). On connaît l'agréable récit que fait Pline le Jeune sur un fantôme chassé d'une maison d'Athènes par un philosophe (Pline, *Lettres*, VII, 27). Au sixième siècle, Damascius remplit de récits semblables plusieurs livres cités par Photius. (*Biblioth.*, cod. 130.)

3. V. Photius, *Bibliothèque*.

distincts, attribués, l'un à Lucius de Patras, l'autre à Lucien, celui-ci a-t-il été imitateur? ou quelque faussaire l'a-t-il imité en mettant son œuvre sous le nom de Lucius de Patras? Ce sont là des questions qui ont exercé la sagacité de la critique [1]. Pour nous, il est évident que ce conte a été plusieurs fois remanié en grec; il doit être plus ancien que la version qui nous est parvenue sous le nom de Lucien. L'une des scènes les plus étranges du roman, la monstrueuse aventure de l'âne et de la dame de Patras, avait ses précédents dans les récits des poëtes sur Pasiphaé, et des historiens sur la fille d'Hippomène [2]. Photius, qui avait sous les yeux deux versions en grec de ce roman, portant l'une le nom de Lucien, l'autre le nom de Lucius, les apprécie et les compare. Il reproche au prétendu Lucius d'avoir parlé de tous ces prestiges et de tous ces enchantements sur le ton d'un homme qui croit à ce qu'il raconte; il préfère le récit de Lucien, qui lui paraît un agréable persiflage des superstitions païennes. Assurément le faux Lucius ne croyait pas plus que l'auteur de la *Luciade* à ses propres métamorphoses; mais il y avait entre cet ouvrage et le second cette différence, que l'un racontait lourdement et sans esprit des anecdotes assez insipides par elles-mêmes, tandis que l'autre avait donné du charme à ses extravagances par une narration légère, spirituelle et en-

---

1. V. Lebeau cadet, *Acad. des Inscript.*, XXXIV, p. 43; Wieland et P.-L. Courier, *Préfaces* de leurs traductions: Letronne, *Journal des Savants*, 1818, p. 417. — 2. V. Diodore, livre VIII, *Fragm.*; Dion Chrysostome, XXXII, p. 385.

jouée. C'est à tort, à ce qu'il nous semble, que la critique a refusé quelquefois cet ouvrage à Lucien : la tradition le lui conserve, et le goût ne le trouve pas indigne de lui. Qu'y a-t-il d'invraisemblable à ce qu'il ait fait, pour les contes magiques, ce qu'il a fait dans son *Histoire véritable*, pour les récits de voyages imaginaires? Il était de ceux qui transforment tout ce qu'ils touchent.

L'un des mérites de la *Luciade*, c'est la brièveté. La prolixité diffuse est au contraire le défaut principal des *Métamorphoses* d'Apulée : un tel défaut n'est nulle part plus sensible que dans les sujets badins. Une plaisanterie prolongée fatigue, et c'est ce qui arrive au roman latin sur les aventures de Lucius. Des ouvrages attribués à Lucius et à Lucien, on ignore lequel Apulée a imité; mais lui-même avertit qu'il raconte « une fable grecque[1]. » Il nous dit encore[2] qu'il a « cousu ensemble divers contes du genre des fables Milésiennes. » Il nous révèle par là le secret de sa composition, qui consiste à répéter tous les récits de la *Luciade*, en y ajoutant un grand nombre de circonstances accessoires et de narrations épisodiques. Une seule de ces narrations vaut mieux que le reste de l'ouvrage; c'est l'histoire de *Psyché*. Elle n'est pas davantage de l'invention d'Apulée; elle vient évidemment d'une source grecque, et doit remonter à une origine assez reculée. Ce gracieux récit contraste étrangement avec les contes licencieux et quelquefois obscènes qu'Apulée emprunte

---

1. I, 1. — 2. *Ibid*.

à la *Luciade* ou qu'il y ajoute, avec tant de peintures immorales qui trahissent une époque où se représentaient en plein amphithéâtre les amours de Pasiphaé et de Léda [1], et dont la crudité les a recommandées à l'imitation d'un écrivain trop fameux du seizième siècle, l'auteur du *Prince* et de la *Mandragore* [2].

Comme la *Luciade* et les *Métamorphoses*, l'ouvrage de Pétrone procède des contes Milésiens, et en contient quelques-uns, qui forment des épisodes mieux fondus dans l'ensemble que ceux du roman d'Apulée. Outre cette supériorité, Pétrone a encore sur Apulée l'avantage d'un style plus pur et d'une narration plus naturelle; mais pour la moralité, le *Satyricon* est encore d'une nudité plus choquante et d'un cynisme plus révoltant que la *Luciade* et les *Métamorphoses*. Du moins dans ces derniers ouvrages le vice n'est pas étalé avec complaisance, et les divers déréglements, surtout l'infamie des Encolpe et des Giton, sont dans l'occasion énergiquement flétris : le *Satyricon* est une galerie de peintures plus qu'obscènes, où l'œil ne peut se fixer que sur des ordures. Mais si l'on a la force de surmonter le dégoût qu'inspire un tel spectacle, il est impossible d'oublier ensuite ce tableau de l'existence vagabonde et désordonnée d'une partie de la jeunesse de Rome, de ces écoliers débauchés, et de ces poëtes de profession qui déclamaient sur la vertu dans les mauvais lieux, qui faisaient le métier de parasites, à la fois

---

1. V. Magnin, *Origines du théâtre moderne*, p. 461.
2. V. Machiavel, l'*Ane d'or*. Voir, sur le roman d'Apulée, Lebeau cadet, *Acad. des Inscript.*, XXXIV, p. 48.

libertins et fripons, véritables précurseurs de Villon pour *les repues franches*, et encore plus souillés que lui pour les mœurs. Ce livre peint au vif les vices qui, dans la Rome impériale, avaient infecté non pas seulement quelques citoyens de bas étage, mais jusqu'à la plus haute société. Il n'est pas étonnant qu'on ait pu le confondre avec cette « histoire « des débauches de Néron, contenant le détail de « chaque prostitution et les noms des hommes dé- « bauchés et des femmes perdues qui y prirent « part, » ouvrage composé par Pétrone quelques heures avant sa mort, et envoyé par son ordre à l'empereur [1].

Le *Satyricon* complète les *Satires* de Juvénal pour la peinture de la dépravation romaine, des extravagances du luxe, de la révoltante inégalité des conditions. Avec quelle énergie de pinceau est représentée, après Horace [2], l'opulence insolente et stupide! Quel portrait que celui de Trimalcion, de cet avorton si paré dans sa laideur, de cet amphitryon si arrogant envers ses hôtes, de cet ignorant si vain de son ignorance [3], de ce riche qui ne connaît pas toute l'étendue de sa richesse, et qui, entendant parler d'un pauvre, demande « qu'est-ce qu'un pau- « vre? » de ce maître impitoyable envers ses esclaves, qui fait fouetter un d'entre eux pour avoir laissé tomber un plat d'argent, et ordonne ensuite

---

1. V. Tacite, *Annales*, xvi, 18. — 2. *Satires*, ii, 8.

3. Il fait mettre dans son testament : *Nec unquam philosophum audivit*. Épigramme qui porte du reste à la fois contre Trimalcion et contre les philosophes.

de jeter le plat aux ordures, afin de prouver à la fois qu'il est inexorable pour les irrégularités de service et qu'il est au-dessus de l'économie. Si la littérature romaine ne nous offrait le *Repas de Trimalcion*[1], il manquerait un trait au tableau de cette aristocratie romaine, souvent si grossière dans son opulence, si folle dans ses prodigalités, et dont les caprices les plus insensés ne pouvaient tarir les richesses. Cicéron l'avait montrée rapace et violente dans Verrès; il appartenait à Pétrone de la peindre ridicule dans Trimalcion. Et ce n'est pas un portrait de fantaisie; on en trouverait les traits épars dans les ouvrages du temps. Les domaines considérables que possède Trimalcion et qu'il veut étendre encore, de façon à passer d'Italie en Sicile sur ses propres terres, ne font-ils pas songer à ces immenses propriétés qui, selon Pline, ont perdu l'Italie[2]? Et ces images lugubres mêlées à la peinture de la débauche, cette pensée de la mort apparaissant après les plus ignobles facéties, ce festin terminé par un testament, tout cela ne rappelle-t-il pas d'une manière frappante la fantaisie d'un certain Pacuvius, dont parle Sénèque[3], et qui voulut aussi se donner le plaisir d'assister à ses funérailles?

Dans les sociétés en décadence, il ne manque jamais de protestations contre la perte des mœurs et d'aspirations vers un ordre de choses meilleur. Mais parmi les esprits qui s'indignent de l'audace du vice, combien y en a-t-il qui soient purs des hontes qu'ils

---

[1]. *Satyric.*, 28 et suiv. — [2]. Latifundia perdidere Italiam. (Pline, *Hist. nat.*, XVIII, 7.) — [3]. *Lettres à Lucius*, XII.

déplorent? Les virulentes satires d'Horace, de Pétrone et de Juvénal ne prouvent pas qu'ils n'aient point quelque peu payé tribut aux vices de leur temps : l'effronterie de leur langage ne sied guère à la vertu. Les âmes candides sont moins portées à flétrir le mal, parce que pour le flétrir il faut le peindre, qu'à célébrer le bien et à rêver son triomphe. C'est ce que fit au deuxième siècle de l'ère chrétienne Dion Chrysostome. Cet homme honnête, qui fut le plus philosophe d'entre les rhéteurs, comme le plus rhéteur d'entre les philosophes, remplit en quelque sorte, parmi les païens, l'office de prédicateur de morale [1]. On lui doit un des rares *contes moraux* qu'ait laissés l'antiquité, le *Chasseur* ou *Histoire Eubéenne*.

Ce n'est pas le seul ouvrage de Dion Chrysostome où éclate à la fois le dessein d'amuser par un récit ingénieux et d'instruire par de salutaires leçons de morale. Outre sa *Fable Libyque* [2] et ses dialogues mêlés de récits sur Diogène le Cynique [3], il avait composé plusieurs morceaux dans le genre du panégyrique, où la narration tient tant de place, dont les détails paraissent tellement fictifs, et dont l'intention morale est si manifeste, qu'on est tenté d'y voir de petits contes moraux. Nous voulons parler du Ier *Mélancomas* et du *Charidème*. Le Ier *Mélancomas* débute par un récit préparé avec un art trop apparent. Dion rencontre un ami et lui parle d'un athlète récemment vainqueur ; son interlocuteur lui

---

1. V. C. Martha, *Dionis philosophantis effigies*. — 2. V. 1re partie, ch. I. — 3. V. 3e partie, ch. II.

cite un autre athlète, Mélancomas, qu'il oppose au premier comme un modèle de beauté, de vigueur et de vertu tout ensemble : il fait l'éloge de cet athlète, cite de lui plusieurs beaux traits, et laisse Dion tout joyeux de ce qu'il vient d'entendre [1]. Mélancomas n'est pas sans doute un personnage d'imagination, et Dion avait été chargé précédemment de faire son éloge [2]. Mais quelle différence entre les deux ouvrages ! L'un a un caractère tout authentique; l'autre n'est qu'un récit de pure imagination. Nous croirions volontiers qu'il en est de même du *Charidème* [3], qui offre encore l'éloge d'un athlète vertueux, éloge également présenté sous la forme d'un récit ingénieux.

Quelque idée que l'on se fasse de ces compositions, il est certain que l'*Histoire Eubéenne* de Dion est un conte moral, et l'un des modèles du genre. L'*Eubéenne* devance *Daphnis et Chloé*, et lui est bien supérieure pour la franchise des peintures, la vérité du ton et la pureté des sentiments : elle offre des traits dignes de l'auteur de la *Chaumière Indienne* et de *Paul et Virginie*. C'est une charmante pastorale dont la scène est bien dessinée, et dont les personnages sont intéressants, parce qu'ils sont vrais. Dion a su rajeunir le tableau qu'il présente des mœurs champêtres, en peignant deux chasseurs, au lieu des

---

1. *Discours XXVIII.*
2. Nous avons cet éloge dans le discours intitulé *IIe Mélancomas*, qui est le premier par l'ordre de la composition. C'est ainsi que nous expliquons ce titre, que Reiske (t. I, p. 531) déclare ne pas comprendre : Μελαγκόμας δεύτερος τῇ τάξει πρῶτος.
3. *Discours XXX.*

bergers, des bouviers et des chevriers si communs dans l'églogue. Leur existence solitaire et cependant heureuse, indigente et cependant hospitalière, forme un contraste frappant, sans trop d'exagération, avec la vie tumultueuse, inquiète, égoïste des riches habitants des cités. Fils de proscrits, privés de leur patrimoine, jetés dès leur plus tendre enfance sur un des rivages déserts de l'Eubée, ces deux hommes ont grandi en vivant du produit de leur chasse et de celui des terres défrichées par leurs mains; ils se sont fait une famille en épousant chacun la sœur de son ami; ils ne connaissent les autres hommes que par les naufragés qu'ils ont secourus, et n'auraient jamais vu la ville si l'un d'eux n'y avait été conduit par une circonstance indépendante de sa volonté. Tandis qu'ils vivaient ainsi à l'écart, étrangers aux charges de la société comme aux raffinements de la civilisation, et sans jamais avoir réfléchi si le champ qu'ils arrosaient de leur sueur leur appartenait légalement, un orateur, avide de bruit et de popularité, les a dénoncés comme usurpateurs du domaine public; et voilà que l'un des chasseurs est traîné à la ville pour avoir à se justifier devant les magistrats. Il s'étonne à la vue de tant de maisons magnifiques, de tant d'édifices somptueux, de ce théâtre où se presse une foule tour à tour silencieuse et bruyante; il comparaît sans crainte devant cette multitude qui est appelée à le juger pour des crimes qu'il ne comprend même pas; il répond simplement, et non sans une nuance d'ironie fort naturelle, aux accusations chimériques du démagogue qui veut le perdre; il repousse le ridicule reproche qui lui est fait d'enfouir de l'or. Un des assistants, touché de sa misère et de son abandon, prend sa défense, et bientôt un éclatant témoignage est rendu en faveur du pauvre chasseur : un citoyen reconnaît en lui son bienfaiteur, l'homme qui autrefois l'a recueilli dans sa cabane après un naufrage. Le conte se termine, comme les comédies, par un mariage : l'auteur a voulu ajouter à l'agrément des peintures pastorales celui d'un amour légèrement esquissé, frais et pur, qui n'a rien de commun avec les sensuels tableaux de *Daphnis et Chloé*. Peut-être à la fin Dion ne cache-t-il pas assez la pensée morale qui lui a inspiré ce récit : le lecteur n'a pas besoin d'être averti que ce tableau champêtre a pour but de faire sentir le bonheur de la pauvreté unie à la vertu. Cependant, à tout prendre, l'*Histoire Eubéenne* nous montre en Dion Chrysostome un digne devancier de Marmontel pour les *Contes moraux* comme pour le talent d'écrire avec l'élégance étudiée des rhéteurs.

Lucien lui-même, le spirituel mais licencieux narrateur des infortunes de Lucius de Patras, nous a laissé quelques récits dans le genre du conte moral. Ils font partie du dialogue qui a pour titre *Toxaris*, et qui n'est autre chose qu'un recueil de contes dans le goût hellénique et de contes dans le goût oriental. Les premiers sont rapportés par un certain Mnésippe, les seconds par le Scythe Toxaris : les uns et les autres ont pour sujet des actions généreuses inspirées par l'amitié. Lucien a bien soin de nous avertir que tous ces récits sont imaginaires, mais il nous en avertit d'une façon détournée et piquante. Mnésippe, le premier narrateur, jure par les Dieux de ne rien dire que de vrai; ce qui embarrasse un peu Toxaris, qui, après l'avoir entendu, lui dit : « J'aurais « bien voulu que tu n'eusses pas fait de serment, « car j'aurais pu me dispenser de te croire [1]. » Toxaris ne savait pas ce que valait le serment d'un Grec. Cependant il est quelque peu Grec lui-même, et paye son interlocuteur de la même monnaie. Aussi Mnésippe, moins poli en cela que le Scythe, lui dit-il à la fin d'un de ses récits : « Voilà qui est vraiment « tragique. On dirait d'une fable, sauf le respect dû « au cimeterre et au vent par lesquels tu as juré. On « pourrait donc, je crois, sans te faire beaucoup de « tort, se dispenser de te croire [2]. »

C'est un fait curieux à noter que la part importante faite au conte oriental dans le *Toxaris*. Déjà nous avons vu dans Hérodote, dans Ctésias, dans Diodore de Sicile, plus d'un vestige de contes orientaux ; mais c'est surtout à partir de l'époque Romaine que l'imagination orientale se développe librement dans la littérature grecque : elle éclate dans la *Vie d'Apollonius de Tyane*, dans les *Vies de Pythagore et de Plotin*, dans le roman d'Antoine Diogène et dans les Évangiles apocryphes : elle s'épanouira plus tard dans les récentes versions du faux Callisthène et dans la *Vie de Barlaam et Josaphat*. Veut-on saisir la différence du goût grec et du goût oriental, telle qu'elle se manifeste dans le *Toxaris*? Lucien prend la peine de nous l'indiquer, par la bouche de

1. *Toxaris*, 18. — 2. *Toxaris*, 56.

son Scythe : « Ne t'attends pas, dit Toxaris à Mné-
« sippe, à des traits d'amitié semblables à ceux que
« tu m'as racontés. Que m'as-tu dit, en effet? que
« par dévouement à l'amitié un homme épousa sans
« dot une fille très-laide, qu'un autre donna deux
« talents pour marier la fille de son ami, qu'un troi-
« sième se fit mettre en prison avec la certitude
« d'être délivré quelques instants après. Moi, je te
« raconterai des massacres nombreux, des morts
« affrontées pour des amis, et tu verras que vos
« preuves d'amitié ne sont que jeux d'enfants auprès
« de celles des Scythes [1]. » Toxaris tient ce qu'il
promet, et ses narrations reproduisent assez fidèlement la passion des Orientaux pour les hyperboles de
langage, pour les faits extraordinaires et merveilleux.
C'est ce caractère, mêlé au génie sophistique des
Grecs, que présentent la plupart des romans dont
il nous reste à parler, et dont les auteurs appartiennent tous, par la naissance, à l'Orient, par la culture intellectuelle, à la Grèce.

L'un des plus anciens d'entre ces ouvrages, celui
où paraît le plus l'inspiration orientale, est le roman de Jamblique le Syrien. Cet auteur nous offre
l'exemple singulier d'un asiatique écrivant en grec
un récit puisé, comme il le dit lui-même, dans un
des livres de l'Asie. Photius[2], Suidas[3] et une scholie
marginale d'un manuscrit de la *Bibliothèque* de
Photius nous donnent sur ce romancier des détails
assez précis. C'était un affranchi; il était né à Baby-

---

1. *Toxaris*, c. XXXV.—2. *Bibliothèque*, cod., 94. — 3. *Lexic.*,
V. Ἰαμβλιχος.

lone de parents syriens. Instruit d'abord dans la langue et élevé dans les mœurs de ses compatriotes, il fut ensuite confié aux soins d'un Babylonien par lequel il fut initié à la langue, aux mœurs et à la littérature babyloniennes. Son maître, qui avait été dans sa patrie l'un des secrétaires du roi, fut fait prisonnier lors de l'entrée de Trajan à Babylone (en 102) et vendu à un Syrien. Plus tard Jamblique apprit la langue grecque, qu'il sut parler et écrire avec élégance et facilité, comme le prouvent ses *Babyloniques*. Dans cet ouvrage, il faisait mention de la défaite de Vologèse par Vérus, qui eut lieu vers 162. C'est donc entre ces deux dates, 102 et 162, plus près de la première que de la seconde, qu'il faut placer sa naissance et son éducation. Photius parle des *Babyloniques* avec une estime que son analyse ne justifie pas. « Jamblique, dit-il, se distingue par « la beauté du style, la régularité du plan et l'ordon- « nance des récits; il était digne de déployer toute « sa force et tout son art dans des sujets sérieux, au « lieu de mettre ces qualités dans des fictions puériles. » En dépit des éloges de Photius, le roman des *Babyloniques* est, de tous ceux qui nous sont restés de l'antiquité grecque et latine, jusqu'au cinquième siècle, celui qui contient la fable la plus invraisemblable, la plus confuse, la plus incohérente [1]. Ce n'est cependant pas le moins curieux, car c'est

---

1. V. Fabricius, *Bibl. gr.*, Harles, VIII, 154; Lebeau cadet, *Acad. des Inscript.*, XXXIV, p. 57; Chardon de la Rochette, *Mélanges*, I, p. 18. V. l'analyse de Photius dans les *Erotici græci* d'Hirschig. (Collection de MM. Didot.)

l'un des plus anciens. On s'étonne d'y trouver le germe de ces discussions de métaphysique amoureuse qui eurent tant de vogue au moyen âge, et qui s'agitèrent si souvent dans les *Cours d'amour*. Une jeune coquette a donné à un de ses amants sa coupe, à un autre sa couronne de fleurs, à un troisième un baiser. Lequel est le plus favorisé? La cause est jugée; et, après un débat contradictoire, l'*arrêt* du juge, comme on le devine aisément, est rendu en faveur du dernier.

Quels sont les romans qui appartiennent encore à l'époque Romaine? quels sont ceux qui ne remontent pas au delà de l'époque Byzantine? C'est ce qu'il n'est pas facile de déterminer. Sur les auteurs, il est resté fort peu de détails certains ; leurs noms mêmes paraissent pour la plupart supposés. Quant à la date de leurs ouvrages, elle ne se fixe guère que par des analogies et des inductions assez légères : comment, en effet, fixer une date d'après l'appréciation du mérite d'un ouvrage, d'après les marques plus ou moins nombreuses de mauvais goût qu'il présente? Souvent, dans une même époque, la diversité des talents ne crée-t-elle pas bien des différences? La science est donc réduite à des hypothèses [1] : nous

---

1. V. Fabricius, *Bibl. gr.*, t. VIII; Huet, *Lettre à Segrais*. Chardon de la Rochette, *Mélanges*, t. II. Villemain, *Essai sur les romans grecs*. V. les *Préfaces* des divers éditeurs et traducteurs des romans grecs, surtout celle de l'excellente traduction de M. Zévort. On sait du moins à quoi s'en tenir sur un ouvrage que nous mentionnons ici seulement pour mémoire : *Amours honnêtes de Théogone et de Charide*. Ce pastiche médiocre des romans grecs, mis sous le nom du philosophe Athénagoras (deuxième siècle après Jésus-Christ), est,

n'entreprendrons pas de percer des mystères jusqu'ici impénétrables. Nous nous bornerons à démêler les faits certains, et à signaler ceux qui nous paraissent probables, laissant le reste aux discussions des critiques qui, comme ceux d'Horace, ne sont pas près de s'entendre.

Grammatici certant et adhuc sub judice lis est.

Deux écrivains du cinquième siècle, Socrate et Sozomène[1], parlent d'Héliodore et de son roman de *Théagène et Chariclée :* la date de cet ouvrage est donc, par deux témoignages authentiques, fixée au quatrième siècle ; car on ne saurait le faire remonter plus haut. Voilà tout ce que l'on sait de certain sur ce romancier. L'anecdote qui nous montre Héliodore mis en demeure d'opter entre son évêché et son roman, et renonçant à son évêché, se trouve seulement dans le moine Nicéphore Calliste[2], qui est loin d'être une autorité grave. Il n'est nullement prouvé que l'auteur du roman de *Théagène et Chariclée*, qui se désigne à la fin comme « descendant de la race du Soleil, » soit le même que l'évêque de Tricca, célèbre par sa rigueur à faire observer la discipline ecclésiastique. Socrate n'affirme pas cette identité, il la rapporte comme une simple tradition. Ce qui peut venir à l'appui de la tradition, c'est d'abord le caractère de haute moralité qui distingue, entre tous les romans grecs, celui de *Théagène et Cha-*

on le sait, l'œuvre d'un certain Martin Fumée (seizième siècle). V. Schœll, *Litt. gr.*, t. v, p. 106.

1. Socrate, v, 22 ; Sozomène, v, 12. — 2. *Hist. ecclés.*, t. II, p. 296. C'est un écrivain du quatorzième siècle.

riclée; c'est aussi que, dans cet ouvrage, une grande part est faite à la description des mœurs thessaliennes[1] : or Tricca était une ville de Thessalie.

Le roman d'Héliodore a joui, de son temps et pendant toute l'époque Byzantine, d'une grande réputation, qu'il n'a pas tout à fait perdue. Il se présente à nous en quelque sorte recommandé par trois grandes autorités : Amyot, qui l'a traduit, Racine, qui, dans son adolescence, en faisait sa lecture favorite, et Boileau, qui met en parallèle le *Télémaque* de Fénelon et l'ouvrage d'Héliodore[2]. Il faut avouer qu'Amyot a été mieux inspiré lorsqu'il a traduit Plutarque. Racine s'est laissé séduire par quelques peintures de sentiments : dans la disette de peintures de ce genre où il vivait à Port-Royal, Héliodore avait pour lui son prix. Quant à Boileau, il a peut-être voulu faire plutôt la satire du *Télémaque* que l'éloge de *Théagène et Chariclée*. Boileau pouvait d'ailleurs parler avec estime d'un ouvrage où l'on sent encore le goût grec et le souvenir des bons modèles, à côté de bien des signes qui trahissent la décadence.

Tout d'abord, ce qui frappe à la lecture de ce roman, c'est que c'est un pastiche; et de quelles œuvres? Des poëmes épiques et tragiques de l'antiquité. A chaque page, on trouve des imitations d'Homère et d'Euripide, ses principaux modèles; Coray a tort d'en faire un mérite à Héliodore[3], car un écrivain en prose ne doit pas aller chercher ses modèles parmi les poëtes. Héliodore écrit en prose, mais il em-

---

1. V. livre VII. — 2. *Lettre à Brossette*, 10 novembre 1699.
3. *Préface* de son édition, p. 35.

prunte le style et quelquefois la langue des poëtes : son roman est un des premiers exemples des ouvrages en *prose poétique*, genre faux, que l'on a vu fleurir dans ces dernières années, mais que n'a pu autoriser tout le talent d'un grand écrivain. Peut-être un nouveau Boileau comparera-t-il quelque jour les *Martyrs* à *Théagène et Chariclée*.

Théagène et Chariclée n'est pas seulement un roman en prose poétique ; c'est presque une épopée en prose, mais une épopée bourgeoise. Comme les poëtes épiques, et comme Hérodote leur élève, Héliodore se garde bien de suivre l'ordre des temps : il nous jette au milieu de la vie de ses personnages, nous allions dire de ses héros ; et ce n'est qu'épisodiquement qu'il revient sur les événements qui ont précédé. Son roman est conçu sur le plan de l'*Odyssée*.

Comme le style, comme le plan général, les épisodes sont presque tous des réminiscences de l'ancienne poésie grecque. Héliodore ne s'est guère mis en frais d'imagination : la plupart de ses épisodes lui sont fournis par l'épopée et la tragédie. Il a beau changer les noms, rajeunir les portraits, multiplier les détails, répandre sur toutes les peintures sa couleur un peu molle et terne ; on n'en retrouve pas moins dans l'épisode de Cnémon et de Déménète [1] l'histoire de Phèdre et d'Hippolyte, dans les figures de Pétosiris et de Thyamis celles d'Étéocle et de Polynice [2], dans une situation d'Hydaspe en face de Chariclée [3] celle d'Agamemnon prêt à immoler Iphigénie.

Là ne se bornent pas les emprunts faits par Hé-

1. Livres I et II. — 2. Livre VII. — 3. Livre X.

liodore à la poésie, surtout à la poésie épique : il faut qu'il lui emprunte même le merveilleux. Les dieux interviennent dans les affaires de Théagène et de Chariclée. Si encore on sentait partout la foi en cette intervention, l'imagination pourrait à la longue se prêter aux fables d'Héliodore; mais il n'en est rien. La crédulité et le scepticisme se heurtent dans ce roman. Nous entendons à chaque instant parler d'oracles, de songes, d'apparitions, de faits miraculeusement annoncés ou accomplis; et, au milieu de tout ce merveilleux, nous voyons un prêtre d'Égypte qui, bien qu'intéressé à ce que l'on croie à ces prodiges, nous montre lui-même comment il en impose aux âmes simples par de tels artifices. Calasiris affecte de croire à tels oracles, à tels songes, à telles révélations, et lui-même se plaît à tromper, par des pratiques superstitieuses, la naïveté de Chariclée, de Nausiclès, et même de son collègue, le grand prêtre de Delphes, Chariclès[1]. On pourra dire qu'il sait distinguer le vrai et le faux; mais il est imprudent, en telle matière, de provoquer le doute, et c'était de la part d'Héliodore une entreprise téméraire, que celle d'allier en un même ouvrage l'esprit d'Antoine Diogène[2] et celui de Lucien.

Il n'y a pas beaucoup plus de vraisemblance dans les récits que fait Héliodore des événements purement humains, et ceci est un défaut commun à tous les romans grecs qui ont suivi ou précédé de peu celui d'Héliodore. Plus préoccupés d'exciter la surprise que l'intérêt, ces romanciers chercheront à éveiller

---

1. V. livres III et IV. — 2. V. plus haut, ch. VII.

la curiosité par des récits d'événements singuliers, bizarres, étrangers à la vie réelle ou ordinaire; il semble que l'invraisemblance soit une des lois du genre qui se produit ou se développe alors dans la littérature grecque. Désireux de frapper l'imagination des lecteurs, qui commençait à se blaser, ils abuseront du pittoresque, et sèmeront partout sur la route de leurs personnages les rocs, les précipices, et surtout les cavernes. Il n'y a pas un de ces romans où ne se trouve quelque aventure de brigands et de pirates; mais ce sont des brigands et des pirates de fantaisie. Voyons ceux d'Héliodore : ils annoncent nos brigands d'opéra-comique, qui sont bien capables de tuer et de voler, mais n'ignorent pas ce qu'on doit aux dames. Deux fois Chariclée se trouve en leur pouvoir : elle est d'abord captive de Trachinus, qui ne songe qu'à l'épouser, et lui donne le temps de se décider[1]; une autre fois, elle tombe entre les mains de Thyamis, qui veut aussi l'épouser, mais commence par prendre à témoin les pirates, ses sujets, qu'il s'en remet à sa libre volonté[2].

Le plus grand défaut de *Théagène et Chariclée*, c'est, il faut bien le reconnaître, d'appartenir au genre ennuyeux. Héliodore a des qualités : il a tracé savamment son plan, il a su varier ses épisodes et les relier à l'action principale; son style, malgré l'artifice du pastiche qui le dépare, a de l'agrément et de la grâce; mais son livre est un de ceux qu'on estime, et qu'on ne relit guère. Il n'a pas su créer

1. V. livre V.
2. V. livre I.

de situations intéressantes, ni de personnages vraiment vivants.

Un mérite qu'on ne saurait contester à ce roman, c'est la moralité. On y sent quelque chose de la sainteté du mariage chrétien, et cela fait croire à un de ses éditeurs[1] qu'Héliodore a composé ce livre étant déjà évêque ou du moins chrétien. Certains développements moraux tournent à l'homélie; en général, cependant, la morale ressort moins des réflexions que du récit; l'auteur montre avec assez d'art les fautes naissant des fautes, et le châtiment amené par la perversité même du coupable. C'est ainsi que la luxure pousse Déménète à la vengeance la plus lâche, Arsacé à la plus atroce cruauté, et qu'ensuite le remords conduit ces deux femmes au suicide. A tout prendre, l'ouvrage d'Héliodore est encore le meilleur des romans grecs postérieurs au deuxième siècle, si l'on en excepte *Daphnis et Chloé*.

Le mérite de celui-ci n'est pas la moralité. Qu'on le compare avec l'imitation qu'en a faite Bernardin de Saint-Pierre dans *Paul et Virginie*, et l'on verra ce qu'une imagination chaste et pure a pu faire d'un tableau où la volupté allait jusqu'à l'indécence. La fable de *Daphnis et Chloé* est d'une assez grande simplicité, et c'est une qualité qu'on apprécie, surtout lorsqu'on songe à tous les incidents grossièrement dramatiques qui sont accumulés dans les autres romans grecs. L'esprit se repose sur des images plus tranquilles. Pourquoi faut-il

1. V. Coray, *Préface*, p. 24.

qu'on y trouve encore des enlèvements, des pirates? Pourquoi faut-il que l'on voie la nature entière se déchaîner à cause du rapt de Chloé, et qu'au récit des aventures de deux amants se mêlent encore des récits de guerre entre deux villes? Quant au style, il n'est rien moins que simple; il y a longtemps que la naïveté de la traduction d'Amyot a cessé de faire illusion sur l'affectation de l'original. L'auteur était un esprit élégant, distingué, et qui avait un sentiment assez vif de la nature[1], mais l'ouvrage porte les caractères de la décadence. Cette pastorale est moins franche que l'*Eubéenne* de Dion, dont la naïveté est elle-même assez étudiée.

On ne sait rien de l'auteur de *Daphnis et Chloé* : son nom même est ignoré. Comment, en effet, attribuer à un écrivain grec le nom de Longus? Un critique a conjecturé, non sans vraisemblance, que ce nom tout latin est le résultat d'une erreur dans la lecture des manuscrits[2]. Il existe sur Achille Tatius une courte notice de Suidas[3], mais cette notice nous donne peu de détails précis : elle nous apprend seulement qu'après avoir composé les *Amours de Leucippe et de Clitophon*, Achille Tatius se fit chrétien et devint évêque. Si ce renseignement est vrai, il faut avouer qu'un tel livre était une mauvaise préparation à l'épiscopat. Le roman d'Achille Tatius

---

1. C'est un mérite que lui reconnaissent MM. Villemain (*Essai sur les romans grecs*) et Humboldt (*Cosmos*, trad., t. II, p. 13).

2. V. Fabricius, *Bibl. gr.*, éd. Harles, t. VIII. — Dans le manuscrit du Mont-Cassin, on lit au titre : Λεσβιακῶν λόγοι δ. On a lu Λόγγου au lieu de Λόγοι.

3. *Lexic.*, v. Ἀχιλλ. Τάτιος.

n'est pas aussi bien composé que *Théagène et Chariclée*. C'est une idée assez malheureuse que d'avoir mis le récit dans la bouche du principal personnage, et de lui avoir donné pour auditeur un inconnu, qui n'interrompt pas une fois la narration, parce qu'elle ne l'intéresse en rien. Les caractères sont moins nettement dessinés que dans *Daphnis et Chloé*; ils sont trop uniformes. L'affectation du style, la recherche des antithèses, la multiplicité des digressions, la prolixité dans les analyses de sentiments et de passions, tout cela fait généralement préférer au roman d'Achille Tatius celui de Longus et même celui d'Héliodore[1]. Il a cependant sur ce dernier un avantage, c'est qu'il est moins ennuyeux : il rachète une partie de ses défauts par quelque vivacité dans la narration, et par un certain enjouement que l'auteur semble avoir emprunté au commerce des comiques grecs.

Le roman d'*Abrocome et d'Anthia*, ouvrage de Xénophon d'Éphèse, est bien inférieur à la plupart de ceux que nous avons cités jusqu'ici. Le récit est sans agrément, et les aventures sans vraisemblance : le style en est du moins assez simple et naturel; c'est ce qui a fait croire à un des éditeurs de ce roman[2] que Xénophon d'Éphèse était le plus ancien des romanciers grecs. Cette opinion ne saurait se soutenir : la composition de l'ouvrage est beaucoup trop compliquée pour appartenir à une époque bien

---

1. V. Villoison, *Préface* de son édition de Longus; Coray, *Préface* de son édition d'Héliodore ; M. Villemain, *Essai sur le roman grec*. — 2. P. Hofmann Peerlkamp.

ancienne, et la trivialité du style accuse la décadence de la littérature grecque[1]. Nous pensons toutefois que le roman de Xénophon d'Éphèse, comme *Leucippe et Clitophon*, comme *Daphnis et Chloé*, n'est pas ou n'est guère postérieur au cinquième siècle de l'ère chrétienne. Ces trois romans sont des œuvres toutes païennes : l'amour contre nature y tient trop de place[2] pour qu'on les puisse attribuer à une époque où les mœurs avaient été régénérées par le christianisme. Ces ordures, qui déjà n'inspiraient que du dégoût à l'auteur de la *Luciade*[3], comme à l'auteur de *Daphnis et Chloé*, mais dont Achille Tatius et Xénophon d'Éphèse ne parlent qu'avec indifférence, disparaîtront tout à fait dans les romans de l'époque Byzantine : nous n'en trouvons trace ni dans *Chéréas et Callirrhoé*, de Chariton d'Aphrodisias, ni dans *Hysminé et Hysminias*, d'Eumathe Macrembolite, ni dans l'*Histoire d'Apollonius de Tyr*, qui a même le mérite de peindre un amour où le sentiment a plus de part que les sens[4]. Nous ne parlons pas des romans de Xénophon de Cypre et de Xénophon d'Antioche, dont il n'est resté que les titres[5], ni des romans en vers de Théo-

---

1. V. Coray, *Préface* de son édition d'Héliodore.
2. V. *Daphnis et Chloé*, liv. IV; *Leucippe et Clitophon*, I, 7 et 11; II, 44 et suiv.; *Abrocome et Anthia*, II, 1; III, 2 et 3.
3. V. l'épisode des quêteurs de Cybèle.
4. V. ces ouvrages dans les *Erotici græci* d'Hirschig (coll. Didot). Tous ces romans, sauf l'*Apollonius de Tyr*, ont été traduits en français dans la *Bibliothèque des romans grecs* de Merlin. Sur l'*Apollonius de Tyr*, voir le chapitre suivant.
5. Xénophon de Cypre, *Amours de Cynire, Myrrha et Adonis*; Xénophon d'Antioche, *Babyloniques*; V. Suidas; V. *Xénophon*.

dore Prodrome, de Constantin Manassès et de Nicétas Eugénianus, qu'on sait appartenir au douzième et au treizième siècle.

Il y a cependant à faire, sur les romans grecs, une remarque générale : c'est que, si la surface est souvent impure, le fond est presque toujours moral. L'imagination des romanciers grecs est en général peu chaste, leurs peintures sont fort sensuelles et leurs expressions peu réservées. Mais on sait que les langues anciennes avaient des franchises que la nôtre ne leur envie pas; et les mœurs grecques, fort heureusement, sont loin d'être en tout point les mœurs françaises. De plus, dans ces ouvrages, on ne parle pas beaucoup de devoir et de vertu, on ne raffine pas sur le sentiment, on fait aux sens une part qui choque notre délicatesse moderne; cependant il se trouve qu'en définitive leurs héros luttent plus que bien d'autres contre leurs passions, se tiennent mieux en garde contre les surprises des sens, et finissent par triompher de bien des séductions. S'ils cèdent à l'amour, c'est par entraînement, c'est par faiblesse, ce n'est jamais par système; ils font des fautes, mais ils ne se révoltent pas contre les règles. Le type de Lovelace ne s'y trouverait pas, et encore moins celui de Saint-Preux. On n'avait pas encore imaginé de substituer à l'observation du devoir l'ostentation des grands sentiments. Aussi, tandis que les héros des romans modernes, érigeant l'amour en vertu, ne reculent pas toujours devant l'adultère, ceux de la plupart des romans grecs demeurent vierges et purs à travers une foule de périls, et en dépit des obstacles opposés à leur union. Il faut toutefois le reconnaître, la continence dont les romanciers grecs honorent leurs héros, forme un singulier contraste avec le penchant à la volupté qu'ils leur prêtent; quelque moral que soit leur exemple, l'effet en est détruit par la nudité de certains tableaux; et ce que l'on ira chercher dans leurs livres, ce ne sont pas des leçons de morale, mais des renseignements sur la vie privée des anciens.

Encore sur ce point éprouvera-t-on quelque mécompte. « Il y a, dit un spirituel écrivain, plus de vérité dans Rabelais que dans Mézerai. » Courier pouvait parler ainsi à propos de la *Luciade;* mais en ceci, comme en tout le reste, les romans d'Héliodore, d'Achille Tatius et de leurs imitateurs ne valent pas la *Luciade.* Ils seraient d'un prix inestimable pour la peinture des époques qui les a produits, si leurs tableaux étaient moins vagues et plus naturels. Mais la société que représentent les romans grecs est toute factice; les situations où se trouvent placés les personnages sont tout exceptionnelles et bizarres; les sujets ne sont pas assez variés. Qui connaît deux ou trois de ces romans les connaît tous. Qu'on lise *Théagène et Chariclée, Leucippe et Clitophon, Hysminé et Hysminias*, des œuvres de l'époque Romaine ou de l'époque Byzantine, ce sont toujours deux amants qui ont à lutter contre leur propre passion, contre des séductions étrangères et contre une foule d'épreuves, la séparation, le dénûment, l'esclavage. Qu'on lise *Abrocome et Anthia, Chéréas et Callirrhoé*, ce sont deux jeunes époux que la fortune a jetés bien loin l'un de l'autre aussitôt après les avoir unis, et qu'elle ne rejoint qu'après de nombreux assauts livrés à leur courage et à leur vertu.

Les ressorts dramatiques sont encore moins variés que les sujets. Des enlèvements, des voyages lointains, des tempêtes, des naufrages, des morts supposées, des résurrections inattendues, des actes de piraterie et de brigandage, la servitude sous des maîtres dont l'incontinence est à craindre autant que la cruauté, telles sont pour les romanciers grecs les seules sources de développement. Ajoutez à cela des épisodes plus ou moins heureusement rattachés à l'ensemble, des descriptions le plus souvent oiseuses, d'interminables dialogues ou monologues, ordinairement aussi étudiés que des discours, et qui se ressentent du goût de la *déclamation* alors en vogue, vous avez une idée de tout ce qui entre dans la composition de ces ouvrages. Quant à la peinture du cœur humain, elle y est en général faible et insuffisante : ces romanciers s'attachent plus à l'extérieur de la vie, aux aventures, qu'ils n'étudient le fond du cœur; lorsqu'ils essayent d'y pénétrer, ils ne vont pas bien avant, et c'est surtout l'amour physique qu'ils étudient.

Comment les romans grecs auraient-ils présenté une analyse profonde et vraie du cœur humain? C'était une littérature de rhéteurs, et les rhéteurs n'avaient pas coutume de sonder les mystères du cœur humain; ils s'arrêtaient plus souvent à la surface, et donnaient tous leurs soins aux procédés de la composition et aux artifices du style. Veut-on avoir une idée de l'étroite relation qui existait entre les romans et les exercices en usage dans les écoles de rhétorique? Qu'on ouvre le recueil de *Controverses* de Sénèque le Rhéteur ; qu'on examine les matières de déclamations que donnaient à leurs élèves les Cestius Pius, les Arellius Fuscus et les Porcius Latro. Ce ne sont que situations extraordinaires, invraisemblables, au moins exceptionnelles : il n'est question que de tyrans, de pirates et de cruelles marâtres. Quelques anciens [1] demandaient avec raison si c'était ainsi qu'on croyait préparer de futurs avocats, et quels rapports de tels sujets pouvaient avoir avec les causes ordinairement débattues devant les centumvirs. Ne peut-on pas se demander aussi à quelle source avaient pu être puisées de semblables matières? A cette question, un ingénieux critique répond qu'il y a là un souvenir de quelques-uns des contes qui amusaient l'antiquité [2], et il le prouve en citant une véritable scène de roman extraite d'une déclamation de Silius Bassus [3], et reproduite depuis dans l'*Illustre Bassa* de Scudéry. On pourrait citer plus d'une . controverse qui devait donner lieu à de semblables développements [4]; on retrouve même dans des romans postérieurs le sujet d'une de ces controverses : il s'agit d'une jeune fille enlevée par des pirates, achetée par un *leno*, et qui conserve long-

---

1. Pétrone, *Satyric.*, init.; Quintil., II, 10, 5; Juvénal, VII, 168.
2. Saint-Marc Girardin, *Études de litt. et de mor.*, t. II; les *Controverses de Sénèque.* — 3. M. Seneca, *Controv.*, I. 6. — 4. *Ibid.*, I, 6, 7; II, 10, 15; III, 20; VI, 6, etc.

temps son honneur en implorant la pitié des libertins qui venaient la trouver [1]. Toutes ces matières n'étaient pas sans doute prises dans les romans; mais toutes avaient retenu du contact de ces compositions un caractère paradoxal et fabuleux.

Si les déclamations se ressentaient de l'influence des romans, les romans, de leur côté, ne se ressentaient pas moins de l'influence des déclamations. Parmi ces narrations fabuleuses, il en est peu qui n'empruntent aux exercices scholastiques quelques sources de développements, lettres, éthopées, descriptions, dissertations, déclamations. Il n'y a par exemple qu'à prendre tels discours contradictoires d'Achille Tatius [2] pour avoir de véritables *controverses* dont on pourrait grossir les recueils de *Déclamations* latines ou grecques, et qui ne se distingueraient des autres ni par le sujet, ni par les développements, ni par le goût.

Nous ne terminerons pas cette esquisse de l'histoire des narrations érotiques dans l'antiquité sans dire quelques mots d'un genre qu'on a coutume d'y rattacher; nous voulons parler des recueils de *Lettres fictives*, qui ont quelque rapport avec notre *Roman épistolaire*.

On sait combien de Lettres fictives ont été composées dans les écoles; on sait que quelques-unes, mises sous le nom de personnages historiques, sont devenues pour l'histoire les éléments de fréquentes

---

1. M. Seneca, I, 2; V. l'*Histoire d'Apollonius de Tyr*, c. XXX-XXXI. — 2. VII, 9, 11; VIII, 8, 10.

altérations[1]. Mais souvent aussi, surtout à l'époque Romaine, les rhéteurs composèrent des lettres de personnages purement imaginaires : c'étaient, sous forme de lettres, de petits romans qui présentaient des tableaux de mœurs tracés d'après d'anciens poëtes comiques. L'auteur les désignait suivant les caractères qu'il se proposait d'y peindre. Il y avait les *Lettres de cuisine* par Méléserme[2], les *Lettres de table* par Lyncée[3], les *Lettres de laboureurs* par Élien[4], les *Lettres de pêcheurs, de parasites et de courtisanes* par Alciphron, les *Lettres érotiques* de Zonée[5], de Philostrate et d'Aristénète. Sans doute, les caractères y étaient dessinés à la manière plutôt des poëtes dramatiques que des romanciers ; cependant il y avait quelquefois, dans le rapprochement et dans la suite de certaines lettres, le germe de véritables romans. Ce sont, par exemple, de véritables tableaux romanesques que nous offre Alciphron dans les lettres de Ménandre à Glycère et de Glycère à Ménandre[6], ainsi que dans quelques lettres au sujet de la défense de Phryné par Hypéride ; ces lettres sont, du reste, parfois mêlées de récit, et l'on en pourrait tirer quelques-uns des lettres d'Aristénète qui rappelleraient les contes Milésiens. On le voit, le cadre du *roman par lettres* n'était pas ignoré des anciens, mais il n'a été bien rempli que par les modernes ; on ne retrouve dans l'antiquité aucune

---

1. V. Bentley, *Dissert. on the Epistles of Phalaris*, etc.
2. V. C. Müller, *Hist. gr. fr.*, II, 87. — 3. *Ibid.*, II, 466.
4. V. la collection épistolaire des Alde. — 5. V. *Hist. gr. fr.*, II, 87.—6. V. G. Guizot, *Ménandre*.

œuvre qui annonce, même de loin, les *Lettres persanes*, *Clarisse Harlowe* et la *Nouvelle Héloïse*. Tout au plus les Lettres de Philostrate, d'Alciphron et d'Aristénète peuvent-elles, pour la légèreté du fond et les soins minutieux de la forme, être comparées aux *Lettres galantes* composées par Fontenelle[1].

CHAPITRE VIII

TRACES DES ROMANS ANCIENS DANS LA LITTÉRATURE DU BAS-EMPIRE ET DU MOYEN AGE.

1° Dans la littérature Byzantine. — Chroniqueurs byzantins. — Tzetzès. — Nicéphore Calliste.
2° Dans les littératures de l'Occident au moyen âge. — Relations entre les Grecs du Bas-Empire et les nations de l'Occident. — Souvenirs de romans anciens dans les *Chansons de geste*. — Le *Roman d'Alexandre* et le *Roman de Troie*. — *Bibles historiales*, *Légende dorée*, etc. — Romans perdus qui ont laissé leur trace au moyen âge. — Livre *De l'éducation de Trajan*. — *Apollonius de Tyr*, dans le *Gesta Romanorum*. — Roman sur Marc-Aurèle, transmis par l'*Horloge des princes* de Guevarra. — Conclusion.

L'antiquité classique n'est pas tout entière dans les monuments qui nous en sont parvenus. Assurément, si aucune de ses œuvres n'avait péri, il serait superflu d'en rechercher dans les âges suivants les lointaines et souvent infidèles reproductions. Entreprendre un tel travail, ce serait ressembler aux prisonniers de la caverne de Platon ; ce serait détourner ses regards de la vraie lumière et des ob-

---

1. *Lettres du chevalier d'Her* ***.

jets réels, pour les fixer sur de pâles reflets et sur de trompeuses images; mais comme, au lieu de monuments, il ne nous est souvent resté que des débris, force est bien à la critique de fouiller les âges suivants pour y découvrir quelques vestiges de l'antiquité.

Au sein même des époques classiques, quelques-unes des plus anciennes œuvres avaient péri ou s'étaient renouvelées par une suite de remaniements. Les grammairiens d'Alexandrie avaient interpolé ou supposé les textes des vieux logographes; on avait fabriqué de fausses poésies d'Orphée et de Pythagore, plus tard on falsifiera de même les chansons d'Anacréon. Nous avons vu combien de remaniements, même avant le cinquième siècle, avaient soufferts les œuvres populaires, les Vies des grands hommes, l'Histoire d'Alexandre, l'Histoire de la guerre de Troie et bien d'autres narrations fabuleuses. Il nous sera facile de prouver que ces remaniements se sont continués dans le Bas-Empire et dans le moyen âge, et qu'ainsi l'on peut du moyen âge et du Bas-Empire remonter aux cycles antiques. Mais si, pour des œuvres connues, cette transmission nous est démontrée, ne nous est-il pas permis de tirer de là quelques inductions? N'est-il pas naturel de supposer que certains récits, qui passent pour des créations modernes, peuvent, par une tradition ignorée, se rattacher aussi à des narrations fabuleuses de l'antiquité? Et ne peut-on pas ainsi, par un coup d'œil attentif jeté sur les époques postérieures au cinquième siècle de l'ère chrétienne, reconnaître la trace de quelque œuvre oubliée des âges précédents?

De semblables recherches demandent à la fois de la perspicacité et de la prudence, il faut voir clair en des points obscurs, et ne pas se laisser abuser par de fausses lueurs ; c'est plus que nous n'osons nous promettre. Qu'il nous suffise, suivant nos forces, de donner un simple aperçu d'une telle étude.

Les traces des narrations fabuleuses de l'antiquité sont nombreuses et manifestes dans la littérature Byzantine et dans les littératures de l'Occident au moyen âge. Parmi toutes celles qui peuvent être signalées, nous nous bornerons à citer les plus saillantes.

Pour en trouver, il n'est pas besoin de pénétrer bien avant dans la littérature du Bas-Empire. Qu'on parcoure seulement les chroniqueurs Byzantins, on y verra partout le souvenir des anciens romans. Ces chroniqueurs sont pour la plupart des compilateurs ignorants, sans critique, qui puisent partout, aux sources les plus altérées comme aux sources les plus pures : c'est ordinairement pur hasard quand ils rencontrent bien, et leur jugement n'y est pour rien ; lorsqu'il leur arrive de s'en servir, on peut gager qu'il les conduira mal. Zonaras, par exemple, connaît l'histoire de Cyrus d'après Hérodote et d'après Xénophon, et il préfère suivre ce dernier, parce que, dit-il, « c'est un abrégé qu'il écrit, et qu'il lui
« suffit de donner les récits les plus vraisembla-
« bles[1]. » Ainsi, grâce à Zonaras, la *Cyropédie*, qui

---

1. Zonaras, III, 25.

pour Cicéron était un roman, fait son entrée dans l'histoire. Cédrénus, mieux inspiré, suit Hérodote; mais au récit de l'historien d'Halicarnasse, il mêle quelques fables juives ou chrétiennes. Ces fables se retrouvent, avec plus de développement encore, dans J. Malalas; il est vrai que Malalas a son autorité, et une autorité grave : c'est Jules l'Africain qui, parmi les sources où il a puisé, signale l'*Histoire de la guerre entre les Samiens et Cyrus*, par le sage Pythagore[1]!

Tzetzès n'est pas un chroniqueur, mais à coup sûr c'est encore moins un poëte; et il peut être cité parmi les historiens byzantins, car dans sa rapsodie homérique il se vante d'être, beaucoup plus qu'Homère, fidèle à la vérité historique. Tandis que Quintus de Smyrne s'inspire d'Homère et des tragiques, Tzetzès ne connaît, ou du moins ne cite que le faux Dictys, le faux Lysias, le faux Hellanicus. C'est d'après ces autorités, ou d'après d'autres semblables, qu'il donne les portraits des héros et des héroïnes de la guerre de Troie, et il jure sur son honneur qu'il ne dit sur cette guerre rien qui ne soit vrai[2]. Le roman de Troie, d'après le faux Darès et le faux Dictys, est de même reproduit par les J. Malalas, les G. Cédrénus, les Constantin Porphyrogénète et les Constantin Manassès[3]. Le roman d'Alexandre trouve

---

1. V. la troisième partie de ce Mémoire, ch. ɪ et ɪɪɪ; J. Malal., éd. de Bonn, p. 158.

2. *Posthomer.*, ɪɪ, 706. Il contredit souvent Homère (*Homeric.*, ɪ, 129, etc.), contrôle les témoignages (*Antehom.*, 148; *Posthom.*, 14) et se flatte de n'admettre aucune fable (*Antehom.*, 207).

3. V. surtout Malalas, éd. de Bonn, p. 107, et Cédrénus, t. ɪ, p. 216, 238.

aussi sa place chez les chroniqueurs byzantins. Ouvrez G. Syncelle, Cédrénus et Malalas ; vous y verrez la trace de tous les contes débités sur le roi de Macédoine, depuis Aristobule jusqu'aux dernières versions du faux Callisthène : la fable de Nectanébo et d'Olympias[1]; les amours d'Alexandre et de l'amazone Thaleuta ou Thalestris[2]; l'audacieuse exploration tentée par le conquérant jusque dans le palais de la reine Candace, qui le menace de le retenir captif, et qu'il finit par épouser[3]; son séjour dans l'île fortunée des *Macrobes*[4]; enfin son voyage chez les Brachmanes dont il admira fort les mœurs et la philosophie[5]. Ces fables s'étalent dans les chroniques byzantines, comme dans le *Paradis de la sagesse*, poëme allégorique du Byzantin Méliténiote[6]; toutes les barrières étaient renversées entre le roman et l'histoire, entre la fable et la vérité.

Les fictions du roman philosophique ne trouvent pas dans ces chroniques un moins facile accueil que les inventions purement romanesques. Cédrénus, rappelant tous ceux qui, avant les chrétiens, ont recommandé une vie frugale et sainte, nomme les Brachmanes, sans doute par une réminiscence du roman de Palladius; puis, par une réminiscence plus certaine du roman d'Hécatée d'Abdère, il cite les *Hyperboréens*, « qui, au delà des monts Riphées, « vivent adonnés exclusivement à l'étude de la jus-

---

1. G. Syncelle, p. 252; Cédrénus, t. I, p. 264; J. Malalas, p. 190. — 2. Cédrénus, I, p. 266. — 3. *Ibid.*, I, p. 257; Malalas, p. 195. — 4. Cédrénus, I, p. 267. — 5. *Ibid.*

6. V. v. 2,200 et suiv. Ce poëme vient d'être publié par M. Miller dans les *Notices et extraits des manuscrits*, t. XIX, 2ᵉ partie.

« tice, ne se nourrissant point de viande, ne man-
« geant que des fruits, ne buvant que de l'eau[1]. »
Le même chroniqueur[2] raconte d'après Philostrate
la *Vie d'Apollonius de Tyane*, et J. Malalas la rapporte[3] d'après le chronographe Domninus, qui s'écartait peu de Philostrate. Qu'on ne s'étonne pas de
voir tant d'hommages rendus, dans la chrétienne
Byzance, à un philosophe païen ; l'ouvrage de Philostrate, nous l'avons vu, n'avait pas été considéré par les chrétiens, ainsi qu'on l'a présenté depuis, comme une satire du christianisme ; le nom
d'Apollonius de Tyane était resté chez les premiers
chrétiens vénéré comme celui d'un des sages du
paganisme.

S'il y a chez les chroniqueurs byzantins tant de
souvenirs des romans profanes, comment ces historiens n'auraient-ils pas donné place au roman religieux? Les livres apocryphes d'*Énoch* et de *La Pénitence d'Adam*, ouvrages de quelques Juifs hellénistes,
remaniés sans doute par des chrétiens[4], sont cités
et suivis par G. Syncelle[5] et Cédrénus[6]. Ce dernier[7]
répète les récits fabuleux d'Hégésippe sur saint Jacques le Mineur, saint dès le ventre de sa mère, qui
n'avait jamais bu de vin ni mangé de viande, et qui
prêcha le peuple du haut du temple de Jérusalem,
puis fut précipité de là par les Juifs. Le même Cédrénus[8] et J. Malalas[9], pour la narration de la riva-

1. Éd. Bonn., t. I, p. 357. V., sur le roman d'Hécatée d'Abdère, la 2º partie de ce Mémoire, ch. IV. — 2. T. I, p. 331 et suiv. — 3. P. 266 et suiv. — 4. V. troisième partie, ch. III. — 5. Pages 10 et 11. — 6. T. I, p. 7. — 7. T. I. p. 361. — 8. I, p. 362. — 9. Page 252.

lité entre Simon le Magicien et saint Pierre, ne font pas difficulté de suivre de point en point les *Clémentines*. Si l'on en croit Nicéphore Calliste, il a rejeté de son *Histoire de l'Église* tout ce qui n'est pas certain et authentique [1], sa critique est en éveil, surtout contre les évangiles apocryphes [2] : examinez ses récits, vous y trouverez un grand nombre de fables qui n'ont pas d'autres sources que celles-là. Il n'a garde d'omettre les récits des *Clémentines* sur Simon le Magicien [3]; au lieu d'imiter la sage réserve d'Eusèbe, qui se bornait à dire [4] que saint Philippe était mort à Hiérapolis, Nicéphore emprunte aux *Actes* apocryphes de cet apôtre toute sorte de circonstances miraculeuses sur sa passion [5]. Il ne se contente pas d'affirmer, comme Eusèbe [6], qu'il y eut une correspondance entre Jésus-Christ et Abgare, roi d'Édesse; il répète [7] le récit des *Actes* apocryphes de *Thaddée* sur un portrait du Seigneur, qui aurait été désiré par Abgare et lui aurait en effet été envoyé. Enfin il ne craint pas de donner dans les plus grands détails, d'après les *Actes* également apocryphes de *saint Matthieu*, de véritables contes d'enfants sur la conversion des *Anthropophages* et de leur chef Fulvien, par saint Matthieu et son disciple, l'*évêque Platon* [8].

Nous n'insisterons pas davantage sur les emprunts faits par la littérature byzantine aux narra-

---

1. *Hist. ecclés.*, I, 1, — 2. *Ibid.*, II. 46. — 3. *Ibid.*, 27-36. — 4. Eusèbe, *Hist. ecclés.*, III, 31. — 5. Nicéphore, *Hist. ecclés.*, II, 39; *Actes apocryphes des Apôtres*, éd. Tischendorf. — 6. V. deuxième partie, ch. III. — 7. *Hist. ecclés.*, II, 7. — 8. V. *Hist. ecclés.*, II, 41: *Actes apocryphes des Apôtres*, éd. Tischendorf.

tions fabuleuses de l'antiquité, car la littérature byzantine n'est que le prolongement et la décadence de la littérature grecque. Mais il est plus important de montrer de semblables emprunts dans les littératures de l'Occident au moyen âge.

On est trop généralement porté à croire que, par suite des invasions, toute culture intellectuelle de l'antiquité, au moins de l'antiquité grecque, fut interrompue en Occident, et que la séparation des deux empires, aggravée plus tard par le schisme grec, créa deux mondes presque étrangers l'un à l'autre: le monde grec, décrépit, mais toujours debout, et le vieux monde latin en proie aux barbares. Si les rapports furent peu fréquents entre l'empire d'Occident, renouvelé par Charlemagne, et l'empire d'Orient, ils ne cessèrent cependant jamais complétement; ils sont attestés par des ambassades réciproques et par des unions princières [1]. La langue grecque eut en Occident de rares adeptes, mais son étude ne fut jamais abandonnée tout à fait; au temps de Charlemagne elle était représentée à Tours, à Metz, dans les monastères de Saint-Riquier et de Saint-Gall; les moines d'Angleterre et surtout ceux d'Irlande la cultivaient. Dans son poëme *Sur les pontifes de l'Église d'York*, Alcuin dit avec orgueil, mais non sans quelque exagération, que la bibliothèque de cet évêché contenait tous les anciens livres de la Grèce [2];

1. La question qui n'est qu'indiquée ici a été élucidée dans un mémoire de M. Renan, *Sur l'étude de la langue grecque au moyen âge*, mémoire couronné par l'Académie des inscriptions et belles-lettres, mais encore inédit.

2. *Græcia vel quidquid transmisit clara latinis.* (Voir les faits cités

au treizième siècle, l'étude du grec était cultivée en France par les dominicains [1]. L'Occident subit d'abord l'influence de l'Orient, puis lui imposa la sienne. La quatrième croisade eut de profondes conséquences : les conquérants établirent en Grèce et en Morée leurs lois, leurs mœurs et jusqu'à leur littérature; plusieurs de nos romans de chevalerie furent traduits ou imités en grec moderne, et les plus illustres familles de l'empire crurent s'honorer en se créant une généalogie imaginaire, qui inscrivait parmi leurs ancêtres les paladins français, les Roland et les Olivier [2].

Sans doute pour le commun des lettrés au moyen âge, même pour la plupart des savants, les livres grecs étaient lettre close; il n'y avait pas d'enseignement régulier de la langue grecque; elle n'était sue que de quelques personnes isolées, qui étaient allées en Grèce ou avaient connu des Grecs. Mais un grand nombre de livres grecs avaient été traduits et remaniés en latin; c'est en latin que le moyen âge lisait les histoires du faux Darès et du faux Dictys, les fables d'Ésope ou l'*Iliade* d'Homère [3], et le moyen

par M. Ed. Duméril, dans la *Préface* de son édition du roman de *Flore et Blanceflor*, t. XXXIII, p. 100 et suiv.

1. V. *Hist. littér. de France*, XVI, 41; XX, 265; XXI, 144, 216.
2. Voy. Fauriel, *Chants populaires de la Grèce*, préf., p. 15 et suiv.; Struve, article sur les Romans grecs, dans le *Journal général de l'instr. publ.*, 17 sept. 1835; E. Duméril, préf. de *Flore et de Blanceflor*, p. 106, 117 et suiv.
3. L'abrégé de l'*Iliade* en vers latins était mis sous le nom de Pindare. (Voir Leiser, *Poem. medii œvi*. — *Hist. litt. de la France*, XXII, p. 9. Nous ne nous chargeons pas d'expliquer cette singulière opinion qui faisait de Pindare le traducteur et l'abréviateur d'Ho-

âge n'en croyait pas moins lire Homère, Ésope, Dictys ou Darès. Par l'intermédiaire de ces traductions latines, plusieurs traditions de la littérature grecque se répandirent dans les œuvres du moyen âge, même dans les œuvres populaires. Des souvenirs, souvent bien altérés, mais qui ne sont pas contestables, de la littérature grecque, se rencontrent parfois, soit dans les romans de chevalerie et dans les fabliaux, soit dans la *Légende dorée* et dans les *Mystères*. Tristan allant combattre le Morhouet d'Irlande ressemble assez à Thésée envoyé contre le Minotaure, et le voile noir qu'il convient de placer sur son vaisseau rappelle celui qui causa la mort d'Égée. Le jeune Lancelot, menacé d'être dévoré, s'il ne résout les énigmes que lui propose un géant, n'est-ce pas Œdipe devant le Sphinx? Arthus, fils naturel d'Uther, favorisé par Merlin, trahi par Genièvre, vainqueur de tant de monstres et de brigands, arrêté par les bornes de Cadix, ne reproduit-il pas, sous un autre nom, Hercule et ses douze travaux [1]? Enfin, comment ne pas reconnaître la fable d'*Œdipe Roi* dans la légende de Judas, incestueux et parricide, tel que le représente tout le moyen âge [2].

---

mère, pas plus que cette autre, d'après laquelle Sophocle était un fabuliste latin, *ibid.*)

1. V. P. Paris, dans le *Moyen âge et la Renaissance*, t. II, article *Roman*; J.-V. Leclerc, dans l'*Hist. littéraire de la France*, XIX, p. 761 et suiv., *Sur les contes mythologiques mêlés aux fabliaux*; L. Moland, *Journal général de l'instr. publ.*, 1855, *sur l'Histoire de Polyphème et d'Ulysse*, renouvelée dans un roman français du moyen âge.

2. E. Duméril, *Poésies inédites du moyen âge*, p. 313; Préface de *Flore et Blanceflor*, CXXXI.

Mais les souvenirs de romans anciens doivent seuls nous arrêter ici. Ils suffiraient pour nous arrêter longtemps; nous nous bornerons à les indiquer. Il y avait au moyen âge trois grands cycles épiques, comme nous l'apprend Jean Bodel au début de la *Chanson des Saxons* :

> Ne sont que trois matière à nul homme entendant,
> De France, de Bretagne et de Rome la grant.

Rome la grant, c'est l'antiquité tout entière; et dans ce cycle sont compris les *Gestes d'Alexandre, de Judas Machabée*, de *Jules César*, le *Roman de Troie*, de la *Destruction de Jérusalem* et quelques autres[1]. Le Roman d'Alexandre et le Roman de Troie ne sont autres que les livres du faux Callisthène, du faux Dictys et du faux Darès étendus et versifiés par les trouvères, qui empruntent à ces livres le fond de leur narration et la transforment pour l'accommoder au goût de leur temps.

Le roman d'Alexandre se répand surtout à l'époque des Croisades, au milieu de la lutte nouvelle engagée entre l'Europe et l'Asie. Au onzième siècle, un protovestiaire de la cour de Constantinople, Siméon Seth, retraduit du persan en grec cette histoire fabuleuse, qui n'avait pénétré en

---

1. V. *Hist. litt. de France*, XXII, p. 435. — Une complainte sur la mort de Duguesclin, citée par les éditeurs des *Mémoires sur l'Histoire de France* (Michaud et Poujoulat, I, 435), compare les héros du quatorzième siècle à ceux de l'antiquité :

> Pour ses grans faits soit escript sur la table
> *Machabeus* et des preux de renom,
> De Josué, David le raisonnable,
> D'Alexandre, d'Hector, de Césaron,
> Artus, Charles, Godefroy de Bouillon.

Orient que pour en revenir chargée de fables nouvelles[1]. Le siècle suivant voit se former la *Geste d'Alexandre*, par le travail successif de Lambert le Cort, de Pierre de Saint-Cloud, de Brisebarre, de Jehan le Nevelais, de Gautier de Cambrai, d'Alexandre Bernai[2]. Ce dernier nous apprend à quelle source avait puisé le premier des trouvères qui l'avaient précédé. C'était la traduction de J. Valérius ou quelque autre imitation latine du faux Callisthène :

> Un clerc de Casteldun, Lambert li cors l'escrit,
> Qui del latin le traist, et en roman le mit.

Il ne faut pas chercher dans ce roman, pas plus que dans le faux Callisthène, le véritable caractère du roi de Macédoine : c'est un roi chevalier du douzième siècle. Il paraît entouré, comme Charlemagne, de ses douze pairs, et on le voit donner force coups d'épée dans les batailles et les tournois. A tout prendre, en dépit des anachronismes de langage et de costume, le roman français est peut-être encore moins infidèle à la vérité historique que le roman grec. Il valait mieux faire d'Alexandre un paladin qu'un rhéteur[3].

Ce n'est pas seulement dans le roman de Lambert le Cort et d'Alexandre de Bernai qu'on voit repro-

---

1. V. Sainte-Croix, *Hist. d'Alex*., p. 180 et suiv.
2. V. P. Paris, *Manuscrits français de la Bibl. Imp.*, IV, 88.
3. V. *Hist. litt. de France*, XIX, p. 673 et suiv., E. Talbot, *Essai sur la légende d'Alexandre le Grand dans les romans français du douzième siècle.* — Struve (*Journal général de l'Instr. publ.*, 13 août 1855) cite une traduction en grec moderne du faux Callisthène par Démétrius Gobdelas (1810).

duites les narrations du faux Callisthène. On les retrouve dans presque tous les ouvrages du moyen âge où il est question d'Alexandre, par exemple, dans le roman de *Renart le Bestourné*, où sa légende est grossie de plus d'une fable nouvelle[1], et dans le *Miroir historial* de Vincent de Beauvais[2]. Si Gaultier de Châtillon s'en écarte dans son *Alexandréide*, c'est pour suivre le récit de Quinte-Curce, auquel il ajoute plusieurs fictions allégoriques dans le goût du douzième siècle[3].

Pendant tout le moyen âge, c'est Darès et Dictys que l'on invoque pour l'histoire de la guerre de Troie. Sans doute la gloire reste attachée au nom d'Homère; mais ce n'est plus qu'un grand nom, qui parle encore à l'imagination, sans rappeler des souvenirs bien précis. Benoît de Sainte-More l'appelle *le Clerc merveilleux*, Dante *Il poeta soverano;* vains hommages! On ne connaissait guère au douzième et au treizième siècle ni l'*Iliade*, ni l'*Odyssée*. Pour le moyen âge, le vrai historien de la guerre de Troie, ce n'était pas Homère, ni même son abréviateur, le faux Pindare; c'était, soit Darès de Phrygie, soit Dictys de Crète. C'est d'eux que relèvent tous les poëmes latins ou français composés sur cette guerre du douzième au seizième siècle, depuis le poëme latin de Joseph d'Exeter et les différentes

---

1. On y voit le roi des Brahmes, Ovide, écrire au roi de Macédoine que son peuple ne reconnaît d'autres lois que celles de Jésus-Christ. (V. Leroux de Lincy, le *Livre des légendes*, p. 47.)

2. *Specul. histor.*, lib. IV. On y trouve l'histoire de Nectanébo, de Candace, etc.

3. V. *Hist. litt. de France*, XV, 100 et suiv.

branches du roman de Troie, jusqu'au livre de Guido de Colonna et au drame de Jacques Millet[1]. Leurs fables remplissent non-seulement les poëmes et les romans, mais les histoires mêmes. On ne trouve pas d'autres narrations dans le *Recueil des Troyennes histoires* de Guillaume du Failly, dans le livre des *Histoires de Troie* de Raoul Lefèvre[2] : les livres les plus autorisés, le *Miroir historial* de Vincent de Beauvais[3], la *Mer des chroniques* de Robert Gaguin

---

1. V. J.-V. Leclerc, dans l'*Hist. litt. de France*, t. XXI, p. 226. — On peut citer au douzième siècle le poëme de Joseph d'Exeter (Josephus Iscanus, *de Bello Trojano*. V. Leiser, *Poem. medii œvi;* Warton, *Hist. of engl. poetry*, I, 163; Th. Wright, *Essays on subjects of literature in the midle ages*, t. I, p. 198); le *Roman de Troie*, par Benoit de Sainte-More (V. *Hist. litt. de France*, XIII, 425; XIX, 667; P. Paris, *Manuscrits français de la Bibl. royale*, I, 67, 79; III, 192), qui devint, avec la traduction de Darès, par le dominicain Geoffroi de Waterford, la source d'une foule de poëmes, d'histoires romanesques et de drames ; — au treizième siècle, le roman latin de Guido de Colonna, *Historia Trojana*, traduit en allemand, au quatorzième siècle, par Henri de Brunsvig, et en anglais, au seizième siècle, par Lydgate (V. Dederich, *Dict. Cret.*, Introd., p. XXII; Malone, édit. de Shakespeare, VIII, 217); le poëme sur la guerre de Troie du minnesinger Wolfram d'Eschenbach (V. l'article d'A. Pey dans la *Biogr. génér.* de MM. Didot); — au quatorzième siècle, la tragédie d'Albertino Mussato sur la *Mort d'Achille* (V. A. Chassang, *Essais dramatiques imités de l'antiquité aux quatorzième et quinzième siècles*, p. 51 et suiv.); — au quinzième siècle, *Histoire de la destruction de Troye la grant*, mise par personnages, composée par maistre Jacques Millet, estudiant es loys en l'Université d'Orléans (V. Frères Parfaict, *Hist. du théâtre français*, II, 456 et suiv.); les versions en prose du *Roman de Troie* (V. P. Paris, *Manuscrits français de la Bibl. royale*, VI, p. 164), etc.

2. V. P. Paris, *Manuscrits français*, I, 66; V, 375; VII, 209.

3. Vincent de Beauvais dit lui-même qu'il suit Darès, d'après la traduction de Corn. Nepos. *Specul. histor.*, II, 62-63. Mais nous ne savons où il a trouvé que les Turcs étaient cousins des Français,

s'en emparent et les consacrent; enfin, les Français ayant tenu à honneur de rattacher leur race à celle des Troyens, elles ouvrent, en quelque sorte, nécessairement tous les ouvrages composés sur l'histoire nationale avant le dix-septième siècle, depuis la *Chronique de Saint-Denis* jusqu'à la *Franciade* de Ronsard[1]. Elles remplacent Homère pour les Grecs eux-mêmes, et le *Roman de Troie* de Benoît de Sainte-More passe, au quatorzième siècle, de la langue vulgaire dans la langue des Grecs dégénérés[2]. Ainsi, plus tard, la tragédie du *Cid*, originaire d'Espagne, retournera dans sa patrie, grâce à Diamante, avec le costume nouveau qu'elle aura reçu de Pierre Corneille.

Après les romans chevaleresques, les romans pieux sont ceux qui convenaient le plus au moyen âge, temps de bravoure et de foi. Aussi les légendes contenues dans les *Évangiles* et les *Actes* apocryphes, dans les *Vies* fabuleuses des martyrs et des saints y furent-elles sans cesse reproduites, remaniées, et, comme on le pense bien, considérablement accrues. Il ne pouvait y avoir de sujets plus populaires : car, à vrai dire, les romans chevaleresques touchaient surtout ceux qui, dans la société féodale, avaient le droit de porter épée. Les romans

---

comme descendant d'un certain *Turcus*, cousin de *Francus*. (*Ibid.*, II, 66.)

1. V. Gandar, *Ronsard considéré comme poëte épique*, p. 28; Vallet de Viriville, Notice sur la *Geste des nobles français descendus du roy Priam*, dans les *Notices et extraits des manuscrits de la Bibl. impér.*, t. XIX, deuxième partie.

2. V. P. Paris, *Manuscrits français de la Bibl. imp.*, VI, p. 162.

pieux s'adressaient à tout le monde. Les indices abondent pour prouver la faveur dont ces sortes de narrations, même celles qui remontent aux cinq premiers siècles de l'ère chrétienne, ont joui auprès de toutes les classes. Le grand nombre de manuscrits appartenant à cette époque, qui nous sont restés des *Evangiles* et des *Actes* apocryphes dans les bibliothèques, atteste l'attention que leur accordaient les *hommes de clergie*[1]. Parcourez le *Miroir historial* de Vincent de Beauvais[2], les *Bibles historiales*, les sermons des prédicateurs du moyen âge, les traités de théologie à l'usage du vulgaire « *pro laïcis qui minus intelligunt*[3], » partout vous en verrez de fréquents souvenirs. Il s'en trouve, et en grand nombre, dans les ouvrages populaires, dans les poëmes et dans les romans. On cite un poëme anglo-saxon de la plus haute antiquité qui répète, en les embellissant un peu, les *Actes* apocryphes *de saint André*[4]; le préambule du *roman de Merlin*

1. V. Tischendorf, *Evang. apocr.*, *Proleg.*, p. XIV; P. Paris, *Manuscrits français de la Bibl. royale*, t. II, p. 106,

2. V. *Specul. histor.*, VI, 72; VII, 29, 58-63; IX, 23-38, 47 et 48, 62-89. On y trouvera tous les récits des livres apocryphes sur le mariage de Joseph et de Marie, la correspondance de Jésus et d'Agbare, la descente du Seigneur aux enfers, les aventures de saint Clément, celles de saint Paul et de Thécla, les voyages des divers apôtres, etc.

3. C'est ainsi que s'exprime le traducteur du traité de Robert de Lincoln, *De quatuor filiabus Patris, Misericordia, Veritate, Justitia et Pace;* P. Paris, *Manus. français de la Bibl. royale*, VII, 202.

4. V. *Andreas und Elene*, publié par J. Grimm, 1840; Tischendorf, *Actes aprocryphes des Apôtres*, p. 1. Warton (*Anglia Sacra*, II, p. 4) parle aussi d'un poëme de saint Adhelm sur saint André, qui doit découler de la même source.

donne, comme l'*Évangile de Nicodème*, un conseil tenu dans l'enfer contre l'humanité; le premier livre *du saint Graal* contient une histoire romanesque qui semble empruntée à l'*Évangile d'Ève*, sur un rameau détaché de l'arbre du bien et du mal [1]. La *Légende dorée*, telle qu'elle fut recueillie au treizième siècle, contient sur la vie des saints des fables de toute sorte et de tout âge ; mais il en est dans le nombre qui remontent au delà du cinquième siècle après Jésus-Christ. Enfin, au seuil des temps modernes, les *Mystères* achèvent de répandre sur l'enfance du Christ, sur les apôtres, sur Simon le Magicien, sur les saints et les martyrs, une foule de traditions fabuleuses ou suspectes, transmises sans doute par des ouvrages du moyen âge, mais dont la source première doit être le plus souvent cherchée dans les cinq premiers siècles de l'ère chrétienne, ou bien, au plus tard, au commencement de l'époque Byzantine [2].

Le moyen âge a gardé la mémoire même des romans sur la vie des philosophes ou des savants illustres de l'antiquité. Vincent de Beauvais se souvient de la *Vie d'Homère*, d'après le faux Hérodote, et de la *Vie de Virgile*, d'après Donat [3]. Dans le premier livre du *Saint-Graal*, résumé de toutes les histoires du monde, fort altéré par de vagues réminiscences, on trouve une longue biographie d'Hip-

---

1. V. P. Paris, dans le *Moyen âge et la Renaissance*, t. II, article *Romans*, et *Manuscrits français de la Bibl. royale*, I, p. 224.

2. Ainsi le *Mystère du roi Advenir* n'est autre chose que la mise en scène du roman de *Barlaam et Josaphat*. V. Fr. Parfaict, *Hist. du théâtre français*, t. II, p. 476 et suiv.

3. *Specul. Histor.*, II, 67, et VI, 61.

pocrate dont les récits sont bien autrement infidèles que ceux de Soranus[1], mais qui, à travers une foule de remaniements, se rattache aux anciennes vies d'Hippocrate. L'*Image du monde*, poëme didactique du treizième siècle, parle des voyages entrepris par Apollonius de Tyane, qui alla jusque dans l'Inde pour converser avec le sage Iarchas[2]. Un autre philosophe voyageur, des derniers temps de l'antiquité classique, Éthicus, sous le nom duquel nous est parvenu un roman mêlé de spéculations philosophiques et de détails controuvés sur la géographie, n'a pas joui au moyen âge d'une réputation beaucoup moindre que celle du héros de Philostrate[3].

Il n'est pas jusqu'aux romans d'amour et d'aventures, de l'antiquité, qui n'aient laissé quelque trace au moyen âge. Sans parler de l'allégorie de Psyché et de l'Amour, qui semble renouvelée dans le roman de *Parthenopeus de Blois*[4], les *Contes Milésiens* n'y étaient pas absolument inconnus. Un chroniqueur du treizième siècle, Lambert d'Ardres[5], en fait mention et les attribue à Thalès : c'est un nom que nous avons déjà rencontré, comme celui d'un falsificateur de monuments anciens. Peut-être y

1. V. P. Paris, dans le *Moyen âge et la Renaissance*, t. II, article *Romans;* nous avons parlé de la vie d'Hippocrate d'après Soranus dans notre troisième partie, ch. IV.

2. V. P. Paris, dans l'*Hist. litt. de France*, t. XXIII, p. 318.

3. V. Avezac, *Mémoire sur Éthicus*, lu à l'Académie des inscr. et belles-lettres en 1857.

4. V. l'analyse de ce roman dans l'*Hist. littér. de France*, t. XIX.

5. V. *Chronic. Ghisnense et Ardense*, ch. LXXXI; E. Duméril, Préface de son édition de *Flore et Blanceflor*, p. CVII.

a-t-il quelque *conte milésien* égaré parmi nos *Fabliaux*. Ce qui autorise à le croire, c'est que celui de la *Matrone d'Éphèse*, qui nous a été conservé par Pétrone, tenta plus d'une fois la verve malicieuse des trouvères. Ce conte figurait parmi ces frivoles amusements des gens de cour au douzième siècle, contre lesquels s'est élevé Jean de Sarisbéry[1]. Remanié en vers latins, vers le douzième siècle, par un imitateur anonyme d'Ésope et de Phèdre, il se retrouve dans plusieurs ouvrages français du moyen âge, soit en prose, soit en vers, dans le *Roman des sept Sages*, dans l'*Ysopet* ou le *Bestiaire*, dans les poésies d'Eustache Deschamps. Ainsi, ce conte n'attendit pas, pour entrer dans la littérature française, les ingénieuses imitations de Saint-Évremond et de Lafontaine[2]; et il est remarquable que l'on puisse de la sorte, à travers le moyen âge, presque sans solution de continuité, remonter à l'un des récits peut-être les plus anciens du roman grec.

Nous voici amené à la question posée au commencement de ce chapitre. Lorsque le moyen âge offre tant de souvenirs manifestes de l'antiquité classique, ne peut-on pas inférer de là qu'il se souvient encore de l'antiquité dans bien des ouvrages dont la source ne nous est pas connue? Ce n'est qu'une hypothèse, mais cette hypothèse ne repose-t-elle point sur une induction légitime? Poursuivons donc, mais en avançant avec circonspection; car, pour l'espace

---

1. V. *Policraticus sive de nugis curialium*, VII, 11.
2. V. Dacier, *Examen de l'hist. de la Matrone d'Éphèse et des différentes imitations qu'elle a produites*, dans les Mémoires de l'Académie des inscr., XLI, p. 523.

qui nous reste à parcourir, la route n'est plus frayée, et c'est à peine s'il y a de distance en distance quelques points de repère assurés.

Et, d'abord, comment n'être pas frappé de la multiplicité des sujets qu'a empruntés aux âges antiques la littérature romanesque du moyen âge. Il s'en faut, en effet, que le cycle de *Rome la Grant* se borne au roman de Troie, au roman d'Alexandre, à quelques autres romans dont il est facile de déterminer l'origine. Toutes les fois que les trouvères traitent un sujet ancien, dont la source nous est inconnue, faut-il croire qu'ils le tirent de leur imagination, et qu'en donnant à leurs personnages des noms anciens ils ont simplement voulu dépayser leurs auditeurs? Ce qui semble venir à l'appui d'une telle opinion, ce sont les incroyables erreurs, les lourdes méprises qui rendent souvent grotesques ces pastiches d'antiquité. Il est, par exemple, difficile de voir un souvenir quelconque d'un ouvrage ancien dans le roman d'*Huon de Bordeaux*, où le génie Oberon est fils de Jules César et d'une fée, laquelle eut un autre fils qui fut roi d'Égypte et père d'Alexandre le Grand[1]. Cependant, qu'on y regarde de plus près, on s'apercevra que cette fable sur la naissance d'Alexandre se rattache au faux Callisthène, où Alexandre est fils du roi d'Égypte Nectanébo. Quant à la fée sa mère et à son grand-père Jules César, voilà ce qui est de l'invention du romancier. Nul doute qu'on ne doive faire une large part à la

---

1. V. Saint-Marc Girardin, *Cours de littérature dramatique*, t. III, p. 234.

pure invention dans les œuvres du moyen âge qui prennent leur sujet dans l'antiquité; mais il ne faut pas non plus faire cette part plus grande qu'elle ne l'a été en effet.

Certes, si nous n'avions pas les ouvrages du faux Darès, du faux Dictys et du faux Callisthène, pour prouver la transmission directe des fables antiques au moyen âge, nous serions tenté de dire : Ce sont les trouvères qui ont créé tout ce roman de Troie et ce roman d'Alexandre. Si nous ne savions, par un grand nombre d'exemples, ce que deviennent, à force de remaniements, les œuvres populaires, nous ne comprendrions pas que des œuvres en apparence si étrangères à l'antiquité aient pu avoir dans l'antiquité leurs racines. Ce qui a fait pour nous la lumière, ce sont les manuscrits conservés jusqu'à nous des ouvrages qui contiennent les éléments de toutes ces fables sur Alexandre et les héros de la guerre de Troie. Mais pour quelques ouvrages qui nous sont ainsi parvenus, combien d'autres ont péri, surtout parmi ceux qu'enfantait chaque jour la déplorable fécondité des rhéteurs de la décadence! On ne saurait en douter, les livres qui nous ont été laissés sous le nom de Darès, de Dictys et de Callisthène, n'étaient pas des productions isolées; elles nous représentent toute une littérature perdue et qui n'est guère regrettable. Les ouvrages de ce genre, dont les premiers modèles remontent à l'époque Alexandrine, n'ont cessé d'être remaniés et renouvelés dans l'époque Romaine et surtout chez les Byzantins. Ces ouvrages, soit qu'ils fussent d'origine latine, soit plutôt qu'ils eussent été composés en grec, mais traduits ensuite en latin, furent très-répandus au moyen âge. On accueillait alors sans discernement les œuvres de l'antiquité classique et celles de la décadence; on avait même quelquefois de la préférence pour ces dernières, parce qu'on en était en quelque sorte plus rapproché. C'est la source d'une foule de fables, d'erreurs, d'inepties, dont une partie seulement doit être laissée à la charge du moyen âge; pour les autres, la fantaisie ou l'ignorance de quelques obscurs écrivains des bas siècles en est responsable. Qu'on songe à toutes les fables accumulées sur les temps anciens par des auteurs anciens même, et dont nous avons donné ici tant d'exemples, on sera moins prompt à imputer au moyen âge toutes celles dont ses écrivains se sont faits les interprètes.

Quand on lit chez ces auteurs la fabuleuse généalogie de Francus, petit-fils de Priam, on croit d'abord pouvoir affirmer que c'est une de leurs inventions; et cependant il n'en est rien. Cette fable est bien plus ancienne que la *Franciade*, que les romans du treizième siècle, que la *Chronique* de Frédégaire, où elle est donnée comme un fait historique [1] : elle est contemporaine de l'empire romain, et déjà Lucain s'indignait des prétentions des Arvernes, qui se disaient frères des Romains et descendants de la race de Priam [2]. Supprimez le passage

---

1. V. *Chronic.*, c. II. — 2. *Pharsal.*, I. 427 :

Arverniquc ausi Latio se fingere fratres,
Sanguine ab Iliaco populi. . . . .

de Frédégaire et de Lucain, une tradition des plus anciennes paraît toute récente, car il n'en reste pas d'autre trace. N'est-ce pas pour la critique un avertissement de chercher avec persévérance l'origine souvent lointaine de toutes les traditions, et de ne pas la nier quand elle ne la trouve pas?

Qui lirait, sans connaître la comédie latine du *Grondeur* (*Querolus*), la narration en vers élégiaques qu'un auteur du douzième siècle, Vital de Blois, a donnée sous le nom de l'*Aulularia;* qui verrait l'*Amphitryon* du même Vital de Blois[1] jugerait que de semblables altérations des pièces de Plaute n'ont pu être faites qu'au cœur du moyen âge; et cependant la comédie du *Grondeur*, qui est aussi appelée l'*Aulularia*, est une preuve évidente des libertés qui furent prises avant le cinquième siècle de l'ère chrétienne avec les chefs-d'œuvre classiques. Lors donc que nous parcourons le *Roman d'Enéas*, et que nous y trouvons une imitation si libre, pour ne pas dire si infidèle, de l'*Énéide* de Virgile[2], ne nous hâtons pas trop d'attribuer à l'imagination du trouvère tous les détails ajoutés au poème latin, les amours d'*Enéas* et de *Lavine*, la description des tombeaux de Camille et de Pallas, etc. Il est possible qu'ils ne découlent pas d'une autre source, mais il est possible aussi que l'œuvre de Virgile, comme celle de Plaute, ait souffert dans la décadence quelque re-

---

1. V. sur ces ouvrages J.-V. Leclerc, dans l'*Hist. littér. de France,* t. XXII, p. 41 et suiv.

2. *Hist. littér. de France,* XIX, 671; A. Pey, *Essai sur le roman d'Enéas.*

maniement, et soit devenue la base d'un ouvrage comme celui du faux Darès et du faux Dictys. On peut en dire autant du *Julius César*, roman du treizième siècle [1], qui nous semble une imitation et une continuation de la *Pharsale* de Lucain.

Le *Roman de Troie* n'était pas le seul auquel eussent donné naissance des romans épiques de l'antiquité conservés au moyen âge par des traductions latines. Le roman de *Laudomata*, fils d'Hector, est annoncé par son auteur comme « *trové en « latin de grammaire, ains retrait en françois por « délit et por cieux qui ne entendent la lettre et se « délitent en romanz lire* [2]. » On peut dire, sans doute, que c'est un artifice du romancier français ; mais il ne faut pas croire que cette histoire du fils d'Hector, grand guerrier qui relève la fortune de Troie et assujettit à ses lois tout l'Orient, soit une invention du moyen âge. Des auteurs anciens, Eusèbe, Servius et un certain Abas, nous ont déjà montré la race de Priam remontant sur le trône de ses pères [3]. Comment expliquer, sans la transmission de quelque ouvrage de l'antiquité, la rencontre du romancier français et de ces auteurs anciens ? N'est-il pas permis de supposer de même que plusieurs autres

---

1. V. *Hist. littér. de France*, XIX, 681.
2. V. P. Paris, *Manuscrits français de la Bibl. royale*, VI, 341.
3. La seule différence est dans le nom du héros et dans l'importance de ses exploits. Eusèbe, Servius, Abas l'appellent Astyanax. Le romancier français l'appelle Laudamata ; c'est le Laodamas de Dictys, qui est aussi fils d'Hector et d'Andromaque. Quant à ses exploits, ils peuvent avoir été imaginés aussi bien par quelque rhéteur ancien que par le romancier français.

romans français se rattachent à d'anciens romans sur la guerre de Troie, composés primitivement ou traduits en latin, et parvenus sous cette forme au moyen âge? Au nombre de ces romans nous rangerons celui d'*Hercule et Phileminis*, dont le sujet se rapporte aux premiers temps de la ville de Troie, et qui est un remaniement en vers de quelque ouvrage antérieur, sans doute en latin [1], et le roman de la *Mort d'Hercule*, poëme en l'honneur d'Hector, qui, à peine âgé de vingt ans, aurait vengé la mort de son aïeul Laomédon en tuant Hercule en champ clos [2]. Enfin, le *Roman de Thèbes*, qui contient l'histoire de la guerre des sept chefs, et celui d'*Ypomédon*, qui est un des épisodes de cette histoire, doivent avoir une origine hellénique, car tous les personnages ont des noms grecs [3], et le fond des récits est conforme aux traditions de l'antiquité [4].

Ce qui détermine notre jugement, ce ne sont pas les noms grecs qu'on trouve dans ces romans, c'est la conformité avec les traditions grecques; et nous n'attribuerons pas une origine hellénique, si ce n'est une origine byzantine, aux romans d'*Eraclès* [5], d'*Anseys de Carthage* [6], de *Cléomadès* [7], d'*Athis et Profi-*

1. On lit en un endroit :

> Et furent plus de trois cents,
> Si *scripture* ne ment.

V. Bibl. imp., *Manuscrits français*, 7,209, f° 42; E. Duméril, préf. de l'éd. de *Flore et Blanceflor*, p. CXXI.

2. V. P. Paris, *Manuscrits français de la Bibl. royale*, VI, 341.

3. V. *Hist. littér. de France*, XIX, p. 664; P. Paris, *Manuscrits français*, I, 67; III, 191. — 4. E. Duméril, préf. de *Flore et Blanceflor*, p. CLXXIV. — 5. V. *Hist. littér. de France*, XIX, 864. — 6. Ibid., XIX, 648. — 7. Ibid., XX, 711.

lias[1], comme à ceux de *Florimond*[2] et de *Flore et Blanceflor*[3]. Le *Roman des sept Sages*, ou le *Dolopathos*, malgré son nom grec et le souvenir de Cyrus, remonte plus haut que la littérature byzantine, mais ne vient pas de la Grèce. Ces contes sur un jeune prince, fils de Cyrus, élève du philosophe Syntipas, accusé du même crime que l'Hippolyte de la tragédie grecque, puis sauvé par l'intervention des sept sages, dont les récits, comme ceux de la sultane des *Mille et une Nuits*, avaient fait chaque jour différer son supplice et lui avaient permis de se justifier; ces contes, originaires sans doute de Perse, passèrent successivement dans les langues arabe, hébraïque, syriaque, furent traduits en grec à une époque incertaine, en latin vers la fin du douzième siècle, et bientôt en français[4]. Ce serait un leurre de chercher dans la *Cyropédie* ou dans tout autre ouvrage de l'antiquité grecque la source du *Dolopathos*.

Il n'en est pas de même de certains récits sur l'antiquité, qui se rencontrent dans le *Miroir historial* de Vincent de Beauvais et dans le recueil intitulé *Gesta Romanorum*, et qui peuvent avoir une origine assez ancienne. Nous avons déjà vu avec quelle

---

1. V. *Hist. littér. de France*, XV, 179.
2. V. P. Paris, *Manuscrits français*, III, 12.
3. V. *Hist. littér. de France*, XXI, 272; E. Duméril, préf. de *Flore et Blanceflor*, p. CXXI, CLXXXII et CXCV.
4. V., sur les différentes branches du *Roman des Sept Sages*, Dacier, *Acad. des Inscrip.*, XLI, p. 546; Reinaud, *Nouv. Mém. de l'Acad. des Inscrip.*, XVIII, 127; J.-V. Leclerc, *Hist. littér. de France*, XXIII, 77; P. Paris, *Manuscrits français de la Bibl. royale*, I, 109.

complaisance Vincent de Beauvais a puisé aux sources apocryphes de l'antiquité: faux Darès, faux Callisthène, faux Hérodote, faux Évangiles, faux Actes des apôtres, voilà ses autorités; mais, si mauvaises qu'elles soient, elles sont anciennes : le moyen âge a pu les altérer, il ne les a pas faites. N'est-il pas permis de rapporter de même à des narrations fabuleuses antérieures au moyen âge la responsabilité de plus d'un conte sur l'antiquité dont il a été, comme toujours, l'interprète trop docile? N'est-ce pas, par exemple, à quelque roman philosophique dans le genre de la *Cyropédie*, et composé vers la fin de l'époque Romaine, qu'il a emprunté ce qu'il dit de Plutarque et de Trajan? D'après ce récit, Plutarque aurait été précepteur de Trajan, et aurait écrit sur les devoirs des princes un livre intitulé l'*Education de Trajan* [1], et dédié par le philosophe à son ancien élève.

Le livre était précédé d'une lettre à Trajan. Plutarque adressait au prince des compliments sur son élévation à l'empire, et les accompagnait de conseils aussi sages que hardis : il souhaitait que le titre de précepteur de Trajan ne fût pas pour lui auprès de la postérité un sujet de blâme, comme l'était pour Socrate, pour Sénèque, pour Quintilien, celui de maîtres d'Alcibiade, de Néron, de Domitien. Dans le livre même, il disait que les princes avaient quatre

---

1. *Trajani Institutio*. Évidemment le titre grec, Τραιανοῦ παιδεία, était une imitation du titre de l'ouvrage de Xénophon : Κύρου παιδεία. Le titre seul était-il imité? C'est une question à laquelle ne fournit aucune réponse le passage de Vincent de Beauvais. (*Specul. hist.*, X, 47 et 48.)

grands devoirs à remplir : honorer Dieu, se respecter eux-mêmes, retenir dans la règle les hommes revêtus d'une autorité publique et les grands de l'État, aimer et protéger leurs sujets. Le héros de l'ouvrage, c'était Plutarque. On le voyait en un endroit faire battre de verges un esclave méchant et rebelle, mais d'un esprit très-cultivé : cet esclave, tandis qu'on le corrigeait, se plaignait amèrement de son maître et lui reprochait de ne pas se conduire en philosophe. N'était-ce pas une honte de se mettre ainsi en colère, après avoir écrit un si beau livre *Sur la patience?* Plutarque lui prouvait qu'il n'était pas en colère, et pendant toute sa démonstration, qui était assez longue, continuait à faire battre de verges le mauvais esclave, afin de lui apprendre qu'il valait mieux se repentir que d'accuser son maître.

Si nous ne nous trompons, ces narrations faisaient partie de quelque vie fabuleuse de Plutarque, et elles étaient l'œuvre, non d'un écrivain du moyen âge, mais de quelque sophiste grec de la fin de l'époque Romaine. On ne s'étonnera pas de voir ainsi Plutarque présenté comme le précepteur de Trajan; on sait quelles libertés les rhéteurs, dans leurs écoles, prenaient avec l'histoire, et il n'en est pas un qui eût éprouvé le moindre scrupule à donner pour précepteur à Trajan un contemporain de ce prince. Les deux morceaux que nous a conservés Vincent de Beauvais, et qu'il semble avoir transcrits en entier, nous paraissent assez dans le goût des sophistes anciens : l'influence stoïcienne se fait jour et dans la lettre à Trajan et dans la scène avec l'esclave, tandis qu'une œuvre du moyen âge aurait un caractère tout chrétien; enfin, sous les gaucheries de la traduction, dont la latinité est faible, on entrevoit les artifices d'une rhétorique assez exercée [1].

L'antiquité des fables sur l'histoire grecque et romaine contenues dans le *Gesta Romanorum* est plus douteuse. Dans ce recueil destiné, comme le *Manuel d'exemples* [2], à l'usage des prédicateurs du moyen âge, on rencontre souvent des faits qui nous reportent aux temps anciens; mais leur narration n'a pas ordinairement le caractère antique que nous avons cru apercevoir dans le passage de Vincent de Beau-

---

1. Pour rendre plus facile le contrôle de notre jugement, nous donnerons ici la dédicace du livre apocryphe sur l'*Éducation de Trajan* (loc. cit., c. XLVIII) :

« *Plutarchus Trajano salutem dicit.* Modestiam tuam noveram non appetere principatum, quem tamen semper morum elegantia merens induisti : quo quidem tanto dignior indicaris, quanto a crimine ambitionis videris esse remotior. Tuæ itaque virtuti congratulor, et fortunæ meæ, si tamen recte gesseris, quem probe meruisti : alioquin periculis te, et me detrahentium linguis subjectum iri non dubito; cum et ignaviam imperatorum Roma non ferat, et sermo publicus delicta discipulorum refundere soleat in præceptores. Sic Seneca Neronis sui merito detrahentium carpitur linguis : adolescentium suorum temeritas in Quintilianum refunditur, et Socrates in pupillum suum fuisse clementior criminatur. Tu vero quid vis rectissime geres, si non a te ipso recesseris. Si primum te composueris ad virtutem, recte procedent universa; politicæ constitutionis majorum vires tibi exculpsi, cui si obtemperas Plutarchum vivendi habes auctorem : alioquin præsentem epistolam testem invoco, quia in perniciem imperii non pergis auctore Plutarcho. »

2. *Promptuarium exemplorum*. Voir sur ces recueils et sur un autre du même genre (*Historiæ latinæ*), l'*Hist. littér. de la France*, XXIII, 78. — Le *Violier des histoires romaines*, qui vient d'être édité dans la *Bibliothèque Elzévirienne*, est une traduction du *Gesta Romanorum*. — V. Brunet, *Manuel du libraire*.

vais sur Plutarque et Trajan. On ne reconnaît même pas les récits du faux Callisthène, du moins les plus anciens, dans les fables sur Alexandre qui, pour combattre un dragon, s'arme d'un miroir semblable à celui qui fut fatal à Méduse; qui demande à son maître Aristote de lui donner en quelques mots la quintessence de la sagesse, et reçoit de lui sept préceptes ridicules, dont l'observation constante rend son existence longue et heureuse; qui enfin, plusieurs fois en butte aux tentatives parricides de son fils, dompte la perversité de ce jeune homme en lui mettant en main une épée et lui permettant d'accomplir son dessein sans obstacle [1].

Nous ne chercherons pas davantage une origine antique aux contes sur le très-prudent empereur Domitien, qui achète à un marchand trois préceptes de sagesse, auxquels il doit d'échapper plus tard à toute sorte de dangers, ni sur le fils de l'empereur Marcus [2], dont l'incestueux commerce avec sa sœur produit un saint, Grégoire, lequel, avant de devenir pape, est sur le point d'épouser sa mère, comme autrefois Œdipe.

Il y a dans toutes ces fables de confus souvenirs de l'antiquité, mais non des traces d'œuvres antiques. Ce n'est pas dans les récits historiques que le *Gesta Romanorum* nous offre de tels vestiges [3];

---

1. V. *Gesta Romanorum*, c. CXXXIX, 34, 9.

2. Est-ce Marc-Aurèle ? Nous ne saurions le dire. (V. *Gesta Romanorum*, c. CIII, 81.

3. Citons cependant un souvenir des narrations fabuleuses auxquelles fait allusion Procope (V. la troisième partie de ce Mémoire, ch. III), sur le portrait du Christ qui, placé aux portes d'Édesse,

c'est dans les récits de pure imagination. Nous n'osons mettre dans ce nombre le conte sur l'archer et le rossignol, que l'on trouve déjà dans *Barlaam et Josaphat*, et qui est devenu le *Lai de l'Oiselet*[1], Les trois préceptes donnés par le rossignol à l'archer nous paraissent accuser la sagesse orientale. Mais il n'y a pas le moindre doute à élever sur le petit roman d'*Apollonius de Tyr*, qui a obtenu le privilége d'être inséré en entier dans le *Gesta Romanorum*, ou du moins d'en composer à lui seul un chapitre[2].

L'histoire d'*Apollonius de Tyr* est peut-être un des plus anciens romans d'amour que nous ayons des littératures grecque et latine. S'il ne remonte pas aux *contes Milésiens*, il est certainement d'une plus haute antiquité que les romans en prose et en vers des auteurs byzantins, des Chariton d'Aphrodisias[3],

servait à cette ville de muraille contre les Barbares, *Gesta Romanorum*, c. CLIV.

1. V. *Gesta Romanorum*, c. CLXVII; *Barlaam et Josaphat*, dans le *Specul. histor.*, XV, 12, de Vincent de Beauvais; J.-V. Leclerc, dans l'*Hist. littér. de France*, XXIII, 76.

2. Le récent éditeur de ce roman, M. Lapaume (*Erotici Græci* de la collection de MM. Didot), a eu sans doute raison de le faire figurer parmi les anciens romans grecs; mais il s'est trompé lorsqu'il a cru réimprimer un livre fort rare, qui n'aurait eu qu'une édition, celle de Welser, en 1595. L'*Apollonius de Tyr* a été, au contraire, souvent réimprimé au quinzième siècle, soit dans le *Gesta Romanorum*, soit dans la *Chronique universelle* de Geoffroy de Viterbe, soit dans la *Confessio amantis* de Gower, soit même séparément. (V. *Bibl. française de La Croix du Maine et du Verdier*, éd. Juvigny, t. III, 192; Brunet, *Manuel du libraire*, deuxième édition. t. I, p. 131 ; E. Duméril, préf. de *Flore et Blanceflor*, p. CXXI.)

3. V. les savantes éditions de d'Orville (Amstelodami, 1750, 3 vol. in-4°) et de Reiske (1735, grand in-8°); les *Mélanges* de

des Eumathe Macrembolite [1], des Théodore Prodrome [2], des Constantin Manassès [3] et des Nicétas Eugénianus [4], qui eux-mêmes ne font que reproduire, en les modifiant un peu, les romans d'Achille Tatius, de Xénophon d'Éphèse et d'Héliodore. Peut-être même le roman d'*Apollonius de Tyr* a-t-il été composé avant *Leucippe et Clitophon, Abrocome et Anthia, Théagène et Chariclée*. Il ne nous en est parvenu que deux versions, l'une en latin, l'autre en grec moderne [5]; mais il ne faut pas s'arrêter à quelques remaniements où la main d'un auteur du moyen âge est facile à reconnaître, il faut considérer le fond, qui est évidemment ancien.

C'est en vain que le dévot compilateur a fait des efforts pour tourner vers l'édification un conte uniquement composé en vue de l'amusement : c'est en vain que, selon sa constante habitude d'accompagner ses narrations d'une moralité, il met au titre de celle-ci : « Que les tribulations temporelles finissent par se changer en une éternelle joie. » La nature du récit répond mal à cette pieuse annonce : si la moralité qui le précède et quelques formes de lan-

---

Chardon de la Rochette (II, p. 81) et la préface de Coray à son édition d'Héliodore.

1. V. les *Mélanges* de Chardon de la Rochette (II, 87) et la préface de Ph. Le Bas à sa traduction d'Eumathe, XIVe volume de la collection des *Romans grecs* de Merlin.

2. V. Chardon de la Rochette, *Ibid.*, p. 93. — 3. V. *Ibid.*

4. V. les *Notices et extraits des manuscrits*, t. VI, p. 489; l'édit. de M. Boissonade; la notice de J.-V. Leclerc dans la collection des *Romans grecs* de Merlin.

5. La version en grec moderne est plusieurs fois citée par Ducange (*Glossarium mediæ et infimæ græcitatis*).

26.

gage, qu'il est toujours facile d'ajouter, y trahissent les préoccupations d'un chrétien, l'ensemble ne présente que les sentiments les plus profanes de la société païenne. Ce roman, qui a joui au moyen âge d'une grande réputation, a dû s'accommoder un peu au goût du moyen âge, comme il se sentira de l'époque d'Élisabeth, lorsque Shakespeare y viendra puiser le sujet de son drame de *Périclès* ou *Pyroclès* [1]; mais, sous sa forme latine ou sous sa forme anglaise, on reconnaît un original grec [2]. L'*Apollonius de Tyr* a dû passer dans le *Gesta Romanorum* par l'intermédiaire de quelque traduction qu'aura faite du grec en latin quelque grammairien de la décadence, et qu'aura retouchée un clerc du moyen âge. Le moyen d'attribuer à cette époque l'ouvrage lui-même? On n'avait pas alors une connaissance assez précise et assez judicieuse de l'antiquité pour en peindre aussi fidèlement les mœurs et les coutumes [3]; on ne savait pas traiter un sujet ancien sans y mêler les usages de la civilisation moderne; on ne se doutait pas de ce que nous appelons aujourd'hui la *couleur locale*. Les preuves de ce fait sont surabondantes dans toutes les œuvres du moyen âge où se trouve quelque sou-

---

[1] V. Payne Collier, *Works of Shakesp.*, t. VIII, p. 267.

[2] V. le vocabulaire donné par M. Lapaume, où il a recueilli à la fois et les néologismes qui accusent un écrivain du moyen âge, et les hellénismes de tournure qui semblent dénoncer une traduction (*Erotici Græci*, coll. Didot).

[3] Parmi les passages les plus caractéristiques en ce genre, il faut remarquer le chant d'Apollonius devant Archestrate avec la description des costumes, et comparer cette scène avec un passage semblable d'Achille Tatius (*Leucippe et Clitophon*, III, 20).

venir de l'antiquité; mais nous n'en voulons pas d'autre que le reste des récits du *Gesta Romanorum* sur l'ancienne Grèce ou l'ancienne Rome.

Il ne paraît pas vraisemblable qu'on puisse trouver au delà du moyen âge des traces de romans anciens perdus pour nous; et cependant nous sommes tenté de ne pas nous arrêter là, et d'en chercher même dans un ouvrage du seizième siècle. Nous sommes en quelque sorte provoqué à cette dernière recherche par un écrivain souvent paradoxal et léger, mais souvent aussi fin et pénétrant. Après avoir rappelé l'ouvrage où La Fontaine a puisé le sujet de sa belle fable du *Paysan du Danube*, c'est-à-dire l'*Horloge des princes* de Guevarra, Ch. Nodier[1] se demande comment un tel récit se trouve dans un tel livre; il doute qu'il soit de l'invention de Guevarra, et le déclare « parfaitement antique et du style le plus admirable. »

Réservons pour le morceau de La Fontaine cet éloge que l'ingénieux bibliophile accorde trop libéralement aux trois interminables chapitres de l'auteur espagnol[2]; mais que son doute soit pour nous un avertissement. Ch. Nodier laisse à d'autres le soin de chercher où Guevarra avait trouvé sa narration, « que, selon lui, rien ne rendait nécessaire, l'ouvrage ne comportant pas ce genre de fictions. » Nous n'a-

---

1. *Mélanges tirés d'une petite bibliothèque*, p. 165.
2. L'*Horloge des princes avec le très-renommé livre de Marc-Aurèle, recueilli par Ant. de Guevarra, évêque de Cadix*; traduit du castillan en français, par feu N. de Herberay, seigneur des Essarts. In-folio, 1555.

vons pas la prétention de résoudre la difficulté. Cependant, qu'il nous soit permis de hasarder une hypothèse dans une question si obscure. Peut-être le livre de Guevarra, qui roule tout entier sur Marc-Aurèle, est-il un dernier remaniement de quelque roman philosophique de l'antiquité, dans le genre de la *Vie d'Apollonius de Tyane,* à laquelle il fait allusion dans la préface : ce roman aura pu se transmettre jusqu'à Guevarra par quelque ouvrage latin ou quelque traduction espagnole, que l'ouvrage de Guevarra a fait oublier depuis. Assurément l'imagination castillane se trahit presque partout, et il est certain qu'elle a beaucoup ajouté, qu'elle a tout transformé, même l'épisode du *Paysan du Danube :* mais La Fontaine, qui se connaissait en livres anciens, s'est peut-être moins mépris qu'il n'en a l'air, en attribuant ce récit à l'antiquité; son goût a pu l'avertir d'un fait qui a échappé à l'œil de la critique. Qu'on laisse, si l'on veut, à l'évêque Guevarra le mérite ou la responsabilité de tous ses autres récits; mais, quant à celui du *Paysan du Danube,* comment en attribuer l'invention à un contemporain de Charles-Quint? Pour cette fable au moins, comme pour celle de Plutarque dans Vincent de Beauvais, il doit y avoir quelque tradition de l'antiquité, qu'il est plus facile de sentir que de prouver.

Si nous n'avons pu réussir à établir fermement tous les faits indiqués dans ce dernier chapitre, du moins il ne nous paraît pas possible que l'on en conteste l'idée générale. Les preuves feraient absolument défaut, qu'il y aurait encore de fortes raisons de croire que bien des narrations fabuleuses des derniers temps de l'antiquité classique, inconnues de nous, ne furent pas ignorées du moyen âge, mais furent au contraire plus d'une fois mises à profit par ses romanciers, qui leur firent subir de profondes altérations. Les divers remaniements du faux Callisthène et des biographies de grands hommes nous ont appris jusqu'où ces altérations pouvaient aller, quand la popularité venait à s'attacher à de tels ouvrages.

Aussi bien, nous avions déjà, ce semble, atteint le terme de ce travail; car déjà nous avions, selon les limites de nos forces, mesuré la carrière qu'ont parcourue, dans les littératures classiques, les différentes espèces de narrations fabuleuses appelées aujourd'hui romans.

Le premier objet de ces études a été de dégager et de suivre dans son développement un genre d'ouvrages distinct qui n'a pas été assez remarqué, et qui a même quelquefois été confondu avec les compositions historiques; leur résultat doit être de jeter quelque jour sur un point d'histoire littéraire jusqu'ici peu éclairci, et qui n'est pas sans intérêt pour la critique historique. Il s'en faut que la *Cyropédie* soit le seul ouvrage de l'antiquité où l'histoire ait dû se plier à des fantaisies romanesques et à des spéculations philosophiques. L'époque Alexandrine et surtout l'époque Romaine ont produit une foule d'ouvrages de ce genre; mais il leur a manqué le génie d'un Xénophon. Les rapports trompeurs que ces narrations fabuleuses offrent avec les narrations historiques sont devenues l'occasion de plus d'une erreur funeste à l'histoire. La similitude des sujets, la ressemblance préméditée de la forme, un certain air de gravité qui semblait exclure l'artifice et la fiction, des protestations fréquentes de sincérité ou l'étalage menteur de preuves et de témoignages, c'étaient là autant de piéges tendus à la crédulité. Les anciens y tombèrent souvent : ils confondirent avec l'histoire des récits qui n'en avaient que la vaine apparence. L'erreur, il est vrai, ne fut pas générale, plus d'une fois le départ du vrai et du faux, de l'histoire et du roman, fut fait avec discernement ; mais si les bons esprits virent dans l'*Atlantide* une allégorie figurant la république de Platon, dans la *Cyropédie* le tableau idéal d'un bon gouvernement, dans l'*Histoire sacrée* d'Évhémère une fiction destinée à ruiner le polythéisme, combien de lecteurs ignorants ou frivoles furent dupes des plus misérables fraudes!

Que les récits d'Iambule et de tant d'autres écrivains fabuleux aient été répétés par Diodore de Sicile, que Lucien ait écrit son *Histoire véritable* pour faire justice des livres de certains historiens de son temps, ce sont là de graves indices de la confusion à laquelle la science historique fut livrée dans l'antiquité, à partir de l'époque Romaine.

Plusieurs des narrations fabuleuses qui ont ainsi usurpé l'estime due à l'histoire nous paraissent tellement invraisemblables et puériles, qu'on se demande comment elles ont pu ainsi réussir. Il n'était pas superflu de rayer définitivement de la liste des ouvrages historiques une foule de compositions qu'on rattache quelquefois encore à l'histoire, faute de leur avoir assigné leur véritable place, qui est parmi les romans.

FIN.

TABLE DES MATIÈRES

INTRODUCTION

Pages

Origines du roman chez les Grecs. — Différence de la fiction romanesque et de la fiction poétique. — Différents genres de romans chez les Grecs et les Romains. — Du roman aux trois grandes époques des littératures classiques : époque *Attique*, époque *Alexandrine*, époque *Romaine*. — Fréquent mélange du roman et de l'histoire : le roman emprunte à l'histoire et lui prête à son tour. — Le mélange du roman et de l'histoire signalé par quelques critiques, dès l'antiquité. — Objet de ce livre............................. 1

PREMIÈRE PARTIE

LE ROMAN PENDANT L'ÉPOQUE ATTIQUE.

CHAPITRE PREMIER

DES PREMIÈRES NARRATIONS FABULEUSES EN PROSE DANS LA LITTÉRATURE GRECQUE.

§ I. *Narrations fabuleuses des philosophes.* — Opinions de Plutarque, de l'épicurien Colotes, de Cicéron, de Julien sur les fictions philosophiques. — Apologues ésopiques. — Fables Libyques, etc. — Allégories. — Prodicus, *Hercule entre le Vice et la Vertu.* — Mythes : Mythes religieux, mythes philosophiques. — Platon (mythes du *Timée*, du *Protagoras*, du *Phèdre*, etc.; mythes de la *Caverne*, d'*Her l'Arménien*, etc., etc.). — Aristote (mythe de *Silène* et de *Midas*, etc.).. 13

§ II. *Narrations fabuleuses des historiens.* — Épopées, poëmes cycliques. — Logographes. — Mythographes. — Hérodote, Ctésias, Théopompe (la *Terre des Méropes*)........ 24

CHAPITRE II

LES ROMANS DANS L'ÉCOLE DE SOCRATE.

§ I. L'*Atlantide* de Platon...................... 38
§ II. La *Cyropédie* de Xénophon....................... 45

DEUXIÈME PARTIE

LE ROMAN PENDANT L'ÉPOQUE ALEXANDRINE.

CHAPITRE PREMIER

LE ROMAN ET L'HISTOIRE PENDANT L'ÉPOQUE ALEXANDRINE.

Fausse érudition des *grammairiens*.—*Bibliothèques historiques.* (Diodore de Sicile, Apollodore). — Traces de romans historiques sur l'histoire de l'Égypte dans Diodore. — Livre d'Hécatée d'Abdère *Sur la philosophie des Égyptiens.* — Ouvrages historiques falsifiés à Alexandrie et à Pergame. — Livres apocryphes composés par les Juifs hellénistes. — Influence des rhéteurs sur l'histoire. — Fables mêlées par les rhéteurs grecs à l'histoire romaine (Dioclès de Péparèthe, etc.) Fables sur les temps primitifs de Rome.—Histoires romaines écrites par des Romains : Tite-Live. — Sosile et Chéréas. Fables sur les guerres puniques. — Denys d'Halicarnasse. — Difficulté du maintien de la critique historique chez les anciens, faute d'un enseignement de l'histoire dans les écoles. 71

CHAPITRE II

ROMAN SUR LA VIE DES HOMMES CÉLÈBRES. — PREMIER AGE DU ROMAN D'ALEXANDRE.

Goût du merveilleux devenu général après l'expédition d'Alexandre. — Biographies fabuleuses. — Héraclide du Pont: *Abaris*. — Caractère fabuleux des historiens d'Alexandre. — Onésicrite, Aristobule. — Charès de Mitylène. — Clitarque. — Callisthène.............................. 99

CHAPITRE III

ROMAN ÉPIQUE, OU NARRATIONS FABULEUSES EN PROSE SUR LES TEMPS HÉROÏQUES ET LA GUERRE DE TROIE.

Remaniements en prose des anciennes épopées et des poëmes cycliques. — Romans sur les temps mythologiques. — *Bibliothèque* d'Apollodore. — *Cycle historique* attribué à Denys de Milet. — Romans sur les temps héroïques. — Récits attribués à Denys de Milet sur les Amazones de Libye. — Romans sur la guerre de Troie (*Histoires Troyennes*) pendant l'époque Alexandrine. — Hellanicus. — Le faux Céphalion. 117

CHAPITRE IV

ROMAN SUR LA GÉOGRAPHIE.

§ I. *Relations de voyages en partie fabuleuses.* — *Périples.* — *Histoires Phéniciennes.*—Souvenirs de l'*Atlantide* de Platon. Relations de voyages de Damastès, de Pythéas, d'Eudoxe. — Mégasthène (Récits sur l'Inde).................. 129

§ II. *Romans philosophiques sur des contrées fabuleuses ou peu connues.* — Amomet (les *Attacores*). — Hécatée d'Abdère (les *Hyperboréens*). — Iambule (l'*Ile fortunée*). — Évhémère (*Histoire sacrée : la Panchaïe*)...................... 143

TROISIÈME PARTIE

LE ROMAN PENDANT L'ÉPOQUE ROMAINE.

CHAPITRE PREMIER

LE ROMAN ET L'HISTOIRE PENDANT L'ÉPOQUE DES ANTONINS.

Du traité de Lucien *Sur l'art d'écrire l'histoire.* — Influence de l'esprit sophistique. — Historiens de la guerre des Parthes. — Amour du merveilleux. Recueil de faits extraordinaires.—L'histoire chez les Juifs et les chrétiens. Josèphe, Paul Orose, Eusèbe. — *Vies des hermites du désert.* — Chronographes................................. 162

CHAPITRE II

LE ROMAN PHILOSOPHIQUE.

Chute du Polythéisme; rivalités des sectes philosophiques et religieuses pendant l'époque Romaine............... 178

§ I. *Romans composés par les différentes sectes.* — Platoniciens : Cicéron (*Songe de Scipion*). Plutarque (*Mythes de Timarque de Chéronée* et de *Thespésius*).—Mythes des Néoplatoniciens et des Gnostiques. — Mythe de *Psyché.*—Stoïciens : le faux Cébès (*Tableau de la vie humaine*). — Évhémeristes et anti-Évhéméristes : Philon de Byblos (*Histoire Phénicienne* de Sanchoniathon). Plutarque (l'*Ogygie*).— Sceptiques : Lucien (*Icaroménippe*, *Vie d'Alexandre le faux prophète*, *Mort de Pérégrinus*, le *Banquet*, *Hermotime*). — Cyniques : Julien (Allégorie adressée au cynique Héraclius; les *Césars*)................................. 181

§ II. *Biographies fabuleuses des philosophes célèbres.* Vies fabuleuses de Platon. — Traces de romans sur les sept sages dans Diogène de Laërte (le *Trépied* d'Andron d'Éphèse; l'*Eu-*

tretien des sept sages, attribué à Archétime de Syracuse).—
Plutarque (*Banquet des sept sages*.—Roman sur Lysis, Théanor
et les Pythagoriciens de Thèbes).—Dion Chrysostome (romans
sur Diogène). — Vies fabuleuses de Pythagore avant Porphyre et Jamblique. — *Vies de Pythagore* par Porphyre et
Jamblique. — Philostrate (*Vie d'Apollonius de Tyane*). —
Porphyre (*Vie de Plotin*). — Marinus (*Vie de Proclus*). —
Eunape (*Vies des philosophes*).— Damascius (*Vie d'Isidore*). 197

CHAPITRE III
LE ROMAN JUIF ET LE ROMAN CHRÉTIEN.

Des livres canoniques et des livres apocryphes............ 234
§ I. *Roman juif.* — Livres apocryphes en hébreu. — Livres
apocryphes composés par les Juifs hellénistes.—Traces d'histoires apocryphes dans le livre de Josèphe *Contre Apion*... 237
§ II. *Romans des chrétiens hérétiques.*—Évangiles apocryphes
(*Évangile de l'enfance de Jésus, Évangile de la naissance de
Marie, Protévangile de saint Jacques, Évangile de Nicodème*).
— *Actes des apôtres* apocryphes. (*Actes des apôtres* du faux
Abdias et du faux Craton. *Actes de saint Jean.*) — Saint Paul
dans les *Actes des apôtres* apocryphes. — *Lettre* apocryphe
de saint Lin sur la passion de saint Pierre et de saint Paul.
— *Actes de Paul et de Thècle.* — Roman sur saint Pierre et
saint Clément (les *Clémentines* ou les *Reconnaissances*) attribué au pape saint Clément......................... 243
§ III. *Romans des chrétiens orthodoxes.*—Hermas (le *Pasteur*).
— Palladius (les *Brachmanes*).—Synésius (*Récit égyptien*, ou
De la Providence). — Origines de la *Légende dorée*....... 284

CHAPITRE IV
ROMAN SUR LA VIE DES HOMMES CÉLÈBRES. — SECOND AGE DU ROMAN D'ALEXANDRE.

Lettres apocryphes des hommes célèbres. — Biographies fabuleuses d'Ésope avant celle de Planude.— *Vie d'Homère*, faussement attribuée à Hérodote.—Autres Vies fabuleuses d'Homère. — *Vie de Virgile*, attribuée à Donat. — Biographies
d'Hippocrate. — Roman d'Alexandre. — Quinte-Curce. —
Le faux Callisthène................................. 301

CHAPITRE V
LE ROMAN ÉPIQUE.

Traces de romans sur la guerre de Troie dans l'*Héroïque* de
Philostrate. — Histoire de la guerre de Troie par le faux

Darès et le faux Dictys. — Principales fictions du roman épique différentes des fictions homériques. — De quelques auteurs de romans épiques aujourd'hui perdus.......... 347

CHAPITRE VI
ROMANS SUR LA GÉOGRAPHIE.

Dion (*Discours Borysthénique*).—Élien (*Description de la vallée de Tempé*). — *Itinéraire d'Alexandre*. — *Itinéraire plaisant à travers les villes de la Grèce*, etc. — Voyages imaginaires: Lucien (*Histoire véritable*), Antoine Diogène (les *Choses incroyables au delà de Thulé*). — *Cosmographie* d'Éthicus... 375

CHAPITRE VII
ROMANS D'AMOUR ET D'AVENTURES.

Causes du développement tardif du roman d'amour. — Influence de l'Orient. — Contes primitifs (contes oraux). — Fables *Sybaritiques* et *Milésiennes*. — *Luciade* (Lucius de Patras, Lucien, *Métamorphoses* d'Apulée). — Pétrone (*Satyricon*).—Dion (*Histoire Eubéenne*). — Lucien (le *Toxaris*: Contes grecs et orientaux). — Jamblique le Syrien (les *Babyloniques*). — Héliodore (*Théagène et Chariclée*). — Longus (*Daphnis et Chloé*). — Achille Tatius (*Leucippe et Clitophon*). — Xénophon d'Éphèse (*Abrocome et Anthia*). — *Apollonius de Tyr*. — Considérations générales sur les romans grecs. — Roman épistolaire. Alciphron, Aristénète.. 387

CHAPITRE VIII
TRACES DES ROMANS ANCIENS DANS LA LITTÉRATURE DU BAS-EMPIRE ET DU MOYEN AGE.

1° Dans la littérature byzantine. — Chroniqueurs byzantins. Tzetzès. — Nicéphore Calliste. — 2° Dans les littératures de l'Occident au moyen âge. — Relations entre les Grecs du Bas-Empire et les nations de l'Occident. — Souvenirs de romans anciens dans les *Chansons de geste*. — Le *Roman d'Alexandre* et le *Roman de Troie*. — *Bibles historiales*, *Légende dorée*, etc.—Romans perdus qui ont laissé leurs traces au moyen âge. — Livre *De l'éducation de Trajan*; *Histoire d'Apollonius de Tyr*, dans le *Gesta Romanorum*.— Roman sur Marc-Aurèle, transmis par l'*Horloge des princes* de Guevarra. — Conclusion....................... 430

Paris. — Imprimerie de P.-A. Bourdier et Cie, rue Mazarine, 30.

BIBLIOTHÈQUE ACADÉMIQUE
Format in-12 à 3 fr. et 3 fr. 50 le volume

[Gu]izot. Hist. Révol. d'Angleterre. 6 v..	21 »	A. Thierry. Histoire des Gaulois. 2 v..	7 »
Histoire de la Civilisation. 5 vol. . .	17 50	A. Maury. La Magie et l'Astrologie. 1 v.	3 50
— de la Civilisation en Europe. 1 v..	3 50	Geruzez. Hist. de la littérature fr. 2 v.	7 »
Essais sur l'H st. de France. 1 vol..	3 50	S. Julien. Les Deux Jeunes Filles let-	
Sir Robert Peel. 1 vo'..	3 50	trées, roman trad. du chinois. 2 vol..	7 »
Monk, ou Chute de la républiq. 1 v.	3 50	Salvandy. Histoire de Jean Sobieski. 2 v.	7 »
Portraits politiques. 1 vol..	3 50	— Don Alonso ou l'Espagne. 2 vol..	7 »
Corneille et son Temps. 1 vol. . .	3 50	C. Delavigne. Œuvr. complètes. 4 vol.	14 »
Shakspeare et son Temps. 1 vol. .	3 50	— Poésies complètes. 1 vol.	3 50
Histoire des origines du gouverne-		P. Clément. Portraits historiques. 1 v.	3 50
ment représentatif. 2 vol.). . . .	7 »	— Enguerrand de Marigny, etc. 1 vol. .	3 50
Méditations et Etudes morales. 1 v.	3 50	A. Rondelet. Du Spiritualisme en éco-	
Abailard et Héloïse. 1 vol..	3 50	nomie politique (ouvr. couronné). 1 v.	3 50
Et des sur les Beaux-Arts. 1 vol..	3 50	— Mémoires d'Antoine. (ouv. cour.). 1 v.	2 »
H st. de Washington, par M. C. DE WITT		De Brosses. Le Président de Brosses	
avec une Etude, par M. Guizot. 1 v.	3 50	en Italie. 2 vol..	7 »
Guizot. Ménandre. 1 vol. (ouv. cour.).	3 50	Delécluze. Louis David. 1 vol. . . .	3 50
[V]illemain Cours de littérature fr. 6 v.	21 »	Bouchitté. Le Poussin, sa vie, son œu-	
— Littérature au XVIIIe siècle. 1 v.	14 »	vre (ouvrage couronné). 1 vol. . .	3 50
— Littérature au moyen âge. 2 vol. .	7 »	Lannau Rolland. Michel-Ange poëte. 1 v.	3 50
Tableau de l'éloq. ence chrétienne au		Bautain. L'Esprit humain et ses facultés.	
quatrième siècle. 1 vol..	3 50	2 vol..	7 »
Discours et Mélanges littéraires 1 v.	3 50	— Philosophie des lois. 1 vol.	3 50
Études de littérature anc., etc. 1 vol.	3 50	— La Conscience. 1 vol.	3 50
Et des d'histoire moderne. 1 vol. .	3 50	Feugère. Caractères et Portraits litté-	
Souvenirs contemporains. 2 vol..	7 »	raires du seizième siècle. 2 vol.	7 »
— 1re partie: M. de Narbonne. 1 vol.	3 50	— Les Femmes poëtes au XVIe siècle. 1 v.	3 50
— 2e partie: Les Cent Jours. 1 vol.	3 50	Nourrisson. Cardinal de Bérulle. 1 v.	3 »
Choix d'Études de littérature. 1 vol.	3 50	— Progrès de la pensée humaine. 1 vol.	3 50
Rép. blique de Cicéron. 1 vol..	3 50	— Histoire et Philosophie. 1 vol..	3 50
Cousin. Du Vrai, du Beau, etc. 1 vol.	3 50	Livet. Précieux et Précieuses, etc. 1 v.	3 50
Introduction à la Philosophie. 1 vol..	3 50	J. Caillet. Administr. en France sous	
Histoire de la Philosophie. 1 vol. .	3 50	le cardinal de Richelieu. 2 vol. .	7 »
Philosophie de Locke. 1 vol..	3 50	Roselly de Lorgues. Chr. Colomb. 2 v.	7 »
Des Principes de la Révolution fran-		Cognat. Polémique religieuse. 1 vol. .	3 50
çaise; et Discours politiques. 1 vol.	3 50	Paganel. Hist. de Scanderbeg. 1 vol.	3 50
Fragments de philo. ancienne. 1 vol.	3 50	Alaux. La Raison. 1 vol..	3 50
Fragm. de philo. du moyen âge. 1 v.	3 50	Ségur. Histoire universelle. 6 vol. . .	18 »
Fragm. de philosophie moderne. 1 vol.	3 50	— Histoire ancienne. 2 vol.	6 »
Fragm. de philos. cartésienne. 1 vol.	3 50	— Histoire romaine. 2 vol.	6 »
Fragm. de philos. contemporaine. 1 vol.	3 50	— Histoire du Bas-Empire. 2 vol..	6 »
Rémusat. Bacon, son Temps, etc. 1 vol.	3 50	— Galerie morale. 1 vol.	3 »
— L'Angleterre au XVIIIe siècle. 2 vol. .	7 »	Mme Tastu. Poésies complètes. 1 vol.	3 50
— Critiques et Études littéraires. 2 vol.	7 »	— Lettres choisies de Mme de Sévigné. 1 v.	3 »
[B]arante. Hist. des ducs de Bourgogne.		Mme de la Tour du Pin. Les Amours	
8 vol illustrés de 40 vign.	28 »	purs, nouvelle. 1 vol.	3 50
— Études historiques. 2 vol. . . .	7 »	— Les Ancres brisées, nouvelles. 1 vol.	3 50
— Et des littéraires. 2 vol.	7 »	Mlle de Lajolais. Education des femmes.	
— Tableau litt. ér. du XVIIIe siècle. 1 vol.	3 50	(Ouvrage Couronné). 1 vol. . .	3 »
— Histoire de Jeanne d'Arc. 1 vol. .	1 25	Romain Cornut. Les Confessions de	
[Mig]net. Charles-Quint, son abdic. 1 v.	3 50	Mme de la Vallière repentante, etc. 1 v.	3 50
— Hist. de la Révolution française. 2 vol.	7 »	Germond de Lavigne. Le Don Qui-	
[M]ontalembert. De l'Avenir politique		chotte d'Avellaneda. 1 vol. . . .	3 50
de l'Angleterre. 6e édition. 1 vol. . .	3 50	Cass Robine. Odes d'Horace, trad. et	
S. de Sacy. Variétés littéraires. 2 vol.	7 »	texte. 1 vol..	3 50
Ampère. Littérature et Voyages. 2 vol.	7 »	Ed. Fleury. Saint-Just et la Terreur.	
— Grèce, Rome et Dante. 1 vol. . . .	3 50	2 vol.	6 »
A. de Falloux. Madame Swetchine. 2 v.	7 »		
H. de la Villemarqué. Les Romans			
de la Table ronde. 1 vol.	3 50